한 권으로 읽는
# 그리스 로마 신화

토마스 불핀치 지음 | 김길연 옮김

아이템북스

# 머리말

**만일** 우리들의 재산을 늘려 주거나 사회적인 지위를 높여 주는 지식만을 유익한 것이라고 말한다면, 신화에서는 결코 그러한 것들을 찾을 수 없다. 그러나 우리의 삶을 보다 행복하게, 그리고 윤택하게 해주는 것을 유익하다고 생각한다면, 신화는 유익한 것이라고 하지 않을 수 없다. 그 이유는 신화는 덕의 가장 훌륭한 동행자이며, 행복의 후원자인 문학의 심부름꾼이기 때문이다.

우리는 신화에 대한 지식이 없이는 우리들의 언어여기서는 물론 영어를 말함로 씌어진 품위 있는 문학을 결코 이해하거나 감상할 수 없다. 바이런이 로마를 '여러 나라의 어머니인 니오베'라고 부르거나, 혹은 베니스를 '대양에서 갓 솟아오른 바다의 키벨레 같다'라고 노래했을 때, 신화를 잘 알고 있는 독자들의 가슴에는 그 어떠한 낱말보다 더 생생하고 인상적인 모습이 떠오르겠지만, 신화를 모르는 독자는 그것이 도대체 무슨 뜻인지 전혀 알아듣지 못한다.

밀턴의 시에도 이와 유사한 표현이 많이 있다. 「코무스」라는 그의 가면극은 매우 짧은데도 서른 가지 이상의 신화가 등장하고, 〈그리스도의 강탄降誕에 부치는 찬가〉라는 송시訟詩에는 아예 절반 정도가 신화 이미지로 기록되어 있다. 그리고 「실락원」에서도 곳곳에서 신화를 찾아볼 수 있다. 그래서인지 소위 지식이 있는 사람들이 밀턴의 작품은 도무지 재미가 없다는 말을 하곤 하는데, 그 이유 중의 하나가 이 신화 때문이라고 할 수 있다.

그러나 만약 이러한 사람들이 일반인보다 뛰어난 자기의 학식에다 신화에서 얻을 수 있는 간단한 신화의 지식을 덧붙인다면, 이제까지 '어렵고 접근하기 어려운' 것으로 생각되었던 밀턴의 시의 대부분을 쉽게 이해하게 될 것이다.

그러나 신화를 공부한다 하더라도 그리스어나 라틴어의 도움을 받지 않고 배울 수 있는 방법은 없을까? 도무지 믿기 어려운 신기한 사건들, 일찍이 없어져 버린 신앙…… 주로 이런 신화에 관련된 학문을 배우려고 힘들여 공부한다는 것은 현대와 같은 실리적인 시대를 살아가는 독자들에게는 기대하기 힘든 일이다. 젊은 독자들까지도 일찍부터 사물에 대한 다방면의 과학적인 지식을 요구받고 있기 때문에 단순한 공상에 불과한 이 신화에 대해 옛사람이 써놓은 글을 열심히 읽을 여유는 거의 없다.

그렇다면 우리의 주제를 이해하는데 필요한 지식을 고대의 시인들이 쓴 작품의 번역판을 읽음으로써 얻을 수 없을까? 그 해답은 다음과 같다. 즉, 그 분야는 너무나도 범위가 광범하기 때문에 초

보자에게는 아무리 생각해도 무리이다. 그리고 이 번역판 자체가 신화에 대한 어느 정도의 예비지식 없이는 이해하기 어렵다. 내 말이 믿어지지 않는다면 〈아이네이아스〉베르길리우스가 쓴 라틴 문학 최고의 서사시의 첫 페이지를 읽어 보라. 신화에 대한 지식 없이 '유노의 원한', '파르카의 섭리', '파리스의 심판', '가니메데스의 영예'의 의미를 이해할 수 있는지 직접 확인해 보라.

그러한 것은 주를 보면 알 수 있다거나, 혹은 고전문학사전을 찾아보면 된다고 말하는 사람이 있을지도 모른다. 만약 그렇다면 나는 다음과 같이 대답하겠다. 주를 보든 사전을 찾아보든 그러한 방법으로 말미암아 독서가 중단된다는 것은 몹시 번거로운 일이다. 그러므로 대부분의 독자는 그런 번거로움을 감수하기보다는 그러한 것들을 모르는 채로 넘어가고 읽어나가는 편이 낫다고 생각한다. 게다가 주나 사전은 단지 무미건조한 사실만을 가르쳐 주기 때문에 이야기의 본래 재미는 조금도 맛볼 수 없다.

케이크스와 알키오네의 이야기는 이 책에서는 한 장章에 걸쳐 씌어져 있지만, 사전 중에서 이름이 있다는 스미스의 「고전문학사전」 윌리엄 스미스의 「그리스·로마 전설 신화 사전, 1849」을 말함에도 그것에 대해 불과 여덟 줄밖에 나오지 않으며 이것은 다른 사전에서도 마찬가지이다.

이 책은 이러한 문제를 해결하기 위한 시도로서 독자에게 즐거움을 줄 수 있는 방법으로 신화에 나오는 이야기를 전개해 나가려고 한다. 우리는 독자 여러분이 어디서 똑같은 이야기를 대했을 경우 곧 '바로 그 이야기로구나' 하고 알 수 있도록 고대의 가장 믿을 수 있는 저작물을 찾아 이 이야기를 정확하게 전하려고 노력했다. 그러므로 우리는 딱딱한 학문으로서가 아니라 학문에서의 휴식으로 신화를 가르쳤으면 한다. 즉, 우리들이 읽고 있는 책에 옛날 이야기책의 재미를 곁들임으로써 교육이 권장하는 지식의 일부분을 여러분에게 전하고자 하며, 고전문학사전이 되었으면 하고 바라는 것이다.

이 책 속에 나오는 그리스·로마 신화는 대부분 오비디우스로마의 시인, BC 43~AD 17와 베르길리우스로마의 시인, BC 70~AD 19의 작품에서 얻은 것이다. 그러나 그것들을 원문 그대로 번역한 것은 아니다. 시라는 것은 원문 그대로 산문으로 옮겨서는 실로 재미없는 읽을거리가 되어 버린다는 것이 내 생각이다. 원문 그대로 번역하더라도 역시 마찬가지이다. 왜냐하면 여러 가지 어려운 제약이 있는 원문을 충실하게 번역한다는 것은 도저히 불가능한 일이고, 또 그 밖에도 여러 가지 이유가 있기때문이다. 그래서 이야기는 일단 산문으로 서술하고, 말 그 자체는 바뀌더라도 원문에 깃들여 있는 시적인 요소는 가능한 한 그대로 살리려고 노력했다. 그리고 산문으로 바꾸는 과정에서 자연스럽지 못한 부분은 과감히 생략해 버렸다.

우리는 이 책을 위해 '문학과 관계가 깊은 신화'를 선별하면서 수준 높은 문학 작품을 읽는 독자에게 필요할 만한 이야기는 그 어느 것 하나도 빠뜨리지 않으려고 애썼다. 우리들의 미풍양속을 해치는 이야기나 시구는 하나도 수록하지 않았다. 그와 같은 이야기는 자주 화제에 오르지 않을 뿐만 아니라, 그리고 어쩌다 오른다 하더라도 여러분은 그러한 이야기는 모른다고 정직하게 고백하면 된다. 그것을 부끄럽게 생각할 필요는 조금도 없다.

우리의 책은 학자를 위해서 씌어진 것이 아니며 신학자를 위한 책도, 철학자를 위한 책도 아니다. 오로지 문학 작품을 읽는 독자들을 위해서 씌어진 것이다. 남녀의 구별도 없으며 가두 연설가나 강연가, 비평가, 시인들이 자주 인용하는 이야기, 그리고 늘 사용하는 세련된 대화에 자주 등장하는 이야기를 이해하고자 하는 독자들을 위해 씌어진 책이다.

우리는 독자들이 이 책을 즐거움의 원천으로 생각해 줄 것으로 믿는다. 나아가서 나이가 많은 독자는 이 책을 유익한 독서의 반려로 생각해 줄 것이며, 또 여행 중에 박물관이나 미술관을 방문하는 사람에게는 회화와 조각의 해설서, 그리고 교양 있는 모임에 자주 어울리는 분들에게는 이따금 주고받는 비유들을 이해하는 데 필요한 열쇠가 되어 줄 것이다. 그리고 인생을 오래 살아온 독자는 이것을 문학의 여로를 되돌아갈 때의 기쁨으로 생각해 줄 것이다. 그것은 그들을 아득한 어린 시절로 인도하여, 한 걸음 한 걸음 내디딜 때마다 인생의 새벽과의 만남을 소생시키는 즐거움을 안겨줄 수 있을 것이다.

이렇듯 영원히 계속되리라는 친교에 대해 콜리지C.S. 콜리지. 영국의 시인. 1772~1834는 그의 유명한 시 속에서 다음과 같이 아름답게 노래하고 있다. 바로 〈피콜로미니 부자父子 : 독일의 시인 쉴러의 희곡 〈발렌시타인〉 제2부를 영역한 것〉의 제2막 4장에 나오는 시구이다.

옛 시인들이 그린 저 명료한 모습,
고대 종교가 낳은 저 아름다운 인간의 속성.
힘의 신, 미의 신, 주권의 신,
어떤 것은 골짜기에, 혹은 소나무 우거진 산에,
어떤 것은 숲 속에, 혹은 평화롭게 흐르는 강가에,
어떤 것은 자갈이 깔린 샘 곁에,
어떤 것은 대지의 갈라진 틈이나 깊은 바다에 사는
이 신들은 모두 사라져 갔다.
그들은 이미 이성이 있는 신앙 속에는 살고 있지 않다.
그러나 인간의 마음은 아직도 말을 필요로 하며,
지금도 역시 저 오랜 본능으로 옛 이름을 되뇌이고 있다.
인간과는 벗과 같은 기분으로 이 대지에 더불어 살던
님프들이나 신들의 이름을,
그리고 오늘까지도
위대한 것으로 불리는 것은 실로 하늘의 목성이며,
아름다운 것으로 불리는 것은 하늘의 금성이다.

## 목차

**머리말**…3

1. 서론…13

2. 프로메테우스와 판도라…25

3. 슬픈 연인들…35
   아폴론과 디프네 · 36 / 피라모스와 티베스 · 40 / 케팔로스와 프로크리스 · 44

4. 여신들의 노여움…48
   헤라의 연적 이오 · 48 / 헤라의 연적 칼리스토 · 53 / 아르테미스와 악타이온 · 56 / 레토와 농부들 · 59

5. 파에톤…62

6. 미다스, 바우키스와 필레몬…74

7. 페로세포네, 글라우코스와 스킬라…82

8. 피그말리온…96

9. 가슴아픈 사랑…99
   드리오페 · 99 / 아프로디테와 아도니스 · 101 / 아폴론과 히아킨토스 · 105

10. 케이크스와 알키오네…107

11. 베르툼누스와 포모나…118

12. 에로스와 프시케…125

13. 카드모스, 미르미돈···141

14. 절망스런 사랑···152
니소스와 스킬라 · 152 / 에코와 나르키소스 · 156 / 클리티에 · 160 / 헤로와 레안드로스 · 161

15. 오만한 인간···162
아라크네 · 162 / 니오베 · 167

16. 페르세우스와 고르곤···172
그라이아이와 고르곤들 · 172 / 페르세우스와 메두사 · 173 / 페르세우스와 아틀라스 · 174 / 바다의 괴물 · 175 / 안드로메다 · 178

17. 신화속 괴물들···181
기간테스 · 181 / 스핑크스 · 182 / 페가소스와 카마이라 · 185 / 켄타우로스 · 187 / 피그미마이오스 · 188 / 그리프스 · 189

18. 이아손의 모험···190
황금양피 · 190 / 메데이아와 이아손 · 195

19. 멜레아그로스, 아탈란테···200

20. 헤라클레스의 노역···209
헤라클레스 · 209 / 헤베와 가니메데스 · 218

21. 테세우스 이야기···219
테세우스 · 219 / 올림피아 및 기타의 경기 · 225 / 다이달로스 · 226 / 카스토르와 폴레데우케스 · 229

22. 디오니소스, 아리아드네···231

23. 자연의 신들···240
전원의 신들 · 240 / 물의 신들 · 247 / 바람의 신들 · 251

24. 헌신적인 사랑···253
아켈로오스와 헤라클레스 · 253 / 아드메토스와 알케스타스 · 257 / 안티고네 · 259 / 페넬로페 · 262

25. 오르페우스와 에우리디케 이야기…264
오르페우스와 에우리디케 · 264 / 꿀벌을 기르는 아리스타이오스 · 269

26. 신화속 예인들…273
암피온 · 273 / 리노스 · 274 / 타미리스 · 274 / 마르시아스 · 274 / 멜람푸스 · 275 / 무사이오스 · 276

27. 역사속 예인들…277
아리온 · 277 / 이비코스 · 283 / 시모니데스 · 287 / 사포 · 289

28. 신이 축복한 인간…290
엔디미온 · 290 / 오리온 · 291 / 에오스와 티토노스 · 293 / 아키스와 갈라테이아 · 295

29. 트로이 전쟁…299
일리아스 · 304

30. 트로이 목마…322
트로이 함락 · 322 / 메넬라오스와 헬레네 · 328 / 아가멤논과 오레스테스와 엘렉트라 · 329 / 트로이 · 331

31. 오디세우스의 모험…332
오디세우스 · 332 / 라이스트라곤인 · 338 / 스킬라와 카립디스 · 342 / 칼립소 · 344 / 파이아케스인 · 346 / 구혼자들의 최후 · 354

32. 영웅 아이네이아스…360
아이네이아스의 모험 · 360 / 디도 · 367 / 팔리누로스 · 369 / 지옥 · 371 / 엘리시온 · 383 / 시빌레 · 383 / 아이네이아스 · 385 / 야누스의 문 · 388 / 카밀라 · 389 / 에반드로스 · 390 / 초창기의 로마 · 392 / 니소스와 에우리알로스 · 395 / 메젠티우스 · 399 / 팔라스, 카밀라, 투르누스 · 401

33. 신화의 기원…404
신들의상 · 406 / 올림포스의 제우스상 · 407 / 파르테논의 아테나 상 · 408 / 메디치 가의 베누스상 · 409 / 벨베데레의 아폴론상 · 409 / 리 비사의 디아나 상 · 410 / 호메로스 · 410 / 베길라우스 · 412 / 오비디우스 · 412

**해설**…415

# 서론 I

고대 그리스와 로마의 모든 종교는 사라져 버렸다. 그리고 현대인 중에서 올림포스의 신들을 믿는 사람은 하나도 없다. 이러한 신들은 현재는 신학의 부문에 속하지 않고 문학과 취미의 부문에 속한다. 적어도 이 부문에 있어서는 신들은 아직 그 지위를 유지하고 있고, 미래에도 계속 유지할 것이다. 왜냐하면 그들은 고금의 시와 예술의 가장 훌륭한 여러 작품과 밀접한 관계를 형성하고 있기 때문이다.

나는 지금부터 이러한 신들에 관한 이야기를 하려고 하는데, 이 이야기는 고대인으로부터 우리가 전승되고, 현대의 시인·비평가·강연자들이 널리 인용하고 있다. 그러므로 여러분은 이 책을 통하여 이제까지 공상이 창작한 것 중에서 가장 흥미있는 이야기를 즐길 수 있는 동시에, 자기 시대의 기품 있는 문학을 이해할 수 있는 불가결한 지식을 얻게 될 것이다.

이러한 이야기를 이해하려면 우선 고대 그리스인의 세계 구조성을 알아야 한다. 왜냐하면 로마인은 그리스인으로부터, 그리고 그 밖의 국민은 로마인으로부터 그들의 과학과 종교를 계승하였기 때문이다.

그리스인들은 지구는 둥글고 평평한 것이요, 자기들의 나라는 그 중앙에 위치해 있고, 신들이 살고 있는 올림포스 산 혹은 신탁으로 유명한 델포이시가 그 중심에 있다고 믿고 있었다.

그리고 그 둥근 지구는 바다에 의해서 동쪽으로 횡단되어 두 개로 나누어져 있었다. 그들은 그 바다를 지중해라 불렀고 그리고 이어지는 바다를 에우크세노스 해흑해라 불렀다.

지구의 주위를 오케아노스라는 대양이 흐르고 있는데 그 흐르는 방향은 지구의 서편에서는 남쪽에서 북쪽으로 흐르고, 동편에서는 그 반대 방향으로 흐른다. 그것은 폭풍우에도 물결이 일어나지 않는다. 바다와 지구의 모든 강과 샘은 이 대양에서 물을 받아들이고 있다. 지구의 북쪽에는 히페르보레이오이라는 이름의 행복한 종족이 살고 있으리라 생각되었다. 그리고 그들은 높은 산 너머에서 기쁨과 봄을 만끽하고 살고 있었다.

그리고 산 속에 있는 동굴에서 살을 에는 듯한 북풍이 불어와 헬라스그리스 사람들을 춥게 한다고 믿었다. 그러나 그들의 나라는 육로로도 해로로도 가까이 갈 수가 없으며 그 나라 사람들은 병도, 노쇠도, 고생도, 전쟁도 모르고 살았다.

지구의 남쪽에는 대양 가까이에 히페르보레이오이와 같은 행복한 종족이 살고 있었는데, 그들은 에티오피아인이라 불리었다. 신들은 그들을 몹시 사랑하여 올림포스 궁전을 떠나서 그들에게 찾아가 향연을 베푸는 일도 가끔 있었다.

　지구의 서쪽 끝에는 오케아노스 대양 가까이 엘리시온 들[野]이라는 낙원이 있었다. 이곳은 신들의 총애를 받은 사람들이 죽음의 고통을 맛보지 않고 가는 곳으로 사람들이 낙원으로 옮겨와 죽음이 없는 축복된 영생을 누렸다. 이 행복한 지역은 또한 '행운의 들'이니 '축복된 사람들의 섬'이라고도 불렸다.

　이것으로 알 수 있듯이 고대 그리스인은 자기 나라의 동방과 남방의 민족, 그리고 지중해 연안의 민족 외에 다른 민족이 존재한다는 생각은 없었다는 것을 알 수 있다. 그리스인들의 상상력 속에는 지중해의 서쪽에 거인·괴물·마녀들을 살게하였다. 그리고 그다지 넓은 것 같지도 않은 둥근 세계의 주위에는 신들의 특별한 총애를 받아 행복과 장수를 누리고 있는 민족을 살게 하였다.

　그들은 '새벽'과 '해'와 '달'은 대양하의 동쪽에서 떠올라 신과 인간들에게 빛을 주면서 공중을 달린다고 생각하였다. 북두칠성 즉 곰자리 별 및 그 근처에 있는 별들을 제외한 모든 별들도 대양하에서 떠올라서 다시 그 속으로 가라앉는다고 생각하였다. 그곳에서 태양신은 날개가 달린 배를 타는데 배는 지구의 북쪽을 돌아 다시 또 동쪽, 즉 태양이 떠오르는 곳으로 태양신을 데려다 주었다.

　신들의 거처는 테살리아에 있는 올림포스산의 꼭대기에 있다. 여기에는 구름으로 된 문이 있어 '계절'이라는 이름의 여신들이 그것을 지키고 있었다. 그들은 천상에서 지상으로 내려올 때나 다시 천상으로 돌아갈 때는 이 문을 통과해야 하였다.

　신들은 저마다 자기의 집을 가지고 있었으나 제우스 주신主神으로부터 소집되면 제우스유피테르의 궁전에 모였다. 지상이나 물 속, 지하에 살고 있는 신들까지도 모였다. 신들은 매일 암브로시아와 넥타르로 향연을 열었는데, 이 향연은 올림포스 주신의 궁전의 큰 홀에서 개최되었고 아름다운 여신 헤베가 술잔을 돌렸다. 이 향연 석상에서 신들은 하늘과 땅의 여러 사건들에 관해서 이야기하였다. 그들이 넥타르를 마실 때 음악의 신 아폴론이 리라를 연주하여 그들을 즐겁게 했고, 무사이의 여신들은 그 곡조에 맞추어 노래를 불렀다. 해가 지면 신들은 각자 자기 집으로 돌아가서 잠을 잤다.

여신들이 입는 옷은 아테나미네르바 여신과 미美의 세 여신이 짰다. 좀 단단한 것들은 금속으로 만들어졌다. 헤파이스토스불카누스는 올림포스의 건축가이며 대장장이이고, 갑옷 제조자이며, 또한 이륜전차 제조자이고, 모든 일의 기술자였다. 그는 놋쇠로 신들의 집을 지었고 황금으로 신들의 구두를 만들었다. 신들은 그 구두를 신고 공중이나 물 위를 걸으며 바람처럼 눈 깜짝할 사이에 이곳저곳으로 이동하였다. 헤파이스토스는 또 신들의 이륜차를 끌고 공중이나 물 위를 달리는 천마의 다리에 놋쇠 편자를 박아 주었다. 그는 자기가 만든 물건에 자동력自動力을 부여할 수 있었다. 그래서 그가 만든 삼각가三脚架 — 의자와 테이블을 겸한 물건은 스스로 천상의 궁전을 마음대로 출입할 수 있었다. 헤파이스토스는 금으로 된 자기의 시녀들에게 지력智力을 불어넣어 주었다.

제우스는 신들과 인간의 아버지라고 불렸는데 그는 아버지 크로노스사투르누스와 어머니 레아옵스 사이에서 태어났다. 크로노스와 레아는 티탄 신족에 속하였는데, 이 종족은 카오스혼돈으로부터 발생한 땅과 하늘의 아들이다. 이에 관해서 다음 장에서 자세히 말하려고 한다.

이와 다른 세계 창조설이 있는데 이 설에 의하면, 태초에 대지와 에레보스암흑와 에로스사랑가 있었다. 에로스는 카오스 위에 떠 있던 밤의 알에서 태어났다. 에로스는 그의 손에 들고 있던 화살과 횃불로 모든 사물을 찌르고 생기 있게 하여 생명과 환희를 창출하였다.

티탄족에는 크로노스와 레아뿐만 아니라 이 둘 이외에도 오케아노스, 히페리온, 이아페토스, 오피온과 같은 남성들과 테미스, 므네모시네, 에우리노메와 같은 여성 신들이 있었다. 이들 신은 연로한 신이라 일컬어졌으며 그들의 지배권은 후에 다른 신들에게 넘어갔다. 즉 크로노스는 제우스에게, 오케아노스는 포세이돈에게, 히페리온은 아폴론에게 양도하였다. 히페리온은 '해'와 '달'과 '새벽'의 아버지이다. 그래서 그는 최초의 태양신이며, 후에 아폴론에게 부여된 바와 같은 광휘와 미의 상징으로 묘사되고 있다.

오피온과 에우리노메는 크로노스와 레아가 즉위할 때까지 올림포스를 지배하고 있었다. 크로노스에 관한 전설은 일치하지 않는다. 어떤 책에서는 그의 치세는 정직과 순결과 황금 시대였다고 전해지는가 하면, 다른 책에서는 자기 아들을 먹은 괴물이라고도 기록되어 있다이 모순은 로마의 신 사투르누스를 그리스신 크로노스 — 시간의 뜻 — 와 동일시 하였기 때문에 일어난 것이다. 시간은 시초를 가지고 있는 모든 것에 종말을 가지고 오므로, 자기의 아들을 먹는다는 말이 나오게 되었을 것이다. 그러나 제우스는 아버지에게 잡아먹히는 운명을 모면하고 성장하여 여신 메티스와 결혼하였다. 메티스는 어떤 약을 크로노스에게 마시게 하여 그가 잡아먹은 자식들을 다 토하게 하였다. 제우스는 형제 자매와 더불어 아버지 크로노스와 그의 일당인 티탄 신족들에게 폭동을 일으켰다. 이윽고 그들을 정복한 제우스는, 그 중 어떤 자는 지옥에 가두고 어떤 자에게는 벌을 주었다. 그때 아틀라스는 어깨로 하늘을 떠받치고 있으라는 선고를 받았다.

크로노스가 폐위되자, 제우스는 그의 동생 포세이돈과 디스플루톤와 더불어 영토를 분할하였다. 그리하여 제우스는 하늘을 차지하고, 포세이돈은 바다를 차지하고, 하데스는 죽은 자들의 나라를 차지하였다. 그리고 지구와 올림포스는 세 신의 공유 재산으로 하였다. 그리하여 제우스는 신과 인간들의 왕이 되었다. 번개는 그의 무기였다. 그리고 그는 아이기스라는 방패를 가지고 있었는데 이것은 헤파이스토스가 그를 위하여 만든 것이다. 그는 독수리를 늘 데리고 다녔는데 이 새에게 번개를 맡겨 지니고 있게 하였다.

헤라유노는 제우스 아내이자 신들의 여왕이었다. 무지개의 여신인 이리스는 헤라의 시녀로 심부름을 맡았다. 헤라가 총애한 새는 공작이었다.

헤파이스토스는 천상의 기술자로서 제우스와 헤라의 사이에서 태어난 아들이다. 그는 절름발이로 태어나 그를 보고 헤라는 대단히 불쾌감을 느껴 그를 하늘 밖으로 내쫓았다. 일설에 의하면, 제우스가 헤라와 부부 싸움을 할 때 헤파이스토스가 그의 어머니의 편을 들었으므로 제우스가 그를 차 천상에서 떨어뜨렸다고도 한다. 그가 절름발이가 된 것은, 이 설에 의하면 하늘에서 떨어진 결과이다. 그는 하루 종일 추락하다가 마침내 렘노스섬에 떨어졌고 그 후 이 섬은 헤파이토스의 성지가 되었다.

전쟁의 신 아레스마르스는 제우스와 헤라의 사이에서 태어난 아들이었다.

포이보스아폴론는 활과 예언과 음악의 신으로 제우스와 레토라토나 사이에서 태어난 아들이고, 디아나아르테미스의 오빠였다. 아폴론은 태양의 신이고, 그의 여동생 아르테미스는 달의 여신이다.

아프로디테는 사랑과 미의 여신으로 제우스와 디오네의 사이에서 태어난 딸이다. 일설에 의하면 이 여신은 바다의 거품에서 태어났다고 한다. 그녀가 서풍에 실려 물결에 따라 키프로스섬에 도착하자, 계절의 여신들은 그녀를 영접하고 아름다운 옷을 입혀 신들이 모인 궁전으로 안내하였다. 그곳에 있던 신들은 모두 아프로디테의 아름다움에 매혹되어 그녀를 자기의 아내로 삼기를 원하였다. 제우스는 헤파이스토스가 번개를 잘 만든 데 대한 상으로 그녀를 그에게 주었다. 그 결과 여신 중에서도 가장 아름다운 여신이 가장 못생긴 남성 신의 아내가 되었다. 아프로디테는 케스토스라고 하는 수 놓은 띠를 가지고 있었는데, 이 띠는 연정을 불러 일으키는 힘을 가지고 있었다. 아프로디테가 총애한 새는 백조와 비둘기였고, 꽃으로는 장미나 도금양이가 되었다.

아프로디테의 아들 에로스쿠피트는 사랑의 신으로 늘 어머니를 따라다녔다. 그는 활과 화살을 몸에 지니고 다니면서 연정의 화살을 신이나 인간들의 가슴 속에 쏘곤 했다. 또 안테로스라는 신이 있었는데, 이 신은 때로는 이루어지지 않은 사랑의 복수자로도 표현되고 때로는 상호간의 애정의 상징으로 표현되기도 한다. 이 신에 대해서는 다음과 같은 전설이 전해지고 있다.

　에로스는 늘 어린애의 상태에 머물러 자라지 않았다. 이를 아프로디테가 테미스법의 여신를 붙잡고 걱정이라고 말하자, 테미스는 그것은 에로스가 독자이기 때문이니 동생이 생기면 빨리 자라게 되리라고 말하였다. 그 후 얼마 가지 않아 안테로스가 태어나자 에로스는 날로 키도 크고 힘도 세어졌다고 한다.

　아테나미네르바는 팔라스라고 불리는 지혜의 여신으로서 제우스 딸이지만 어머니는 없다. 그녀는 제우스의 머리에서 완전 무장을 한 모습으로 태어났다. 총애하는 새는 올빼미였고, 그녀에게 봉헌된 식물은 올리브였다.

　헤르메스메르쿠리우스는 제우스와 마이아의 사이에서 태어난 아들이다. 그가 주재하는 부문은 상업, 레슬링 및 그 밖의 경기뿐만 아니라, 심지어 도둑질까지 포함되었다. 요컨대 기술과 숙련을 필요로 하는 모든 것이 포함되었다. 그는 제우스의 사자로서 날개 달린 모자와 구두를 신고 있었다. 그리고 손에는 두 마리의 뱀이 감겨 있는 지팡이 — 그 이름을 카두케우스라고 한다 — 를 가지고 있었다.

　헤르메스는 리라라는 악기의 발명자라고 전하여진다. 어느 날 거북이 한 마리를 발견하자 그는 그 갑골을 벗겨 양끝에 구멍을 뚫고 삼실을 그 구멍에 꿰어 악기를 만들었다. 현의 수는 아홉 명의 무사이 여신을 기념하기 위하여 아홉 개였었다. 헤르메스는 이 리라를 아폴론에게 주고 그 보답으로 카두케우스를 받았다.

　케레스데메테르는 크로노스와 레아 사이에서 태어난 딸이었다.

그녀에게는 페르세포네프로세르피나라는 딸이 있었는데, 이 딸은 후에 디스의 아내가 되어 죽은 자들의 나라의 여왕이 되었다. 케레스는 농업을 주재하는 신이었다.

디오니소스바코스는 술의 신으로서 제우스와 세멜레의 사이에서 태어난 아들이었다. 그는 술의 취하게 하는 힘의 상징일 뿐만 아니라, 술의 사회적인 좋은 영향력의 상징이기도 하다. 따라서 그는 문명의 촉진자, 입법자, 평화를 애호하는 신으로 간주된다.

무사이 여신들은 제우스와 므네모시네기억의 여신의 사이에서 태어난 딸로 이 딸들은 노래를 지배하고 기억을 증진시켰다. 그녀들은 모두 아홉 명이었는데 각각 문학, 미술, 과학 등의 부문을 분담하여 주재하였다. 칼리오페는 서사시의 신이었고, 클레이오는 역사의, 에테르페는 서정시의, 멜포메네는 비극의, 테르프시코레는 합창단의 춤과 노래의, 에라토는 연애시의, 폴리힘니아는 성가의, 우라나아는 천문학의, 탈레이시아는 희극을 주재하는 신이었다.

미의 여신들이 주재하는 것은 향연, 무용 및 기타의 모든 사회적인 놀이와 기품이 있는 예술을 지배하였다. 그들의 이름은 에우프로시네, 아글라이아, 탈레이아였다.

클로토, 라케시스, 아트로포스는 운명의 여신이었다. 그들의 임무는 인간의 운명의 실을 짜는 일이었는데 가위를 가지고 있어, 마음만 내키면 가위로 실을 끊기도 하였다. 이들 여신은 제우스의 고문으로서 그의 옥좌 옆에 앉는 것이 허용된 테미스의 딸이었다.

복수의 세 여신들에리니스 혹은 푸리아이은 정의의 재판을 피하거나 경멸하는 자들의 범죄를 눈에 보이지 않는 바늘로 벌하는 임무를 맡고 있었다. 이 복수의 여신들은 머리에 뱀으로 된 관을 쓴 무서운 형상을 하고 있는데 에우메니데스착한 마음의 여신이라는 뜻라고도 불리었다.

네메시스도 복수의 여신이었다. 이 여신은 신들의 의분, 특히 거만한 자와 불손한 자들에 대한 분노를 상징한다. 판은 가축과 목자의 신이었다. 그가 즐겨 사는 곳은 아르카디 평야였다.

사티로스들은 숲과 들의 신이었다. 그들의 머리털은 거칠고 머리에는 짧은 뿔이 솟아 있으며 산양과 같은 다리를 가지고 있는 것으로 생각되었다. 모모스는 웃음의 신이었고, 플루토스는 부富를 주재하는 신이었다.

## :: 로마의 신들

이상 말한 신들은 로마인들도 받아들이기는 하였지만 원래는 그리스의 신들이다. 로마 신화에 특유한 신들은 다음과 같다.

사투르누스는 고대 이탈리아의 신이었다. 그리스의 신 크로노스와 동일시된 이 신은 전설에 의하면 아들 제우스유피테르에 의하여 폐위되자 이탈리아로 달아나서 소위 황금 시대 동안 그곳에서 재위하였다고 한다. 사람들은 그의 선정을 기념하기 위하여 매년 겨울에 사투르날리아라고 하는 제전이 거행되었는데, 그때에는 모든 공무를 폐하며 선전 포고나 형벌의 집행도 연기되고, 친구들은 서로 선물을 교환하며, 노예들에게도 자유가 최대한으로 허용되었을 뿐 아니라, 그들을 위하여 잔치가 열리고, 잔칫날에는 주인이 그들의 시중을 들었다. 그것은 사투르누스의 치세에 있어서는 만인이 본래 평등하다는 것과, 만물이 만인에게 평등하게 속한다는 것을 보이기 위해서였다.

파우누스는 사투르누스의 손자인데 들과 목자의 신으로 숭배되었고, 또 예언의 신으로도 숭배를 받았다. 그의 이름의 복수형인 파우니는 그리스의 사티로스반인 반마의 신와 같이 익살스런 신들을 의미한다.

키리누스는 전쟁의 신으로 로마의 건설자이고, 사후에 신위에 오르게 된 로물루스이다.

벨로나는 전쟁의 여신이다.

테르미누스는 토지 경계의 신이다. 그의 형상은 거친 돌이나 기둥으로 상징되어 전답의 경계를 표시하기 위하여 땅에 세워졌다.

팔레스는 가축과 목장을 주재하는 여신.

포모나는 과수를 주재하는 여신

플로라는 꽃의 여신.

루키나는 출산을 주재하는 여신이다.

베스타그리스의 헤스티아는 국가의 솥과 가정의 솥을 주재하는 여신이었다. 베스타의 신전에서는 베스탈이라 불리는 여섯 명의 처녀 사제司祭가 수호하고 있는 성화가 타고 있었다. 로마인의 신앙에 의하면 국가의 안녕은 이 성화의 보존과 관계가 있으며 처녀 사제의 태만으로 불이 꺼지면 그녀들은 엄벌을 받았고, 꺼진 불은 태양의 광선에 의하여 다시 채화했다.

리베르는 바코스의 라틴 명이며, 물키베르는 불카누스의 라틴어

명이다.

　야누스는 하늘의 문지기로서 한 해를 여는 신이었기 때문에 일년의 첫 달인 재뉴어리는 그의 이름을 딴 것이다. 그는 문의 수호신이며, 모든 문은 두 개의 방향으로 면하고 있으므로, 그는 보통 두 개의 머리를 가지고 있다고 표현되었다. 로마에는 야누스의 신전이 많았다. 전쟁 때는 그 신전의 문은 언제나 열렸고, 평화시에는 닫혀 있었다. 그러나 누마와 아우구스투스의 치세 사이에서는 문은 오직 한 번 닫혀졌을 뿐이었다.

　페나테스는 가족의 안녕과 번영을 수호하는 신들로 생각되었다. 그들의 이름은 찬장을 뜻하는 페누스로부터 유래하였는데 그것은 찬장이 그들에게 봉헌되었기 때문이다. 각 가정의 가장은 가지 집의 페나테스신의 사제였다.

　라레스도 가정을 지켜 주는 신들이었는데 페나테스와 다른 점은, 라레스가 사자死者의 영혼이 신이 된 것으로 믿어진 점이었다. 가정의 라레스는 자손들을 감독하고 보호하는 조상들의 영혼으로 생각되었다.

　로마인들의 신앙에 의하면 모든 남자들은 남자의 수호신 게니우스를, 모든 여자들은 여자들의 수호신 유노를 가지고 있다고 믿었는데, 이 게니우스니 유노니 하는 것은 자신을 태어나게 하고 한평생 자신의 보호자로 생각되었던 영적 존재이다. 따라서 자신들의 생일날이면 남자들은 게니우스에게, 여자들은 유노에게 제물을 바쳤다.

# 프로메테우스와 판도라 2

세계 창조는 인간이 가장 깊은 관심을 자극하는 문제이다. 고대의 이교도들은 이 문제에 관해서 우리가 성서에서 얻은 바와 같은 지식을 가지고 있지 않았으므로 그들은 그들 나름대로 고유의 신화를 만들어 낼 수 있었다. 그것은 다음과 같은 것들이다.

땅과 바다와 하늘이 창조되기 전에 만물은 모두 한 모양이었으니, 우리는 이것을 카오스라고 부른다. 이 카오스는 혼란한, 형태 없는 덩어리요, 한 사물死物에 불과하지만 그 속에는 갖가지 씨앗들이 잠자고 있기 때문에 즉 땅도 바다도 공기도 한데 혼합되어 있었다. 땅은 아직 딱딱하게 굳어지지 않았고 바다는 액체가 아니었고, 공기는 투명하지 않았었다.

마침내 신과 자연이 손을 써서 땅을 바다와 분리하고 이를 또 하늘과 다시 갈라놓아 이 무질서한 상태를 벗어나게 되었다. 그때 불에 타고 있던 부분이 가장 가벼웠기 때문에 날아 올라가서 하늘이 되었다. 공기는 무게가 있어서 하늘 바로 아래의 위치에 놓였다. 땅은 이들보다 무거우므로 밑으로 내려앉았다. 물은 가장 밑으로 흘러 내려 땅을 떠받치게 되었다.

이때 그 이름은 전하여지지 않으나 어떤 신이 있어 땅을 정리하고 배열하는 일을 맡아 보았다. 그는 강과 만의 자리를 정하고, 산을 일으키고 숲과 샘, 비옥한 들과 돌이 많은 벌판을 여기저기에다 고루 배치하였다. 공기가 청명하게 되자 별들이 나타나기 시작하고 바다에는 고기가, 공중에는 새가, 육지에는 네 발 가진 동물들이 등장하였다.

그러나 고등 동물이 필요하여 인간이 만들어졌다. 창조의 신이 인간을 만들 때 시적인 자료를 사용했는데 혹은 하늘로부터 방금 분리된 흙 즉 하늘의 어떤 종자가 아직 잠재하고 있었는지는 분명치 않다. 어쨌든 프로메테우스는 땅에서 떼어낸 흙을 물과 반죽하여 신의 형상을 본따 인간을 만들었다. 프로메테우스는 인간에게 직립 자세를 취하게끔 해주었으므로 다른 동물은 다 얼굴을 밑으로 향하고 지상을 바라보는데, 인간만은 얼굴을 들어 하늘과 별을 바라보게 되었다.

프로메테우스는 인간이 창조되기 전에 지상에 거주하였던 거인족인 티탄 신족의 일원이었다. 그와 그의 동생 에피메테우스에게 인간을 만들고, 인간과 그 밖의 모든 동물에게 살아가는데 필요한 능력을 부여하라는 임무가 위임되었다. 에피메테우스는 상이한 동물들에게 용기, 힘, 속도, 지혜 등 여러 가지 선물을 주기 시작하였다. 어떤 동물에게는 날개를 주고, 다른 동물에게는 손톱이나 발톱을 주고, 또 어떤 동물에게는 딱딱한 껍질을 주는 따위였다. 이윽고 만물의 영장이 될 인간의 차례가 오자 에피메테우스는 이제까지 그의 자원을 써버렸으므로 인간에게는 줄 것이 하나도 남아 있지 않았다.

그는 어찌할 바를 몰라 형 프로메테우스에게 달려가 도움을 청하였다. 프로메테우스는 여신 아테나의 도움

신의 불을 훔치는 프로메테우스

으로 하늘로 올라가서 태양의 이륜차에서 불을 얻어 인간에게 갖다 주었다. 이 선물 덕택에 인간은 다른 동물보다 우월하게 되었다. 인간은 이 불을 가지고 다른 동물을 정복할 무기와 토지를 경작할 도구를 만들 수 있었으며, 거처를 따뜻하게 하여 기후가 다소 추운 곳에서도 살 수 있게 되었다. 뿐만 아니라 여러 기술을 터득하고 상업의 수단인 화폐를 만들 수 있게 된 것도 이 불의 덕택이었다.

그런데 여자는 아직 만들어지지 않았다. 이상한 이야기지만 제우스가 여자를 만들어서 프로메테우스와 그의 동생에게 보냈다고 한다. 그것은 두 형제에 대해서는 하늘의 불을 훔쳤다는 외람된 짓을 벌하기 위함이요, 인간에 대해서는 그 선물을 받았다는 죄를 벌하기 위해서였다.

판도라의 상자

최초로 만들어진 여자의 이름은 판도라였다. 그녀는 하늘에서 만들어졌는데 그녀를 완성시키기 위하여 신들이 모두 조금씩 거들었다. 아프로디테는 미를, 헤르메스는 설득력을, 아폴론은 음악을 주는 등이었다.

이와 같이 만들어진 그녀는 지상으로 내려와 에피메테우스의 아내가 되었다. 에피메테우스는 그의 형으로부터 제우스와 그의 선물을 경계하라는 주의를 받았음에도 불구하고 그녀를 기꺼이 아내로 맞아들였다.

에피메테우스의 집에는 상자가 한 개 있었다. 그 속에는 어떤 해로운 것들이 들어 있었는데, 인간을 지상 생활에 적응시키는 일에 있어서는 쓸모가 없었기 때문에 그 속에 넣어 두었었다. 판도라는 이 상자 속에 무엇이 들어 있는지 궁금했다.

그래서 어느 날 그녀는 뚜껑을 열고 상자 안을 들여다보았다. 그러자 곧 인간을 괴롭히는 무수한 재액이 그 속에서 튀어 나왔다. 신체를 괴롭히는 것으로는 통풍痛風, 류머티즘, 복통 등이고, 정신을 괴롭히는 것으로는 질투, 원한, 복수 등이 튀어 나와 사방팔방으로 퍼졌다. 판도라는 놀라 뚜껑을 덮었으나 이미 상자 속에 들어 있던 것들은 다 날아가고, 오직 한 가지만이 맨 밑에 남아 있었는데 그것은 희망이었다. 오늘날에 이르기까지 우리가 어떤 재앙에 처해서도 희망을 전적으로 잃지 않는 것은 이 때문이다. 그리고 희망을 가지고 있는 한 어떠한 재난도 우리를 절망에 빠뜨려 불행하게 하지는 못한다.

  다른 설에 의하면, 판도라는 제우스의 호의로 인간을 축복하기 위하여 보내졌다고 한다. 판도라는 결혼을 축복하기 위하여 여러 신이 선사한 물건이 들어 있는 상자를 받았다. 그녀가 무심코 그 상자를 열었더니 선물이 쏟아져 나오고 오직 희망만이 남았다는 것이다. 먼저 이야기한 설보다 이 이야기가 더 진실성이 있는 듯하다. 왜냐하면 희망과 같은 귀중한 보배가 앞서의 이야기처럼 모든 재난으로 가득 찬 상자 속에 들어 있다는 것은 납득이 가지 않기 때문이다.

  이리하여 세계에 주민이 살게 되었는데 그 최초의 시대는 죄악이 없는 행복의 시대로서, 황금 시대라고 불리어진다. 법률이란 강제에 의하지 않고도 진리와 정의가 행하여졌고, 위협하거나 벌을 주는 관리도 없었다. 배를 만들기 위해 나무가 벌채되는 일도 아직 없었고 마을의 주변에 성곽을 쌓는 일도 없었다. 칼이나 창이나 투구 같은 것도 없었다. 대지는 인간이 밭을 갈고 씨를 뿌리며 노동하지 않더라도 인간에게 필요한 모든 것들을 산출하였다. 계절은 늘 봄이었고, 꽃은 씨를 뿌리지 않아도 피었으며 강은 우유와 포도주가 흐르고 상수리나무에는 노란 꿀이 넘쳐 흘렀다.

  다음에는 은銀 시대가 왔다. 이 시대는 황금 시대만은 못하지만, 다음에 올 청동 시대보다는 나았다. 제우스는 봄을 토막내어 일 년을 계절로 나누었다. 그때부터 인간은 추위와 더위를 극복해야만 했고, 집이 필요하게 되었다. 동굴이나 잎이 우거진 숲 덤불, 나뭇가지로 엮은 오막살이가 최초의 집이었다. 곡식은 이제는 곡식을 심지 않으면 나지 않았다. 농부는 씨를 뿌려야 했으며 소는 쟁기를 끌어야 했다.

다음에는 청동 시대가 왔는데, 이 시대는 이전 시대보다 사람들이 거칠어서 무력 투쟁으로 기울어지는 경향이 있었으나 그래도 극악하지는 않았다. 가장 폭력적이며 타락한 시대는 철의 시대였다. 범죄는 홍수처럼 넘쳐 흘렀고, 겸양과 진리와 명예는 사라졌다. 그 대신 사기와 거짓말, 폭행과 사악한 이욕利慾이 나타났다. 나무는 베어져서 배의 용골이 되었고, 배를 띄울 때는 돛이 바람을 맞아야 했고 대양의 물결을 헤쳐야 항해할 수 있었다. 이제까지 공동으로 경작되던 땅이 분할되어 사유재산이 되기 시작하였다. 사람들은 땅에서 산출되는 것에 만족하지 않고, 그 속까지 파서 여러 광물을 끄집어 내였다. 철과 금이 산출되었는데 둘 다 재난의 근원이었다. 특히 금이 그러하였다. 철과 금을 무기로 하여 전쟁이 일어났다. 객은 친구의 집에 있으면서도 안전하지 않았다. 사위와 장인, 형제와 자매, 남편과 아내는 서로 믿지 못하였다. 아들은 재산을 상속받기 위하여 아버지가 죽기를 바랐다. 가족애는 사라졌다. 대지는 살육의 피로 젖었고 신들은 하나하나 대지를 떠났는데 아스트라이아순결의 여신만이 남아 있다가 마침내 그녀도 이 땅을 떠나갔다.

제우스는 이런 상태를 보고 크게 노하여 회의를 열고자 신들을 불러 모았다. 그들은 소집에 응하여 하늘의 궁전을 향하여 길을 떠났다. 청명한 밤에는 누구나 볼 수 있는 이 길은 공중을 횡단하고 있는데, 사람들은 이 길을 '은하'라고 불렀다. 이 길가에 유명한 신들의 궁전이 즐비하게 늘어서 있다. 지위가 낮은 신들은 그 좌우에 떨어져서 살고 있었다.

제우스는 신들이 모이자 말을 시작하였다. 그는 지상의 무서운 상태를 설명하고, 자기는 그 주민들을 다 멸망케 하고 그들과는 다른, 그리고 그들보다 더 선량하며 신을 더 숭배하는 새로운 종족을 만들 작정이라고 선언했다.

제우스는 번개를 집어 들고 그것을 이 세계에 던져 불태워 버리려고 하였다. 그러나 지상에 불이 붙으면 하늘도 화재를 면치 못하리라 생각하고, 제우스는 계획을 바꾸어 세상을 물바다로 만들어 버리려고 결심하였다. 그는 우선 구름을 취산시키는 북풍을 붙들어 매고 남풍을 보내었다. 순식간에 온 하늘은 먹구름으로 뒤덮였다. 구름이란 구름은 다 달려와서 소리를 내었다. 폭우가 내렸다. 곡식은 쓰러지고 농부의 한 해 동안의 노동은 순식간에 수포로 돌아갔다.

제우스는 천상에 있는 자기의 물만 가지고는 만족하지 않고, 동생 포세이돈을 불러 그의 물로 원조해 주기를 청하였다. 포세이돈은 여러 강물을 범람시켜 육지로 쏟아 보냈다. 동시에 그는 지진을 일으켜서 대지를 동요시키고 바닷물을 역류시켜 해안을 휩쓸게 하였다. 사람과 가축들, 가옥이 유실되고 신성한 담으로 둘러싸인 신전들은 더럽혀졌다. 유실되지 않은 큰 건물도 물 속에 침몰되고 그

누각은 물결 밑에 잠기었다. 모든 것은 물로 뒤덮였다. 여기저기 돌출한 산꼭대기에는 간혹 사람이 남아 있고, 최근까지 쟁기질을 하던 곳을 보트를 타고 소수의 사람들이 노를 저었다. 물고기들은 나뭇가지 사이에서 헤엄을 치고 닻은 정원 안에 던져졌다. 온순한 양이 방금까지 놀고 있던 곳에는 사나운 물개가 뛰놀았다. 늑대는 양 사이에서 헤엄치고 누런 사자와 범은 물 속에서 몸부림쳤다. 물 속에서는 멧돼지의 힘도 사슴의 재빠름도 소용이 없었다. 새들은 날다 힘이 지쳐도 앉아 쉴 곳이 없기 때문에 물 속으로 떨어졌다. 물난리를 면한 생물들은 굶어 죽었다.

모든 산 중에서 오직 파르나소스산만이 물 위에 솟아 있었다. 그곳으로 프로메테우스의 동족인 데우칼리온과 그의 아내 피라가 피난하였다. 남편은 정직한 사람이었고 아내는 신을 모시는 마음이 돈독하였다. 제우스는 오직 이 부부만이 살아 있는 것을 보았다. 그리고 그들의 흠잡을 데 없는 내력과 경건한 태도를 기억하고는 북풍에 명령하여 구름을 쫓고 하늘에서는 지상이, 지상에서는 하늘이 보이게 하였다. 포세이돈도 아들 트리톤에게 소라고둥을 불어 물에게 물러나도록 명하게 하였다. 물은 이 명령에 복종하였고 바다는 해안으로 돌아가고 강물도 있던 곳으로 돌아갔다. 그때 데우칼리온은 피라에게 이렇게 말하였다.

"오, 아내여, 생존하고 있는 유일한 여인이여! 우리는 처음에는 혈연과 결혼의 인연으로 맺어졌고, 지금은 공동의 위기에 의하여 맺어졌소. 우리가 조상 프로메테우스와 같은 힘을 가지고 그가 처음에 새로운 종족을 만든 바와 같이 우리 종족을 새롭게 만들 수 있다면 얼마나 좋겠소. 그러나 이 일은 우리의 힘에 겨운 일이므로 저기 있는 신전에 가서 신들에게 장차 우리는 무엇을 해야 좋을지 물어 보기로 합시다."

그들은 진흙으로 더럽혀진 신전으로 들어가서 제단에 다가가 보니 성화도 꺼져 있었다. 그들은 땅에 엎드려서 여신에게 어떻게 하면 이 재난을 극복할 수 있을지 가르쳐 달라고 간절히 기도를 했다. 그러자 이런 신탁이 내렸다.

"머리에 베일을 쓰고 옷은 벗고 이 신전을 떠나라. 그리고 너의 어머니의 뼈를 너의 등뒤로 던져라."

고 하였다. 그들은 이 말을 듣고 깜짝 놀랐다. 피라가 먼저 침묵을 깨뜨리고 말하였다.

"저희들은 복종할 수 없습니다. 어찌 감히 부모의 유골을 더럽힐 수 있겠습니까."

그들은 나뭇잎이 우거진 그늘 밑으로 가서 신탁에 관하여 곰곰이 생각하여 보았다. 마침내 데우칼리온이 말하였다.

"내 생각이 틀리지 않는다면, 신탁의 명령에 복종해도 불효는 되지 않으리라 믿어. 대지는 만물의 위대한 어머니이고, 돌은 그 뼈가 아니오. 우리는 이것을 우리 뒤에 던지면 되는 거요. 내 생각으로는 이것이 신탁의 의미일 것 같은데. 어쨌든 그렇게 해 보아도 나쁠 것은 없겠지."

그들은 얼굴을 베일로 가리고 옷을 벗고 돌을 주워 등뒤로 던졌다. 그러자 이상하게도 돌은 말랑말랑해져서 형태를 취하기 시작하였다. 점점 돌들은 마치 조각가의 손에서 반쯤 조각된 돌덩어리와 같이 점점 인간의 형태에 가까운 모양을 갖게 되었다. 돌에 묻어 있던 습기와 진흙은 살이 되었고 딱딱한 부분은 뼈가 되었다. 남자가 던진 돌은 남자가 되고 여자가 던진 돌은 여자가 되었다. 이렇게 만들어진 종족은 튼튼하였으므로 노동에 적합하였다. 오늘날의 인류는 그 종족에서 유래하였다.

예부터 프로메테우스는 여러 시인들이 즐겨 취급하는 시제였다. 그는 인류의 편으로서, 제우스가 인류에게 노하였을 때 인류를 위하여 중재하고 그들에게 문명과 여러 기술을 가르친 것으로 믿어졌다. 그러나 그렇게 함으로써 그는 제우스의 뜻에 배반하였으므로 신과 인간들의 지배자인 제우스의 분노를 샀다.

그래서 제우스는 그를 코카서스 산 위의 바위에 쇠사슬로 묶어 놓았다. 독수리가 날아와서 그의 간을 쪼아먹었는데 먹으면 바로 그 자리에 새 살이 돋아났다. 프로메테우스는 만약 그가 제우스의 뜻에 복종을 맹세하기만 하면 이와 같은 고통을 면할 수도 있었을 것이다. 왜냐하면 그는 제우스의 왕위 보전에 관한 비밀을 알고 있었고, 만약 그가 이 비밀을 그에게 귀뜸만 해주어도 바로 그의 총애를 받았을 것이기 때문이었다. 그러나 그는 이와 같은 행동을 경멸하였다. 따라서 그는 부당한 수난에 대한 영웅적인 인내와 압제에 반항하는 의지력의 상징이 되었다.

# 슬픈 연인들 3

홍수 때문에 대지는 진흙투성이가 되었지만 그 덕택에 아주 비옥하게 되었고, 좋은 것 나쁜 것 할 것 없이 온갖 종류의 많은 산물이 산출되었다. 그 중에서도 피톤이라고 불리는 굉장히 큰 뱀이 나와서 공포의 대상이 되었는데, 파르나소스산의 동굴 속에 잠입하고 있었다. 아폴론은 이 뱀을 화살을 가지고 사살하였는데, 이 화살은 그가 토끼나 산양과 같은 약한 동물을 사냥하는 데에만 사용하였던 무기였다. 이 눈부신 전과를 기념하기 위하여 아폴론은 피톤 경기를 창설하였다. 이 경기 때 역기力技나 경주, 혹은 이륜차 경주에서 우승한 자에게는 너도밤나무잎으로 만든 관을 씌워 주었다. 그때에는 아직 월계수는 아폴론에 의하여 그의 나무로서 채택되지 않았기 때문이었다.

벨베데레라고 불리는 아폴론의 유명한 상이 있는데 피톤을 정복한 후의 이 신의 모습을 묘사한 것이다.

:: 아폴론과 다프네

다프네는 아폴론의 최초의 애인이었다. 그 사랑은 우연히 이루어진 연애가 아니고 에로스의 심술 때문에 이루어졌다. 어느 날 아폴론은 활과 화살을 가지고 놀고 있는 이 소년을 보았다. 마침 피톤을 정복하고 득의양양하여 있던 때였다.

"애야, 전쟁 때나 쓰는 그런 무기를 가지고 무엇을 하려는 거니? 그런 무기는 쓸 만한 사람에게 줘라. 자, 봐! 나는 이 무기로 넓은 들 위에 독을 머금은 몸뚱이를 넓게 펼치고 있던 거대한 뱀과 싸워 승리를 거두었다! 너 같은 어린애는 횃불을 가지고 불장난이나 하거라. 너희들이 늘 말하는 그 불장난 말이다. 그러나 건방지게 나의 무기에 손을 대지는 말아라."

이 말을 듣자 아프로디테의 아들 에로스는 대답하였다.

"아폴론, 당신의 화살은 다른 모든 것을 맞출지 모르나 내 화살은 당신을 맞출 걸요!"

이렇게 말하며 에로스는 파르나소스산의 바위 위에 서서 서로 다른 사람이 만든 두 개의 화살을 전통에서 끄집어 냈는데, 하나는 사랑을

아폴론과 다프네

일으키는 화살이고, 하나는 그것을 거부하는 화살이었다. 전자는 금으로 된 끝이 뾰족하며 후자는 무디고 끝이 납으로 되어 있었다.

에로스는 납화살로 강의 신 페네이오스의 딸인 요정 다프네의 가슴을 쏘고 금화살은 아폴론의 가슴에 쏘았다. 그러자 바로 아폴론은 이 소녀를 사랑하게 되었지만 다프네는 연애라는 것은 생각조차 하지 않게 되었다. 그녀의 유일한 낙은 숲 속을 쏘다니며 사냥하는 것이었다. 그녀에게 수많은 남자들이 청혼을 했으나, 그녀는 여전히 숲 속을 쏘다니며 연애니 결혼이니 하는 것은 염두에도 두지 않고 그들을 모두 거절하였다. 그녀의 아버지는 이따금 그녀에게 말하였다.

"사위도 보고 손자도 봐야 할 것이 아니냐?"

다프네에게 있어 결혼은 죄악을 범하는 것같이 생각되었으므로 그녀는 아름다운 얼굴을 붉히면서 아버지의 목에 팔을 감고 말하였다.

"아버지, 제발 저도 아르테미스처럼 결혼하지 않고 언제나 처녀로 있도록 해주십시오."

아버지는 마지못해 승낙하면서 덧붙여 말하였다.

"네 얼굴이 그렇게는 내버려두지 않을 것이다."

아폴론은 그녀를 사랑하였고 어떻게든 손 안에 넣으려는 생각밖에 없었다. 전 세계에 신탁을 주는 그도 자기 자신의 운명을 예측하지는 못하였다. 그는 다프네의 양 어깨에 머리카락이 아무렇게 늘어진 것을 보고 말하였다.

"빗질을 하지 않아도 저렇게 아름다우니 곱게 빗으면 얼마나 아름다울까?"

그는 별과 같이 빛나는 그녀의 눈과 가느다란 그녀의 입술을 보았다. 그러나 보는 것만으로는 만족할 수가 없었다. 그는 그녀의 손과 어깨까지 드러난 팔을 보고 감탄하였다. 그리고 드러나지 않은 부분은 얼마나 더 아름다울까 하고 상상하였다. 그는 다프네의 뒤를 따라갔다. 그녀는 바람보다도 빨리 달아나 아무리 그가 간청하여도 잠시도 발길을 멈추지 않았다. 그는 말하였다.

"잠깐만 기다려요. 당신은 양이 늑대를 피하고 비둘기가 매를 피하듯이 나를 피하고 있으나, 제발 그러지 마시오. 내가 당신을 쫓아다니는 것은 사랑하기 때문이오. 나 때문에 그렇게 달아나다가 돌에 걸려 넘어져서 다치지나 않을까 걱정이오. 제발 좀 천천히 가시오. 나도 천천히 따를 것이니. 나는 시골뜨기도 아니고 무식한 농사꾼도 아니오. 나는 델포이와 테네도스의 왕이며 제우스가 나의 아버지요. 그리고 현재나 미래의 모든 것을 빠짐없이 알고 있소. 나는 노래와 리라의 신이오. 나의 화살은 표적을 정확히 맞히오. 그러나 아, 나의 화살보다도 더 치명적인 화살이 나의 가슴을 뚫었소. 나는 약의 신이고, 모든 약초의 효능을 알고 있소. 그러나 아, 지금 내가 앓고 있는 병은 어떠한 약으로도 고칠 수 없소."

다프네는 계속 달아났다. 그래서 아폴론은 할 말을 다 할 수도 없었다. 그러나 달아나는 그녀의 모습은 더욱 아름다워 보였다. 돛이 바람에 나부끼듯 뒤로 늘어뜨린 그녀의 머리카락은 마치 흐르는 물과 같았다.

아폴론은 자기의 구애가 거절되자 불타는 가슴에 더욱 걸음을 빨리하여 다프네를 바짝 뒤쫓았다. 그것은 마치 사냥개가 토끼를 추격하여 입을 벌려 당장이라도 물려고 하면 약한 토끼는 몸을 돌이켜 달아나는 것과도 같았다. 이렇게 아폴론과 다프네는 달렸다. 그는 사랑의 날개를 타고 그녀는 공포의 날개를 타고. 그러나 추격하는 아폴론이 더 빨라 마침내 그녀를 붙잡고, 헐떡이는 숨길을 그녀의 머리카락 위에 내쉬었다. 힘이 빠진 다프네는 쓰러지면서 아버지인 강의 신에게 호소하였다.

"아버지 살려 주십시오. 땅을 열어 저를 숨겨 주시든지, 아니면 이와 같은 위험을 가져온 저의 모습을 변하게 해주십시오."

이 말이 끝나자마자 그녀의 팔다리는 굳어지고 가슴은 부드러운 나무껍질을 뒤덮였으며 머리카락은 나뭇잎이 되고 팔은 가지가 되었으며 그녀의 발은 뿌리가 되어 땅 속을 파고들었다. 얼굴은 가지 끝이 되어 모습은 달라졌으나 아름다움만은 여전하였다.

월계수로 변해가는 다프네

아폴론은 깜짝 놀라 그 자리에서 머뭇거렸다. 줄기를 만져 보니 새로운 껍질 밑에서 몸이 떨고 있는 것 같았다. 가지를 포옹하고 나무에 키스를 퍼부었다. 가지들은 그의 키스를 받지 않으려는 듯 움츠렸다. 아폴론은 말하였다.

"그대는 이제 나의 아내가 될 수 없으니 나의 나무가 되게 하리라. 나는 나의 왕관으로서 그대를 쓰려고 하오. 나는 그대를 가지고 나의 리라와 화살통을 장식하리라. 그리고 위대한 로마의 장군들이 카피톨리움 언덕제우스의 신전이 있음으로 개선 행진을 할 때 나는 그들의 이마에 그대의 잎으로 엮은 관을 씌우리라. 또 영원의 청춘이야말로 내가 주재하는 것이므로 그대도 또한 상록수일 것이며 그대의 잎은 시드는 것을 모를 것이오."

이미 월계수로 변해 버린 다프네는 감사의 뜻으로 머리를 숙였다.


:: 피라모스와 티스베

세미라미스 여왕이 다스리는 동안 바빌로니아에서 제일가는 미남은 피라모스였고 미녀는 티스베였다. 이 두 사람의 부모들은 이웃하여 살고 있었으므로 자주 내왕하였다. 이들의 관계는 마침내 연애로 발전하였다. 두 남녀는 결혼하고 싶어하였으나 부모들이 반대하였다. 그러나 부모들도 더 이상 반대할 수 없었던 것은 두 남녀의 마음 속에 타오르는 사랑의 불꽃을 어찌할 수 없었다. 두 사람은 몸짓이나 눈짓으로 사랑을 속삭였고, 남몰래 속삭이는 사랑인만큼 그 불꽃은 더 강렬하게 타올랐다. 두 집 사이의 벽에는 틈이 난 곳이 하나 있었는데 아무도 그것을 발견하지 못하였다. 그러나 사랑하는 남녀는 그것을 발견할 수 있었다. 사랑이 무엇을 발견하지 못하겠는가? 이 틈이 두 사람의 사랑의 통로가 되어 사랑의 편지가 넘나들었다.

피라모스는 이쪽에 서고 티스베는 저쪽에 섰을 때 두 사람의 입김은 하나가 되었다. 그들은 한탄하였다.

티스베와 피라모스가 사랑을 속삭이던 벽

"무정한 벽이여, 너는 왜 사랑하는 두 사람을 떼어 놓는가? 그러나 우리는 너를 고맙게 여긴다. 우리가 이렇게 사랑의 속삭임을 주고받을 수 있는 것도 다 네 덕택이니까."

이와 같은 말을 그들은 벽의 양쪽에서 속삭였다. 그리고 밤이 되어 이별하지 않으면 안 될 때에는 더 가까이 갈 수는 없었으므로 남자는 남자 쪽, 여자는 여자 쪽 벽에다 대고 키스를 하였다.

어느 날 아침, 새벽의 여신 에오스가 별들의 불을 끄고 태양이 풀 위에 내린 이슬을 날려 버릴 때가 되면, 그들은 또 같은 곳에서 만났다. 두 사람은 자기들의 가혹한 운명을 한탄한 끝에 마침내 한 계책을 꾸몄다. 다음날 밤 가족들이 모두 잠들면 감시의 눈을 피하

그리스 로마신화 | 41

여 집을 빠져나와 들판으로 가기로 약속하였다. 그리고 성 밖에 있는 니노스의 납골당이라고 불리는 유명한 건물이 있는 곳에서 만나기로 하고, 먼저 도착한 사람이 한 나무 밑에서 나중에 오는 사람을 기다리기로 하였다. 그 나무는 흰 뽕나무로 맑은 샘 곁에 있었다.

이렇게 일을 꾸민 후 그들은 태양이 물 아래로 내려가고 밤이 그 위로 떠오르기를 가슴을 졸이며 기다렸다. 이윽고 티스베는 가족들 눈에 띄지 않게 집을 나와 머리에는 베일을 쓰고 약속한 곳에 가서 약속한 나무 밑에 앉아 있었다. 그때, 그녀는 한 마리의 사자가 방금 무엇을 잡아먹었는지 입에서 지독한 냄새를 풍기며 물을 마시려고 우물가로 가까이 오고 있는 것을 보았다. 티스베는 그것을 목격하고 달아나서 바위 틈에 숨었다. 그런데 그녀는 달아날 때 베일을 떨어뜨렸다. 사자는 우물에서 물을 마시고 난 뒤에 숲 속으로 돌아가려고 몸을 돌리다 말고 땅 위에 베일이 떨어진 것을 보고 피묻은 입으로 발기발기 찢어 버렸다.

피라모스는 늦게서야 약속한 장소로 걸어가고 있었다. 그는 모래 위에 난 사자의 발자국을 보고 안색이 창백하게 질렸다. 그는 곧 발기발기 찢어져 피가 묻은 베일을 발견하였다. 그는 부르짖었다.

"오, 가엾은 티스베, 그대가 죽은 것은 나 때문이다. 나보다도 더 살 가치가 있는 네가 희생이 되었구나. 나도 그대를 따르겠다. 모든 죄는 내게 있다. 그대를 이와 같이 위험한 장소로 유인하여 놓고 홀로 내버려두다니…… 오라, 사자들아, 어서 나오라. 그리고 이 죄인의 몸을 너희들의 이로 물어 뜯어라."

그는 베일을 손에 들고 약속한 곳으로 가서 무수한 키스와 눈물로 나무를 적셨다. 그리고

"나의 피로 너의 몸을 물들이리라."

하고 칼을 빼 자기의 가슴을 찔렀다. 피가 상처로부터 물솟듯 흘러나와 흰 뽕나무를 붉게 물들였다. 피는 땅 위에 흘러 뿌리에 미치고 붉은 빛깔은 줄기에 스며들어 열매까지 올라갔다.

이때 티스베는 아직도 공포에 떨면서도 사랑하는 사람을 실망시키지 않으려고 조심조심 걸어나와 자기가 겪은 위험을 이야기하려고 불안한 마음으로 급히 피라모스를 찾았다. 그녀는 약속한 장소에 와서 뽕나무의 빛깔이 달라진 것을 보고서 이곳이 같은 곳일까 하고 의심하였다. 그녀가 망설이고 있는데 이때 빈사상태인 사람의 모습이 눈이 띄었다. 티스베는 깜짝 놀라 물러섰다. 그것은 마치 한 줄기 바람이 불어 잔잔하던 수면에 물결이 일어나듯 그녀는 전율을 느꼈다. 그러나 그것이 사랑하는 피라모스임을 알자, 그녀는 소리치고 시체를 끌어안고 상처에 눈물을 쏟으며 싸늘한 입술에다 키스를 하였다. 그녀는 부르짖었다.

"오, 피라모스, 이것이 어찌된 일입니까? 말 좀 해보세요. 피라모스, 나예요, 나. 당신의 티스베예요. 내 말을 들으세요. 그리고 늘어진 머리를 들어요."

티스베란 말을 듣자 피라모스는 잠깐 눈을 떴다. 그리고 다시 감았다. 티스베는 자신의 베일이 피로 물들여지고 그의 칼집에는 칼이 없음을 보았다.

"자결하셨군요. 그것도 나 때문에……"

라고 그녀는 말하였다.

"이번만은 나도 용감할 수 있어요. 내 사랑도 당신의 사랑에 결코 뒤지지 않아요. 나도 당신의 뒤를 따르겠어요. 모두 나 때문이니까요. 죽음만이 당신과 나를 갈라놓을 수 있었으나, 그 죽음도 내가 당신 곁으로 가는 것을 막지는 못할 것입니다. 그리고 우리들의 불행한 양가 부모님, 우리 두 사람의 청을 물리치지 마소서. 사랑과 죽음이 저희들을 결합시켰으니 한 무덤에 묻어 주시옵소서. 그리고 뽕나무야, 너는 우리들의 죽음을 기념해 다오. 내 열매로 하여금 우리의 피의 기념이 되도록 하여 다오."

이렇게 말하면서 티스베는 칼로 가슴을 찔렀다. 티스베의 부모도 딸의 소원을 받아들였고, 신들도 또한 옳다고 여겼다. 두 사람의 유해는 한 무덤에 묻혔다. 그리고 그 이후 뽕나무는 오늘에 이르기까지 검붉은 열매를 맺게 되었다.

:: 케팔로스와 프로크리스

케팔로스는 미남이고 씩씩한 청년이었고 사내다운 스포츠를 좋아하였다. 그는 해가 뜨기 전에 일어나서 짐승을 추격하기가 일쑤였다. 어느 날 새벽의 여신 에오스가 그를 발견하고 사랑하게 되어 그를 납치하였다. 그러나 케팔로스는 최근에 결혼한 아름다운 아내가 있었다. 아내의 이름은 프로크리스였다. 그녀는 사냥의 여신 아르테미스의 총애를 받았고, 여신은 그녀에게 어떤 개보다도 빨리 달리는 개 한 마리와, 그 과녁을 틀림없이 맞추는 투창을 주었다. 그리고 프로크리스는 이 두 선물을 남편에게 주었다.

　케팔로스는 아내를 사랑하였으므로 에오스의 사랑을 받아들이지 않았다. 그래서 여신은 마침내 노하여

　"가거라, 이 배은망덕한 놈아, 여편네나 아껴 주어라. 그러나 반드시 그년한테 돌아간 것을 후회할 때가 올 것이다."
라고 말하면서 그를 놓아 주었다.

　케팔로스는 집으로 돌아왔다. 그리고 전과 같이 그의 아내와 더불어 행복한 생활을 하였으며 사냥도 즐겼다. 그런데 마침 어떤 신이 노하여서 그 나라를 괴롭히려고 사나운 여우 한 마리를 보냈다. 여러 사냥꾼들이 나서서 여우를 잡으려고 전력을 쏟았으나 그들의 노력은 모두 허사였다. 그 여우를 추격해서 잡을 수 있는 개는 한 마리도 없었다. 마침내 사냥꾼들은 케팔로스에게 찾아와서 그의 유명한 개를 빌려 달라고 하였는데, 그 개의 이름은 레라프스였다. 그 개는 풀어 놓자 쏜살같이 달아났다. 모래 속에 발자국이 없었더라면 날아가지나 않았나 하고 생각될 정도였다.

　케팔로스를 비롯하여 여러 사람들이 언덕 위에 서서 그 경주를 지켜보고 있었다. 여우는 온갖 재주를 다 부렸다. 빙빙 돌기도 하고 방향을 바꾸기도 하였다. 개는 입을 벌리고 여우에게 달려들어 그 뒷발을 물었는가 하였지만 그러나 물린 것은 여우가 아니라 공기였다. 케팔로스가 그의 창을 던지려고 한 순간 갑자기 개도 여우도 순식간에 움직임을 멈추었다. 개도 주고 여우도 준 하늘의 신들은 둘 중 어느 쪽이 이기기를 원치 않았다. 살아서 움직이는 모습 그대로 이 두 짐승은 돌로 변하였다. 개는 짖으려 하고 여우는 앞

으로 달아나려고 하는, 살아 있는 그대로의 모습이었다. 그 돌을 본 사람은 누구나 그렇게 생각하였을 것이다.

케팔로스는 개를 잃기는 하였으나 계속해서 사냥을 즐겼다. 그는 아침 일찍 집을 나와 단신으로 숲과 언덕을 헤매었다. 왜냐하면 어떤 경우도 빗나가는 일이 없는 확실한 무기가 있었기 때문이었다. 사냥에 지치면, 해가 중천에 떠오른 때 찬 시냇물이 흐르는 그늘진 구석을 찾아 풀 위에 누워 옷을 벗고 서늘한 바람을 즐겼다. 때로는 소리 높이

"오라, 감미로운 바람아! 나의 가슴에 부채질을 해다오. 오라, 나를 불태우는 열을 식혀 다오."
라고 외쳤다.

어느 날 길을 지나가던 한 사람이 케팔로스가 이렇게 공중을 향하여 말하는 것을 듣고 어리석게도 어떤 처녀와 이야기하는 줄 알고, 이 비밀을 케팔로스의 아내 프로크리스에게 달려가서 전하였다. 프로크리스는 그 말을 듣고 갑자기 충격을 받아 기절하였다. 잠시 후 깨어나자 그녀는 이렇게 말하였다.

"그럴 리가 없어. 내 눈으로 직접 보기 전에는 믿지 않겠어."

그래서 프로크리스는 마음을 졸이면서 다음날 아침까지 기다렸다. 케팔로스는 그날도 사냥하러 갔다. 그녀는 몰래 그의 뒤를 따랐다. 그리고 밀고자가 알려준 장소에 가서 몸을 숨기고 기다렸다. 케팔로스는 사냥하다 지치면 늘 가는 그 장소에 왔다. 그리고 초록색 강 언덕에 몸을 누이고 말하였다.

"오라, 감미로운 바람아! 와서 나에게 부채질을 해 다오. 내가 얼

마나 너를 사랑하는지는 너도 잘 알리라. 네가 있기 때문에 숲도 나의 외로운 산책도 즐겁단다."

이렇게 말을 하고 있는데, 문득 숲 속에서 흐느끼는 소리가 들려왔다. 아니 들은 것 같았다. 그는 들짐승이 아닌가 생각하고 소리 나는 곳을 향하여 창을 던졌다. 사랑하는 프로크리스의 외마디 비명이 들려 오자 던진 창이 표적을 정확히 맞혔음을 알 수 있었다. 케팔로스가 곧장 그곳으로 달려가 보니, 프로크리스는 피를 흘리면서 자기가 케팔로스에게 선물로 준 창을 있는 힘을 다하여 상처에서 빼려고 애를 쓰고 있었다. 케팔로스는 그녀를 안아 일으키고 출혈을 막으려고 온갖 애를 다 썼다. 그리고

"정신차려요, 나를 두고 어디로 간단 말이오? 당신 없는 나는 가엾은 신세가 되지 않겠소? 죽음으로써 나를 책망하지 말아요."
라고 외쳤다.

그녀는 겨우 눈을 떴다. 그리고 몇 마디를 하였다.

"여보, 당신이 나를 사랑한 일이 있었다면, 그리고 내가 당신의 사랑을 받을 만한 가치가 있었다면, 제발 나의 마지막 소원을 들어 주세요. 그 나쁜 바람과는 결혼하지 말아 주세요."

이 말로 모든 비밀을 밝힌 셈이다. 그러나 이제 와서 그것을 밝힌들 무슨 소용 있으랴. 그녀는 이미 죽어 가고 있었다. 그러나 그녀의 얼굴은 한없이 평화로운 표정을 띠고 있었다. 그가 사건의 진상을 설명하였을 때 그녀는 그를 용서하는 것처럼 애처로운 남편을 응시하는 것 같았다.

# 4 여신들의 노여움

:: 헤라의 연적 이오

 어느 날 하늘의 여왕 헤라유노는 갑자기 날이 어두워지는 것을 보고, 이것은 필시 남편 제우스가 세상에 알려지기를 꺼리는 일을 저지르고, 그것을 감추려고 구름을 일으킨 까닭이라고 생각하였다. 헤라가 구름을 헤치고 보니 남편은 풀이 무성한 냇가에 있었고 아름다운 암송아지가 그 곁에 서 있었다.
 헤라는 그 암송아지는 인간의 모습을 한 님프가 둔갑을 하고 있는 것이 아닐까 하고 의심하였는데 그것은 사실이었다. 제우스는 강의 신 이나코스의 딸인 이오와 이제까지 희롱하다가 아내 헤라가 가까이 오는 것을 보고 이오를 암송아지의 모습으로 변신시켰던 것이다.
 헤라는 남편 곁에 와서 암송아지를 보고 그 아름다움을 찬양하였다. 그리고 누구의 것이며 무슨 짐승이냐고 물었다. 제우스는 계속되는 질문을 막기 위하여 그것은 지상에서 새로이 태어난 것이라고 답변하였다. 그러자 헤라는 그것을 자기에세 선물로 달라고 간청하였다. 제우스는 어떻게 하면 좋을지 망설였다. 그는 자기 애인을 아내에게 주기는 싫었다. 그러나 한 마리의 송아지쯤을 못 준다고 거절할 수도 없었다. 내가 거절하면 의심을 받을까 봐. 그래서 승낙하였다. 그러

제우스와 이오

나 여신은 아직도 의심을 풀지 못하였으므로 송아지를 아르고스에게 보내어 엄중히 감시하도록 하였다.

　아르고스는 머리에 백 개의 눈을 달고 있었다. 그는 잠을 잘 때에는 언제나 동시에 두 개 이상의 눈을 감지 않았으므로 이오를 끊임없이 감시할 수 있었다. 낮에는 마음대로 먹을 것을 먹게 방치해 두었지만, 밤이 되면 목덜미를 보기 흉한 끈으로 묶었다.

　이오는 팔을 내밀고 아르고스에게 풀어 달라고 애원하려 하였으나 내밀 팔이 없었고, 목소리는 자기 자신도 놀랄 소의 울음 소리였다.

　아버지와 자매들을 보고서 그 곁으로 가니 그들은 등을 쓰다듬으며 아름다운 소라고 감탄하였다. 아버지가 손을 내밀어 한 다발의

풀을 주자 이오는 그의 손을 핥았다. 이오는 자기가 누구인가를 아버지에게 알리고 자기의 소원을 말하고 싶었다. 그러나 말을 할 수가 없었다. 마침내 이오는 글씨를 쓸 생각을 하고 자기의 이름 — 그것은 짧은 이름이었다 — 을 발굽으로 모래 위에 썼다. 이나코스는 그것을 알아보았다. 그는 오랫동안 찾아 헤매였으나 찾지 못하였던 딸이 암송아지로 변신하고 있는 것을 발견하자, 애통한 마음 금할 수 없어 딸의 목을 끌어안으면서 외쳤다.

"오, 나의 딸이여, 너를 아주 잃는 편이 덜 애통스러웠을 게다."

이나코스가 이같이 탄식하고 있는 것을 보고 아르고스는 가까이 와서 이오를 데려가 버렸다. 그리고 모든 곳을 다 내려다볼 수 있는 높은 둑 위에 자리를 잡고 앉아 이오를 감시했다.

제우스는 자기의 애인이 고생하는 것을 보고 괴로워하며 헤르메스를 불러 아르고스를 물리치라고 명령하였다. 헤르메스는 서둘러서 발에는 날개 달린 신을 신고, 머리에는 모자를 쓰고, 잠이 오게 하는 지팡이를 짚고 천상의 탑으로부터 지상으로 뛰어내렸다. 지상에 내리자 날개를 떼어 버리고 지팡이만 손에 들고 양 떼를 몰고 있는 목동과 같은 모습으로 이리저리 거닐면서 피리를 불었다. 그것은 시링크스 판이라고 하는 피리였다. 아르고스는 이제까지 그와 같은 악기를 본 일이 없었으므로 호기심이 생겼다.

"젊은이, 이리 와서 내 곁에 있는 이 돌 위에 앉게. 이 부근이 양이 풀을 뜯기에는 제일 좋은 곳일세. 그리고 이곳에는 목동들이 쉴 수 있는 좋은 그늘이 있네."

헤르메스는 아르고스의 곁에 앉아서 한참 동안 이런저런 이야기를 하였다. 이윽고 날이 어두워지자 그는 감시의 눈을 잠들게 하기 위하여 마음을 진정시키는 곡조로 피리를 불었다. 그러나 허사였다. 왜냐하면 아르고스의 여러 개의 눈은 대부분 잠들었다. 그 중 몇 개는 여전히 눈을 뜨고 있었기에 때문이었다.

　헤르메스는 자기가 불고 있는 피리가 어떻게 발명되었는지를 아르고스에게 이야기하였다.

　"시링크스라는 이름의 어떤 님프가 있었는데, 그 님프는 사티로스와 숲의 정精; spirits들로부터 많은 사랑을 받고 있었습니다. 그러나 시링크스는 아무도 좋아하지 않고 여신 아르테미스의 충실한 숭배자로서 사냥하는 데만 따라다녔습니다. 시링크스가 사냥복을 입었을 때는 여신 자신과 혼동될 만큼 서로 닮았습니다. 오직 다른 점이 있었다면, 아르테미스의 활은 은으로 만든 것이었는데 시링크스의 활은 뿔로 만든 것이라는 점뿐이었습니다.

　어느 날 시링크스가 사냥에서 돌아오는 길에 판가축과 목동의 수호신을 만난 일이 있었는데 판도 그와 같은 말을 하였습니다. 시링크스는 그의 찬사에도 귀를 기울이지 않고 달아났습니다. 그는 시냇가의 제방 둑까지 시링크스의 뒤를 쫓아 그곳에서 그녀를 붙잡았습니다. 시링크스는 다급하여 친구인 물의 님프들에게 구원을 청하였습니다. 그녀들은 그녀의 구원을 청하는 소리를 듣고 돕기로 하였습니다. 판의 팔이 시링크스의 목을 끌어안은 순간 놀랍게도 그가 포옹한 것은 한 묶음의 갈대로 변해 버렸습니다. 판이 탄식을 하자 그 탄식은 갈대 속을 지나 슬픈 멜로디를 냈습니다. 판은 그 신기하고 감미로운 멜로디에 취하여 말하였습니다. '이렇게 된 이상 이렇게 해서라도 나는 너를 내 것으로 만들어야겠다.' 그래서 그는 몇 개의 갈대를 꺾어 길이가 같지 않은 것을 나란히 한데 합쳐 악기를 만들고, 사랑하는 님프를 시링크스의 이름을 따서 시링크스라고 불렀습니다."

헤르메스가 이 이야기를 다 끝마치기 전에 아르고스의 여러 눈이 잠이 들었다. 그의 머리가 가슴 위에서 끄덕이고 있을 때 헤르메스는 단칼로 그의 목을 베어 버렸다. 그러자 머리가 바위 위로 굴러 떨어졌다. 오, 불행한 아르고스여! 너의 백 개의 눈은 빛을 일시에 잃었구나! 헤라는 이 눈들을 빼어 자기의 공작의 꼬리에다 장식으로 달았다. 그래서 오늘날까지 그 눈들이 공작의 꼬리에 달려 있는 것이다.

한편 헤라의 복수심은 이것으로 만족하지 않았다. 그녀는 이오를 괴롭히기 위하여 한 마리의 등에[䖟]를 보냈다. 이오는 이 등에의 추적을 피하기 위하여 온 세계를 떠돌아다녔다. 이오는 이오니아 해를 헤엄쳐서 건넜으므로 그 바다는 이오의 이름을 따서 이오니아 해라고 명명한 것이다.

그리고 이오는 일리리아의 평야를 방황

결혼의 수호 여신 헤라

하고, 하이모스산에 오르고, 트라키아 해협을 횡단하고 — 이 해협의 이름을 보스포로스소가 건넜다라고 하는 것은 이에서 유래한다 — 스키티아를 지나 킴메리아인의 나라를 배회하다가 나일강가에 도달하였다. 마침내 제우스가 나서서 앞으로는 이오와의 관계를 끊겠다고 약속하였으므로 헤라는 이오를 원래의 모습으로 회복시키는 데 동의하였다.

이오가 다시 인간의 모습으로 돌아온 과정은 기묘하였다. 먼저 거친 털이 몸에서 빠지고, 뿔이 사라지고, 눈이 점점 작아지고, 입이 짧아졌다. 또 앞발의 발굽 대신에 손과 손가락이 돋아났다. 그리하여 마침내 암송아지의 모든 모습은 사라지고 본래의 그의 아름다움을 되찾았다. 처음에는 소의 울음 소리가 나지나 않을까 걱정되어 말하기를 꺼렸으나 자신감을 갖게 되어 아버지와 자매들에게 돌아갈 수 있었다.

:: 헤라의 연적 칼리스토

칼리스토라는 처녀도 헤라의 질투심을 자극한 사람 중의 하나로 헤라는 이 처녀를 곰으로 만들어 버렸다. 헤라는
"나의 남편을 매혹시킨 너의 아름다움을 빼앗아 버리겠다."
고 말하였다.

칼리스토는 손과 무릎을 땅에 대고 애원하기 위해 팔을 펴려고 하였다. 그러나 팔에는 벌서 검은 털이 돋기 시작하였다. 손은 둥글게 변했으며 구부러진 손톱이 돋아나 곰의 앞발이 되었다. 제우

스가 늘 아름답다고 칭찬하던 입은 무서운 한 쌍의 곰의 입이 되었다. 듣는 사람의 마음을 감동시켜 애련의 정을 불러일으키던 목소리는 으르렁대는 곰의 포효가 되어 공포를 불러일으키는 데 더 적합하게 되었다. 그러나 마음만은 전과 다름이 없었다. 그녀는 신음소리를 내면서 자기의 운명을 탄식하였다. 그리고 용서를 빌기 위하여 앞다리를 들고 될 수 있는 한 꼿꼿이 섰다. 말은 할 수 없었지만 제우스를 원망하였다.

칼리스토는 홀로 밤새도록 숲 속에 있기가 무서워 전에 잘 다니던 곳을 방황한 일도 한두 번이 아니었다. 얼마 전까지도 여자 사냥꾼이었던 그녀가 사냥개에 놀라고 사냥꾼들이 두려워 도망친 일이 얼마나 많았던가! 때로는 자기 자신이 짐승이 되었다는 것을 잊고 다른 짐승들을 피한 일도 있었다. 그리고 자기 자신이 곰이 되었음에도 다른 곰을 두려워하기도 하였다.

어느 날 한 청년이 사냥을 하다가 칼리스토를 발견하였다. 칼리스토도 그 청년을 보았다. 그가 이제 한 청년으로 장성한 자기의 아들임을 알았다. 칼리스토는 발을 멈추었다. 그리고 아들을 포옹하고 싶은 마음을 금할 길이 없었다. 그래서 가까이 가려고 하자 청년은 깜짝 놀라 창을 들고 칼리스토를 찌르려고 하였다.

그때 마침 제우스는 이 광경을 보고서 행동을 멈추게 하여 그들을 둘 다 데려다 큰곰자리와 작은곰자리로 하늘의 별들 사이에 박아주었다.

헤라는 자기의 연적이 이와 같이 명예스러운 지위에 오르게 되자 크게 노하여 급히 늙은 바다의 신인 테티스와 오케아노스를 찾아갔다. 그리고 그들이 무슨 일로 왔느냐고 묻자 다음과 같이 그 이유를 설명하였다.

"당신들은 신들의 여왕인 내가 왜 넓은 하늘을 떠나서 이 깊은 바다를 찾아왔느냐고 묻는 것이지요? 하지만 나를 하늘에서 밀어내고, 대신 내 자리에 앉게 된 자가 있단 말이오. 내 말이 믿어지지 않거든 밤이 와서 세상이 어두워졌을 때 보십시오. 그러면 북극 하늘, 제일 작은 별자리가 있는 곳에 내가 원한을 품어도 마땅한 두 연놈이 하늘로 올라오게 된 것을 볼 것이오. 나를 노하게 한 자가 도리어 이와 같이 명예를 누리게 된다면, 앞으로 나의 노여움을 두려워할 자가 누가 있겠소. 내가 한 일의 결과가 어떻게 되었는지 보십시오. 나는 그년이 인간의 모습으로 있는 것을 금하였소. 그런데 그년은 지금 별이 되었소. 내가 벌을 준 결과가 이렇게 되었소. 나의 권능이 고작 이 정도밖에 안 된단 말이오. 그럴 바에는 내가 전에 이오에 대해서 허용한 바와 같이, 그년도 전의 형태를 되찾게 하였더라면 도리어 나았을 걸…… 이제 제우스는 그년과 결혼하고 나를 쫓아낼 것이오. 그러나 나의 양친養親과 다름없는 당신들이 나를 동정하신다면, 그리고 내가 이런 냉대를 받는 것을 좋지 않게 여기신다면, 그 증거로 그 연놈들이 당신들의 바닷속에 내려오는 것을 금하여 주십시오."

대양의 신들은 이 소원을 들어 주었다. 그 결과 큰곰과 작은곰의 두 별자리는 하늘에서 돌 뿐 다른 별들과 같이 대양 밑으로 가라앉지 못하게 되었다.

:: 아르테미스와 악타이온

이상의 두 예를 보더라도 헤라가 그 연적에 대하여 얼마나 가혹하게 다루었는지를 알 수 있다. 다음 우리는 한 처녀신 아르테미스가 자기의 사생활에 침입한 자를 어떻게 벌하였는가를 보기로 하자.

어느 날 해가 중천에 떠 있던 카드모드 왕의 아들인 젊은 악타이온은, 같이 산에서 사슴 사냥을 하고 있던 청년들에게 다음과 같이 말했다.

"친구들, 우리의 그물과 무기는 짐승들의 피로 물들었다. 오늘은 이만 하면 오늘 사냥은 잘 하였으니 내일 또 하기로 하자. 해가 떠 있는 동안에 무기를 놓고 마음껏 쉬기로 하세."

그곳에는 삼나무와 소나무가 우거지고 수렵의 여신 아르테미스에게 봉헌된 한 골짜기가 있었다. 그 골짜기 안쪽 깊숙한 곳에 굴 하나가 있었는데, 사람의 손으로 꾸민 것은 아니었지만, 그 구조가 자연적으로 묘하게 되어 있어 흡사 사람 손으로 만든 것같이 보였다. 특히 그 지붕의 둥근 천장에 돌이 알맞게 깔린 것이 그러하였다. 굴 한쪽에서는 샘물이 솟아나오고, 그 넓은 웅덩이 주위에는 풀이 우거져 있었다. 숲의 여신 아르테미스는 사냥에 지치면 으레 이곳에 와서 반짝이는 물로 자신의 순결한 몸을 씻곤 하였다.

어느 날, 여신은 님프들과 그 샘에 갔었는데, 한 님프에게는 창과 전통과 활을 맡기고, 다른 님프에게는 옷을 맡기고, 또 다른 님프에게는 여신이 신고 있던 구두를 벗기게 하였다. 그들 가운데서도 가장 솜씨가 좋은 크로칼레는 여신의 머리를 빗겨 주었다. 네펠레와 히알레를 비롯한 님프들은 큰 항아리에다 물을 긷고 있었다.

이와 같이 여신이 몸단장을 하고 있을 때 악타이온은 친구들 곁을 떠나 특별한 목적지도 없이 거닐다가 운명에 이끌리어 이곳에 오게 되었다. 그가 굴 입구에 나타나자 님프들은 비명을 지르며 여신에게 달려가서 자기들의 몸으로 여신의 나체를 가리려고 하였다. 그러나 여신은 님프들보다 키가 커서 머리 하나쯤 더 있었다. 해가 질 무렵이나 뜰 무렵에 구름을 물들이는 붉은 빛깔이 놀란 아르테미스의 얼굴을 물들였다. 님프들에게 둘러싸여 있던 아르테미스는 갑자기 화살을 찾았다. 화살이 가까이 없었으므로 침입자의 얼굴에 물을 끼얹으며 말하였다.

"돌아가서 아르테미스의 나체를 보았다고 말할 수 있겠느냐."

이 말이 끝나자마자 뾰족한 사슴뿔이 악타이온의 머리에 나고 목은 길어지고 귀는 뾰족하게 되고 손은 발이 되고 팔은 긴 다리가 되고 몸에는 얼룩얼룩 털이 나고 반점이 있는 짐승의 가죽이 덮이게 되었다. 전에는 더없이 대담했던 마음도 어딘가로 사라져 버리고 공포에 질려 그는 달아났다.

악타이온은 도망치는 자신의 걸음이 빠른 것을 알고 놀라지 않을 수 없었다. 그러나 물 속에 비친 자기의 뿔을 보았을 때,

"아, 이처럼 비참한 꼴이라니!"

하고 외쳤으나 말이 되어 나오지를 않았다. 그는 신음하였다. 눈물이 사슴의 얼굴로 변한 그의 얼굴에 흘러내렸다. 그러나 의식만은 그대로 남아 있었다. 어떻게 하면 좋을까? 숲 속에 있자니 무섭고 집으로 돌아가자니 부끄러웠다. 그가 망설이고 있는 동안에 개의

무리가 그를 발견했다. 제일 먼저 스파르타의 개인 멜람푸스가 짖어 신호를 하자 그 밖의 다른 개들도 바람보다도 빨리 그의 뒤를 뒤쫓아와 그는 바위와 절벽을 넘고 길도 없는 골짜기로 도망치고 개들은 끈질기게 추격하였다. 그가 전에 종종 사슴을 추격하고 그의 사냥개들을 격려하던 곳에서 지금은 사냥꾼들의 격려를 받으면서 자기의 사냥개들이 그를 추격하는 것이었다.

그는 '나는 악타이온이니 너희들의 주인을 알아보라'고 마음 속으로 부르짖었으나 말이 나오지를 않았다. 개짖는 소리에 사방이 소란스러웠다. 곧 한 마리가 그의 등에 달려들고 다른 한 마리는 그의 어깨를 물었다. 이 두 마리가 그들의 주인을 물고 있는 동안에 다른 개들도 달려와서 이로 그의 살을 물어 뜯었다. 그는 신음하였다 — 그것은 인간의 소리는 아니었으나 그렇다고 사슴의 울음 소리는 더더욱 아니었다. 그리고 무릎을 꿇고 눈을 들었다. 만약 그가 팔을 가졌더라면 애원하기 위하여 팔을 들었을 것이다. 그의 친구들과 몰이꾼들은 개들을 부추겼다. 그리고 사냥에 합세하라고 악타이온을 부르면서 사방을 두리번거렸다. 자신의 이름을 부르는 소리를 듣자 악타이온은 머리를 돌렸다. 그도 현장에 있었더라면 — 그렇다면 얼마나 좋았을까? — 개들의 활약을 보고 대단히 기뻐하였을 것이다. 그러나 자신이 그 공훈의 희생자가 되다니, 그것은 견디지 못할 일이었다. 개들은 그를 둘러싸고 찢고 물어 뜯곤 하였다. 개들이 그의 살을 다 뜯어먹은 후에도 아르테미스의 분노는 풀리지 않았다.

:: 레토와 농부들

어떤 사람들은 악타이온에 대한 아르테미스의 이와 같은 잔인한 행위를 너무 가혹하다고 생각하는가 하면, 다른 사람들은 처녀의 존성함에 일치되는 행위라 하여 찬양하였다. 새로운 사건은 옛 사건을 상기시키게 마련인데, 이 야기를 듣고 있던 어떤 사람이 다음과 같은 이야기를 하였다.

"옛날 리키아 지방에 살던 몇몇 시골 농부들이 언젠가 여신 레토라토나를 모욕한 일이 있었는데, 물론 무사하지는 않았다. 내가 젊었을 때 나의 아버지는 힘든 일을 하기에는 너무 연로하였으므로, 나에게는 리키아로 가서 좋은 소를 몇 마리를 사오라고 말씀하셨다. 그때 나는 지금 이야기하려고 하는 이상한 사건이 일어난 샘과 늪을 보았다. 그 근처에는 오래된 제단이 있었는데 희생물을 태운 연기로 시커멓게 그을려 있었고, 갈대 속에 거의 매몰되어 있었다.

나는 이 제단이 어떤 신 — 숲의 신인가, 내의 신인가, 혹은 이 근처에 있는 산의 신인가 — 의 제단인가를 물어 보았다. 그 지방 사람이 이렇게 대답하였다.

'이 제단은 산신의 것도 아니고 강의 신의 제단도 아닙니다. 그것은 한 여인의 제단입니다. 그 여인이란 다름 아닌 헤라 여신의 질투에 쫓겨 두 쌍둥이 아폴론과 아르테미스를 양육할 거처도 없이 이곳저곳으로 쫓겨다니던 레토 여신입니다. 팔에 두 어린 신을 안고서 레토는 이 고장에 이르렀는데 어린 것들을 안고 왔기에 몸은 피로할 대로 피로하고 목은 갈증이 나서 타고 있었습니다. 우연히 여신은 골짜기의 밑바닥에서 맑은 물이 솟아나오는 이 샘을 발견하였는데, 그곳에서는 그 고장 사람들이 버들가지를 꺾고 있었습니다.

여신은 가까이 가서 샘가에 무릎을 꿇고서 찬물에 마른 목을 축이려고 하였습니다. 그러나 농부들은 물을 먹지 못하게 하였습니다. 그러자 여신은 말하였습니다. 왜 물을 먹지 못하게 합니까? 물은 누구나 마음대로 먹을 수 있는 것이오. 자연은 아무에게나 햇볕이나 공기나 물을 자기의 사유물이라고 주장하는 것을 허용하지 않습니다. 누구나 누릴 수 있는 자연의 혜택을 누리려고 할 따름이오. 또한 나는 당신들에게 이렇게 간청하고 있지 않습니까? 나는 피로한 팔다리를 씻으려는 것이 아니고, 오직 목을 축이려는 것이오. 나의 입은 말도 할 수 없을 정도로 타고 있습니다. 물 한 모금이 나에게는 감로수와 같습니다. 그것은 나를 소생시킬 것이고 그러면 나는 당신들을 생명의 은인으로 알겠습니다. 이 어린것들을 봐서라도 가엽게 생각해 주십시오. 이 애들이 나를 변호라도 하려는 듯 작은 팔을 내밀고 있지 않습니까? 사실 어린것들은 팔을 내밀고 있었습니다.

레토의 이와 같이 온화한 말에 누가 감동되지 않았겠습니까? 그러나 이 농부들은 완고하게 거절하였습니다. 그들은 조롱하고, 이곳에서 당장 물러가지 않으면 가만두지 않겠다고 위협까지 하였습니다. 그뿐만이 아니었습니다. 그들은 샘 속에 들어가서 발로 텀벙거려 흙탕물이 일게 하여 먹지 못하게 하였습니다. 화가 난 레토는 목마른 것도 잊었습니다. 이제는 이 농부들에게 애원하지도 않고, 하늘을 향해 손을 들고 부르짖었습니다.

"'원컨대 그들은 이 샘을 떠나지 못하고 한평생 이곳에서 살기를……' 그러자 소원이 사실 그와 같이 되었습니다. 그들은 지금도 물 속에서 살고 있습니다. 때로는 모두 물 속으로 들어가기도 하고, 때로는 물 위에 손을 내밀고 헤엄치기도 합니다. 그리고 연못가에 나오기도 하나, 바로 다시 물 속으로 뛰어들어갑니다. 그들은 지금도 상스런 목소리로 욕지거리를 한답니다. 연못의 물을 다 차지하고 있으면서도 아직도 부족함이 있는지 부끄러움도 없이 그 속에서 개굴개굴 울고 있습니다. 그들의 목소리는 거칠고 목구멍은 부풀어 있고 입은 항상 욕지거리를 하고 때문에 죽 째지고 목은 오므라들어 없어지고, 머리와 몸뚱이가 한데 붙어 버렸습니다. 등은 녹색이고 어울리지도 않게 큰 배는 백색입니다. 한 마디로 말하면 그들은 개구리가 된 것이며 진흙투성이 연못 속에 살고 있습니다."

이상 이야기에 나오는, 레토가 헤라로부터 받은 박해라는 것은 전설에 의하면 다음과 같다.

장차 아폴론과 아르테미스의 어머니가 될 레토는 헤라의 분노를 피하여 아이가이온해를 모두 돌아다니며 은신처를 제공하여 주기를 애원하였으나, 모두 세력 있는 하늘의 여왕인 헤라의 눈 밖에 날까 두려워서 무척 겁을 집어먹고 망설였다. 오직 데로스섬만이 장차 태어날 신들에게 거처를 제공할 것을 승낙하였다. 그 당시 데로스는 물에 떠 있는 섬이었으나 레토가 그곳에 도착하였을 때, 제우스는 그 섬을 견고한 쇠사슬로 해저에 묶어 사랑하는 사람의 안전한 휴식처가 되게 해주었다고 한다.

# 5 파에톤

파에톤은 아폴론과 님프인 클리메네의 사이에서 태어난 아들이었다. 어느 날 한 친구가, 파에톤에게 네가 무슨 신의 아들이냐고 비웃었다. 파에톤은 노엽고 부끄러워 집에 돌아와 어머니에게 그 이야기를 하였다. 그리고 이렇게 말하였다.

"제가 사실 신의 아들이라면, 어머니, 그 증거를 보여 주십시오. 그리고 저의 이 명예스러운 신분을 보증해 주십시오."

클리메네는 하늘을 향하여 손을 들고 말하였다.

"나는 네게 한 내 말이 참말이라는 것에 대한 증인으로서 우리들을 내려다보고 있는 태양신을 내세우겠다. 만약 내 말이 거짓이라면 당장 죽어도 한이 없겠다. 그러나 너 자신이 가서 물어 보는 것도 어려운 일이 아니다. 태양이 떠오르는 나라는 우리나라에서 멀리 떨어져 있지 않다. 찾아가서 태양신에게 너를 자기의 아들로 인정하느냐고 물어 보아라."

파에톤은 이 말을 듣고 기뻤다. 그는 곧 해가 뜨는 영역에 위치하고 있는 인도로 갔다. 그리고 희망과 자랑스런 기분을 가슴에 가득 안고 아버지 태양신이 그 운행을 시작하는 곳으로 떠났다.

  태양신의 궁전은 원주 위에 높이 솟은 채 금과 같은 보석으로 반짝이고 잘 닦인 천장은 윤이 나는 상아로 만들어졌고, 문은 은으로 되어 있었다. 그러나 재료보다도 그것들을 가공한 솜씨는 더 훌륭하였다. 헤파이스토스가 그 벽에 지구와 바다와 하늘과 그 주민들을 새겨놓았기 때문이었다. 바다에는 님프들이 있어 물결 속에서 장난을 치거나 혹은 물고기의 등에 타기도 하며 혹은 바위 위에 앉아 바닷물같이 푸른 머리털을 말리고 있었다.

  그녀들의 얼굴은 다 같다고도 할 수 없고 같지 않다고도 할 수 없었다. 말하자면 자매와 같은 모습이었다. 땅에는 마을과 숲과 강, 전원의 신들이 새겨져 있었다. 이 모든 것 위에는 영광스러운 하늘의 모습이 조각되어 있었고, 은으로 된 문 위에는 양쪽에 여섯 개씩 열두 개의 성좌가 조각되어 있었다.

  클리메네의 아들은 험한 오르막길을 올라가서 논쟁거리가 된 그의 아버지의 궁전으로 들어갔다. 그리고 아버지가 있는 곳으로 갔는데, 광선이 너무 눈부셨기 때문에 가까이 가지를 못하고 발을 멈추었다. 아폴론은 자줏빛 옷을 입고 금강석을 박은 듯이 반짝이는 왕자에 앉아 있었다. 그의 오른편과 왼편에는 일日, 월月, 연年들이 서 있었고, 또 정확히 일정한 간격을 두고 시간들이 서 있었다. 봄의 여신은 머리에 화관을 쓰고 있었고 여름의 신은 옷을 벗고 익은 곡식의 잎으로 된 관을 쓰고 있었고, 가을의 신은 발이 포도즙으로 더럽혀져 있었고, 얼음장 같은 겨울의 신은 흰 서리로 머리털이 굳어져 있었다. 이러한 시종들에 둘러싸인 태양신은 삼라만상을 굽어보는 눈으로, 광휘찬란한 이 광경에 눈이 부신 청년을 바라보며 무슨 일로 이곳에 왔느냐고 물었다. 청년은 대답하였다.

"무한한 세계의 빛인 아버지 — 이렇게 불러도 좋겠습니까? — 아폴론이여, 원컨대 제가 당신의 아들이라는 것을 알 수 있는 증거를 보여 주십시오."

파에톤은 대답을 기다렸다. 그러자 아폴론은 머리 주위에 빛나는 광선을 제쳐 놓고 파에톤에게 가까이 오라고 명령하였다. 그가 가까이 다가가자 그를 포옹하면서 말하였다.

"너는 내 아들이 틀림없다. 너의 어머니가 너에게 한 말은 한 마디도 거짓이 없는 사실이다. 너의 의심을 풀기 위하여 무엇이든지 네가 원하는 선물을 줄 테니 말해 보라. 나는 아직 본 일이 없다만, 우리 신들이 가장 엄숙한 약속을 할 때 내세우는 저 무서운 강을 증인으로 부를 수도 있다."

파에톤은 즉석에서 하루만 태양의 이륜차를 부리게 해 달라고 하였다. 순간 아버지는 약속한 것을 후회하였다. 그는 몇 번이나 고개를 저으며 거절의 뜻을 표시하였다.

"내가 너무 경솔한 말을 하였다. 그 청만은 거부하고 싶다. 너도 거두어 주기를 바란다. 그런 청을 들어 준다는 것은 도리어 너에게 해가 될지도 모르겠고, 또 네 나이와 힘에 벅찬 소원이다. 너는 인간임에도 불구하고 인간의 힘에 겨운 것을 원하고 있다. 나는 잘 모르겠지만 그것은 신들도 감히 생각 못하는 일이다. 나 외에는 누구도 저 불타는 화차를 부리는 자는 없다. 무서운 오른팔로 번개를 던지는 제우스도 그 화차는 부리지 못한다.

그 화차가 가는 길은 표현하기 어렵고 험해서 아침에도 튼튼한 말들도 오르기 어렵다. 길 중간 부분은 높은 하늘에 솟아 있기 때문에 나도 정신이 아찔해서 나의 밑에 펼쳐져 있는 지구와 바다를 내려다보기가 곤란한 정도이다. 그리고 길의 마지막 부분은 경사가 심해서 화차를 부리는 데 가장 경계를 요한다. 나를 맞이하려고 기다리고 있는 바다의 여신 테티스는, 내가 거꾸로 곤두박질치지 않을까 근심하는 일이 종종 있다. 뿐만 아니라, 하늘은 늘 회전하는데 여러 별들은 이에 따라 움직인다. 그래서 나는 모든 것을 휩쓸어 가는 그 회전 운동에 나도 휩쓸리지 않도록 끊임없이 경계해야 한다.

만약 내가 너에게 그 이륜차를 빌려 준다면, 너는 어떻게 할 것이냐? 천구天球가 네 밑에서 회전하고 있는데 진로를 정확하게 밟아 나갈 수 있겠느냐? 아마 너는 도중에 신들이 사는 숲과 시가도 있고, 신들의 집도 있고, 궁전과 신전도 있으리라고 생각할지 모르겠다. 사실은 그렇지 않고, 길은 무서운 괴물들 사이를 통과해야 한다. 사수궁射手宮 앞에 있는 황소[金牛宮]의 뿔 곁을 지나고, 사자獅子宮의 턱 가까이 가기도 하고, 전갈[天蠍宮]이 한쪽에서 팔을 뻗치고, 다른 쪽에서는 게[天蟹宮]가 집게발 밖으로 구부리고 있는 곳도 통과한다. 또 이륜차를 끌고 가는 말을 몰기도 쉬운 일이 아니다. 왜냐하면 말들의 가슴은 입과 콧구멍으로부터 내뿜는 불로 가득 차 있기 때문이다. 나 자신도 말들이 말을 듣지 않고, 고삐대로 움직이지 않을 때는 그들을 몰기가 쉽지 않다.

잘 생각해 보아라. 만약 너에게 이륜차를 빌려 준다면, 너의 생명이 위태롭게 될지도 모른다. 아직도 늦지 않으니 너의 소원을 취소하라. 네가 나의 혈육이라는 증거는 내가 너를 위하여 걱정하는 것이 그 증거이다. 나를 보아라! 네가 나의 가슴 속을 들여다볼 수만 있다면 너는 한 아비의 걱정을 그곳에서 볼 수 있을 것이다."

아폴론은 계속하였다.

"자, 세계를 돌아보고, 바다의 것이거나 지상의 것이거나 네가 가지고 싶어하는 가장 귀중한 것을 골라 보아라. 네 마음대로 해 줄 것이니, 오직 이륜차만은 조르지 말라. 그것은 명예가 아니고 파멸을 초래할 뿐이다. 그런데 너는 여전히 내 목을 껴안고 조르는구나. 네가 그렇게 고집을 부린다면 이륜차를 주마. 내가 서약을 한 이상 지켜야 하니까. 그러나 네가 좀 더 현명한 선택을 했으면 좋겠다."

아폴론은 말을 맺었다. 그러나 파에톤은 아무리 훈계하여도 듣지 않고 처음의 소원을 고집하였다. 그래서 아폴론은 하는 수 없이 그를 이륜차가 서 있는 높은 곳으로 데리고 갔다.

그 이륜차는 헤파이스토스가 선사한 것인데 금으로 되어 있었다. 차축과 채와 바퀴는 금으로 되어 있었고 바퀴의 살은 은으로 되어 있었다. 좌석의 측면에는 감람석과 금강석이 여러 줄 박혀 있었는데, 그것은 태양의 광선을 사방에 반사되게 하였다. 대담한 청년 파에톤이 감탄하면서 들여다보고 있을 때, 새벽의 여신은 동쪽의 자줏빛 문을 열어젖히고 장미꽃을 여기저기 뿌린 길을 드러내었다. 별들은 금성의 지휘하에 물러나고, 마지막에는 금성도 퇴각하었다.

아버지 아폴론은 지구가 붉게 물들기 시작하고 달의 여신도 물러가려는 것을 보고, 시간의 신들에게 명령하여 말들에게 마구를 지우게 하였다. 그들은 명령에 복종하고 높은 마구간으로부터 암브로시아를 배불리 먹은 말을 끌어내 고삐를 매었다. 그리고 아버지는 아들의 얼굴에다 특효가 있는 고약을 발라 화염에 견딜 수 있도록 하였다. 아버지는 머리에 전에 벗어 놓았던 광선을 다시 쓰고, 불길한 일을 예감하는 듯이 탄식하면서 이렇게 말하였다.

"아들아, 적어도 한 가지만은 명심하여 아비의 말을 들어야 한다. 다름 아니라, 채찍질은 삼가고 고삐를 꼭 쥐고 있어야 한다. 말들은 멋대로 달리므로 제어하기가 어렵다. 다섯 개의 궤도 사이를 곧장 가서는 안 되고 왼편으로 비켜 가야 한다. 중간 지대로만 가야 하며 북극 지대나 남극 지대는 피해야 한다. 수레바퀴의 자국이 길의 방향을 가르쳐 주리라. 그리고 하늘과 대지가 다 골고루 열을 받게 하기 위해 진로를 너무 높게 잡으면 안 된다. 그렇게 되면 하늘의 집들을 태워 버리게 될 것이다. 또 너무 얕게 잡아도 안 된다. 그렇게 되면 지상에 불이 붙게 될 것이다. 중간 진로가 제일 안전하고 좋은 길이다. 이 정도로 해 두고 이제는 모든 것을 너의 운명에 맡긴다. 행운을 바라는 마음 간절하다. 인력보다도 운명에 달린 것이니까. 밤이 서쪽 문 밖으로 나가려고 하니 더 이상 지체할 수 없다. 자, 고삐를 잡아라. 그러나 만일 자신감을 잃게 되면 어디든지 안전한 곳에서 발을 멈추어라. 그리고 지구를 비추고 따뜻하게 하는 일은 나에게 맡겨라."

아버지의 말이 끝나자 이 청년은 이륜차 속으로 뛰어들어가 똑바로 서서 기쁨에 넘쳐서 고삐를 잡았다. 그리고 마음이 내켜 하지 않는 아버지에게 감사하다는 말을 되풀이했다.

그 동안에 말들은 콧바람과 불을 뿜는 숨을 내쉬며 성급하게 발을 구르고 있었다. 고삐를 풀어 주자 우주의 무한한 평야가 그들 앞에 전개되었다. 그들은 앞으로 돌진하고 시야를 가로막고 있는 구름을 헤치고, 같은 동쪽 지점에서 같이 출발한 미풍보다도 앞서 나아갔다. 말들은 마차가 전보다 가벼움을 느꼈다. 짐을 싣지 않은 배가 해상에서 이리저리 동요하는 것과 같이 이륜차도 전보다 짐이 가벼웠기 때문에 빈 차처럼 덜컹거렸다. 말들은 제멋대로 달렸기 때문에 평소의 궤도를 벗어나고 말았다. 파에톤은 어떻게 말을 몰아야 할지 몰랐다. 설령 알았다 하더라도 힘이 부족해서 어쩔 수 없었다.

맨 처음에 큰곰자리와 작은곰자리가 불에 그을렸다. 그들은 가능하면 바닷속으로 뛰어들고 싶었을 것이다. 그리고 북극에서 몸을 둘둘 감은 채로 움직이지 않고, 아무런 해도 끼치지 않고 누워 있던 뱀[蛇星座]은 열기를 느끼자 저도 모르게 광포한 기질이 되살아나는지 몸을 움찔거렸다. 견우성은 전하는 바에 의하면, 쟁기를 끌고 있었는데 날쌔게 몸을 움직이지는 못하였으나 달아났다는 것이다.

불운한 파에톤은 그의 발밑에서 펼쳐져 있는 지상을 내려다보는 순간 안색이 창백해지고, 무릎은 공포로 덜덜 떨렸다. 사방이 휘황찬란한데도 불구하고 눈앞이 캄캄하였다. 아버지의 말에 왜 손을 대었던가, 아버지인 줄 모르고 소원도 거절당한 편이 얼마나 좋았을까 하고 그는 후회하였다. 그는 폭풍우에 흔들리는 배와도 같이 떠내려갈 따름이었다. 그럴 때는 뱃사공도 어찌할 바를 모르고 기도나 올릴 따름이다. 어떻게 하면 좋을까? 꽤 많은 길을 왔으나 앞으로 남은 길은 훨씬 멀다. 그는 여기저기 쳐다보며 어쩔 줄을 몰라 하였다. 출발점을 돌아보기도 하고, 도착할 것 같지도 않은 해가 지는 나라를 쳐다보기도 하였다.

그는 이제 자제력을 잃었다 — 고삐를 죄야 할 것인가, 늦추어야 할 것인가, 말들의 이름도 생각이 나지 않았다. 그는 하늘의 곳곳에 산재해 있는 여러 괴물들의 형상을 보고 공포에 떨었다. 특히 전갈은 큰 두 집게발을 벌리고 꼬리와 굽은 발톱은 12궁宮 가운데 두 궁에 뻗쳐 있었다. 파에톤은 독기를 뿜으며 송곳니로 위협을 하는 이 전갈을 보자 정신을 잃고 고삐를 놓쳤다. 고삐가 풀린 것을 느끼자 말들은 줄달음질을 치며 하늘의 미지의 영역으로, 별들 사이로, 멋대로 돌진하여 이륜차는 길도 없는 곳에 내던져지고, 때로는 높은 하늘 위로 오르고 때로는 거의 지구 가까이까지 내려갔다.

달의 여신은 오라버니의 이륜차가 자기의 마차 밑을 달리고 있는 것을 보고 깜짝 놀랐다. 구름은 연기를 내기 시작하고 산꼭대기에는 불이 붙었다. 들은 열로 인해 마르고 식물은 시들고 잎이 무성한 수목은 타고, 추수할 곡식은 화염에 휩싸였다. 그러나 이것은 아직까지는 사소한 일이었다. 큰 도시들은 그 성곽과 탑과 함께 불탔으며 모든 주민은 재가 되었다. 아토스, 타우로스, 트몰로스, 오이테 등 삼림이 우거진 산들이 불탔다. 전에는 샘으로 유명하던 이 다산도 다 말라 버렸다. 무사이 여신들의 산인 헬리콘도 하이모스도 타 버렸다. 아이트나산은 안팎으로 불이 붙고, 파르나소스산의 두 봉우리도 불탔고, 로도페산은 눈雪으로 된 관을 벗지 않으면 안 되었다. 스키티아산에게도 이제 그 찬 기온이 외적의 침입을 막는 방어물이 되었던 스키티아도 그 방어물을 잃게 되었다. 코카서스산도 타고, 핀도스산도, 또 이 두 산보다 큰 올림포스산도 불탔다. 하늘에 높이 솟은 알프스산도, 구름의 관을 쓴 아페닌산도 모두 불탔다.

파에톤은 온 세계가 불이 붙은 것을 보았고 견딜 수 없는 뜨거움을 느꼈다. 그가 호흡하는 공기는 용광로의 공기와 같았으며 여기저기서 검은 연기가 솟았다. 그는 기겁하여 달아났다. 이때부터 에티오피아인의 피부는 열기로 인해 갑자기 몰려나온 체내의 검은 피 때문에 까맣게 변했고, 리비아 사막도 그때 오늘날과 같은 상태로 건조되었다. 우물의 님프들은 머리를 풀고 말라가는 물을 슬퍼하였다. 둑 밑의 강들도 온전치는 않았다. 타나이스강도, 카이코스강도, 크산토스강도, 마이안드로스강도, 금모래가 나오는 타고스강도, 백조가 잘 나타나는 카이스트로스강도 다 말라 버렸다.

나일강은 도망하여 머리를 사막 속에 감추었는데, 지금도 역시 그것은 감추어진 채로 예나 다름이 없다. 전에는 나일강이 7개월 동안 바다로 물을 토하던 곳에는 물이 마른 일곱 개의 하상河床만이 남아 있다. 지면은 갈라지고, 그 틈으로 광선이 명부에까지 비쳐 명부의 왕과 여왕을 놀라게 하였다. 바다는 말라붙었다. 전에 바닷물이 있던 곳은 메마른 평야가 되고, 파도 밑에 파묻혔던 산은 머리를 들고 섬이 되었다. 물고기들은 더 깊은 곳을 찾아가고, 돌고래는 전과 같이 물 위에서 놀 용기를 내지 못하였다. 바다의 신 네레우스와 그의 아내 도리스까지도 그들의 딸들인 물의 님프 네레이스복수는 네레이데스와 더불어 제일 깊은 해저의 동굴에 피난처를 구하였다. 포세이돈은 세 번씩이나 물 위에 머리를 내밀었다가 뜨거워서 번번이 다 물 속에 들어갔다. 물로 둘러싸여 있었던 대지의 여신은 머리와 어깨를 드러낸 채 얼굴을 손으로 가리고 하늘을 우러러보며 목쉰 소리로 제우스에게 애원하였다.

"오, 신들의 지배자여, 만일 내가 이러한 대우를 받아 마땅하고 불에 타 죽는 것이 당신의 뜻이라면, 왜 당신의 번개를 내리치지 않으십니까? 어차피 죽이시려거든 직접 당신의 손으로 죽여 주십시오. 이것이 나의 다산多産과 충실한 봉사에 대한 보상입니까? 나는 가축에게는 풀을 먹이고, 인간에게는 과실을 주었으며, 당신의 제단에는 유향을 바쳐왔는데 이것이 그 보답이란 말입니까? 설령 나를 못마땅하게 여기신다 하더라도 나와 동기간인 오케아노스[大洋神]은 무슨 짓을 하였기에 이런 재난을 받아야 합니까? 또 우리 둘 다 당신의 동정을 받을 수 없다면, 원컨대 당신의 하늘을 생각해 보십시오. 그리고 당신의 궁전의 기둥이 연기를 뿜고 있는 것을 보십시오. 그것이 타버리면 궁전도 허물어질 것입니다. 아틀라스 신지구를 어깨에 짊어지고 있는 신은 연기에 질식하여 그의 짐을 감당 못 할 정도입니다. 바다와 대지와 하늘이 사멸한다면 우리는 옛날과 같은 카오스로 돌아갈 것입니다. 아직 남아 있는 것만이라도 모든 것을 집어삼키는 화염으로부터 구출하여 주십시오. 이 무서운 순간에 우리의 구제책을 강구해 주십시오."

떨어지는 파에톤의 태양마차

대지의 여신은 이와 같이 말하였는데, 뜨겁고 목이 말라 더 이상 계속할 수 없었다. 전능한 제우스는 이 광경을 모든 신들그 가운데는 파에톤에게 이륜차를 빌려 준 아폴론도 있었다에게 보이려고 신들을 소집하였다. 그리고는 그들에게 긴급 구제책이 강구되지 않으면 모든 것이 멸망하리라는 것을 설명하고 높은 탑 위에 올라갔는데, 이 탑은 항상 제우스가 그 위에서 구름을 지상에 퍼뜨리고, 갈라진 모양의 번갯불을 던질 때마다 올라가는 곳이었다.

그러나 그때에는 지상을 가릴 구름 한 점 없었고, 빗방울도 한 방울 남아 있지 않았었다.

제우스는 우레 소리를 내며, 번쩍이는 번개를 오른손에 쥐고 흔들면서 이륜차를 몰던 파에톤을 향해 던졌다. 그러자 파에톤은 마차에서 떨어짐과 동시에 절명하고 말았다. 머리털에 불이 붙은 파에톤은 하늘에서 빛나는 줄을 그으면서 추락하는 유성과 같이 거꾸로 떨어졌다. 강의 신 에리다노스는 그를 받아들이고, 그의 불붙은 몸을 식혀 주었다. 이탈리아의 물의 님프들그 이름은 나이아데스라 하였다은 그의 분묘를 세우고, 다음과 같은 비문을 새겼다.

아폴론의 이륜차를 몰던 파에톤은
제우스의 번갯불에 맞아 이 돌 아래에 잠들다.
그는 아버지의 불수레를 부릴 능력이 없었지만
그의 뜻만은 호담하였다.

파에톤의 누이들이름은 헬리아데스은 오빠의 운명을 탄식하다가 에리다노스 강가의 포플라나무로 변하였고, 끊임없이 흐른 그녀들의 눈물은 강에 떨어져 호박琥珀이 되었다.

# 6 미다스, 바우키스와 필레몬

:: 미다스

어느 날 디오니소스는 어릴 적 그의 선생이며 양아버지인 연로한 실레노스가 행방불명이 된 것을 알게 되었다. 그 노인이 술에 취해 비틀거리고 있는 것을 농부들이 발견하고, 그들의 왕인 미다스에게 데리고 간 것이었다.

미다스 왕은 그를 알아보고 정중히 대우하여, 밤낮 열흘 동안 계속하여 주연을 베풀어 환대하였다. 열하루 만에 미다스는 실레노스를 무사히 그의 제자에게 돌려보냈다. 디오니소스는 스승을 잘 대접해 준 답례로, 소원이 있으면 무엇이든 말해 보라고 하였다. 미다스는 무엇이든 자기의 손이 닿는 것은 금으로 변하도록 해 달라고 부탁하였다. 디오니소스는 미다스가 더 좋은 선택을 하지 않은 것을 유감으로 생각하면서도 그의 소원을 승낙하였다.

미다스는 새로운 힘을 얻은 것을 기뻐하며, 어서 빨리 시험해 보려고 궁전으로 돌아오는 도중에 참나무 가지를 하나 꺾자, 그것이 손 안에서 금으로 변하는 것을 보고 미다스는 자기 눈을 의심할 정도였다. 돌을 하나 들어 보니 그것도 금으로 변하였다. 잔디를 만지자 그것도 마찬가지였다. 사과나무에서 사과를 하나 따자 그것도 역시 금으로 변하였다. 사정을 모르는 사람이 그것을 보면, 헤스페리데스대지의 여신이 결혼 기념으로 여신 헤라에게 선사한 황금 사과를 지키는 여신들의 정원에서 훔쳐온 것으로 오해하였을 것이다. 미다스는 뛸 듯이 기뻤다. 그는 집에 도착하자 하인들에게 훌륭한 음식을 차려오라고 명령하였다. 그가 빵에 손을 대니 굳어 버렸고 그 한 조각을 입술에 대니 씹을 수가 없었다. 그리고 이번에는 술을 한 잔 마시니 금이 녹아서 목구멍을 내려가는 것 같았다.

　이러한 예기치 못한 재난에 놀란 미다스는 모든 것을 금으로 변하게 하는 마법을 떨쳐 내려고 애썼다. 그는 자신이 소망하여 얻은 선물을 증오하였다. 그러나 아무리 증오하여도 그 능력을 떨쳐 낼 수는 없었으며, 결국에는 굶어 죽을 수밖에 없을 것 같았다. 미다스는 금으로 빛나는 팔을 들고 이 황금의 멸망으로부터 구원해 달라고 디오니소스에게 애걸하였다.

　디오니소스는 자비심이 많은 신이었으므로 미다스의 소원을 들어 주었다. 그리고 이렇게 말하였다.

　"팍톨로스 강에 가서, 그 수원水源까지 거슬러 올라가 그곳에 머리와 몸을 담그고 네가 저지른 과오와 그에 대한 벌을 씻으라."

　미다스는 디오니소스가 일러 준 대로 하였다. 그리고 강물에 손을 대자, 금을 창조하는 힘이 강물로 옮아가서 모래가 금으로 변하였는데 그 금모래는 지금도 그대로 남아 있다.

그 후로 미다스는 부귀와 화려한 생활을 증오하고 시골에 살며 들의 신인 판의 숭배자가 되었다. 어느 날 판은 무모하게도 리라의 신인 아폴론과 음악경연을 하려고 과감하게 도전하였다. 아폴론은 이 도전을 받아들였고, 산신山神 트몰로스가 심판자로서 선정되었다. 연장자인 트몰로스는 자리에 앉자, 더 잘 듣기 위하여 귀에서 나뭇가지를 잘라 냈다. 신호가 울리자 판이 피리를 불었다. 그리고 그 꾸밈없는 멜로디는 판 자신과 마침 그곳에 참석하였던 미다스에게 큰 감명을 주었다.

판의 연주가 끝나자 다음 트몰로스가 머리를 태양신 아폴론에게 돌리니 모든 나무들도 그를 따랐다. 아폴론은 자리에서 일어섰다. 머리에는 파르나소스산의 월계수로 만든 관을 쓰고, 티로스 지방에서 나는 자줏빛 염료로 물들인 예복을 땅을 스치도록 걸치고 왼손에는 리라를 들고, 오른손으로 그 현을 탔다. 아름다운 리라 소리에 황홀해진 트몰로스는 즉석에서 리라의 신에게 승리를 선언하였다. 미다스를 제외하고는 모두 이 판정에 만족하였다. 미다스는 이의를 제기하며 심판의 정당성을 의심하였다. 아폴론은 이와 같이 무식한 귀는 인간의 귀가 아니라고 판명하여, 미다스의 귀를 길게 늘이고, 안팎으로 털이 나게 하고, 귓불 쪽이 움직일 수 있도록 하였다. 요컨대 나귀의 귀와 똑같이 만들어버린 것이었다.

미다스 왕은 이 재난으로 말미암아 기분이 언짢았으나 그것을 숨길 수 있다는 생각으로 자위하였다. 즉 넓은 머릿수건을 쓰고 그의 귀를 감추었다. 그러나 이발사는 물론 이 비밀을 알고 있었다. 그는 그런 말을 입 밖에 내서는 절대로 안 된다는 명령을 받았고, 복종하지 않으면 엄벌에 처한다는 협박을 받았다. 그러나 이발사는 이 비밀을 말하고 싶어 견딜 수가 없었다. 그래서 그는 목장으로 나가서 땅에 구멍을 파고, 거기에 몸을 굽히고 비밀을 속삭이고 다시 흙으로 덮었다. 그 후 얼마 가지 않아 목장의 한쪽에 갈대가 나서 무성하게 자라나자 비밀을 속삭이기 시작했고, 그 후 미풍이 그 위를 스쳐 지나갈 때마다 오늘에 이르기까지 미다스 왕의 비밀을 계속 속삭이고 있다.

이 밖에도 미다스의 아버지에 관해서는 다음과 같은 전설이 있다. 미다스는 프리기아의 왕이었다. 그의 아버지는 고르디아스라는 가난한 농부였는데 그는 장차 왕이 될 사람이 사륜차를 타고 오리라는 신탁의 명령에 따라 인민들이 왕으로 추대한 사람이었다. 왜냐하면 인민들이 그 신탁에 관하여 상의를 하고 있을 때 고르디아스는 마침 아내와 아들을 거느리고 마차를 타고 광장에 나타났기 때문이었다.

고르디아스는 왕이 된 뒤 그의 마차를 신탁을 내린 신에게 바치고, 적당한 곳에 튼튼하게 매듭지어 매 두었다. 이것이 소위 '고르디아스의 매듭'이라는 것인데, 이에 관하여 후세에 그것을 푸는 자는 전 아시아의 왕이 되리라는 말이 전해져 내려왔다. 그것을 풀어보려고 한 사람이 많았으나 아무도 성공하지 못하던 중, 마침내 알렉산더 대왕이 동방 원정 도중에 프리기아에 왔었다. 대왕은 그 매듭을 풀어보려고 애썼으나 역시 성공하지 못하였다. 그래서 참다 못하여 칼을 빼어 그 매듭을 끊었다. 그가 후에 전 아시아를 그의 지배하에 예속시켰을 때, 사람들은 대왕이야말로 진정한 의미에 있어서 신탁의 말에 부응한 사람이라고 생각하게 되었다.

:: 바우키스와 필레몬

프리기아의 어떤 언덕 위에 보리수와 참나무가 한 그루씩 서 있었는데, 그 주위에는 낮은 벽이 둘러쳐져 있었다. 그곳으로부터 그다지 멀지 않은 곳에 늪이 하나 있었는데 이곳은 전에는 좋은 주택지였으나, 지금은 웅덩이가 곳곳에 있고 늪새와 가마우지들이 잘 모여들었다.

어느 날 제우스가 인간의 모습으로, 그의 아들인 헤르메스<sub>유명한 지팡이의 소유자</sub>와 더불어 이곳을 방문한 일이 있었는데, 헤르메스는 그때 날개는 떼어놓고 대동했다. 그들은 피로한 나그네의 모습으로 이 집 저 집의 문전에 서서 하루 저녁 재워 줄 곳을 찾았으나 문은 다 닫혀 있었다. 이미 밤이 늦었고, 주민들은 일어나서 문을 열고 그들을 받아들일 만큼 인정이 많은 사람들이 아니었다.

마침내 한 오막살이집이 그들을 받아들였는데, 그 집에는 경건한 노파 바우키스와 그의 남편 필레몬이 젊었을 때 결혼하여 늙도록 같이 살고 있었다. 그들은 가난을 부끄럽게 여기지 않고, 욕심 없이 친절한 마음으로 편안하게 살고 있었다. 그 집에서는 주인과 하인을 구별할 필요가 없었다. 가족이라고는 그들 두 사람이 가족의 전부였고, 주인이며 동시에 하인이었다.

하늘에서 찾아온 두 나그네가 초라한 집에 들어와 머리를 숙이고 얕은 문을 들어섰을 때, 노인은 자리를 갖다놓았고 노파는 무엇을 찾는 듯이 서성거리더니 자리 위에 천을 가져와 갖다 펴고 그들에게 앉기를 권하였다. 그리고 잿더미에서 불씨를 찾아 나뭇잎과 나무 껍질을 넣고서 입으로 솔솔 부니 불이 피어 올랐다. 노파는 한 구석에서 장작과 마른 나뭇가지를 가지고 와서 잘게 쪼갠 다음 작은 냄비 밑에 넣었다. 노인이 정원에서 채소를 뜯어 오니 노파는 줄기에서 잎을 따서 잘게 썰어 냄비에 넣었다.

노인은 갈라진 막대기로 굴뚝에 걸어 놓은 베이컨 덩어리를 끄집어 내려 한 조각 베어 냄비 속에 넣어서 채소와 같이 끓이고, 나머지는 다음에 쓰기 위해 남겨 놓았다. 너도밤나무로 만든 그릇에는 손님들이 씻을 더운 물을 떠 놓았다. 노인 내외가 이렇게 바쁘게 움직일 동안 손님들은 이야기를 하면서 시간을 보내고 있었다.

손님들이 앉을 의자에는 해초를 안에 넣어서 만든 쿠션이 깔려 있었고 그 위에는 천을 덮어 놓았는데, 이 천은 낡고 초라한 것이지만 큰일을 치를 때만 내놓는 것이었다. 노파는 앞치마를 두르고 떨리는 손으로 식탁 준비를 하였다. 식탁의 한쪽 다리는 다른 다리보다 짧았기 때문에, 밑을 나뭇조각으로 괴어 뒤뚱거리지 않게 하였다.

그렇게 한 후에 노파는 좋은 향내가 나는 풀로 식탁을 닦았다. 그리고 그 위에 정숙한 처녀 아르테미스의 나무인 올리브나무의 열매와, 식초에 절인 산딸기를 놓았다. 또 그 밖에 무와 치즈와 재 속에 넣어 반숙한 달걀을 첨부하였다. 접시는 모두 토기였고 그 옆에는 토기로 만든 주전자와 나무로 만든 컵이 놓여 있었다.

모든 준비가 다 되었을 때 김이 무럭무럭 나는 스튜가 식탁에 올랐다. 그리 오래 묵은 것은 아니지만 포도주도 있었다. 디저트는 사과와 야생 꿀이었다. 그 밖에 이러한 모든 것보다도 더 좋은 것은 화기에 넘치는 얼굴과 소박하나 정성스러운 환대였다.

식사를 하는 동안에 노인들이 놀란 것은 술을 아무리 따라도 저절로 새 술이 주전자 속에 가득 차는 것이었다. 두려워서 어찌할 바를 모르며 바우키스와 필레몬은 이 손님들이 천상에서 온 신임을 알고, 무릎을 꿇고 두 손을 맞잡고 대접이 소홀하였음을 용서해 주십사고 빌었다.

이 집에는 늙은 거위가 한 마리 있었는데 집을 지켜 주는 신인 양 기르고 있었다. 노부부는 이것을 잡아서 손님 대접을 하려고 하였다. 그러나 거위는 발과 날개로 빨리 달아났기 때문에 노인들은 거위를 잡지 못하였다. 마침내 거위는 신들 사이에 가서 몸을 피하였다. 신들은 거위를 죽이지 말라고 하고 다음과 같이 말하였다.

"우리들은 하늘의 신이다. 이와 같이 불친절한 마을은 경건하지 못한 행동 때문에 벌을 받아야 한다. 그러나 너희들만이 벌을 받지 않을 것이다. 집을 떠나서 우리와 같이 저 산으로 가자."

부부는 신들의 말에 따라 지팡이를 짚고 험한 오르막길을 올라갔다. 산꼭대기에 다다랐을 때, 눈을 돌려 밑을 내려다보니 그들의 집만 빼놓고는 마을이 온통 호수 속에 잠겨 있었다. 그들이 이 광경을 보고 놀라면서 마을 사람들의 운명을 탄식하고 있을 때, 문득 그들의 초라했던 집이 신전으로 변하였다. 네 모퉁이의 기둥은 원주가 서 있었고, 지붕을 이은 짚은 금 지붕이 되었으며 마루는 대리석으로 되고, 문은 황금의 조각과 장식으로 아름답게 변하였다.

이윽고 제우스는 인자한 어조로 다음과 같이 말하였다.

"훌륭한 노인이여, 그리고 남편과 어울리는 훌륭한 노파여, 당신들의 소원을 말하십시오. 내가 당신들에게 어떠한 은총을 베풀었으면 좋겠소?"

필레몬은 바우키스와 잠시 상의한 뒤에 신들에게 자기들의 소원을 말하였다.

"우리들은 사제가 되기를 원합니다. 그리고 우리는 사랑과 화목 속에서 생애를 보냈으므로 이 세상을 떠날 때도 함께 떠나서, 나 혼자 살아남아 마누라의 무덤을 보거나, 혹은 마누라의 손으로 내 무덤을 파는 일이 없게 해 주십시오."

그들의 소원은 받아들여졌다. 그들은 살아 있는 동안 신전을 지켰다. 오랜 세월이 흘러 그들이 몹시 늙었을 때, 어느 날 신전의 계단 위에 서서 옛날 이야기를 하고 있었다. 그때 바우키스는 필레몬의 몸에서 나뭇잎이 돋아 나오는 것을 보았고 늙은 필레몬은 바우키스의 몸에서 똑같은 변화가 일어나는 것을 보았다. 말을 할 수 있을 때까지 서로 작별 인사를 나누는 동안 나뭇잎으로 된 관이 두 사람의 머리 위에 돋아나 관을 이루었다.

"사랑하는 배우자여, 안녕히."

라고 그들은 입을 모아 말하였다. 그리고 그 순간에 나무껍질이 그들의 입을 덮어 버렸다. 티니아 지방의 양치기들은 지금도 우리를 선량한 두 노인이 두 그루의 나무로 변신한 곳으로 안내해 준다.

# 7 페르세포네, 글라우코스와 스킬라

:: 페르세포네

　제우스와 그의 형제들이 티탄 신족을 무찌르고 명부로 추방한 후, 새로운 적이 신들에 반기를 들고 일어났다. 그들은 티폰, 브리아레오스, 엥켈라도스 등 거인족들이었다. 그들 가운데 어떤 자는 100개의 팔을 가지고 있었고, 어떤 자는 불을 내뿜었다. 그러나 그들은 패하여 아이트나산 밑에 생매장되었는데 그들은 아직도 이따금 그곳에서 도망치려고 몸부림을 쳐서 섬 전체에 지진을 일으키곤 했었다. 그들은 산을 뚫고 튀어오르는 일도 있는데, 이것을 사람들은 화산의 분화라고 부른다.

　이들 괴물이 추락할 때 대지를 크게 동요시켜 명부의 왕 하데스를 놀라게 하였다. 그는 자기의 왕국이 백일하에 드러나지나 않을까 하고 몹시 근심하였다. 그는 걱정스러워서 검은 말이 끄는 이륜차를 타고 피해의 정도를 알아보기 위하여 길을 떠났다. 그가 순시를 하고 있을 때, 여신 아프로디테는 에릭스 산 위에서 아들 에로스와 놀고 있었는데 문득 하데스를 발견하자 아들에게 다음과 같이 말하였다.

"모든 사람들 — 제우스까지도 — 정복할 수 있는 너의 창화살을 들어 저기 가는 저 명부의 왕의 가슴을 향하여 쏘아라. 왜 그자만을 놓아 줄 필요가 있느냐? 너와 나의 영토를 넓힐 기회를 놓치지 말아라. 천상에까지 우리의 세력을 멸시하는 자가 있는 것을 너는 아느냐? 지혜의 여신 아테나와 사냥의 여신 아르테미스가 우리를 멸시하고 있다. 그리고 또 데메테르의 딸 프로세포네도 그 두 여신의 본을 흉내를 내고 있다. 만약 네가 너 자신의 이익과 혹은 나의 이익에 관심이 있다면, 이 둘을 동일시하여라. 너의 이익이 나의 이익이요 내 이익이 곧 너의 이익이니까."

페르세포네를 납치하는 하데스

에로스는 화살통을 풀어놓고, 가장 예리하고 가장 잘 맞는 화살을 골랐다. 그리고 무릎에 몸을 의지하여 활시위를 걸었다. 그리고 잘 겨눈 뒤에 화살을 하데스의 가슴에 정통으로 쏘았다.

엔나의 골짜기에는 나뭇잎으로 가려진 호수가 하나 있었다. 숲은 태양의 강렬한 광선이 내리쬐는 것을 막아 주었고, 습기 찬 대지는 꽃이 항상 피어 있어 언제나 봄이었다. 프로세포네는 백합꽃과 오랑캐꽃을 바구니와 앞치마에 하나 가득 담으면서 친구들과 놀고 있었는데, 이때 하데스가 그녀를 보고 연정을 느껴 납치하였다. 그녀는 사람 살려 달라고 어머니와 친구들에게 외쳤다. 너무 놀란 나머지 앞치마 자락을 놓쳐 꽃이 모두 땅에 떨어지자 몹시 슬퍼하였다. 약탈자 하데스는 마차를 끄는 말의 이름을 하나씩 부르며 머리와 목 위로 고삐를 마구 때리면서 달아났다. 키아네강에 도달한 그는 강이 앞길을 막았을 때 삼지창으로 강가를 치니, 땅이 갈라지고 명부에 이르는 길이 열렸다.

데메테르는 딸의 행방을 찾아 온 세상을 헤맸다. 머리카락이 반짝이는 새벽의 여신 에오스가 아침에 일어났을 때도, 헤스페로스금성가 저녁에 별들을 거느리고 나타났을 대도, 데메테르는 딸을 찾기에 여념이 없었다. 그러나 모든 것이 허사였다. 마침내 몸은 지칠 대로 지치고 마음은 한없이 슬퍼서 데메테르는 돌 위에 주저앉았다. 그리고 햇빛과 달빛을 받고 혹은 비를 맞아 가면서 그곳에서 9일 동안 낮밤을 계속하여 앉아 있었다. 그곳에는 지금의 엘레우시스라는 마을이 있으며 그 당시는 켈레오스라는 노인이 살던 곳이었다. 노인은 그때 들에 나가 도토리와 딸기를 줍고, 땔나무를 하고 있었고, 그의 어린 딸은 염소 두 마리를 몰고 집으로 돌아오는 길이었다. 소녀는 늙은 부인으로 둔갑한 여신의 곁을 지나면서

"어머니, 왜 바위 위에 홀로 앉아 계십니까?"
하고 말을 걸었다. 이 어머니라는 말이 데메테르에게는 얼마나 감동적인 말이었던가!

노인 역시 돌아오다 길에서 노파를 발견하자 무거운 짐을 지고 있

었음에도 불구하고 발을 멈추고, 오두막살이나마 하룻밤 쉬어 가시라고 청하였다. 데메테르는 응하지 않았으나 노인이 여러 번 권하자,

"안녕히 가십시오. 그리고 따님과 더불어 행복하게 지내십시오. 나는 딸을 잃었습니다만."

하고 대답하였다.

이렇게 말하면서 눈물이 — 혹은 눈물 같은 것이왜냐

아프로디테와 헤라 사이에 서 있는 데메테르

하면 신들은 우는 일이 없으니까 — 양볼을 타고 흘러내려 가슴을 적시었다. 인자한 노인과 그의 딸은 데메테르와 같이 울었다. 노인은 말하였다.

"우리와 같이 가십시다. 누추한 집이라고 비웃지 마십시오. 따님은 무사히 돌아올 겁니다."

"그러면 안내해 주십시오. 그처럼 말씀하시는데 거역할 수도 없으니."

하고 데메테르는 돌에서 일어나서 그들을 따라갔다. 걸어가면서 노인은 자기의 어린 외아들이 열이 나고 잠을 못 자며 중병으로 누워 있다고 말하였다. 데메테르는 허리를 굽히고 양귀비를 땄다.

집에 들어가 보니 어린애가 회복될 가망성이 없을 것 같아 온 집

안이 수심에 잠겨 있었다. 어린애의 어머니인 메타네이라도 데메테르를 반갑게 맞았다. 데메테르는 허리를 굽히고 앓는 아이에게 키스하였다. 그러자 곧 창백한 얼굴에 화기가 돌고 원기를 회복하였다. 온 가족 — 아버지와 어머니와 어린 딸들이 전부였다. 하인이 없었기 때문에 — 이 기뻐하였다. 그들은 식사 준비를 하였다. 식탁 위에는 치즈와 사과, 우유와 크림과 벌집에 든 꿀이 놓여 있었다. 식사를 하고 있는 동안에 데메테르는 소년의 우유에다 양귀비즙을 섞었다.

밤이 깊어 온 집안 식구들이 잠들자 데메테르는 일어나서 잠자고 있는 소년을 안고 손으로 그의 팔다리를 주물렀다. 그리고 소년을 내려다보며 세 번 엄숙하게 주문을 외고, 소년을 화로속에 뉘었다. 그때까지 손님이 하는 짓을 보고 있던 어머니는 소리를 지르며 뛰어나와 소년을 불 가운데에서 구출해 내었다. 그러자 데메테르는 여신의 모습을 나타내었다. 천상의 광채가 방 안에 찬란하였다. 그들이 놀라서 어찌할 바를 모르고 있을 때 여신은 말하였다.

"어머니의 아들에 대한 애정이 너무 지나쳤소. 나는 그대의 아들을 영생 불사케 하려고 하였는데, 당신 때문에 일을 그르쳤소. 그러나 그는 장차 훌륭하고 유익한 인물이 될 것이오. 그는 백성들에게 쟁기의 사용법과 농사짓는 법을 가르쳐 줄 것이오."

이렇게 말하면서 여신은 구름에 싸여 몸을 감추고 이륜차를 타고 떠나가 버렸다.

데메테르는 딸을 찾아 이곳 저곳으로, 때로는 바다와 강을 건너면서 헤매다가 마침내 그녀가 처음 출발한 시켈리아섬에 돌아와서

키아네 강가의 둑에 섰다. 이곳은 하데스가 납치한 프로세포네를 데리고 자기의 영토로 가는 길을 만든 곳이었다. 그 강에 있는 님프는 여신에게 자기가 목격한 사실을 다 이야기해 주고 싶었으나 하데스를 두려워하여 감히 말하지 못하였다. 오직 프로세포네가 끌려가면서 떨어뜨린 허리띠를 주워 올려서 그것을 바람에 날리게 해 어머니의 발밑에 떨어지게 하였다. 데메테르는 그것을 보고 딸이 죽었음을 의심치 않았으나 아직 그 영문을 모르기 때문에 죄도 없는 땅을 비난하였다. 그리고 이렇게 말하였다.

"이 배은망덕한 땅아, 나는 너를 비옥하게 하고 풀과 영양분이 많은 곡식으로 덮어 주었으나 이제는 그러한 은총을 받지 못할 것이다."

그러자 가축은 죽고 쟁기는 밭고랑에서 파손되고 종자는 싹이 트지 않았다. 그리고 가뭄이 들지 않으면 장마가 지든지 하였다. 새는 종자를 훔쳐가고 자라는 것은 엉겅퀴와 가시덤불뿐이었다.

이 광경을 보고 샘의 여신 아레투사가 땅을 위하여 조정자로 나서서 말하였다.

"땅을 비난하지 마십시오. 땅은 마지 못하여 따님에게 길을 열어 주었을 뿐입니다. 나는 따님을 본 적이 있으므로 그녀의 운명에 관하여 말씀드릴 수 있습니다. 이곳은 나의 조국이 아닙니다. 나는 엘리스 지방에서 왔습니다. 나는 원래 숲의 님프로서 사냥을 즐겼습니다. 모두 나의 아름다움을 찬양하였으나 나는 그런 것은 하나도 염두에 두지 않고 오직 사냥에 능한 것만을 뽐냈습니다. 어느 날 나는 숲에서 돌아오는 길이었습니다. 뛰어다녔기 때문에 몹시 더웠습니다. 그때 한 강가에 이르렀는데, 물은 소리 없이 흐르고 마치 바닥의 자갈을 셀 수 있을 만큼 맑았고 버들가지가 늘어져서 그늘이 지고, 풀이 무성한 강 언덕은 물가까지 완만한 경사를 이루고 있었습니다.

나는 그곳에 가까이 가서 발을 물에 담갔습니다. 나는 수심이 무릎까지 닿은 데까지 들어갔으나 그것에 만족하지 않고, 버들가지에 옷을 벗어 걸고 계속 들어갔습니다. 물 속에서 놀고 있을 동안에 물바닥에서부터 가냘픈 목소리가 들려 왔습니다. 나는 가까운 강 언덕으로 도망쳤습니다. 목소리는 이렇게 말하였습니다. '아레투사야, 왜 달아나느냐? 나는 이 강의 신 알페이오스다.' 나는 달아나고 그는 나를 뒤쫓았습니다. 그의 걸음이 나보다 빠르지는 않았지만 내가 힘이 빠졌을 때 나를 따라잡았습니다. 마침내 지쳐서 나는 아르테미스에게 구원을 청하였습니다.

'여신님, 저를 살려 주십시오. 당신의 열렬한 숭배자인 저를 살려 주십시오.' 여신은 이 소리를 듣고 나를 갑자기 검은 구름으로 감쌌습니다. 강의 신은 사방을 휘둘러 보았습니다. 그리고 두 번이나 나의 곁에까지 왔었으나 나를 발견하지는 못하였습니다. '아레투사, 아레투사!' 하고 그는 부르짖었습니다. 오, 내가 얼마나 공포에 떨었는지요 — 우리 밖에서 으르렁거리는 늑대의 울음 소리를 듣는 작은 양과도 같이 식은 땀이 나고 머리카락은 흐르는 물이 되어 흘러내렸습니다. 그래서 내가 서 있는 곳에는 물이 괴었습니다. 요컨대 나는 순식간에 샘이 된 것입니다.

이렇게 변신하였어도 알페이오스는 나를 알아보고서 자기의 물을 나의 물과 섞으려고 하였습니다. 그러자 아르테미스는 땅을 갈랐습니다. 나는 알페이오스를 피하려고 그 갈라진 틈으로 들어갔습니다. 그리고 대지의 내부를 돌아서 이 시켈리아섬으로 나오게 된 것입니다. 대지의 밑바닥을 통과할 때, 나는 따님 프로세포네를 보았습니다. 따님은 슬픈 표정이었으나 놀란 기색은 보이지 않았습니다. 따님은 여왕 — 명부의 여왕 — 이 된 것같이 보였습니다. 사자死者 나라를 지배하는 왕의 아내가 된 것같이 보였습니다."

이 말을 듣고 데메테르는 한동안 얼이 빠진 사람처럼 멍하니 서 있더니, 이륜차를 하늘로 돌리고 제우스의 옥좌 앞에 나아가려고 길을 재촉하였다. 데메테르는 자기의 불행을 이야기하고 딸을 도로 찾아오는 데 협력해 주십사고 제우스에게 애원하였다. 제우스는 프로세포네가 명부에 머물고 있을 동안, 한 번도 식사를 한 일이 없다면 가능한 일이라고 그 청을 승낙하였다. 그렇지 않은 경우에는 운명의 여신들이 프로세포네가 명부를 빠져나가는 것을 허락하지 않을 것이기 때문이다. 헤르메스가 사자로서 봄의 신을 거느리고 찾아가, 하데스에게 프로세포네를 돌려 줄 것을 요구하였다. 교활한 하데스는 승낙하였다. 그러나 안타깝게도 프로세포네는 이미 하데스가 준 석류를 받아 먹었다. 이로써 완전한 구출은 불가능하게 되었다. 그래서 한 타협책으로써 반년은 어머니와 지내고, 반년은 남편과 지내기로 합의되었다.

데메테르는 이 타협안에 응하고, 땅에게 이전과 같은 은총을 베풀었다. 이때 그녀는 케렐오스와 그 가족 및 어린 아들 트리프톨레모스에게 한 약속을 상기하였다. 소년이 장성하였을 때 데메테르

데메테르와 페르세포네와 함께 서 있는 트리프톨레모스

는 쟁기의 사용법과 씨뿌리는 법을 가르쳐 주었다. 그녀는 날개 달린 용이 끄는 이륜차를 타고서 그를 데리고 대지의 모든 나라를 돌아다니며 인류에게 유용한 곡식과 농업의 지식을 전수하였다.

이 여행에서 돌아오자, 트리프톨레모스는 데메테르를 위하여 엘레우시스 지방에 굉장한 신전을 건립하고 엘레우시스의 신비 의식이라는 이름의 데메테르 여신 숭배를 창시하였다. 이 의식은 그 식전의 훌륭함과 장엄함에 있어서 그리스인들의 다른 모든 종교적 의식을 능가하였다.

데메테르와 프로세포네의 이야기가 우화인 것은 의심할 여지가 없다. 프로세포네는 땅 속에 묻는 — 즉 땅 속의 신에게 납치되는 것이다 — 씨앗을 의미한다. 씨앗은 지상에 다시 나타난다 — 즉 프로세포네가 어머니에게 반환되는 것이다. 봄의 여신이 그녀를 햇빛이 빛나는 곳으로 데려다 주는 것이다.

알페이오스강은 실제로 흐르는 도중에 강물의 일부분이 지하로 들어갔다가 지하의 수로를 통과하기 때문인데, 이를 통과하면 다시 또 지상에 나타난다. 시켈리아섬에 있는 아레투사도 같은 줄기여서 바다 밑을 지난 뒤에 다시 시켈리아로 흘러나와 알페이오스 강이라는 말이 전하여지고 있다.

 알페이오스강에 컵이나 가벼운 물건을 던지면, 아레투사 우물에 다시 나타난다는 이야기는 여기서 유래한 것이다.


:: 글라우코스와 스킬라

 글라우코스는 어부였다. 어느 날 해변에서 그물을 올렸더니 여러 종류의 고기가 많이 잡혔다. 그래서 그는 그물을 털고 풀 위에서 종류별로 고기를 고르기 시작하였다. 그가 있던 곳은 강 한가운데 있는 아름다운 섬이었는데 그곳은 외딴 곳으로 인가도 없고, 목장도 없었으며 글라우코스 외에는 아무도 찾아오는 사람이 없었다.

 갑자기 풀 위에 놓은 고기들이 되살아나 물 속에 있는 거와 다름없이 지느러미를 움직이기 시작하였다. 그가 놀라서 바라보고 있는 동안에 고기들은 다 물 속으로 들어가 헤엄쳐 달아났다. 그는 이것이 어떤 신의 장난인지, 혹은 풀 속에 있는 어떤 신비로운 힘의 장난인지 분간할 수 없었다.

 "어떤 풀이 이런 힘을 가지고 있는가?"
하고 그는 이렇게 중얼거렸다. 그리고 풀을 조금 뜯어서 맛을 보았다. 그 풀의 즙이 입에 닿자마자, 그는 물이 몹시 그리워지는 자신을 발견하였다. 자신을 더 이상 억제할 틈도 없이 땅에는 이별을 고하고 물 속으로 들어갔다. 그러자 물의 신들은 그를 따뜻이 맞이하여 오랜 친구처럼 대접하였다. 그들은 바다의 지배자인 오케아노스와 테티스의 승낙을 얻어 그가 지니고 있는 인간적인 요소를 다 씻어 주었다. 그의 몸 위에 100개나 되는 강이 그들의 물을 쏟아 주었다. 그는 자기의 전신前身에 대한 기억뿐만 아니라 그 밖의 모든 기억을 잃어버렸다. 깨어나 보니 그는 자기의 형태도 마음도 변하였음을 발견하였다. 바닷빛으로 변한 그의 머리털은 물 위에 길게 드리워져 있었다. 그의 어깨는 더욱 넓어지고, 가랑이와 다리는 물고기의 꼬리 끝이 되었다. 물의 신들은 그의 외모가 변한 것을 축하하였고, 그 자신도 자기가 미남이 된 듯이 느꼈다.

어느 날 글라우코스는 물의 님프들이 사랑하는 아름다운 처녀 스킬라가 해안을 산책하다가 남의 눈에 잘 뜨이지 않는 곳을 발견하고는 그곳에서 맑은 물에 손발을 씻고 있는 것을 발견하였다. 그는 그녀를 한눈에 반해 사랑하게 되었다. 그는 그 처녀를 자기 곁에 두기 위해 물 위로 나와 이런저런 이야기를 해주면서 유인하였다. 왜냐하면 그녀는 그를 보자 바로 몸을 돌려 달아났기 때문이었다. 바다를 내려다보는 절벽에 도달하자 그녀는 하는 수 없이 발을 멈추고, 자기에게 말을 건 자가 신인지 바다의 동물인지를 알아보려고 몸을 돌렸다. 그리고 글라우코스의 모습을 보자 깜짝 놀랐다.

글라우코스는 몸의 일부를 물 위에 드러내고, 바닷물에 몸을 의지하면서 말하였다.

"아가씨, 나는 괴물도 아니고, 바다의 동물도 아니고 신이오. 프로테우스나 트리톤 같은 바다의 신도 나보다 지위가 높지 않소. 이전에는 나도 인간이었소. 그리고 생계를 위하여 바다에 나갔었으나 지금은 완전히 바다에 속하게 되었소."

그는 자기가 변신한 전후 사정과, 어떻게 하여 현재의 높은 지위에 오르게 되었는가를 이야기하였다. 그리고 덧붙여 말하였다.

"하지만 이런 이야기를 하여도 그대의 마음을 움직일 수 없다면 무슨 소용이 있겠소?"

그는 이런 식으로 말을 계속하였으나 스킬라는 돌아서서 빨리 달아났다.

글라우코스는 실망하였다. 그러다 문득 요술장이 키르케에게 상의해 볼까 하는 생각이 났다. 그래서 그는 키르케가 살고 있는 섬 — 이 섬은 뒤에 이야기하겠지만 오디세우스가 상륙한 곳이다 — 으로 갔다. 서로 인사를 나눈 뒤에 그는 말하였다.

"여신이여, 제발 살려 주십시오. 오직 당신만이 내 고통을 덜어 줄 수 있습니다. 내 모습이 변한 것도 그 풀 때문이기에, 나는 누구보다도 그 효력을 잘 알고 있습니다. 나는 스킬라를 사랑합니다. 말씀드리기 부끄럽습니다만, 나는 그녀에게 온갖 말을 다하여 구애하였지만 그녀는 나를 조소할 따름입니다. 제발 마법을 쓰시든지, 혹은 그보다 더 효력이 있는 풀이 있거든 그것을 쓰시든지 하여, 나의 애정을 없애 주십사는 것이 아니라 — 왜냐하면 그것을 원치 않으니까요 — 스킬라도 나에 대하여 애정을 느끼고, 같은 애정으로 보답하게하여 주십사 하는 것입니다."

키르케는 대답하였다 — 왜냐하면 그녀는 이 바닷빛의 신의 매력에 냉담하지는 않았으므로.

"당신을 따르는 애인을 구하는 것이 좋을 것이오. 당신은 구애를 받을 만한 가치가 있어요. 당신 스스로 헛되이 구애를 할 필요는 없지 않습니까? 자신을 가지십시오. 당신 자신의 가치를 아십시오. 나는 식물과 주문을 이용하는 방법과 효력에도 통달한 여신입니다만, 그런 나까지도 당신으로부터 구애를 받으면 거절하지 못할 것 같습니다. 그녀가 당신을 비웃는다면 당신도 그녀를 비웃고, 당신의 사랑을 기꺼이 받아들이는 사람을 사랑하십시오. 그렇게 하면, 스킬라에 대해서나 그 사람에 대해서나 온당한 보답이 될 것이오."

이 말에 대하여 글라우코스는 이렇게 대답하였다.

"바다의 밑바닥에 수목이 자라고, 산꼭대기에 해초가 돋아나는 때가 올지라도 나의 스킬라에 대한, 오직 스킬라에 대한 사랑은 변함이 없을 것이오."

여신 키르케는 분개했으나 글라우코스를 벌할 수 없었고, 또 벌하기를 원하지도 않았다. 왜냐하면 그렇게 하기에는 여신도 그를 너무나 좋아하였기 때문이다. 그래서 여신은 모든 분노를 연적인 가엾은 스킬라에게 돌렸다. 여신은 독이 있는 여러 약초를 뜯어 주문을 외면서 섞었다. 그리고 뛰노는 많은 짐승들 — 이들은 자기의 마술에 의하여 짐승으로 화한 것이었다 — 사이를 지나서 스킬라가 살고 있는 시켈리아의 해안으로 갔다. 그 해안에는 스킬라가 날이 더울 때에는 바닷바람을 쐬고 목욕을 하러 잘 다니는 조그만 만이 있었다.

여신은 이곳 바닷물에다 그 유독한 혼합물을 풀고 강력한 주문을 외웠다. 스킬라는 평소처럼 이곳에 와서 몸을 허리까지 물 속에 담갔다. 이때 그녀는 독사와 같이 소리 높이 짖어 대는 괴물들을 보고 공포에 떨었다. 처음에 스킬라는 그들이 자기 자신의 일부인 줄은 꿈에도 생각하지 못하고, 그들로부터 달아나고 그들을 쫓아 버리려고 하였다. 그러나 스킬라가 달아나자 괴물의 무리도 그녀의 몸에 붙어 다녔고, 자기의 몸에 손을 대어 보니, 그것은 자기의 몸이 아니고 크게 벌린 괴물들의 입이었다.

　스킬라는 뿌리가 박힌 듯이 그곳에서 꼼작도 못하게 되었다. 성품도 외모와 다름없이 추악해져서 그녀는 불운한 뱃사람들을 닥치는 대로 잡아먹는 데 쾌감을 느꼈다.

　이와 같이 하여 스킬라는 여섯 명의 오디세우스의 동료들의 목숨을 앗아갔고 아이네이아스의 배를 난파시키기도 하였다. 마침내 스킬라는 한 개의 바위로 변하였는데, 지금도 역시 배를 난파시키는 암초로서 선원들에게는 공포의 대상이 되고 있다.

# 8 피그말리온

피그말리온은 여자에게 결점이 너무도 많다는 것을 알기 때문에 마침내 여자를 혐오하게 되어 한평생 결혼하지 않기로 결심하였다. 피그말리온은 조각가였다. 그는 정성을 다하여 상아로 여자의 입상을 만든 일이 있었는데 어찌나 교묘하고 아름다웠던지 어떠한 미인도 그 아름다움에 따르지 못할 정도였다. 그것은 마치 살아 있는 처녀가 수줍어하는 모습 그대로였다. 그의 기술은 너무도 완벽하였기 때문에 그 작품은 사람의 손으로 된 것이 아니라 자연이 만든 것처럼 보였다. 피그말리온은 자신의 작품에 감탄한 나머지 자연의 창조물같이 보이는 여인의 입상을 사랑하게 되었다.

그는 여인의 입상이 마치 살아 있는지 아닌지를 확인하려고나 하는 것처럼 종종 손을 대고 만져 보았지만 그것이 단순한 상아에 불과한 것이라고는 믿어지지 않았다. 그는 그것을 포옹하였다. 그리고 소녀가 좋아할 만한 것들 — 번쩍이는 조개껍질이라든지, 반들

반들한 돌이라든지, 조그만 새라든지, 가지각색의 꽃이나 구슬과 호박 등을 선물로 주었다. 그는 그 여인의 입상에 옷을 입히고 손가락에는 보석을 끼우고 목에는 진주목걸이를 걸어 주었다. 귀에는 귀고리를 달아 주고 가슴에는 진주를 펜 끈을 달아 주었다. 옷은 잘 어울렸고, 옷을 입은 맵시는 입지 않았을 때나 다름없이 매력적이었다. 그는 그녀를 티로스 지방에서 나는 염료로 물들인 천을 깐 소파 위에 누이고, 그녀를 자기의 아내라고 불렀다. 그리고는 그녀의 머리 밑에 부드러운 새털을 넣어 만든 베개를 괴어 주기도 하였다. 새털의 보드라움을 그녀가 마음껏 즐길 수 있기라도 생각한 듯이.

그러는 동안 아프로디테의 제전이 가까워졌다. 이 제전은 키프로스섬에서는 굉장히 호화롭게 거행되었다. 희생물이 바쳐지고 제단에는 연기가 올랐으며 향내가 창공을 가득 메웠다. 피그말리온은 이 제전에서 자기의 임무를 다하고 난 뒤에 제단 앞에 서서 머뭇거리며 이렇게 말하였다.

"신들이여! 원컨대 상아 처녀와 같은 여인 — 그는 '나의 상아 처녀'라는 말은 감히 하지 못하였다 — 을 제 아내로 점지하여 주십시오."

제전에 참가하였던 아프로디테는 그의 말을 듣고 그의 마음을 꿰뚫었다. 그리고 그 소원을 들어 주겠다는 표시로 제단에 있는 불꽃이 공중으로 세 번 솟아오르게 하였다.

집에 돌아가자 피그말리온은 그의 처녀상을 보러 갔다. 그리고 몸을 소파에 기대고 처녀상의 입술에 키스하였다. 그것은 온기가 있는 것 같았다. 그는 다시 한 번 처녀상의 입술에 키스하고 그 팔다리에 자기의 손을 댔다. 손을 대니 부드러운 느낌을 주었고 손가락으로 눌러 보니 히메토스 산 밀초와 같이 쑥 들어갔다. 피그말리온은 놀라고 기뻤지만, 어떤 착각이 아닐까 근심하면서 서 있을 동안 여러 번 그의 희망의 처녀상을 어루만졌다. 처녀는 정말로 살아 있었다. 혈관은 손가락으로 누르면 들어가나 손을 떼면 다시 둥글게 되었다.

그제야 겨우 아프로디테의 숭배자인 피그말리온은 여신에게 감사를 드렸다. 그리고 자기의 입술과 다름없이 처녀의 입술에 입술을 얹었다. 처녀는 키스를 받자 얼굴을 붉혔다. 그리고 수줍은 듯한 눈을 뜨고는 애인을 응시하였다. 아프로디테는 자기가 맺어 준 두 사람의 결혼을 축복하였다. 이 결합으로 인해 아들 파포스가 태어났는데, 아프로디테에게 봉헌된 같은 이름의 도시는 그의 이름을 따서 명명한 것이다.

# 가슴아픈 사랑 9

:: 드리오페

　드리오페와 이올레는 자매간이었다. 드리오페는 안드라이몬과 결혼하여 남편에게 사랑도 받고, 첫애도 낳고 하여 행복하게 지내고 있었다. 어느 날 자매는 시냇가 둑을 거닐고 있었다. 물가까지는 완만한 경사를 이루고 있는 이 둑 위로는 도금양나무가 우거져 있었다. 그들은 님프들의 제단에 올릴 화관을 만들기 위하여 꽃을 따러 나온 것이었다.

　드리오페는 귀중한 짐, 즉 아들을 가슴에 안고 걸어가며 젖을 먹이고 있었다. 물가에는 자줏빛 연꽃이 만발해 있었다. 드리오페는 몇 개를 따서 아기에게 주었고 이올레도 그렇게 하려고 몸을 굽혔을 때, 언니가 딴 연꽃에서 피가 흐르고 있는 것이 눈에 띄었다. 그 연꽃나무는 다름 아니라 보기 싫은 추적자를 피하여 달아나다가 이 연꽃나무로 변신한 님프 로티스였다. 그들은 나중에야 이 사실을 동네 사람들한테 들어서 알게 되었으나 그때는 이미 때가 늦었다.

드리오페는 자기가 무슨 짓을 하였는지를 깨닫고 겁이 나서 그곳에서 급히 달아나려고 하였으나 발이 땅에 뿌리를 내린 듯 지면에 박혀 움직이지 않았다. 발을 빼려고 애썼으나 전혀 움직이지 않았다. 드리오페의 몸은 점점 나무가 되었다. 괴로운 나머지 머리를 잡아 뜯으려고 하였으나 손은 잎으로 가득 차 있었다. 아기는 어머니의 가슴이 굳어져 젖이 나오지 않게 되었음을 느꼈다.

이올레는 언니의 슬픈 운명을 바라보면서도 어떻게 손을 쓸 수가 없었다. 이올레는 점점 언니의 몸이 변해 가는 것을 막으려는 듯 줄기를 껴안았다. 만약 이를 제지하지 못한다면 차라리 자기도 나무 껍질이 되기를 원하였던 것이다. 이때 드리오페의 남편인 안드라이몬이 장인과 더불어 그곳에 가까이 왔다. 그들이 드리오페는 어디 갔느냐고 묻자 이올레는 새로 생긴 연꽃나무를 가리켰다. 그들은 아직 온기가 남아 있는 나무의 줄기를 포옹하고 그 잎에 수없이 키스하였다. 드리오페의 몸은 모두 변했고 아직 얼굴만이 남아 원래의 모습으로 있었다. 눈물이 흘러 잎 위에 떨어졌다. 아직도 말을 할 수 있었기 때문에 드리오페는 다음과 같이 말하였다.

"저는 아무 죄도 없습니다. 이런 불행을 감수해야 할 아무런 죄도 없습니다. 누구에게도 해를 끼친 일이 없습니다. 제 말이 거짓말이라면 저의 잎은 말라 죽고 줄기는 베어져 불 속에 들어가도 좋습니다. 이 아기를 데리고 가서 유모에게 맡기십시오. 아기를 종종 이곳에 데리고 와서 제 가지 밑에서 젖을 먹이고 제 그늘 밑에서 놀게 하여 주십시오. 그리고 아기가 자라서 말을 할 수 있게 되거든 저를 어머니라고 부르도록 가르쳐 주십시오. 그리고 '어머니가 이 나무 껍질 속에 계시다.' 라는 말을 슬퍼하며 말하도록 해 주십시오. 둑을 주의하고, 관목 덤불을 보거든 여신이 변신한 것이 아닌가 경계하여 꽃을 꺾지 않도록 주의하라고 일러 주십시오. 자, 그럼 사랑하는 남편, 동생, 아버지, 안녕히 계십시오. 아직도 저를 사랑하신다면, 도끼가 제 몸을 상하게 하거나 짐승이 제 가지를 물어 뜯는 일이 없도록 하십시오. 저는 몸을 굽힐 수가 없으니 당신들이 이곳으로 올라와서 제게 키스하여 주십시오. 그리고 제 입술이 감각을 가지고 있는 동안에 키스를 하게 아기를 쳐들어 주십시오. 이제 더 말할 수가 없게 되었습니다. 이미 나무 껍질이 목까지 올라오고 바로 전신을 감싸게 될 것이니까요. 저의 눈을 감겨 주실 필요는 없습니다. 내버려 두어도 껍질이 눈을 감겨 줄 것이니까요."

이 말을 마치자, 이윽고 입술은 움직이지 않게 되고 생명은 끊어지고 말았다. 그러나 가지에는 얼마 동안 더 체온이 남아 있었다.

## :: 아프로디테와 아도니스

어느 날 아프로디테가 아들 에로스와 놀고 있을 때, 아들의 화살로 가슴에 상처를 입었다. 그녀는 재빨리 아들을 떼밀었지만 상처는 생각한 것보다 깊었다. 상처가 다 아물기 전에 아프로디테는 아도니스를 보고 한눈에 반해 버렸다. 그래서 이제까지 잘 다니던 파포스나 크니도스, 아마투스 등 자기의 신전이 있고 금속이 많이 산출되는 도시에도 더 이상 흥미를 느끼지 않게 되었다. 뿐만 아니라

햇불을 들고 있는 아프로디테

천상에도 올라가지 않게 되었다. 왜냐하면 아도니스는 아프로디테에게 하늘보다도 더 귀중하였기 때문이었다.

그녀는 그의 뒤를 따라다녔다. 이제까지는 자기의 용모를 가꾸는 데만 신경을 쓰고 그늘 밑에서 쉬기를 즐기던 아프로디테였으나, 이제는 사냥의 신 아르테미스와 같은 옷차림을 하고 숲을 지나거나 산을 넘으면서 이리저리 돌아다녔다. 그리고 그녀는 자기의 개를 불러 토끼나 사슴과 같이 위험하지 않은 동물만 사냥하고, 가축을 잡아먹는 늑대나 곰은 피하였다.

아프로디테는 아도니스에게도 그와 같은 위험한 동물은 조심하라고 당부하였다.

"겁 많은 동물에게는 용감하여라. 그러나 매서운 동물에 대해서는 용감하게 행동하여도 위험을 면치 못한다. 위험한 짓을 하여 나의 행복까지도 위태롭게 하지 않도록 주의하여라. 자연이 무장시킨 짐승은 공격하지 말라. 비록 네가 그런 위험한 짓을 하여 용사라는 평판을 듣는 일이 있다 하더라도 나는 그것을 원치 않는다. 나를 한눈에 반하게 한 너의 청춘과 아름다움은 결코 사자의 털이나 뻣뻣한 산돼지의 마음을 감동시키지는 못할 것이다. 그런 짐승들의 무서운 발톱과 굉장한 힘을 생각하여 보아라. 나는 그런 짐승들을 증오한다. 그 이유를 알고 싶으냐?"

그렇게 말한 후에 아프로디테는 배은망덕한 죄로 사자로 변신하게 한 아틀란타와 히포메네스의 이야기를 들려 주었다.

이렇게 주의를 시키고 나서 아프로디테는 백조가 이끄는 자기의 이륜차를 타고 하늘을 날았다. 그러나 아도니스는 이와 같은 주의를 지키기에는 너무도 확고한 사람이었다. 그가 데리고 다니는 개들은 굴에서 산돼지를 몰아냈다. 아도니스는 창을 던져 산돼지의 옆구리를 찔렀다. 산돼지는 입으로 창을 물어 빼고 아도니스에게로 달려들었다. 아도니스는 재빨리 도망쳤지만 산돼지는 그를 추격하여 그의 옆구리를 받았다. 그는 치명상을 입고 들판에 쓰러졌다.

아프로디테는 백조가 이끄는 이륜차를 타고 하늘을 날아 키프로스섬을 향하여 가는 도중에 하늘에서 사랑하는 사람의 신음 소리를 들었다. 그녀는 마차를 지상으로 돌렸다. 이윽고 사고 현장에서 피에 물든 아도니스의 시체를 보았을 때, 아프로디테는 마차에서 내려 시체 위에 몸을 구부리고, 자기의 가슴을 두들기며 머리카락

아프로디테와 아도니스

을 쥐어뜯었다. 운명의 여신들을 비난하면서 아프로디테는 이렇게 말하였다.

"이제 그들의 승리는 끝났다. 나의 슬픔의 기념은 사라지지 않을 것이다. 나의 아도니스여, 너의 죽음과 나의 슬픔은 매년 새로워질 것이다. 너의 피는 꽃으로 변할 것이다. 누구도 이를 시기하지 못하며 누구도 이를 빼앗지 못할 것이다."

이렇게 말하면서 아프로디테는 아도니스가 흘린 피 위에 신주神酒를 뿌렸다. 피와 신주가 섞이자 연못 위에 빗방울이 떨어졌을 때와 같은 거품이 일어나고, 한 시간쯤 지나 석류꽃과 같이 핏빛꽃이 한 송이 피었다. 그러나 그 꽃의 수명은 짧았다. 전하는 바에 의하면, 바람이 불어서 꽃이 피게 하고 다시 또 불어서 꽃이 지게 한다는 것이다. 따라서 그것은 아네모네, 즉 바람꽃이라고 이름지었는데,

그것은 그 꽃이 피는 원인도 지는 원인도 다 바람이었기 때문이다.

## :: 아폴론과 히아킨토스

아폴론은 히아킨토스라는 소년을 몹시 귀여워하였다. 그래서 아폴론은 그 소년이 운동을 할 때에도 그를 따랐고, 고기를 잡으러 갈 때는 그물을 들어 주었으며 사냥을 갈 때는 개를 끌고 갔으며 산에 소풍을 갈 때에도 그를 위해 시중을 들어 주었다. 이와 같이 소년에게 열중한 나머지 아폴론은 자기의 소중한 리라도 화살도 전혀 돌보지 않았다.

어느 날 그들은 원반 던지기를 하며 놀고 있었다. 기술과 힘을 겸비한 아폴론은 원반을 들어 하늘 높이 멀리 던졌다. 히아킨토스는 그것이 날아가는 것을 쳐다보았다. 경기에 열중한 소년은, 자기도 어서 던지고 싶어 원반을 잡으려고 달려갔다. 그때 원반이 땅에 떨어져 튀는 바람에 히아킨토스의 이마에 맞았다. 그는 기절하였다.

아폴론은 그를 안아 일으키고 상처의 출혈을 막으며 달아나는 생명을 붙잡으려고 전력을 다하였다. 그러나 모든 것은 소용이 없었다. 부상은 약으로도 치유될 수가 없었다. 뜰 안에 있는 백합꽃의 줄기를 꺾으면 꽃이 지면을 향해 고개를 숙이는 것과 같이 죽어 가는 히아킨토스의 머리는 목에 붙어 있기가 무거운 듯이 어깨 위로 축 늘어졌다. 아폴론은 이렇게 말하였다.

"너는 나 때문에 죽는구나, 히아킨토스, 청춘을 빼앗기고 마는구나. 네가 이런 재난을 당하다니, 다 내 죄다. 할 수만 있다면 네 대

히아킨토스의 죽음을 슬퍼하는 아폴론

신 내가 죽었으면 좋겠다. 그러나 그럴 수도 없으므로 내 너를 추억과 노래 속에서 나와 더불어 살게 하리라. 나의 리라는 너를 찬양할 것이며 나의 노래는 너의 운명을 노래부를 것이다. 그리고 너는 나의 애통한 마음을 아로새긴 꽃이 되게 하리라."

아폴론이 이렇게 말하고 있는 동안에 이상하게도 이제까지 땅에 흘러 풀을 물들이고 있던 피는 티로스 산 염료보다도 더 아름다운 빛깔의 꽃이 되었다. 그 꽃은 백합꽃과 비슷하였는데 백합은 은백색인데 그 꽃은 진홍빛이었다. 이것만으로는 부족하여 더 크고 명예롭게 하기 위하여 아폴론은 그 꽃잎 위에 히아킨토스의 첫 글자 '아! 아Ahi Ahi'라는 글자를 아로새겨 그의 슬픔을 표시하였는데 지금도 우리는 그 모양을 볼 수 있다. 이 꽃은 히아킨토스라고 불리게 되었고, 해마다 봄이 오면 피어나 히아킨토스의 운명에 대한 기억을 새롭게 하고 있다.

전설에 의하면 제피로스서풍의 신도 히아킨토스를 좋아하였었는데, 히아킨토스가 아폴론을 사랑하였기 때문에 질투를 하여 원반이 방향을 바꾸어 히아킨토스를 맞게 하였다고 한다.

# 케이크스와 알키오네 10

케이크스는 테살리아의 왕이었다. 그는 아무런 난폭한 짓도, 부정한 짓도 하지 않고 평화롭게 나라를 다스리고 있었다. 그는 금성 헤스페로스의 아들이었는데 그의 빛나는 아름다움은 그의 아버지가 누구인가를 가히 짐작케 하였다.

그의 아내는 바람의 신 아이올로스의 딸로 알키오네였다. 그녀는 남편을 사랑하고 있었다. 그런데 케이크스는 그의 형을 잃고 깊은 슬픔에 잠겨 있었다. 그리고 형의 죽음에 뒤이어 여러 가지 무섭고 괴상한 일들이 일어나 그는 신들이 자기에게 적의를 품고 있지나 않은가를 생각하기에 이르렀다.

그래서 그는 이오니아 지방에 있는 클라로스로 건너가서 아폴론의 신탁을 알아보는 것이 상책이라고 마음먹었다. 그러나 이러한 뜻을 아내 알키오네에게 이야기하자 그녀는 온몸을 전율하며 얼굴이 창백해졌다.

"제가 무슨 잘못을 저질렀기에 당신의 애정이 저에게서 떠나게

그리스 로마신화 | 107

되었나요? 그토록 열렬했던 나에 대한 당신의 사랑은 어디로 갔나요? 이제 저와 떨어져 있어도 마음 편히 지낼 수 있을 만큼 수양을 쌓으셨나요? 당신은 저와 이별하기를 원하시는 거죠?"

그녀는 어떻게든지 남편의 마음을 돌리기 위하여 시집오기 전에 집에 있을 때 — 바람의 신인 그녀의 아버지는 바람을 제지하기 위해서는 온힘을 기울여야 했다 — 직접 체험한 바람들의 위력에 대해서 이야기하였다.

"바람은 광포하게 엄청난 힘으로 돌진하기 때문에 충돌하여 불이 날 정도입니다. 그러나 당신이 굳이 가셔야 된다면, 사랑하는 남편이여, 제발 저를 데리고 가 주세요. 그렇지 않으면 저는 당신이 앞으로 당하실 실제의 재난뿐만 아니라, 당신이 당하는 재난까지도 맛보아야 할 것입니다."

아내의 말들은 케이크스 왕의 마음을 무겁게 억눌렀다. 그리고 그 자신도 아내와 같이 가고 싶은 마음이 간절하였다. 그러나 사랑하는 아내를 위험한 바다 여행에 데리고 갈 수는 없었다. 그래서 그는 아내를 달랜 뒤에 이렇게 말하였다.

"나는 아버지 금성에 걸고 맹세하오. 운명이 허용한다면 달이 그 궤도를 두 번 돌기 전에 돌아오리다."

이렇게 말하고 나서 왕은 창고에서 배를 꺼내어 노와 돛을 달도록 신하들에게 명령하였다. 알키오네는 이와 같이 항해 준비가 진행되는 것을 보며 재난을 예감이나 한 듯 몸을 떨었다. 케이크스가 눈물을 흘리며 이별을 고하자 그녀는 땅 위에 엎드려 울기 시작하였다.

케이크스가 그 모습을 지켜보고 있는 동안 젊은이들은 이미 노를 손에 잡고 천천히, 그리고 질서정연하게 저으며 힘차게 물결을 헤쳐 나갔다. 알키오네는 눈물에 젖은 눈을 들어 남편이 갑판 위에 서서 자기를 향하여 손을 흔들고 있는 것을 보았다. 그녀도 배가 멀리 떠나 남편의 모습이 보이지 않을 때까지 손을 흔들었다. 얼마 후 배가 보이지 않게 되자, 그녀는 돛이라도 한 번 더 보려고 눈을 크게 떴으나 마침내 그것마저 사라지고 없었다. 그래서 그녀는 자기 방으로 돌아가서 외로운 침대 위에 몸을 던졌다.

한편 배는 어느덧 항구 밖으로 나아가고 미풍이 돛줄을 간질였다. 그러자 선원들은 노를 거두고 돛을 올렸다. 이렇게 여정의 반 가까이 와서 밤이 다가오자 갑자기 바다는 거센 파도가 일어 흰 빛으로 부서지며 돌풍이 세게 불기 시작하였다. 선장은 돛을 내리도록 명령하였으나 폭풍으로 말미암아 전해지지 못했다. 바람 소리와 파도 소리가 요란하여 명령이 들리지 않을 정도였다. 선원들은 저마다 노를 단단히 쥐고, 배의 균형을 잡고 돛을 내리려고 바삐 돌아다녔다. 이렇듯 그들이 각자 최선을 다하고 있는 동안에 폭풍은 점점 심해지기만 하였다. 선원들의 공포로 부르짖음과 돛대의 밧줄소리, 그리고 파도치는 소리에 우레 소리까지 겹쳤다. 파도는 하늘높이 치솟아 그 거품을 구름 사이에 뿌리는 것 같았다. 그리고는 마치 폭풍처럼 떨어져 내려와 바닷속으로 사라졌다.

배는 파도를 따라 곧장 움직였다. 그것은 마치 사냥꾼의 창을 향하여 돌진하는 야수와도 같았다. 마치 하늘이 무너지고 바다가 치솟는 것 같았다. 잠시 번개가 그치자 밤의 암흑에 폭풍우의 암흑이 더하여 어둠이 더하는 것 같았다. 다음에는 섬광이 일어 암흑을 뚫고 모든 것이 찬란하게 빛났다. 선원들은 노를 저을 힘도 빠지고 용기도 없어지고 죽음이 자신들에게 다가오는 것 같았다.

선원들은 두려움에 정신을 잃었다. 집에 남겨 두고 온 부모와 형제, 아내와 자식들의 얼굴이 떠올랐다. 케이크스는 알키오네를 생각하였다. 그녀의 이름만이 그의 입술에 오르고 그녀를 그리워하면서도 그녀가 이곳에 없음을 다행으로 여겼다. 얼마 안 있어 돛대는 벼락을 맞아 부러지고 방향타도 파괴되었다. 그리고 더욱 기고만장해진 파도는 소용돌이치며 난파선을 내려다보았다. 다음 순간 파도는 밑으로 떨어지며 배를 산산조각 내었다. 선원들 몇 명은 파도에 휩쓸려 바다 밑으로 가라앉아 다시는 떠오르지 않았다. 또 어떤 선원은 부서진 배 조각에 매달렸다.

케이크스는 홀笏을 쥐고 있던 손으로 배의 파편을 꼭 움켜잡고, 아버지와 장인을 부르며 구원을 청하였으나 모두 허사였다. 그러나 가장 자주 그의 입에 오른 것은 알키오네의 이름이었다. 그는 오직 그녀만을 생각하고 있었다. 그는 자기의 시체가 그녀가 볼 수 있는 곳에 떠내려가서 그녀의 손으로 매장되기를 간절히 원하였다. 이윽고 물결이 그를 덮쳐 바다 밑으로 가라앉았다. 금성도 그 밤에는 그 빛이 흐리게 보였다. 그것은 하늘을 떠난 것이 아니라 그 슬픈 얼굴을 구름으로 가려 버렸기 때문이었다.

한편 알키오네는 이러한 무서운 사건이 일어난 줄도 모르고, 밤을 지새며 남편이 돌아오기로 약속한 날을 기다리고 있었다. 어느 때는 남편이 돌아오면 입을 새 옷을 준비하고, 어느 때는 자기가 입을 옷을 준비하고 있었다. 그녀는 모든 신들에게 자주 분향하였다. 특히 헤라에게는 정성껏 분향하였다. 그녀는 이미 이 세상 사람이 아닌 남편을 위하여 계속 기원하였다. 남편이 무사히 돌아오고, 객지에서 자기 이외의 더 아름다운 애인을 만나는 일이 없기를 간절히 기원하였다. 그러나 이러한 모든 기원 중에서 최후의 것만이 받아들여질 수 있는 것이었다.

마침내 헤라는 이미 죽은 사람을 위한 탄원을 더 이상 참고 있을 수 없었으며, 장례를 치러야 할 손들이 제단에 기원하는 것을 견딜 수가 없었다. 그래서 무지개의 여신 이리스를 불러 이렇게 말하였다.

"나의 충실한 사자 이리스야, 잠의 신 히프노스의 집으로 가서 알키오네의 꿈 속에 케이크스가 나타나 사건의 전말을 그녀에게 알려 주도록 하여라."

이리스는 일곱 빛깔로 물들인 예복을 입고 허공을 무지개로 물들이면서 잠의 신의 궁전을 찾아갔다. 킴메리아라는 종족이 사는 나라 근방에 있는 산의 동굴에 잠의 신 히프노스가 살고 있었다. 태양의 신 아폴론은 일출시에도, 대낮에도, 일몰시에도 이곳에는 오려고 하지 않았다. 그리하여 구름과 그림자가 지면으로부터 깔려 희미한 광선이 어렴풋이 빛날 따름이었고 그곳에서는 머리에 볏이 달린 새벽의 새도 아침 하늘을 향해 소리 높이 부르짖는 일이 없었고, 경계심이 많은 개나 그보다 더 영리한 거위도 정막을 깨뜨리는 일이 없었으며 한 마리의 짐승도 가축도 없었다. 그리고 바람에 나부끼는 나뭇가지 하나 없었고, 사람의 말소리 하나 들리지 않았다. 오직 침묵만이 지배하고 있었다.

그러나 바위 밑에서 나오는 그 속삭임을 들으면 저절로 잠이 오는 레테[망각] 강이 흐르고 있었다. 동굴의 입구에는 양귀비와 약초들이 무성하게 자라고 있었는데 이러한 약초의 즙에서 밤의 여신은 수면을 뽑아내어 어두워진 지상에 뿌리는 것이다. 잠의 왕의 궁전에는 문이 없었기 때문에 열고 닫을 때 나는 돌쩌귀의 삐걱거리는 소리도 없었으며 그리고 문지기도 없었다. 오직 집 한가운데에 검은 깃털과 검은 휘장으로 장식된 흑단으로 만든 긴 의자가 있었다. 그 위에 잠의 신은 몸을 기댄 채 사지를 펴고 잠들어 있었다. 그의 주위에는 여러 가지 색깔의 꿈들이 놓여 있었다. 그 꿈의 수는 추수할 때 거두어들인 곡식의 줄기만큼이나, 혹은 숲 속의 나뭇잎만큼이나, 또는 바닷가에 있는 모래알만큼이나 많았다.

무지개의 여신인 이리스가 들어와 주위에 떠다니고 있는 꿈들을 모두 쓸어 버리자, 자신의 찬란한 빛이 동굴 전체에 가득히 퍼졌다. 잠의 신은 겨우 눈을 뜨고서 때때로 졸음이 오는지 수염을 가슴 위에 늘어뜨리고 졸다가 이윽고 정신을 차리고서 팔로 몸을 지탱하고, 무지개의 여신 이리스에게 어떤 일로 왔는지 물었다. 그는 그녀가 누구인지를 잘 알고 있었다. 이리스는 이렇게 대답하였다.

"신들 중에서 가장 점잖고 마음을 안정시키고 고뇌에 지친 가슴에 위안을 가져다 주는 히프노스여! 트라시아시에 사는 알키오네에게 꿈을 보내어, 그녀의 세상을 떠난 남편의 난파선에 대한 모든 사건을 알려 주라는 헤라의 명령입니다."

이리스는 이렇게 말하고 나서 급히 물러갔다. 왜냐하면 공기가 탁해서 견딜 수가 없었고 그리고 졸음을 느꼈기 때문이었다. 그는 무지개를 타고 귀로에 올랐다.

히프노스는 그의 많은 아들 중에서 모르페우스를 불렀다.

모르페우스꿈의 신으로 조형자를 뜻하는 어떤 사람이든 그 사람의 걸음걸이, 용모, 말솜씨뿐만 아니라 옷맵시, 태도까지 완벽하게 흉내낼 수 있는 재주를 가지고 있었다. 그러나 그는 오직 인간의 흉내만 낼 수 있었고 새나 짐승이나 뱀을 흉내내는 신은 이켈로스였다. 그리고 셋째 아들인 판타소스 신은 바위, 강, 숲 기타 무생물로 둔갑할 수 있었다. 이들은 왕이나 기타 고귀한 인물들이 잠을 잘 때에 시중을 들었고, 다른 형제들은 보통 인간들 사이에서 움직였다. 히프노스는 자식들 중에서 모르페우스를 선택하여 이리스의 명령을 시행하도록 하였다. 그리고 베개를 베고 나른한 잠에 빠졌다.

모르페우스는 날개 소리도 내지 않고 날아 얼마 안 가서 하이모니 아인이 사는 도시에 이르렀다. 그곳에서 그는 날개를 떼어 놓고 케이크스의 모습으로 변신하였다. 그러나 그의 얼굴은 죽은 사람과 같이 창백하였고 몸은 벌거벗고 있었다. 이런 모습으로 모르페우스는 불행한 알키오네 침대 앞에 섰다. 그의 수염은 마치 물에 젖은 것같이 보였고, 물에 젖은 머리털로부터 물방울이 뚝뚝 떨어지고 있었다. 그는 침대에 몸을 기대고 눈물을 흘리면서 말하였다.

"가엾은 아내여, 그대는 이 케이크스를 알아보겠는가? 혹은 죽었기 때문에 나의 모습이 너무도 변하였는가? 나를 보라. 이것은 그대의 남편 자신이 아니라, 그 그림자이다. 알키오네여, 그대가 아무리 기도해도 아무 소용도 없다. 나는 이미 죽었다. 내가 돌아오리라는 헛된 희망을 버리시오. 에게 해에서 폭풍을 만나 배는 침몰되고 내가 그대의 이름을 소리 높이 부르고 있었을 때 파도가 나의 입을 막았소. 이 말을 그대에게 전하는 것은 믿지 못할 사자도 아니고 막연한 풍문도 아니고 난파한 나 자신이 그대에게 직접 나의 운명을 전하러 온 것이오. 일어나 나를 위해 눈물을 흘려 주오. 아무도 슬퍼해 주는 사람 없이 지옥으로 가게 하지 말아 다오."

모르페우스는 그녀의 남편의 목소리로 이렇게 말하였다. 그는 진짜 눈물을 흘리는 것같이 보였으며 그의 손짓도 케이크스 그대로였다.

알키오네는 눈물을 흘리면서 신음하였다. 그리고 곧장 포옹하려고 잠결에 팔을 내밀었으나 허공을 잡았을 따름이었다. 그녀는 부르짖었다.

"멈추어요. 어디로 달아나려고 합니까? 저하고 같이 가요."

그녀는 자기의 목소리에 잠이 깨었다. 놀라 자리에서 일어서서 남편이 아직도 거기에 있지 않을까 주위를 둘러보았다. 방 안이 훤했다. 하인들이 그녀의 부르짖음에 놀라 불을 가지고 달려왔기 때문이었다. 남편이 보이지 않자 그녀는 가슴을 치며 옷을 잡아 찢었다. 머리가 풀어져도 개의치 않고 마구 몸부림을 쳤다. 유모가 왜 이렇게 슬퍼하느냐고 묻자 알키오네는 이렇게 대답하였다.

"알키오네는 벌써 이 세상 사람이 아닙니다. 그녀는 남편 케이크스와 같이 죽었어요. 어떤 위로의 말도 하지 마십시오. 그는 배가 난파당하여 죽었습니다. 나는 그를 보았어요. 그래서 그를 붙들려고 손을 내밀었습니다. 그러자 그의 그림자는 사라졌습니다. 분명히 그것은 나의 남편의 그림자였습니다. 그 얼굴은 예전과 같이 아름다운 모습이 아닌 창백하였고 몸은 벌거벗은 채, 그것도 머리는 바닷물에 젖은 채로 그는 나에게 나타났습니다. 바로 이곳에 그의 비탄에 찬 환영이 서 있었습니다."

이렇게 말하면서 알키오네는 그의 발자국을 찾으려고 두리번거렸다가 계속하였다.

"내가 당신에게 뱃길을 떠나지 말라고 간청하였을 때, 저는 이런 일이 일어날 것을 예감했습니다. 그래도 당신이 내 말을 듣지 않고 떠나셨습니다. 차라리 저를 데리고 가 주셨더라면…… 그랬더라면 얼마나 제게도 좋았겠습니까? 그랬더라면 당신과 이별하고 홀로 여생을 보내는 일도 없고, 또 저 홀로 죽어야 하는 일도 없을 것입니다. 앞으로 모든 것을 체념하고 살아나간다 하더라도, 그것은 저 자신에 대해 너무 잔인한 짓일 뿐입니다. 바다가 저에게 잔인했던 것보다 더 잔인한 짓입니다. 불행한 남편이여, 저는 체념하려고 노력하지는 않겠습니다. 당신과 떨어져서는 살지 않겠습니다. 지금이라도 당신의 뒤를 따르렵니다. 두 몸이 한 무덤에 들어가지는 못할지라도, 묘비에는 우리 둘이 같이 기록될 것입니다. 제 유골과 당신의 유골이 같은 곳에 있지는 못할지라도, 적어도 제 이름만은 당신의 이름과 떨어지지 않을 것입니다."

이렇게 말하는 동안 그녀는 깊은 슬픔으로 말을 간간이 중단하기도 하였다. 그러나 너무도 슬픔이 복받쳐 더 이상은 말할 수 없었다.

이윽고 아침이 되었다. 알키오네는 바닷가로 가서 남편을 마지막으로 보았던 장소를 찾았다.

"이곳에서 그이는 망설이다가 손에 든 밧줄을 던지고서 나에게 마지막 키스를 하였지."

알키오네는 하염없이 먼 바다를 쳐다보며, 그때 일어난 모든 일을 회상하려고 애를 썼다. 그때 문득 멀리서 무엇인지 분명치 않으나 물 위에 무언가 떠 있는 것이 보였다. 처음에는 그것이 무엇일까 구별할 수가 없었으나 물결에 따라 점점 가까이 떠내려오자 사람의 시체임을 알 수 있었다. 누구의 시체인지는 알 수 없었으나 난파당한 사람의 시체임은 틀림없었으므로 알키오네는 깊이 감동되어

"아, 불행한 사람이여. 그리고 당신에게 아내가 있다면 그녀도 불행한 사람이오."

하고 그 시체에 대해 눈물을 흘렸다. 시체는 물결에 떠밀려 더 가까이 왔다. 점점 더 가까워질 수록 알키오네는 점점 더 몸을 떨었다. 이윽고 시체는 해안에 다다랐다. 이제 누군지 알아볼 수 있었다. 시체는 그녀의 남편이었다. 떨리는 손을 그 시체를 향하여 내밀고 알키오네는 부르짖었다.

"오, 사랑하는 남편이여, 어째서 이런 모습으로 돌아오신 겁니까?"

바닷물의 공격을 분쇄하고, 그 침입을 막기 위해 해안으로부터 바다를 향해 하나의 방파제가 만들어져 있었다. 알키오네는 그 제방 위로 뛰어올랐다 그녀기 그 일을 해낸 것은, 참 이상한 일이었다. 그리고

공중으로 몸을 날리자 순식간에 날개가 돋아나 공중을 치면서 바다 위를 스쳐 날아갔다. 그녀는 불행한 새가 되어 바다 위를 스쳐 날았다. 이 새는 날면서 슬픔에 찬 울음 소리를 내었는데, 그 소리는 애통해하는 사람의 목소리와 같았다.

이윽고 말없고 핏기 없는 남편의 시체에 내려앉아 사랑하는 사람의 손발을 새로 생긴 자기의 날개로 감쌌다. 그리고 뿔과 같이 딱딱한 부리로 키스를 하려고 애썼다. 그러자 케이크스가 그것을 느꼈음인지, 혹은 물결의 작용이었는지 시체가 머리를 드는 것 같아 보였다. 그런데 사실은 시체는 키스를 느꼈던 것이었다. 그리고 그들은 그들을 불쌍히 여긴 신들에 의하여 두 사람 모두 새로 변하였다.

그들은 부부가 되어 새끼도 낳았다. 겨울철 날씨가 좋을 때 7일 동안 알키오네는 바다 위에 떠 있는 자기의 보금자리에 알을 품는다. 그동안 선원들은 무사히 항해할 수 있다. 바람의 신 아이올로스가 바람을 다스려 파도를 일으키지 않았으며 그럴 때 바다는 그의 손자들의 놀이터가 되어 주는 것이었다.

# II 베르툼누스와 포모나

하마드리아데스는 숲의 님프들을 총칭하는 이름이었다. 포모나는 이들 님프들 중의 하나인데, 정원을 사랑하고 과실을 가꾸는 데 있어서는 그녀를 따를 자가 없었다.

그녀는 숲이나 강에는 관심이 없었고, 잘 경작된 토지와 감미로운 사과가 열리는 과수를 좋아했다. 그녀는 언제나 오른손에 창이 아닌, 가지를 치는 칼을 가지고 다녔다. 이 칼로 무성하게 자라난 나무의 가지를 쳐 내거나 혹은 보기 싫게 뻗은 가지를 잘랐고, 또 때로는 가지를 쪼개어 그 사이에 접붙이는 가지를 끼워 넣기도 하였다. 또 애지중지하는 나무들이 가뭄을 타지 않도록 그 옆으로 물을 끌어들여 목마른 뿌리가 그것을 적시게 하였다.

이러한 것들이 포모나가 하는 일이었으며 언제나 열성적으로 하였다. 그리고 아프로디테가 부추기는 연애 같은 것은 염두에도 두지 않았다. 그리고 사람들을 경계하여 자기의 과수원에는 언제나 자물쇠를 채우고 아무도 들어오지 못하게 하였다. 많은 파우누스들의 신들이나 사티로스숲의 신은 포모나를 차지하기 위해서 그들이 가지고 있는 모든 것을 주어도 아깝지 않을 것이라고 생각했다. 나이에 비해서 젊게 보이는 실바누스도, 머리에 솔잎관을 쓰고 있는 판도 예외는 아니었다. 그러나 그 중에서도 계절의 신 베르툼누스가 그녀를 가장 사랑하였다. 그러나 그도 다른 신과 마찬가지로 성공하지 못하였다. 그는 추수하는 농부의 모습으로 변신하여 몇 번이나 포모나에게 바구니에 곡식을 담아 갖다 준 일도 한두 번이 아니었다.

그때의 그의 모습은 농부와 조금도 다름이 없었다. 이마에 건초 띠를 두른 모습은 방금까지 풀을 뒤적이다 온 사람으로밖에는 보이지 않았다. 때로는 소를 모는 지팡이를 손에 쥐고 있었는데, 그때도 역시 마치 피로한 소의 멍에를 방금 벗기고 온 목동 같아 보였다. 그리고 전지 가위를 들고 다니며 원예사 흉내를 내는가 하면 때로는 사닥다리를 어깨에 메고 나타났는데 그 모습은 사과를 따러 가는 사람 같았다. 그리고 때로는 제대한 군인같이 절도 있게 걸었고, 때로는 고기를 잡으러 가는 것처럼 낚싯대를 손에 들고 있었다. 그는 이와 같이 변신하며 여러 번 포모나에게 쉽게 접근할 수 있었고 이러한 방법으로 그녀를 볼 때마다 그의 정열은 더욱더 불탔다.

어느 날 그는 한 노파로 변장하고 나타났는데, 반백의 머리에는 모자를 쓰고 손에는 지팡이를 짚고 있었다. 과수원에 들어가서 과실을 칭찬하였다.

"참 훌륭하군요, 아가씨."

노파로 변해서 포모나를 설득하는 베르툼누스

하며 포모나에게 키스하였는데 그 키스는 늙은 부인에게는 어울리지 않을 정도의 강렬한 것이었다. 노파는 과수원의 제방 위에 앉아 자기의 머리 위에 과실이 주렁주렁 달린 가지를 쳐다보고 있었다.

그리고 맞은편에는 느릅나무가 하나 있었는데 터질 듯한 포도 송이가 달린 포도 덩굴이 엉켜 있었다. 노파는 느릅나무도, 또 그 위에 엉킨 포도 나무도 다 칭찬하였다.

"그러나 느릅나무 위에 이같이 포도나무가 엉키어 있지 않다면, 느릅나무는 아무 매력도 없고 쓸데없는 잎사귀밖에는 우리에게 주는 것이 없을 것입니다. 마찬가지로 포도 덩굴도 느릅나무에 의지하지 않는다면 지면에 엎드려 있어야 할 것입니다. 아가씨 이 느릅나무와 포도나무로부터 교훈을 얻는 것이 없으십니까? 그리고 배필을 얻으실 생각은 없으십니까? 그렇게 하시는 것이 좋을 것 같습니다. 헬레네에게도, 영리한 오디세우스의 아내 페넬로페노 아가씨처럼 많은 구혼을 받은 적이 없었습니다. 아가씨가 그들을 차 버리더라도 그들은 당신을 사모한답니다. 전원의 신들도 그렇고, 저 산에 자주 자타나는 모든 신들이 다 그렇습니다.

그러나 신중을 기하여 좋은 배필을 구하시려거든, 그리고 저와 같은 노파의 — 나는 아가씨가 상상도 못할 만큼 당신을 사랑한답니다 — 말을 들으신다면, 제 말을 믿고 다른 자들은 다 물리치시고 베르툼누스를 받아들이십시오. 나도 그를 잘 알고 그도 나를 잘 압니다. 그는 여기저기 떠돌아다니는 신이 아니라 바로 저 산에 살고 있습니다. 또 그는 여자라면 아무나 눈에 띄는 사람을 사랑하지는 않습니다. 그는 오직 아가씨만을 사랑한답니다. 뿐만 아니라 그는 젊고 미남이고, 어떤 자태든지 원하는 대로 둔갑할 수 있는 기술을 가지고 있으므로 당신이 명령하는 대로 변신할 수 있습니다. 뿐만 아니라 그는 당신이 사랑하는 것을 사랑하고, 원예를 즐기고 당신의 사과나무를 놀랄 만큼 잘 손질할 줄 안답니다.

그러나 지금은 과실도 꽃도 어떤 것에도 관심이 없고 오직 당신만을 생각하고 있답니다. 그를 불쌍히 여기십시오. 그리고 그가 지금 나의 입을 빌려 말하고 있다고 생각하십시오. 신들은 잔인을 벌하고, 아프로디테는 무정無情을 미워하므로 조만간에 그런 자에게는 벌이 내릴 것입니다. 그 증거로 키프로스섬에서 실제로 일어난 유명한 이야기를 할 테니 들어 보세요. 그 이야기를 들으시고 좀더 인정이 많아지기를 바랍니다…….

이피스는 가난한 가문에서 태어난 청년이었는데 어느 날 테우크로스라는 집안의 아낙사레테라는 귀부인을 보고 한눈에 반해 버렸습니다. 청년은 오랫동안 자기의 열정을 억제하려고 하였으나 그럴수록 그의 열정은 더욱 뜨거워져서 결국 그는 애원이라도 해보자는 생각으로 부인의 저택에 나타났습니다. 처음에 그는 그의 열정을 부인의 유모에게 고백하고, 부인을 사랑하신다면 저의 청원을 귀엽게 여겨 주십사고 간청하였습니다. 그리고 그녀의 집 하인들도 자기 편이 되도록 힘썼으며 때로는 사랑의 서약을 서판書板 위에 적기도 하고 또 때로는 눈물에 젖은 화관을 부인의 방문 앞에 걸어 놓기도 하였습니다. 혹은 문 앞에 엎드려 무정한 빗장을 원망하기도 하였습니다. 그러나 부인은 강풍에 용솟음치는 파도보다도 더 무정하였고 마치 독일의 대장간에서 만들어진 강철이나 절벽의 바위보다도 더 단단하였습니다. 그녀는 그를 조롱하고 비웃었고 무정한 말까지 하며, 실낱 같은 희망조차 주지 않았습니다.

이피스는 희망 없는 사랑의 괴로움을 더 이상 감내할 수 없어 그녀의 방문 앞에 서서 다음과 같은 최후의 말을 하였습니다.

'아낙사레테여, 당신이 이겼습니다. 앞으로는 내가 당신을 귀찮게 구는 일도 없을 것입니다. 당신의 승리를 즐기십시오. 그리고 기쁨의 노래를 부르십시오. 이마에 월계관을 쓰십시오. 당신은 이겼으니까요. 나는 죽습니다. 돌과 같이 무정한 마음이여, 기뻐하십시오. 당신을 기쁘게 하기 위하여 내가 할 수 있는 일은 오직 그것뿐입니다. 죽음을 택함으로써 나를 칭찬하시지 않을 수 없겠지요. 목숨이 붙어 있는 한 당신을 사랑하였다는 것을 증명해 보이렵니다. 그러나 제가 죽었다는 소식을 들으시게 하지는 않으렵니다. 나는 당신의 눈앞에서 죽으렵니다. 그리하여 그 광경을 지켜보시는 당신의 눈을 즐겁게 하렵니다. 그러나 인간의 비애를 내려다보시는 신들이여, 저의 운명을 불쌍히 여겨 주십시오. 저의 단 한 가지 소원을 말씀드리겠습니다. 죽은 후에 이름이라도 후세에 길이 남도록 하여 주십시오.'

이와 같이 말하고서 이피스는 창백한 얼굴과 눈물어린 눈으로 부인의 저택을 한 번 둘러보고 그가 지금까지 여러 차례 화관을 걸었던 문기둥에다 끈을 묶고 그리고는 그 끈에다 목을 매고 중얼거렸습니다.

'적어도 이 화관만은 당신의 마음에 들 것이오. 무정한 여인이요!'

그리고 발판에서 발을 떼어 목뼈가 부서져서 죽었습니다.

그의 몸이 쓰러질 때 문에 부딪치는 소리가 났는데 그것은 신음 소리와 비슷하였습니다. 그 소리를 듣고 하인들은 문을 열고 달려 나와 그가 죽은 것을 발견하였습니다. 모두들 불쌍하다고 탄식하며 그의 몸을 그의 어머니가 계신 집으로 운반하였습니다. 그의 아버지는 오래 전에 죽고 없었습니다. 어머니는 아들의 시체를 보자 싸늘한 시체를 자기의 가슴에 껴안고, 아들을 잃은 어머니의 비통한 말을 퍼부었습니다. 슬픈 장례 행렬이 거리를 지나갔습니다. 창백한 시체는 관 위에 실려 화장터로 운반되었습니다. 아낙사레테의 집은 장례 행렬이 지나가는 거리에 있었습니다. 그래서 장례식에 모인 사람들의 곡성이 이미 복수의 신이 벌을 주려고 예정한 그녀의 귀에 들려 왔습니다.

'장례 행렬 구경을 하자' 하고 그녀는 이렇게 말하고 탑 위에 올라가 창문을 열고 그 광경을 내려다보았습니다. 그런데 그녀의 시선이 관 위에 가로놓인 이피스의 시체에 멈춘 순간, 그녀의 눈은 굳어졌고 몸 속의 더운 피는 식기 시작하였습니다. 그녀는 놀라 뒤로 물러서려고 하였지만 그것도 마음대로 되지 않았습니다. 그리고 점점 그녀의 온몸은 돌이 되었습니다.

이 이야기가 믿어지지 않으시거든 아직도 부인의 생전 그 모습대로의 석상이 살라미스에 있는 아프로디테의 신전에 서 있으니 가 보십시오. 이런 옛일을 생각하시어 사랑을 비웃고 주저하는 마음을 버리십시오. 그리고 사랑하는 사람을 받아들이십시오. 그렇게 하시면 봄서리가 아가씨의 젊은 열매를 시들게 하는 일도 없을 것이며, 사나운 바람이 당신의 꽃잎을 떨어뜨리는 일도 없을 것입니다."

베르툼누스는 이렇게 말하고서, 자신의 정체를 드러내어 아름다운 청년의 모습으로 포모나 앞에 섰다. 그 자태는 구름을 뚫고 빛나는 태양과 같았다. 그는 다시 한 번 사랑을 애원할 생각이었으나 그러나 그럴 필요가 없었다. 그의 이야기와 그의 정체는 그녀를 제압했기 때문이다. 그녀는 더 이상 저항하지 않았다. 그녀의 가슴에는 사랑의 불길이 타오르기 시작했던 것이다.

노파의 가면을 벗고 아름다운 청년으로 돌아온 베르툼누스

# 에로스와 프시케 12

옛날 어떤 왕과 왕후 사이에 세 딸이 있었는데 두 언니는 보통 이상으로 아름다웠으나 특히 막내딸의 아름다움은 말로 형용할 수 없을 정도였다. 그녀의 아름다움은 먼 나라까지 소문이 자자하여 인접국의 사람들도 그 모습을 보려고 몰려들었다.

그녀를 본 사람들은 경탄하여 이제까지 아프로디테에게 바치던 경의를 그녀에게 바쳤다. 이렇듯 사람들의 마음이 젊은 처녀에게 쏠렸기 때문에 아프로디테의 제단은 돌보는 사람이 없이 황폐하게 변하고 말았다. 처녀가 지나가면 사람들은 그녀를 칭송하는 노래를 불렀고 길 위에 꽃을 뿌렸다.

신들에게만 표해야 하는 경의가 인간을 찬양하는 데 남용됨을 보고서 아프로디테는 대단히 노하였다. 그녀는 노한 나머지 향기로운 머리를 흔들면서 이렇게 부르짖었다.

"나의 명예가 보잘것없는 인간의 딸에 져야 한단 말인가? 제우스

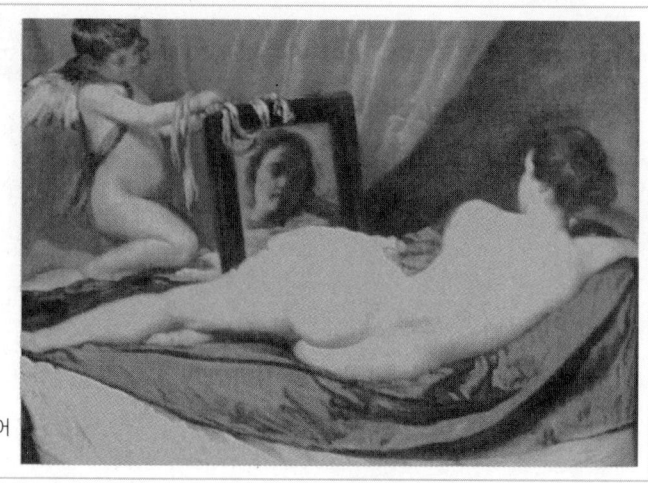

아프로디테와 어린 에로스

까지도 인정했던 저 목양자牧羊者가, 나의 유명한 경쟁자인 아테나와 헤라보다도 내가 더 아름답다고 한 그 영예도 이제는 쓸모없게 되었다. 그러나 어디 두고 보자 그녀가 내 영예를 그렇게 쉽사리 빼앗지는 못할 것이다. 자기의 그렇게 부당한 아름다움을 후회할 때가 꼭 오고야 말 것이다.

아프로디테는 날개 돋친 에로스를 불렀다. 에로스는 원래 천성이 장난을 몹시 좋아했는데 어머니의 불평을 듣자 감정이 더 발동했다. 그녀는 아들에게 프시케그 처녀의 이름이었다를 가리키며 말하였다.

"나의 사랑하는 내 아들아, 저 교만한 미녀를 곯려 다오. 그녀가 받는 벌이 심하면 심할수록 나에게는 좋은 복수가 된단다. 저 교만한 여자의 가슴 속에 어떤 미천한 자에 대한 연정을 불어 넣어라. 그렇게 되면 그녀의 현재의 환희가 큰 만큼 장차 받게 될 굴욕 또한 크리라."

에로스는 어머니의 명령을 거행하기 위한 준비를 하였다. 아프로디테의 정원에는 샘이 두 개 있었는데 그 하나는 물맛이 달고 다른 하나는 쓴맛이었다. 에로스는 두 개의 호박색으로 만든 병에다 두 샘물을 각각 담고서 그것을 화살통 끝에 매달고 급히 프시케의 방으로 가 보니 이때 프시케는 자고 있었다. 에로스는 잠든 그녀의 모습을 보니 측은한 생각도 들었으나 쓴 샘물을 두어 방울 그녀의 입술 위에 떨어뜨린 다음 그녀의 옆구리에다 화살 끝을 댔다. 그러자 그녀는 잠을 깨고 에로스를 바라보았다(물론 에로스는 보이지 않았지만). 에로스는 깜짝 놀라 당황하여 자신이 들고 있던 화살에 상처를 입었다. 그러나 자신의 상처에는 개의치 않고, 자기가 저지른 장난을 취소하기에 열중하여 그녀의 비단 같은 고수머리 위에 달콤한 물방울을 퍼부었다.

프시케는 아프로디테의 미움을 받은 이후부터는 아무리 아름답다 하더라도, 그 아름다움으로 아무런 이득을 얻을 수 없었다. 사실 모든 눈이 그녀에게 집중되고, 모든 입이 그녀를 칭찬하였으나 왕도 귀족 청년들도 평민도 누구 하나 그녀에게 청혼하는 자가 나타나지 않았다. 보통 정도의 미를 가지고 있는 그녀의 두 언니들은 이미 오래 전에 두 왕자와 결혼하였다. 그러나 프시케는 고독한 신세를 한탄하였다. 그녀에게 아첨자는 많이 있었으나 사랑을 일깨우지 못하는 자기의 아름다움에 싫증이 나기 시작하였다.

그녀의 부모는 자기들도 모르는 사이에 신들의 노여움을 사지나 않았나 두려워하여 아폴론의 신탁에 물어 보고 다음과 같은 답변을 얻었다.

"그 처녀는 인간에게 시집을 갈 팔자가 아니다. 그녀의 장래의 남편이 산꼭대기에서 그녀를 기다리고 있다. 그는 괴물로서 신도 인간도 그에게는 거역할 수 없다."

이 무서운 신탁의 판결을 듣고 모든 사람들은 놀랐고 프시케의 부모는 슬픔에 잠겼다. 그러나 프시케는 이렇게 말하였다.

"사랑하는 부모님, 왜 이제 와서 제 신세를 슬퍼하십니까? 도리어 사람들이 저에게 분에 넘치는 명예를 부여하고, 한결같이 모두 저를 아프로디테라고 불렀을 때 슬퍼하셨어야 할 것입니다. 그런 칭호를 받은 벌이 제게 내린 것을 이제 알았습니다. 제 운명에 순종하렵니다. 저의 불행한 운명이 점지해 준 저 산으로 저를 데려다 주십시오."

그래서 모든 준비가 다 되고 공주를 보내는 행렬이 출발하였는데, 그것은 혼례행렬이라기보다 장례 행렬에 가까웠다. 프시케는 사람들의 한숨 소리를 들으며 부모와 함께 산에 올랐다. 산꼭대기에 이르자 사람들은 그녀를 혼자 남겨 놓고 슬픈 마음으로 집으로 돌아갔다.

프시케가 산꼭대기에 서서 공포에 떨며 눈물을 흘리고 있을 때, 친절한 제피로스[서풍]가 그녀를 들어 올려 가벼운 걸음걸이로 꽃이 만발한 골짜기에 실어다 주었다. 이곳으로 오는 동안 그녀의 마음은 진정되고 풀이 무성한 비탈 위에 누워 잠이 들었다. 얼마 후 원기가 회복되어 상쾌한 마음으로 눈을 뜨고 주위를 둘러보니 근처에는 큰 나무가 우뚝 솟은 아름다운 숲이 있었다. 프시케는 그 속으로 들어갔다. 그 한가운데에 수정과 같이 맑은 물이 솟아나는 샘이 있었다. 그 옆에는 굉장한 궁전이 우뚝 서 있었는데 그 장엄함은 보는 사람으로 하여금 그 궁전이 사람의 손으로 이루어진 것이 아니라, 어떤 신의 행복한 은신처라는 느낌을 주었다.

감탄과 놀라움에 이끌리어 프시케는 그 건물에 다가가 용기를 내어 안으로 들어갔다. 보는 물건마다 그녀를 즐겁게 하고 놀라게 하였다. 금 기둥이 반원형의 지붕을 받치고 있었고, 벽은 사냥의 대상이 되는 짐승이나 전원의 풍경을 그린 조각과 그림으로 장식되어 있어 보는 사람의 눈을 황홀하게 하였다. 더 안으로 들어가 보니 연회용 홀 외에 온갖 보물과 아름답고 값비싼 예술품이 가득 찬 방이 여러 개 있었다. 그녀가 이러한 것들을 구경하고 있는 동안 사람은 아무도 보이지 않았으나 어디선가 이런 목소리가 들려 왔다.

"여왕이시여, 당신이 지금 보시고 있는 것은 모두 당신의 것입니다. 당신이 듣고 계신 이 목소리는 당신의 하인들의 목소리랍니다. 우리들은 당신이 어떤 명령을 내리더라도 복종하겠습니다. 먼저 당신의 방으로 들어가십시오. 그리고 깃털 침대 위에서 편히 쉬십시오. 또는 목욕을 하시려거든 하십시오. 저녁 식사는 옆에 있는 정자에 마련하겠습니다. 괜찮겠습니까?"

프시케는 목소리뿐인 시종의 말대로 하였다. 그리고 침대 위에서 쉬고 목욕도 하고 기운을 차린 뒤에 정자에 들어가 앉았다. 그곳에서는 하인들의 모습도 보이지 않았지만 식탁 위에는 맛좋은 음식과 감미로운 술이 놓여 있었다. 그리고 보이지 않는 연주자의 음악은 그녀의 귀를 즐겁게 하였다. 그 중 한 사람은 노래를 부르고, 한 사람은 비파를 탔는데 참으로 아름다운 음악이었다.

프시케는 아직 남편 될 사람을 보지 못하였다. 그는 깊은 밤이 되어야만 오고 날이 밝기 전에 떠났다. 그러나 그의 음성은 사랑으로 넘쳐흘렀고, 그녀의 마음도 사랑으로 가득 찼다 그녀는 그렇게 떠나지 말고 얼굴을 보여 달라고 간청하였으나 그는 그녀의 청을 들어 주지 않았다. 도리어 그는 정당한 이유가 있어 얼굴을 보이고 싶지 않으니 자기를 볼 생각은 아예 말라고 부탁하였다.

"왜 나를 보고 싶어하오? 나의 사랑에 대하여 조금이라도 의심을 가지고 있소? 무슨 불만이 있소? 그대가 나를 본다면 두려워할지도 모르고 숭배할 것이오. 그리고 중요한 것은 나를 사랑하는 것이고 그것만을 나는 그대에게 바라오. 나는 그대가 나를 신으로서 숭배하는 것보다 같은 인간으로서 사랑받기를 바라오."

이러한 말을 듣고 프시케는 마음이 안정되었고 남편의 존재가 신비롭게 느껴질 동안은 행복을 느꼈다. 그러나 점점 세월이 흐르자 자기의 운명도 모르고 계실 부모님 생각, 자기의 지위에 대한 기쁨을 같이 나눌 수 없는 언니들의 생각이 프시케의 마음을 몹시 괴롭혔고 지금 이곳의 궁전을 오직 훌륭한 감옥에 불과한 것으로 느끼게 하였다.

어느 날 밤 남편이 돌아오자, 프시케는 그에게 자기의 고민을 고백하였다. 그리고 마침내 언니들이 자기를 보러 와도 좋다는 승낙을 억지로 얻어냈다.

프시케는 제피로스를 불러 남편의 명령을 전달하니 제피로스는 바로 명령을 받들어 얼마 안 지나 언니들을 프시케가 있는 골짜기로 데리고 왔다. 프시케는 언니들과 재회의 기쁨을 나누었다. 프시케는 이렇게 말하였다.

"어서 저의 집으로 들어가요. 그리고 먼저 무엇을 좀 드셔야죠."

그녀는 언니들의 손을 잡고 금으로 만든 궁전으로 안내하였다. 그리고 목소리만 들리는 수많은 시종들로 하여금 언니들의 시중을 들게 하여 목욕도 하고 여러 가지 맛있는 음식도 먹고 보물들을 보여 주며 자랑하였다. 동생이 자기들보다 빼어나게 훌륭한 생활을 하고 있는 것을 보자 언니들의 가슴에는 질투심이 일어났다.

언니들은 프시케에게 많은 질문을 하였는데, 특히 그녀의 남편이 어떤 사람인가를 집중적으로 물었다. 프시케는 남편이 멋진 청년이요, 낮에는 보통 산으로 사냥을 나간다고 답변하였다. 언니들은 이 답변에 만족하지 않고 프시케로 하여금 마침내 자기는 아직 한 번도 남편의 얼굴을 본 일이 없다는 것을 고백하게 하였다. 그리고 그녀들은 그녀의 마음에 의심을 품게 하는 말을 하였다.

"아폴론의 신탁은 네가 무서운 괴물과 결혼할 팔자라고 한 것을 잊지 말아라. 이 골짜기에 사는 주민들의 말에 의하면 네 남편은 무섭고 괴상한 뱀으로서 너를 맛있는 음식을 먹여 기른 뒤에 잡아 먹어 버릴 것이라고 말하더라. 그러니 너는 우리가 시키는 대로 해. 등잔과 예리한 칼을 준비하여 남편에게 들키지 않도록 잘 숨겨 놓았다가 그가 깊이 잠들거든 침대에서 빠져나와 등잔불을 켜고 이곳 주민들의 말이 사실인가 네 눈으로 직접 확인해 보아라. 사실이라면 주저하지 말고 괴물의 머리를 베어 너의 자유를 되찾아라."

프시케는 언니들의 이 권고를 듣지 않으려고 노력하였으나 마음이 동요되는 것을 어찌할 수 없었다. 언니들이 떠나자 언니들의 말과 그녀 자신의 호기심이 도저히 참을 수 없을 만큼 충동질했다. 그래서 프시케는 등잔불과 예리한 칼을 준비하여 남편이 볼 수 없는 곳에 몰래 감추어 두었다. 그가 잠이 들었을 때 프시케는 살짝 일어나서 등잔불의 덮개를 벗기고 보니 눈앞에 보이는 것은 무서운 괴물이 아니고, 신들 중에서도 가장 아름답고 매력 있는 신이었다. 그의 금빛 고수머리는 눈보다도 흰 목과 진홍색의 볼 위에서 물결치고, 어깨에는 이슬에 젖은 두 날개가 있었으며 그 털은 보들보들한 봄꽃과 같이 부드러웠다.

그녀는 남편의 얼굴을 더 가까이 보기 위하여 등불을 기울였을 때, 불이 붙은 기름 한 방울이 그의 어깨에 떨어졌다. 그러자 신은 깜짝 놀라 눈을 뜨고 프시케를 응시하였다. 그리고 나서 말 한 마디 없이 흰 날개를 펴고 창 밖으로 날아갔다. 프시케는 그를 따라

믿음을 저버린
프시케를 떠나는
에로스

가려고 하였으나 창틀에서 땅으로 떨어졌다. 에로스는 프시케가 땅바닥에 쓰러져 있는 것을 보고 잠깐 날기를 멈춘 채 이렇게 말하였다.

"오, 어리석은 프시케여, 이것이 내 사랑에 보답하는 짓이란 말이냐. 나는 어머니의 명령을 따르지 않고 너를 아내로 맞았는데, 너는 나를 괴물로 여기고 나의 머리를 베려고 생각하였단 말이냐. 가거라. 너는 언니들한테 돌아가거라. 나의 말보다 그들의 말을 들었으니까. 나는 너에게 다른 벌을 가하지는 않겠다. 나는 너와 영원히 이별할 따름이다. 사랑과 의심은 동거할 수 없는 것이다."

이렇게 말하고서 에로스는 울부짖으며 땅에 엎드려 있는 가엾은 프시케를 뒤로 하고 날아가 버렸다.

프시케는 한참 동안 울다가 어느 정도 마음을 가다듬고 주위를 둘러보니 궁전도 정원도 없어지고, 자신이 언니들이 살고 있는 도시로부터 얼마 떨어지지 않은 넓은 벌판에 와 있는 것을 발견하였다. 프시케는 언니들을 찾아가서 자기가 당한 재난을 모두 이야기하자 심술궂은 언니들은 마음 속으로 기뻐하면서도 겉으로는 슬퍼하는 체하였다.

"이번에는 그가 우리들 중에 하나를 택할 것이다."

그녀들은 자기의 내심을 밝히지는 않았으나 각자 이렇게 생각하고 아침 일찍 일어나 산에 올랐다. 그리고 산꼭대기에 이르자, 제피로스를 부르며 자기를 그의 주인에게 데려다 달라고 청하였다. 그리고서 뛰어내렸으나 제피로스가 받쳐 주지 않았기 때문에 몸은 그대로 절벽에서 떨어져 죽고 말았다.

한편 프시케는 남편을 찾아 밤낮 먹지도 않고 자지도 않으면서 방방곡곡을 방황하였다. 그러던 어느 날 어느 높은 산을 쳐다보니 그 꼭대기에 훌륭한 신전이 있는 것을 보고 그녀는 탄식하며 혼자 중얼거렸다.

"나의 사랑, 나의 주인은 아마 저곳에 살고 있을 것이다."

이렇게 말하고서 그곳으로 발을 옮겼다. 신전 안에 들어가자마자 밀낟가리가 쌓여 있는 것이 눈에 띄었는데, 묶은 이삭도 있고 묶지 않은 것도 간간이 있었고, 간혹 보리 이삭이 섞여 있기도 하였다. 낫과 갈퀴와 그 밖의 수확할 때 쓰는 여러 농기구가 무더위에 지쳐 버린 농부가 함부로 던진 것같이 아무렇게나 여기저기 어지럽게 흩어져 있었다.

프시케는 그것들을 적당한 장소와 용도에 따라 깨끗이 정돈하였다. 그것은 어떤 신이라도 소홀히 해서는 안 되고, 모든 신을 경건한 마음으로 대하여 자기편이 되도록 해야 한다는 신념에서였다. 그곳은 여신 케레스의 신전이었는데, 여신은 프시케가 신을 위하여 일하는 것을 보고 이렇게 말하였다.

"오, 가엾은 프시케야, 비록 나는 너를 아프로디테의 증오로부터 너를 수호할 수는 없으나 그녀의 분노를 가라앉힐 최선의 방법을 가르쳐 줄 수는 있다. 그것은 다름 아니라 너의 여왕인 아프로디테를 찾아가서 겸손과 순종으로써 용서를 빌어라. 그러면 아마도 은총을 베풀어 너의 남편을 되찾도록 해줄 것이다."

프시케는 케레스의 말을 따라 마음을 굳게 먹고 아프로디테의 신전을 향하여 갔다. 그녀는 무슨 말을 해야 노한 여신의 마음을 풀 수 있을까 하고 곰곰이 생각하였으나, 아무래도 결과가 좋지 않을 것 같은 예감이 들었다.

아프로디테는 프시케를 노한 표정으로 대하였다.

"가장 불충실하고 신의 없는 인간아, 너는 주인을 섬기는 몸이라는 것을 이제야 깨달았느냐? 혹은 네가 이곳에 온 것은, 사랑하는 아내에게서 받은 상처 때문에 아직도 병석에 누워 있는 너의 남편을 보기 위해서냐? 너는 밉살스럽고 내 비위에 거슬리구나. 그러므로 네가 남편을 다시 섬기기 위한 유일한 길은 오직 부지런히 일하는 것밖에 없다. 나는 너의 살림솜씨를 시험해 보겠다."

이렇게 말하고 나서 아프로디테는 프시케를 자기 신전의 창고로 데려갔다. 그곳에는 비둘기의 모이로 밀, 보리, 기장, 완두, 편두 등이 뒤섞여 잔뜩 쌓여 있었다.

"이 곡식들을 다 따로따로 가려서 저녁때가 되기 전에 끝마치도록 하여라."

이렇게 말하고서 곧장 아프로디테는 떠났다.

프시케는 너무 많은 일거리에 놀라서 말없이 멍하니 곡식더미를 바라보고 있었다. 프시케가 어찌할 바를 모르고 앉아 있는데 에로스는 들판의 주민인 조그만 개미들을 선동하여 프시케를 도와 주도록 만들었다. 수많은 개미들의 대장은 여섯 개의 다리가 달린 수많은 신하들을 거느리고 곡식더미에 접근하여 온힘을 다하여 부지런히 곡식을 한낱 한낱 골라 쌓아 주었다. 그리고 그 일이 다 끝나자 개미들은 순식간에 없어져 버렸다.

황혼이 가까워지자 아프로디테는 향기로운 냄새를 풍기며 머리에는 장미 화관을 쓰고 신들의 향연에서 돌아왔다. 일이 다 끝난 것을 보고서 여신은 부르짖었다.

"못된 계집 같으니, 이것은 네가 한 것이 아니고 남편을 꾀어서 다 시킨 것이지. 어디 두고 보아라. 너도 네 남편도 뒤가 편치 못할 것이다."

이렇게 말하면서 아프로디테는 프시케에게 저녁 식사로 검은 빵을 한 조각 던져 주고서 가 버렸다.

다음날 아침, 아프로디테는 프시케를 불러오게 하여 다음과 같이 말하였다.

"보아라, 저쪽 물가에 나무들이 늘어서 있지? 그곳에 가면 양치기 없이 풀을 뜯어먹고 있는, 등에 금빛나는 털을 가진 양 떼가 있다. 그곳에 가서 한 마리도 빠짐없이 저 값진 양털의 견본을 모아 가지고 오너라."

프시케는 명령받은 일을 실행하기 위해 최선을 다할 마음으로 냇가로 갔다. 그러나 강의 신은 갈대로 하여금 노래부르듯 속삭이게 하였다.

"처녀야, 너는 가혹한 시련을 받고 있다. 위험한 강물을 건너려고 하지도 말고 건너편에 있는 무서운 숫양 떼 속에 들어가지도 말아라. 왜냐하면 아침이면 해가 떠오를 무렵에 그 양들은 날카로운 뿔과 사나운 이를 가지고 사람을 죽이려는 잔인한 분노에 불타기 때문이다. 그러나 한낮에 양 떼들이 그늘을 찾아가고, 강물의 청명한 정기가 그들을 재울 때는 강을 건너도 안전하니, 그때 가서 덤불이나 나무줄기에 붙어 있는 금빛 양털을 발견할 것이다."

이렇듯 인자한 강의 신은 프시케에게 임무를 수행하는 방법을 가르쳐 주었다. 그가 가르쳐 준 대로 하여 프시케는 팔 하나 가득 금빛 양털을 안고 얼마 안 되어 아프로디테에게로 돌아올 수 있었다. 그러나 프시케는 집념이 강한 여신의 칭찬을 받지는 못하였다. 도리어 그녀는 다음과 같이 말하였다.

"나는 이번에도 네가 이 일을 성공한 것은 너 자신의 힘이 아님을 잘 알고 있다. 나는 아직 네가 일을 잘 한다고 믿지 못하겠다. 또 다른 일을 시켜 보겠다. 이곳에 있는 상자를 가지고 지하 에레보스로 가서 페르세포네에게 전하고 다음과 같이 말을 하여라. '저의 여주인 아프로디테가 당신의 아름다움을 조금 나누어 주시기를 원하십니다. 병석에 있는 아들을 간호하시느라고 자신의 아름다움을 약간 잃었기 때문입니다.' 그러나 갔다 오는 데 너무 지체해서는 안 된다. 나는 오늘 저녁에 얻어 온 아름다움을 몸에 바르고 신들과 여신들의 연회에 참석해야 하니까."

프시케는 이제 자기가 파멸이 가까워 왔다고 믿었다. 제 발로 죽어서야 갈 수 있는 곳에 가지 않으면 안 되었으니까. 어쨌든 피할 수 없는 일인 바에야 지체없이 하려고, 명부로 가는 지름길을 택하기 위하여 프시케는 몸을 거꾸로 떨어뜨리려고 높은 탑 꼭대기에 올라갔다. 그러나 탑 속에서 어떤 소리가 들려 왔다.

"가엾은 불행한 처녀야, 왜 그렇게 무서운 방법으로 목숨을 끊으려고 하느냐. 이제까지도 여러 번 위험한 경우에는 신들의 가호를 받았거늘 왜 이 마지막 위험에 처하여 겁을 내며 용기를 잃었는가?"

저승으로 가기 위해 흑하를 건너는 프시케

이어 그 목소리는 어떤 동굴을 지나면 명부에 도착할 수 있다는 것, 그리고 어떻게 하면 도중의 위험을 모면할 수 있는지, 머리가 셋 달린 개인 케르베로스의 옆을 지나가는 방법, 흑하黑河를 건너가고, 다시 또 돌아오기 위해서는 어떻게 그 강의 뱃사공을 설득시킬 수 있는가를 가르쳐 주었다. 그리고 또 다음과 같이 덧붙였다.

"페르세포네가 그녀의 아름다움을 가득 찬 상자를 주거든, 가장 조심해야 할 일은 그것을 절대로 열거나 그 속을 들여다보아서는 안 된다. 호기심으로 여신들의 미의 보물의 비밀을 탐색하려고 해서는 안 된다."

프시케는 이 충고에 힘을 얻어 목소리가 일러준 대로 조심스럽게 무사히 명부에 도착하였다. 프시케는 페르세포네의 궁전에 들어가서 아름다운 좌석과 맛있는 음식이 제공되었으나 모두 사양하고, 거친 빵으로 식사를 한 뒤에 아프로디테로부터의 부탁을 전하였다. 귀중한 물건으로 채운 상자가 뚜껑이 닫힌 채 바로 프시케에게 돌아왔다. 프시케는 온 길을 되짚어 이승으로 돌아왔으며, 다시 또 햇빛을 보게 된 것을 기뻐하였다.

그러나 위험한 임무를 이와 같이 달성하자 상자 안에 무엇이 들었는가를 궁금해서 견딜 수가 없었다. 그녀는 혼잣말로 중얼거렸다.

"신의 아름다움을 가지고 가는 내가, 사랑하는 남편의 눈에 더 아름답게 보이기 위하여 조금 꺼내 양볼에 바르고 싶다."

그녀는 조심스럽게 상자를 열었다. 그러나 그 속에는 아름다움은 하나도 없고 명부의 죽음의 수면이 있었다. 그것은 상자 속에 갇혔다가 뚜껑이 열리자 몰려나와 프시케를 덮쳤다. 그래서 프시케는 길 한가운데 엎드려서 아무 감각도 없고, 움직이지도 않는 잠자는 시체가 되었다.

한편 에로스는 이미 상처도 치유되었고 사랑하는 프시케를 보고 싶은 마음이 간절하여 마침 자기 방의 창문 틈으로 빠져나와 프시케가 누워 있는 곳으로 날아갔다. 그리고 그는 그녀의 몸에서 잠을 끌어모아 다시 상자 안에 가두고 화살로 그녀의 몸을 약간 찔러 잠을 깨웠다. 그는 말하였다.

"그대는 또 전과 같은 호기심 때문에 하마터면 죽을 뻔하였구나. 자, 그대 어서 가서 어머니가 분부하신 임무를 완수해야지. 그 밖의 일은 내가 하겠다."

에로스는 높은 하늘을 꿰뚫는 번갯불과 같이 빨리 제우스 앞에 나아가 애원하였다. 제우스는 호의를 가지고 들어 주었다. 그리고 두 연인을 위하여 간곡히 설득하였기 때문에 마침내 아프로디테도 승낙하였다. 그래서 제우스는 헤르메스를 보내어 프시케를 하늘의 회의에 참석하도록 하였다. 그녀가 도착하자, 제우스는 불로불사의 음식이라고 하는 암브로시아를 한 잔 주면서 말하였다.

"프시케야, 이걸 마시고 불사의 신이 되어라. 에로스도 이 인연을 끊지 못할 것이며, 이 결혼은 영원할 것이다."

이렇게 하여 프시케는 마침내 에로스와 결합하여 딸 하나를 낳았는데, 그 이름은 '쾌락'이었다.

에로스와 프시케의 전설은 보통 우화로 해석된다. 그리스어 '프시케'는 나비라는 의미와 영혼이란 뜻이 있다. 영혼불멸의 예시로서 나비와 같이 인상적이고 아름다운 것은 없다. 왜냐하면 나비는 배로 느릿느릿 기어다니는 모충의 생활을 끝마친 뒤에 지금까지 누워 있던 무덤 속으로부터 아름다운 날개를 펼치고 빠져나와 밝은 데서 훨훨 날아다니며, 봄의 가장 향기롭고 맛있는 생산물을 먹는다. 그러므로 프시케는 온갖 고난에 의하여 정화된 후에 순수하고 순결한 행복을 누릴 준비가 된 인간의 영혼인 것이다.

# 카드모스, 미르미돈 13

## ∷ 카드모스

제우스는 황소로 변신하여 어느 날 페니키아의 왕 아게노르의 딸 에우로페를 납치했었다. 아게노르는 아들 카드모스에게 누이를 찾아오도록 명령하고, 만약 찾지 못하면 돌아오지 말라고 말하였다.

카드모스는 사방으로 오랫동안 그의 누이를 찾았으나 찾을 수가 없었다. 임무를 완수하지 못하고는 돌아갈 수도 없어 어디로 가서 살면 좋을지 아폴론의 신탁에게 물어 보았다. 신탁은 그에게, 들에서 암소를 한 마리 발견하거든 어디든지 그 소가 가는 곳으로 따라가라, 그리고 소가 발을 멈춘 곳에서 도시를 건설하여 테바이라 명명하라고 일러 주었다.

카드모스가 카스탈리아의 동굴에서 나오자마자, 어린 암소 한 마리가 그의 앞에서 천천히 걸어가고 있었다. 카드모스는 그 뒤를 바짝 따라갔다. 그리고 태양신 아폴론에게 기도를 올렸다.

암소는 계속 전진하여 케피소스의 얕은 수로를 지나 파노페 평야로 나왔다. 그곳에서 암소는 발을 멈추고는 공중을 향하여 넓은 이마를 쳐들고 크게 울었다. 카드모스는 암소에게 사의를 표명하고 몸을 굽히고서 낯선 흙에 키스하였다. 그리고 나서 눈을 들고 주위 신들에게도 인사하였다. 그리고 제우스에게 제사를 지내려고 부하들을 시켜 제주祭酒로 사용할 깨끗한 물을 구해 오도록 하였다. 그 근처에는 오래 된 숲이 있었는데, 일찍이 그 신성이 더럽혀진 일이 없었다.

그 한가운데는 덤불로 덮인 동굴이 있었는데 그 지붕은 아치형이었고, 그 밑에서는 깨끗한 샘물이 솟아오르고 있었다. 이 동굴 속에는 무서운 뱀이 한 마리 있었는데, 볏이 돋친 머리와 금빛으로 빛나는 비늘을 지니고 있었다. 뱀의 눈은 불과 같이 빛나고 몸은 독액으로 부풀었으며, 세 개의 혀를 끊임없이 날름거리고 세 줄로 된 이빨이 보였다. 이때 물을 길러 온 사람들이 샘에 물병을 담그고 병 속으로 물이 들어가는 소리가 났을 때 온몸에 광채가 찬란한 뱀이 동굴에서 머리를 내밀고 무서운 소리를 냈다. 사람들은 손에서 물병을 떨어뜨리고 얼굴이 창백해지고 사지를 벌벌 떨었다. 뱀은 비늘 덮인 몸뚱이로 똬리를 틀고, 머리를 가장 키가 큰 나무보다도 높이 고개를 쳐들었다. 사람들이 공포에 질려 싸우지도 못하고 달아나지도 못하자 뱀은 어떤 자는 그의 독니로 물어 뜯어 죽이고, 어떤 자는 몸으로 감아 죽이고, 어떤 자는 독을 내뿜어서 죽여 버렸다.

카드모스는 정오때까지 부하들을 기다렸으나 돌아오지 않자 그들을 찾아 나섰다. 그는 사자 가죽으로 된 옷을 입고 있었고 손에는 투창과 긴 창을 들고 있었다. 또 그 가슴 속에는 창보다도 더 좋은 무기인 대담함을 지니고 있었다. 그가 숲 속으로 들어가니 부하들의 시체가 즐비하고, 뱀의 턱은 피가 온통 묻어 있었다. 그는 부르짖었다.

"오! 충실한 나의 부하들, 나는 너희들의 원수를 갚든지, 나 자신이 너희들의 뒤를 따라 죽으리라."

카드모스는 큰 돌을 들어 힘껏 뱀을 향하여 던졌다. 그만큼 큰 돌을 던졌으면 요새의 성벽도 진동하였을 것이나 뱀은 미동도 하지 않았다. 이어 카드모스는 투창을 던졌다. 이번에는 먼젓번보다는 효과가 있었다. 창은 뱀의 비늘을 깊숙이 뚫었다. 뱀은 아픔에 못 견디어 날뛰면서 상처를 보려고 머리를 뒤로 돌렸다. 그리고 입으로 창을 빼려고 하였는데 창은 부러지고 살촉은 몸 속에 박히었다. 목은 노여움에 부풀고 피거품은 턱을 덮쳤고 콧구멍으로부터 내쉬는 숨은 주위에 독기를 가득 뿜었다. 뱀은 때로는 몸을 둥그렇게 비꼬기도 하고 자빠진 나무 토막같이 땅에 몸을 길게 펴기도 하였다. 이윽고 뱀이 앞으로 몸을 움직이자, 카드모스는 그 앞에서 뒷걸음질을 치며 크게 벌린 뱀의 턱을 향하여 창을 겨누었다. 뱀은 창을 향하여 달려들어 그 살촉을 물어 뜯으려고 하였다.

카드모스는 기회를 보아 뱀이 머리를 뒤로 제치고 나무 토막을 향하여 달려든 순간 창을 던지니 뱀의 몸뚱이를 관통하고 나무에 박히고 말았다. 뱀이 단말마의 고통으로 몸부림치자 뱀의 몸무게로 나무가 휘었다.

카드모스가 그의 원수를 해치우고 뱀의 시체 위에 서서 그 거대한 모습을 바라보고 있을 때 어떤 소리가 들려 왔는데. 그 소리는 뱀의 이를 빼서 땅에 뿌리라고 그에게 명령하고 있었다. 그는 목소리가 시킨 대로 땅에 고랑을 파고, 이를 뿌렸는데 이를 다 뿌리자마자 흙덩이가 움직이기 시작하고 창끝이 여러 개 땅에 나타나기 시작하였고 다음에는 앞에 꽂은 깃털을 흔들거리면서 투구가 나타났다. 그 다음에는 사람의 어깨와 가슴과 무기를 든 손발이 나타나고, 마침내 무장을 한 무사들이 나타났다.

카드모스는 깜짝 놀라 새로운 적에 맞서려고 하였다. 그러자 그 중 한 명이 그에게

"우리들의 내란에 간섭하지 마시오."

라고 말하면서 그는 땅 속에서 태어난 그의 형제 중 한 명을 칼로 찔러 죽였다. 그러고는 그 자신도 또 다른 무사의 화살에 맞아 죽었다. 이 활을 쏜 사람도 또 네 번째 무사에게 죽었다. 이렇게 서로 싸워 부상을 입고 쓰러졌고 남은 것은 다섯 명뿐이었다. 이들 중의 한 명이 무기를 내던지고 말하였다.

"형제들, 우리 의좋게 살자."

이들 다섯 명의 무사들은 카드모스와 협력하여 도시를 건설하고 그 이름을 테바이라고 명명하였다.

카드모스는 아프로디테의 딸 하르모니아와 결혼하였다. 신들은 올림포스를 떠나 그들의 결혼식에 참석하여 축하하였고, 헤파이스토스는 손수 만든 훌륭한 목걸이를 신부에게 선사하였다. 그러나 불행한 일이 카드모스 일가를 기다리고 있었다. 그것은 그가 죽인

뱀은 아레스마르스에게 봉헌된 것이었기 때문이었다. 그래서 카드모스의 딸 세멜레와 이노 및 손자 악타이온과 펜테우스는 모두 불행한 죽음을 맞이하였다.

카드모스와 하르모니아는 테바이가 싫어져서 그곳을 떠나 엥켈리아인들의 나라로 이주하였는데, 그곳 사람들은 그들을 환대하고 카드모스를 그들의 왕으로 추대하였다. 그러나 자손들의 불행한 죽음은 아직도 그들의 마음을 침울하게 하였다. 어느 날 카드모스는 부르짖었다.

"한 마리 뱀의 생명이 그렇게 신들에게 귀중한 것이라면, 나도 뱀이었다면 좋았을 것을."

이 말이 끝나자마자 그의 모습이 변하기 시작하였다. 하르모니아는 그것을 보고 자기도 남편과 그 운명을 같이하게 해 달라고 신들에게 기도하였다. 그러자 둘 다 뱀이 되었다. 지금도 그들은 숲 속에서 살고 있다. 그러나 자기들의 전신前身을 생각하고서 사람을 피하지도 않고 해치지도 않는다.

:: 미르미돈

미르미돈인은 트로이 전쟁 당시의 용사 아킬레우스가 이끌고 간 병사들이었다. 오늘날까지 상관의 명령에 절대 복종하는 자를 미르미돈이라고 부르는 것은 여기서 유래한다. 그러나 미르미돈인의 기원을 보면 맹렬하고 잔인한 종족이라기보다는 근면하고 평화를 사랑하는 종족이라는 인상을 받게 될 것이다.

아테네의 왕 케팔로스는 크레타의 왕 미노스와 전쟁을 할 때 그의 옛 친구요, 동맹자인 아이아코스 왕의 도움을 얻고자 아이기나 섬을 방문했다. 케팔로스는 그의 열렬한 환대를 받고 원군의 청탁도 쉽게 승낙되었다. 아이아코스는 이렇게 말하였다.

"우리나라에는 많은 백성들이 있으므로 필요로 하는 병사를 나누어 드릴 여력이 있소."

케팔로스는 이렇게 대답하였다.

"대단히 감사합니다. 그러나 솔직히 말씀드리면, 거의 같은 연배의 청년들이 이렇게 많은 것이 이상하게 생각됩니다. 게다가 전에 본 적이 있는 사람들이 많이 보이지 않으니 어찌된 일입니까?"

아이아코스는 한숨을 내쉬고 슬픈 음성으로 다음과 같이 대답하였다.

"그 말씀을 드리려던 참입니다. 곧 이야기하겠습니다. 그 이야기를 들으시면 시작은 좋지 못해도 결과는 행복한 때가 있다는 것을 아실 것입니다. 당신이 전에 알고 있던 사람들은 지금 티끌과 재로 변했습니다. 노한 헤라가 역병을 퍼뜨려 이 나라를 황폐시켰습니다. 헤라가 이 나라를 미워한 것은 그 이름이 자기 남편의 여러 애인 중의 한 사람의 이름과 같았기 때문이었습니다. 병이 자연적으로 발생한 것이라고 생각하였을 동안에는 우리는 전력을 다하여 민간요법으로 이에 저항하였습니다.

그러나 얼마 가지 않아 병이 인간의 힘으로는 어찌할 도리가 없다는 것을 명백히 깨닫고 우리는 모든 노력을 포기하였습니다. 처음에는 하늘이 땅 위로 내려앉은 것 같았고, 두꺼운 구름이 뜨거운 공기를 둘러싸고 있었습니다. 4개월 동안 지독한 남풍이 그치지 않았습니다. 질병이 샘까지 덮쳤습니다. 수천 마리의 뱀이 땅위에 기어다녔고, 샘 속에 독을 뿜었습니다. 질병은 처음에는 하등 동물, 개, 가축, 양, 새들에게 위세를 부렸습니다.

 불행한 농부는 그의 소가 일하다가 쓰러지고 밭고랑을 갈다가 죽어 넘어지는 것을 보고 놀랐습니다. 매애 하고 울부짖는 양들은 털이 빠지고 몸은 날로 여위어 갔습니다. 전에는 경주에서 제일 빨리 달리던 말도, 이제는 승부를 다투지 않고 외양간에서 신음하며 명예롭지 못하게 죽어 갔습니다. 산돼지는 그의 사나운 성질을, 사슴은 그의 민첩함을 상실하였고, 곰도 더 이상 가축을 습격하지 않았습니다. 모든 동물이 생기가 없어졌습니다. 시체는 길에도, 들에도, 숲에도 즐비하였습니다. 공기는 시체에서 풍기는 악취로 가득 찼습니다. 믿어지지 않을지 모르겠습니다만 개도 새도 굶주린 이리도 시체에는 접근하지 않았습니다. 이들 시체가 부패하니 병은 더욱더 만연되었습니다.

 이어서 병은 시골 사람들을 엄습하고 점차 도시 주민들에게까지 번졌습니다. 이 병에 걸리면 처음에는 양볼이 붉어지고 호흡이 곤란해집니다. 그리고 혀가 붓고 메마른 입은 혈관이 확대되어 벌어지고 입을 다물 수가 없게 됩니다. 병자는 그들의 옷이나 침대의 열기를 참을 수 없어 땅바닥에 드러누우려 합니다. 그러나 땅이 그들을 식혀 주지 못하고, 도리어 그들의 몸이 그들이 누워 있는 장소를 뜨겁게 하였습니다. 의사들도 속수무책이었습니다. 질병은 의사들까지도 휩쓸어 환자와 접촉하면 그들에게 병을 전염시켜 가장 충실한 의사가 가장 먼저 희생되었습니다. 마침내 병의 유일한 구제자는 죽음밖에 없다고 생각하게 되었습니다.

　이렇게 되니 무엇이든 마음대로 하고, 무엇을 주의해야 할지를 묻지 않은 채 방치되었습니다. 왜냐하면 주의해야 할 것은 아무것도 없었기 때문입니다. 사람들은 샘과 분수의 주위에 모여 계속 물을 마셨습니다. 그러나 갈증을 면할 방법이 없었습니다. 대부분의 사람들은 물에서 물러날 기력도 없어 물 한가운데서 죽었고, 다른 사람들은 이에 상관없이 계속 그 물을 마셨습니다. 그리고 병석에 누워 있기도 싫증이 나서 어떤 사람은 기어나왔고 서 있을 기력조차 없으면 땅 위에서 죽었습니다. 그들은 가족도 증오하는 것 같았고 또 가정을 떠났습니다. 그것은 마치 병의 원인을 모르기 때문에 그 책임을 그들의 집터에 전가시키려는 것 같았습니다. 사람들은 힘이 있는 한 길가로 비틀거리며 나와 땅바닥에 쓰러져서 눈으로 주위를 돌아보고는 죽었습니다.

　이런 일을 당하니 나에게 무슨 힘이 남아 있었겠습니까? 생명을 증오하는 마음과, 부하들을 따라 죽고 싶은 마음 외에 무엇이 남아 있었겠습니까? 나라 안 곳곳에 백성들의 시체가 즐비하였었는데, 그것은 너무 익어서 떨어진 사과나 혹은 폭풍에 흔들려 흩어진 도토리와 같았습니다. 저기 산 위에 신전이 보이지요? 그것은 제우스를 모신 신전입니다. 많은 사람들이 그곳에서 기도를 올렸습니다. 아내는 남편을 위하여, 아들은 아버지를 위하여, 그러나 그들은 기도를 올리면서 모두 죽어 갔습니다. 신전의 사제가 희생물을 바치려고 준비하다 병으로 쓰러지는 일이 한두 번이 아니었습니다. 사람들은 마침내 신성한 사물에 대한 모든 존경의 마음이 사라졌습니다. 시체는 묻지 않아 방치되고, 화장하는 데 쓸 나무도 부족하여 쟁탈전이 벌어질 지경이었습니다. 애도해 줄 사람은 없었습니다. 아들과 남편, 늙은이와 젊은이가 다 같이 울어 주는 사람도 없이 죽었습니다.

나는 제단 앞에 서서 하늘을 우러러 부르짖었습니다.

'오, 제우스여, 당신이 정녕 저의 아버지이시거든, 그리고 저와 같은 아들을 치욕으로 생각하시지 않으신다면 저의 백성을 돌려보내 주십시오. 그렇지 않으면 저도 데려가 주십시오.'

이런 기도를 하자, 뇌성이 들려 왔습니다. 나는 부르짖었습니다.

'저건 무슨 징조가 틀림없다. 제발 신이 나를 버리지 않으시겠다는 좋은 징조이기를.'

마침 내 옆에는 근처에 가지가 크게 벌어진 참나무가 서 있었는데, 그것은 제우스에게 봉헌된 것이었습니다. 언뜻 보니 분주히 일을 하고 있는 한떼의 개미 떼가 눈에 띄었습니다. 그들은 입에 조그만 곡식을 물고 서로 앞서거니 뒤서거니 하면서 일렬로 나무줄기를 올라가고 있었습니다.

나는 그 엄청난 수에 놀라면서 말하였습니다.

'오, 아버지여, 저에게 이와 같은 많은 국민을 주셔서 텅 빈 도시를 다시 채우도록 하여 주십시오.'

바람도 불지 않았는데 참나무는 가지를 흔들면서 살랑살랑 소리를 내었습니다. 나는 사지가 떨렸으나 땅과 나무에 키스하였습니다. 나는 확실히 자각하지는 못하였으나 무엇인가를 바라고 있었

제우스와 헤라

습니다. 이윽고 밤이 왔습니다. 여러 가지로 걱정이 많았기 때문에 바로 잠이 들었습니다. 꿈속에서도 참나무는 나의 앞에 서 있었고, 그 무수한 가지는 모두 살아서 움직이는 생물로 덮여 있었습니다. 나무는 가지를 흔들며 부지런히 곡식을 모으는 개미 떼들을 지상으로 떨어드리는 것같이 보였습니다. 개미들은 점점 커져서 곧 똑바로 서고 여분의 다리와 검은 빛깔은 사라지고 마침내 인간의 모습으로 변했습니다. 그 순간 나는 잠이 깨었습니다. 잠이 깨자 무엇보다도 감미로운 꿈만 방해하고, 그 대신 아무것도 주지 않는 신들을 원망하는 마음이 앞섰습니다. 이런 생각을 하며 신전 안에서 조용히 앉아 있는데 밖에서 많은 음성이 들려 와서 나의 주의를 끌었는데, 그런 음성은 최근에는 들어 볼 수 없던 소리이었습니다. 아직도 꿈을 꾸고 있는 것이 아닌가 하고 생각하고 있는데, 아들 텔라몬이 신전의 여러 문을 활짝 열어젖히며 부르짖었습니다.

'아버지, 이리 나오셔서 보십시오. 아버님의 소망이었던 이상의 일이 달성되었습니다.'

나는 밖으로 나가 보았습니다. 그러자 꿈에서 본 바와 같은 무수한 인간이 같은 모양으로 행렬을 지어 지나가고 있는 것이 보였습니다. 내가 놀람과 기쁜 마음으로 바라보고 있자니, 그들은 가까이 와서 무릎을 꿇고 나를 그들의 왕으로 추대하였습니다.

나는 제우스에게 서약을 하고 텅 빈 도시를 새로 탄생한 종족들에게 배당하며, 전답을 분배하는 일에 착수하였습니다. 나는 그들이 개미로부터 나왔기 때문에 그들을 미르미돈이라고 명명했습니다. 당신이 본 그 사람들입니다. 그들의 성품은 그 전신인 개미의 성품과 비슷합니다. 그들은 부지런한 종족으로서 모으기에 열중하고 한 번 모은 것은 절대로 놓치를 않습니다. 그들 중에서 당신이 필요로 하는 병력을 보충하십시오. 그들은 당신을 따라 전쟁터에 나갈 것입니다. 그들은 나이도 젊고 용감한 사람들입니다."

# 14 절망스런 사랑

:: 니소스와 스킬라

크레타 왕 미노스는 메가라를 공격하였다. 그 당시 니소스는 메가라의 왕이었고 스킬라는 그의 딸이었다. 크레타군의 포위전은 6개월이나 계속되었으나 메가라는 함락되지 않았다. 왜냐하면 니소스 왕의 머리털 속에서 빛나고 있는 어떤 자줏빛 털이 그의 머리에 있을 동안에는 메가라는 점령되지 않도록 되어 있었기 때문이었다. 그 도시의 성에는 탑이 하나 있었는데 거기서 내려다보면 미노스와 그의 군대가 진을 치고 있는 평야가 보였다.

오랫동안 포위전이 계속되었으므로 스킬라는 적의 장수급 인물을 분별할 수 있게끔 되었다. 특히 미노스는 그녀를 감탄케 하였다. 투창을 던지는 그의 우아한 풍채에 그녀는 마음이 떨렸다. 그가 투창을 던지는 것을 보면 기능과 힘을 겸비한 것 같았다. 활을 쏠 때의 우아한 자태는 아폴론을 방불케 했다. 특히 그는 투구를 벗고 자줏빛 옷을 입고, 화려하게 장식한 백마를 타고 있었는데 고삐를 쥐고 입에 거품을 뿜는 말을 부리는 모습을 볼 때면 스킬라는 정신을 잃을 정도였다. 그녀는 그 모습에 감탄한 나머지 미칠 지경이었다. 그녀는 그가 손에 쥐고 있는 무기와 고삐를 질투했다. 그녀는 가능만 하다면 적진을 뚫고 그에게로 달려가고 싶었다. 탑 위에서 그의 진영 가운데로 몸을 던지든지 그에게 문을 열어 주거나 그 밖의 무엇이든 그를 기쁘게 하는 일이라면 어떤 일도 하고 싶은 충동을 느꼈다. 탑 안에 앉아 있을 때 그녀는 중얼거렸다.

"나는 이 전쟁을 기뻐해야 할지 슬퍼해야 할지 모르겠다. 나는 미노스가 우리의 적인 것을 슬퍼한다. 그러나 나는 어떤 이유에 의해서든 간에 내가 그를 볼 수 있게 된 것을 기뻐한다. 아마 그이는 우리가 평화를 청한다면 들어 주겠지. 그리고 나를 볼모로 받아들이겠지. 할 수만 있다면 나는 날아가서 그이의 진영에 내려앉아 '항복하겠으니 처분을 바랍니다' 라고 말하고 싶다. 그러나 그렇게 하면 아버지를 배신하는 것이 된다.

아니다. 그런 짓을 하느니 차라리 미노스를 다시 안 보는 편이 좋을 것이다. 그러나 정복자가 인자하고 관대할 경우에는 정복당하는 편이 때로는 좋은 일일 것이다. 정의가 확실히 미노스 편에 있는 이상 나는 우리가 결국은 정복당하리라고 생각한다. 전쟁의 결과가 어차피 그렇게 될 바에야 힘에 의하여 성문이 열리도록 방치하는 대신에 사랑으로써 그에게 성문을 열어 주어서는 안 된단 말인가? 가능한 한 전쟁이 오래 가지 않게 하고 피를 흘리는 것을 막는 것이 좋을 것이다. 만약에 누가 미노스에게 부상을 입히거나 죽인다면 어찌할까? 누구도 그럴 용기는 없을 테지만. 그러나 그인 줄 모르고 그럴 수도 있지 않은가?

　나는 내 나라를 지참금으로 하여 나 자신을 그에게 맡기고 전쟁을 끝내고 싶다. 그러나 어떻게 하면 될까? 문에는 수위가 있고, 열쇠는 아버지가 가지고 있다. 나의 길을 막는 것은 아버지뿐이다. 신들이 아버지를 처치하여 주었으면! 그러나 신들에게 굳이 빌 필요가 없지 않은가! 다른 여자 같으면 나처럼 느끼운 사랑에 사로잡혔다면 자기 자신의 손으로 사랑의 무엇이든 제거할 것이다. 그런데 나는 어느 누구보다도 용감히 감행할 자신이 있다. 나는 나의 목적을 달성하기 위해서는 불이나 칼로 싸울지라도 자신이 있다. 그러나 이곳에는 불도 칼도 필요치 않다. 나는 오직 아버지의 자줏빛 머리털을 필요로 할 뿐이다. 나에게는 그것이 금보다도 더 귀중하며 내가 원하는 모든 것을 나에게 줄 것이다."

　그녀가 이런 생각을 하고 있을 무렵, 어느덧 밤이 되어 성 안에 있는 사람들은 다 잠이 들었다. 그녀는 몰래 아버지의 침실로 들어가 운명의 머리털을 뽑았다. 그리고 나서 성곽을 빠져나와 적의 진영으로 들어갔다. 이윽고 왕의 면전에 안내된 그녀는 다음과 같이 왕에게 말을 건넸다.

　"나는 니소스의 딸 스킬라입니다. 당신에게 이 나라와 아버지의 집을 바칩니다. 그 보답으로 나는 당신 자신 이외의 아무것도 바라지 않습니다. 당신을 사랑하기 때문에 한 일입니다. 이 자줏빛 머리카락을 보십시오. 이것을 당신에게 드립니다. 그리고 아버지와 왕국도 드립니다."

　그녀는 운명의 약탈품을 쥔 손을 내밀었다. 그러나 미노스는 뒤로 물러서서 손을 대기를 거부하였다. 그는 부르짖었다.

"더러운 계집 같으니. 너는 반드시 천벌을 받으리라. 너는 우리 시대의 수치다. 원컨대 대지도 바다도 너에게 안식처를 제공하지 않을 것이다! 적어도 제우스의 요람인 나의 크레타땅이 너와 같은 짐승보다 못한 계집으로 더럽혀져서는 안 된다."

이와 같이 말하고서 그는 정복된 도시를 공정하게 다스리기로 마음먹고 부하들에게 함대를 거두어 즉시 그 섬에서 떠나도록 명령하였다. 스킬라는 날뛰며 탄식했다.

"이 배은망덕한 자여! 나를 버린단 말인가? 승리를 얻게 하고, 너 때문에 아버지와 나라도 배반한 나를 버린단 말이지? 내가 죽을 죄를 진 것은 사실이다. 마땅히 죽어야 하지. 그러나 네 손에 죽고 싶지는 않다."

함대가 해안을 떠나려고 하자 스킬라는 물 속으로 뛰어들었다. 그리고 미노스가 탄 배의 키에 달라붙어서 반갑지 않은 동반자로서 배를 따라갔다. 그때 하늘 높이 솟은 바다수리 한 마리가 — 그것은 그녀의 아버지가 변신한 것이었다 — 그녀를 발견하자 덤벼들어 부리와 발톱으로 쳤다. 무서운 나머지 스킬라는 배를 놓쳐 물에 빠져 죽을 뻔하였으나 어떤 인자한 신이 그녀를 백로로 변하게 하였다. 바다수리는 아직도 옛날의 원한을 버리지 않았다. 그래서 높이 날다가도 그 백로를 발견하면 언제나 옛날 원한에 대해 복수하기 위하여 부리와 발톱을 세우고 곧장 덤벼드는 것이었다.

:: 에코와 나르키소스

　에코는 숲과 언덕을 좋아하며 사냥과 숲 속 놀이에 열중하였다. 그녀는 아르테미스 여신의 총애를 받아 여신이 사냥할 때면 늘 따라다녔다. 그러나 그녀에게는 하나의 결점이 있었는데 그것은 말하기를 좋아하여 잡담을 할 때나 논의를 할 때나 계속 지껄이는 것이었다.

　어느 날 헤라는 남편이 혹시 님프들과 희롱하고 있지나 않나 하고 의심이 들어 그를 찾고 있었는데 그것은 공연한 것이 아니었다. 에코는 님프들이 달아날 때까지 여신을 붙들어 놓으려고 계속 지껄였다. 이 계략을 알아차린 헤라는 에코에게 엄한 벌을 내렸다.

　"너는 나를 속인 그 혀의 놀림을, 네가 그다지도 즐기는 '답변하기' 위한 것 외에는 금지당할 것이다. 남이 말한 뒤에 말할 수는 있으나 남보다 먼저 말할 수는 없다."

　이러한 벌을 받은 에코는 미남인 나르키소스가 산에서 사냥하고 있는 것을 보고 그를 사랑하게 되어 그의 뒤를 따라갔다. 그녀는 부드러운 목소리로 말을 걸어 그와 이야기하고 싶었던가! 그러나 그럴 능력이 없었다. 그래서 그녀는, 그가 먼저 말을 걸어 주기를 초조하게 기다렸고, 답변도 준비하고 있었다.

　어느 날 그 청년이 친구들을 잃어버려
　"거기 아무도 없느냐?"고 소리 높이 부르짖었다.
　에코는 "없니"라고 대답하였다. 나르키소스는 사방을 둘러보았으나 아무도 발견하지 못하였으므로

"누군가 있으면 이곳으로 오라."
고 부르짖었다. 에코는
"오라"
고 대답하였다. 아무도 오지 않았으므로 나르키소스는
"왜 너는 나를 피하느냐?"
고 다시 물었다. 에코도 그 말을 되풀이하였다.
"우리 같이 가자."
고 그가 이렇게 말하자, 처녀도 애정에 찬 마음으로 같은 말을 하고 그 장소로 급히 가서 그의 목에 팔을 감으려고 하자, 그는 깜짝 놀라 뒤로 물러서면서
"놓아라, 네가 나를 붙잡는다면 차라리 나는 죽겠다."
고 부르짖었다.
"나를 안아 주세요."

에코와 나르키소스

라고 그녀는 이렇게 말하였다.

그러나 아무런 보람도 없었다. 그는 그녀의 곁을 떠나 버렸고 실망한 그녀는 붉어진 얼굴을 숲 속 깊이 감추었다. 그때부터 그녀는 동굴 속이나 산의 절벽에서만 살게 되었다. 그녀의 몸은 슬픔 때문에 여위고 마침내 모든 살이 달아나 버렸다. 그녀의 뼈는 바위로 변했고 그녀의 몸에서 남은 것이라고는 목소리밖에 없게 되었다. 이 목소리로 지금도 그녀를 부르는 어떤 사람에게도 대답할 준비를 하면서 끝까지 말을 하는 옛 습관을 그대로 간직하고 있다.

나르키소스의 잔인함을 볼 수 있는 예는 이것만이 아니었다. 그는 가엾은 에코뿐만이 아니고, 다른 모든 님프들에게도 무정하였다. 어느 날 한 처녀가 그의 마음을 끌려고 노력하였으나 아무런 효과도 얻지 못하자 그 처녀는 그도 어느 때인가 사랑이 무엇인지, 또 애정의 보답을 받지 못하는 것이 어떠한 것인지를 깨닫게 해주십사고 기도를 올렸다. 복수의 여신은 그녀의 기도를 듣고 승낙하였다.

어느 곳에 맑은 샘이 있었는데, 그 물은 마치 은과 같았고 양치기들도 그곳으로는 양 떼를 몰지 않았고 산양과 다른 숲 속에 사는 짐승들도 가지 않았다. 나뭇잎이나 가지가 떨어져 수면이 더렵혀지는 일도 없었고, 샘가에는 신선한 풀만이 나고 바위는 햇빛을 가려 시들지 않게 하였다. 어느 날 나르키소스는 사냥에 지쳐 몸은 덥고 목은 말라 이곳에 오게 되었다. 그는 몸을 굽히고 물을 마시려고 하였을 때 물 속에 비친 자기의 모습을 보았다. 그는 그것이 샘 속에 살고 있는 어떤 아름다운 물의 요정인 줄 알았다. 그는 빛나는 두 눈, 디오니소스나 아폴론 같은 머리키락, 둥그스레한 두

볼, 상아 같은 목, 갈라진 입술, 그리고 이 모든 것 위에 빛나는 건강하고 단련된 그림자를 넋을 잃고 내려다보았다.

그는 샘에 비친 자신의 모습을 보고 사랑에 빠졌다. 그는 그림자에 키스를 하려고 입술을 대었다. 사랑하는 사람을 포옹하려고 팔을 물 속에 넣기도 하였다. 그러자 손을 대면 달아나지만 곧 다시 돌아와 그 매력을 더하였다. 그는 그곳을 떠날 수가 없었다. 그는 샘가를 방황하면서 자신의 그림자를 바라보며 먹는 것도 잠자는 것도 잊었다. 그는 물의 요정에게 말을 걸었다.

"아름다운 자여, 왜 그대는 나를 피하는가? 나의 얼굴이 그대가 싫어할 정도로 못생기지는 않았을 텐데, 님프들은 나를 사랑하고, 그대도 나에게 무관심하지는 않은 것 같은데. 내가 팔을 내밀면 그대도 내밀고, 나에 대하여 미소를 짓고 내가 손짓을 하면 그대도 손짓을 하지 않는가?"

그의 눈물이 물 위에 떨어져 그림자를 출렁거리게 했다. 그는 그림자의 모습이 사라지는 것을 보자 미친듯 외쳤다.

"제발 부탁이니 그대로 계시오. 손을 대서는 안 된다면 바라보게나 하여 주시오."

그의 가슴에 타는 불꽃은 그의 몸을 태워 안색은 날로 초췌하고 힘은 쇠약해지고 전에 그다지도 님프 에코를 매혹케 한 아름다움은 사라졌다. 그러나 에코는 아직도 그의 곁을 떠나지 않은 채 그가 "아, 아!" 하고 외치면 그녀도 같은 말로 대답하였다.

그는 혼자서 애를 태우다 죽었다. 그리고 그의 망령이 지옥의 강을 건널 때에도 그는 배 위에서 몸을 굽혀 물 속에 비친 자기의 모습

나르키소스의 죽음

을 잡으려 하였다. 님프들은 그의 죽음을 슬퍼하였다. 특히 물의 님프들이 더욱 그러하였다. 그리고 그들이 가슴을 두들기며 슬퍼하니 에코도 자기의 가슴을 두들겼다. 그들은 나무를 준비하고 화장하려고 하였으나 시체를 찾을 수가 없었다. 그러나 그 대신 한 송이 꽃을 발견하였는데 속은 자줏빛이고 흰 잎으로 둘러싸여 있었다. 그것은 나르키소스수선화라 불려지며 그에 대한 추억을 간직하고 있다.

:: 클리티에

클리티에는 물의 님프로서 그녀는 아폴론을 사랑하였으나 뜻을 이루지 못하였다. 절망한 그녀는 흐트러진 머리카락을 어깨 위에 풀어 헤친 채 온종일 차가운 땅 위에 앉아서 날로 파리해져 갔다. 6일 동안이니 그대로 앉아서 아무것도 먹시도 마시지도 않았다. 그녀 자신의 눈물과 찬 이슬이 유일한 음식물이었다. 그녀는 오직 태양이 떠서 하루의 행로를 마치고 떨어지는 것을 바라보고 있었다. 다른 것은 보지 않고 그녀의 얼굴은 끊임없이 그에게 향하고 있었다. 마침내 그녀의 다리는 땅 속에 뿌리를 내렸고 얼굴은 꽃이 되었다. 이 꽃은 태양이 동쪽에서 서쪽으로 움직이는 동안 얼굴을 움직여 늘 태양을 바라보고 있다. 이 꽃은 지금도 아폴론에 대한 클리티에의 사랑을 간직하고 있기 때문이다.

:: 헤로와 레안드로스

 레안드로스는 아시아와 유럽 사이에 있는 해협의 아시아쪽 해안에 위치하고 있는 도시인 아비도스의 청년이었다. 반대편 해안에 있는 세스토스라는 도시에는 아프로디테의 여사제인 헤로라는 처녀가 살고 있었다. 레안드로스는 그녀를 사랑하였다. 그래서 밤마다 애인과 만나기 위하여 해협을 헤엄쳐 갔고, 헤로는 그 길을 밝히기 위하여 탑 위에 횃불을 붙여 그를 인도해 주었다.
 그러나 어느 날 저녁에는 폭풍우가 일어 파도가 몹시 사나워지게 되었다. 레안드로스는 바다를 건너는 도중에 힘이 빠져 익사하고 말았다. 파도가 그의 시체를 유럽 쪽 해안에 밀려 보내 주었으므로 헤로는 그가 죽었음을 알고 그녀는 절망한 나머지 탑 위에서 바다에 몸을 던졌다.

# 15 오만한 인간

:: 아라크네

　지혜의 여신 아테나는 제우스의 딸이었다. 그녀는 제우스의 머리로부터 성숙한 모습으로, 그것도 무장한 모습으로 튀어나왔다고 전하여진다. 그녀는 실용적인 기술 및 장식품을 만드는 기술을 관장하였다. 예컨대 남자의 기술로는 농업과 항해술 등이었고, 여자의 기술로는 제사製絲, 방직, 제봉 등이었다.

　아테나는 또한 전쟁의 신이기도 하였다. 그러나 그녀가 지원한 것은 오직 방어전뿐이었고, 폭력과 피를 흘리는 것을 애호하지는 않았으며 그와 같은 야만적인 방법에 찬성하지도 않았다. 아테나가 자기가 거주할 도시로 선택한 곳은 아테네였는데, 이 도시는 포세이돈도 탐내었으나 그와의 경쟁에서 이겨 아테나에게 상으로 주어졌다.

　전설에 의하면 아테네의 첫번째 왕인 케크롭스의 치세에 아테나와 포세이돈 두 신이 그 도시의 소유를 다투었다고 한다. 신들은 인간들에게 가장 유익한 선물을 주는 자에게 그 도시를 주기로 선언하였다. 포세이돈은 인간에게 말을 주었고, 아테나는 올리브나무를 주었다. 신들은 올리브나무가 더 유용하다는 판결을 내리고, 그 도시를 아테나에게 주었다. 그래서 그 도시는 그녀의 이름을 따라 아테네가 되었다.

또 아테나는 인간과 경쟁한 일이 있었는데, 그는 아라크네라는 처녀였다. 아라크네는 길쌈과 자수의 명수여서 님프들까지도 그들이 살고 있는 숲 속이나 우물가에서 그녀의 솜씨를 구경하러 나왔다. 완성된 옷뿐만 아니라 일하고 있는 모습도 아름다웠다. 그녀가 헝클어진 털실을 손에 들고 타래를 만들거나 손가락으로 실을 가려내어 구름처럼 가볍고 부드럽게 보일 때까지 손질을 하거나 북[紡錘]을 재치 있게 돌리거나 직물을 짜거나 짠 뒤에 자수를 하는 모습을 본 사람은 입을 모아 아테나 자신이 그녀를 가르쳤다고 말하곤 했다. 그러나 그녀는 이를 부인하였다. 그리고 그것이 설령 여신일지라도 다른 누구의 제자로 간주되는 것은 참을 수 없었다.

"아테나와 나의 솜씨를 경쟁시켜 보십시오. 만약 내가 지면 벌을 받겠습니다."
라고 그녀는 말하였다.

아테나는 이 말을 듣고 몹시 불쾌하게 여겼다. 아테나는 노파로 변장하고 아라크네가 있는 곳에 찾아가서 다음과 같이 친절하게 충고였다.

"나는 많은 경험을 하였습니다. 당신이 나의 충고를 경멸하지 않기를 바랍니다. 상대가 인간이라면 얼마든지 경쟁을 하십시오. 그러나 여신과 경쟁하지는 마십시오. 오히려 당신이 말한 것에 대하여 여신에게 용서를 빌도록 하십시오. 여신은 인자한 분이므로 당신을 용서할 것입니다."

아라크네는 베를 짜던 손길을 멈추고 성난 얼굴로 노파를 바라보며 말하였다.

"그런 충고는 당신의 딸이나 하녀에게 하세요. 나는 내가 한 말을 알고 있고 취소하지 않으렵니다. 나는 결코 여신도 두려워하지 않습니다. 자신이 있으면 나하고 솜씨를 견주어 보라지요."

아테나는 변장을 벗어 버리고 본래의 모습을 드러냈다. 님프들은 고개를 숙여 경의를 표시하고, 옆에 있던 사람들도 모두 경의를 표하였다. 오직 아라크네만이 두려워하지 않았다. 그러나 양볼이 갑자기 붉어지고 다음에는 창백해졌다. 그러나 아라크네는 마음을 바꾸지 않은 채 자신의 기술을 어리석게도 과신한 나머지 파멸의 길로 돌진하였다.

아테나는 이제는 더 참지도 않고 더 이상 충고를 하지도 않았다. 두 사람은 경쟁을 시작하였다. 각자는 그 자리에 앉아서 날을 말코에다 걸었다. 가느다란 북이 실 사이를 드나들었다. 가느다란 이를 가진 바디는 날실을 치고 피륙의 짜임을 촘촘하게 하였다. 두 사람의 익숙한 손놀림은 모두 빨랐다. 티로스에서 산출되는 염료들로 물들인 털실이 다른 여러 빛깔의 털실과 대조되었는데, 각 빛깔이 점점 변하여 다른 빛깔로 교묘하게 나타나 두 빛깔의 경계를 분간 못할 정도였다. 그것은 마치 소나기에서 반사되는 광선에 의하여 형성되어 활 모양으로 하늘을 물들이는 무지개와 같았다. 무지개의 각가지 빛깔은 서로 맞닿는 곳에서는 하나로 보이고, 접촉 지점에서 조금 떨어져 보면 전혀 다르게 보이는 것이다.

아테나는 자기 직물에다 포세이돈과의 경쟁했을 때의 광경을 짜넣었다. 하늘의 열두 명의 신이 늘어선 가운데 제우스가 엄숙하게 중앙에 앉아 있는 모습이 그려졌고 바다의 지배자인 포세이돈은 그의 삼지창을 손에 들고 있었는데 그것으로 방금 땅을 내리치자, 땅으로부터는 한 마리의 말이 튀어나온 모습이었고, 아테나 자신은 머리에 투구를 쓰고, 가슴에 방패를 가린 모양으로 그려져 있었다. 이러한 모양이 한가운데 자리잡고 있었고, 네 가장자리에는 신들에게 향하여 감히 경쟁하려고 대드는 외람된 인간들에 대한 신들의 노여움을 예시하는 사건들이 그려져 있었다. 이런 광경은 아라크네로 하여금 더 늦기 전에 경쟁을 포기하도록 하려는 암시를 하기 위해서였다.

아라크네의 직물은 신들의 실패와 과오를 표시하기 위하여 고의로 선택한 소재들로 가득 짜넣고 있었다. 다른 장면에는 제우스의 변신인 백조를 포옹하고 있는 레다가 그려져 있었고, 다른 장면에는 그의 아버지에 의하여 놋쇠로 만든 탑 속에 갇힌 다나에가 그려져 있었는데, 제우스는 금빛 소나기로 변장하여 그 탑 속으로 들어가고 있었다. 또 다른 장면에는 황소로 둔갑한 제우스에게 속은 에우로페가 그려져 있었다. 그 소가 순한 데 용기를 얻어 에우로페가 그 등에 올라타자 제우스는 바다를 헤엄쳐 건너 그녀를 크레타섬으로 데려갔다. 그 그림을 본 사람은 누구나 그것을 진짜 황소로 생각하였을 것이며 — 그만큼 그것은 자연스럽게 그려져 있었다 — 황소가 헤엄치고 있는 바닷물 역시 그러하였다. 에우로페는 동경하는 시선으로 떠나온 해안을 돌아보며 친구들에게 구원을 호소하는 것같이 보였다. 또한 그녀는 물결치는 파도를 보고 공포에 떨고 발이 물에 닿지 않도록 오므리는 것 같이도 보였다.

아라크네는 이와 비슷한 소재로 수를 놓았는데 그것은 놀랄 만큼 훌륭했으나 그녀의 오만스럽고 불경한 마음이 잘 드러나 있었다. 아테나는 아라크네의 솜씨에 감탄을 금할 수 없었으나 신들에 대한 모욕을 느끼고 분한 마음을 참을 수 없었다. 그래서 아라크네의 직물을 북으로 내리쳐 찢어 버렸다. 그리고는 아라크네의 이마에 손을 대고, 그녀로 하여금 자기의 죄와 치욕을 느끼게 하였다. 아라크네는 지은 죄와 제 잘못을 참을 수 없어 목을 매었다. 아테나는 그녀가 목을 매고 있는 것을 보고 불쌍히 여겨 다음과 같이 말하였다.

"죄 많은 계집아, 살아나거라. 그리하여 이 교훈을 영원히 잊지 말아라. 여원히 너와 너의 자손은 미래에도 영원히 목을 매고 있거라."

이렇게 말하고서 아테나는 아코닛의 즙을 아라크네의 몸에 뿌렸다. 그러자 바로 아라크네는 머리카락도 코도 귀도 빠져 버렸다. 그녀의 몸은 오그라들고 머리는 더욱 작아졌다. 손가락은 옆구리에 붙어 버려 다리의 역할을 했다. 그 밖의 몸의 각 부분은 다 몸통이 되었는데 이 몸통으로부터 실을 뽑아 종종 그 실에 몸을 매달고 있다. 그것은 아테나가 처음에 그녀에게 손을 대어 그녀를 거미로 만들었을 때와 같은 자세이다.

:: 니오베

아라크네에 대한 이야기는 온 나라에 널리 퍼졌다. 그것은 아무리 불손한 인간이라도 감히 신들과 대결하여서는 안 된다는 교훈이 되었다. 그러나 한 사람 — 그 사람도 역시 부인이었다 — 만이 겸손의 교훈을 배우지 못하였다. 그것은 테바이의 왕비 니오베였다. 그녀는 사실 자랑할 만한 많은 것을 가지고 있었다. 그러나 그녀를 득의양양하게 한 것은 남편의 명성도 아니었고, 그녀 자신의 아름다움도 아니었으며 그들의 뼈대 있는 가문도 그들 나라의 세력도 아니었다. 그것은 그녀의 아들이었다. 그리고 사실 니오베는 이 세상 어머니들 중에서 가장 행복한 어머니였을 것이다 — 그녀가 그렇게 자랑만 하지 않았더라면.

매년 개최되는 레토와 그녀의 아들인 아폴론과 딸 아르테미스를 기리는 축제 때였다. 그 축제 때면 테바이 사람들은 이마에 월계관을 쓰고 제단에 유향을 바치며 기원하였다. 그때 니오베도 군중 속에 모습을 나타냈다. 그녀의 옷은 금과 보석으로 찬란하였고 노기를 띤 얼굴이었지만 아름다워 보였다. 그녀는 걸음을 멈추고 거만한 시선으로 군중을 내려다보며 말하였다.

"어리석은 백성들아! 눈앞에 서 있는 사람을 무시하고 한 번도 본 일도 없는 신을 숭배하다니! 어째서 레토를 숭배하면서 나를 숭배하지 않는단 말인가! 내 아버지 탄탈로스는 신들의 식탁에 초청

받을 정도였고 어머니는 여신이었다. 내 남편은 테바이시를 건설하였고 이 나라의 왕이 되었다. 그리고 프리기아시는 아버지부터 물려받은 것이다. 그러므로 어디를 보나 나의 영토가 보인다. 또 나의 모습이 여신과 다름없지 않은가? 이 밖에 나에게는 아들이 일곱, 딸이 일곱 있어 우리와 혼인해도 좋을 만한 명문가에서 며느리와 사위를 구하고 있는 중이다. 이만하면 자랑할 만하지 않은가? 그래도 너희들은 자식이 둘밖에 없는 레토를 나보다 훌륭하다고 여긴단 말인가! 나에게는 그 일곱 배나 되는 아들 딸들이 있다. 나는 행복한 여인이고 앞으로도 역시 그럴 것이다. 너무 많은 복을 받았기 때문에 그 중 하나를 잃는다 하더라도 염려 없다. 운명의 여신도 나를 어찌할 수 없을 것이다. 나의 행복에서 많은 것을 빼앗는다 하더라도 아직 남아 있는 것이 많을 테니까. 내 자식 두서넛 잃는 일이 있다 할지라도 단지 자식이라고는 둘밖에 없는 레토처럼 초라한 처지는 되지 않을 것이다. 그러니 이러한 축제는 집어치워라. 이마에 쓴 월계관도 벗어 버리고 레토에 대한 숭배도 그만두어라."

백성들은 이 니오베의 명령에 복종하여 제전을 중도에서 중지하여 버렸다.

레토는 분개하였다. 그녀는 자기의 거주지인 킨토스의 산꼭대기에서 자기의 아들과 딸에게 말하였다.

"얘들아, 너희들 둘을 자랑으로 여기고 헤라 이외에는 어느 여신한테도 결코 뒤지지 않는다고 생각하던 내가, 지금은 여신인지 아닌지도 의심하게 되었다. 너희들이 보호해 주지 않는다면 나는 숭배도 받지 못하게 될 것이다."

 이와 같은 어조로 계속 푸념을 늘어놓자 아들 아폴론이 막았다.

 "더 말씀하지 마십시오. 말을 길게 하시면 형벌이 지연될 뿐이니까요."

 딸 아르테미스도 같은 말을 하였다. 그들은 구름의 베일을 쓰고 하늘을 가로질러 테바이시의 성채 위에 내렸다.

 성문 앞에는 넓은 들이 펼쳐져 있었고 그곳에서는 테바이시의 젊은이들이 전쟁놀이를 하고 있었다. 그 중에는 니오베의 아들도 섞여 있었다. 그녀의 아들들 가운데 어떤 자는 아름답게 성장을 한 준마를 타고 있었고 어떤 자는 화려한 이륜차를 몰고 있었다.

 큰아들 이스메노스는 거품을 내뿜고 있는 말을 타고 달리고 있을 때, 하늘에서 내려오는 화살을 맞고 비명을 지르며 고삐를 놓고 땅 위에 떨어져 절명하였다. 다른 아들 둘은 시위 소리를 듣고서 — 마치 폭풍우가 몰려오는 것을 본 선원이 돛을 활짝 펴고 항구를 향하여 돌진하는 것과 같이 — 말의 고삐를 풀어 주고 도망치려고 했다. 그러나 피할 수 없는 화살은 도망치는 그를 따라잡았다.

 그들보다 어린 두 동생은 방금 공부를 끝마치고 씨름을 하러 운동장으로 가는 길이었다. 이 두 아들들이 가슴을 서로 맞대고 있었을 때 한 개의 화살이 두 사람을 관통하였다. 두 사람은 작별을 고하는 듯 주위를 돌아보고 함께 최후의 숨을 거두었다. 그들의 형인 알페노르는 동생들이 쓰러진 것을 보고 구해 주기 위해 그 장소로 달려갔다. 그러나 동생을 구하려다 자신도 화살을 맞고 쓰러졌다.

 이제 일리오네우스 하나만 남았다. 그는 기도를 올리면 효험이 있지 않을까 하고 하늘을 향하여 두 팔을 벌렸다.
"신들이여, 살려 주십시오!"
하고 모든 신들에게 애원하였다. 신을 모두 부를 필요가 없음을 몰랐기 때문이었다. 아폴론은 그를 살려 주려고 하였다. 그러나 이미 때는 늦어 화살이 시위를 떠난 후였다.

백성들의 공포와 시종들의 비탄하는 소리를 듣고 니오베는 어떤 사건이 일어났는지를 바로 알게 되었다. 그녀는 그런 일이 일어날 수 있으리라고는 생각할 수 없었다. 그녀는 신들이 그런 일을 감행한 데 대하여 분노하였고, 그들이 그런 일을 할 능력이 있는 데 대하여 놀랐다. 그녀의 남편인 암피온은 그 충격으로 자살하였다.

조금 전까지만 하여도 백성들을 제전에서 몰아내고 위풍당당하게 시내를 활보하고, 선망의 대상이었던 니오베와, 지금 그들의 동정의 대상이 된 니오베와는 얼마나 큰 차이가 있는 것일까? 그녀는 자식들의 시체 앞에 무릎을 꿇고 죽은 아들들 하나하나에 키스하였다. 그리고 창백한 두 팔을 하늘을 향하여 벌리고 외쳤다.

"잔인한 레토여, 당신의 노여움을 나의 고통으로써 실컷 만족시키십시오. 나도 나의 일곱 아들들을 따라 묘지로 갈 것입니다. 그러나 이 승리로 당신이 얻은 것이 무엇입니까? 비록 아들들과 남편을 잃었으나 아직도 나는 정복자인 당신보다 부유합니다."

니오베가 이렇게 말을 하자마자 활소리가 나고 니오베 외의 모든 사람을 공포에 떨게 하였다. 니오베는 너무 슬펐기 때문에 도리어 용감하였다. 딸들은 상복을 입고 죽은 형제들의 관 앞에 서 있었다. 한 딸이 화살에 맞아 쓰러지고 그녀가 곡하고 있던 시체 위에 죽었다. 다른 딸은 어머니를 위로하려고 하다가 갑자기 말을 멈추고 땅 위에 쓰러져 죽었다. 셋째딸은 도망치려 하고, 넷째딸은 숨으려 했으며, 다른 딸은 어찌할 바를 모르고 벌벌 떨며 서 있었다. 이제 여섯이 죽고 딸 하나만이 남았다. 이 딸을 어머니는 두 팔로 끌어안고 몸으로 지켜 주려고 하였다.

"하나만, 그것도 제일 어린 딸 하나만 살려 주십시오. 많은 자식 중에서 오직 하나만 살려 주십시오."

하고 니오베는 이렇게 부르짖었다. 이렇게 말하고 있는 동안에 그 딸마저 죽어 쓰러졌다. 니오베는 죽은 아들들과 딸들과 남편의 주검 한가운데 홀로 넋을 잃고 앉아 있었다. 그녀는 슬픔 때문에 정신을 잃은 것 같았다. 미풍도 그녀의 머리카락을 움직이지 않고, 볼에는 혈색이 모두 가신 채 눈은 움직이지 않고 초점 없이 한 곳만을 응시하고 있었다. 살아 있는 기색이 하나도 없었다. 혀는 입천장에 붙어 버리고 혈관은 생명의 흐름을 전하지를 않았으며 목은 구부러지지 않았고, 팔은 아무런 미동도 하지 않았고, 발은 한 발자국도 걸을 수 없었다. 니오베는 마음도 몸도 모두 돌로 변해 버린 것이었다. 그러나 눈물만은 계속하여 흐르고 있었다. 그리고 회오리바람에 쓸려 고향 산으로 옮겨졌다. 그녀는 한 덩어리의 바위로서 지금도 남아 있고, 그 바위로부터는 물이 졸졸 흘러내려 니오베의 끊임없는 슬픔을 말해 주고 있다.

# 16 페르세우스와 고르곤

:: 그라이아이와 고르곤들

그라이아이는 태어나면서부터 백발이었다. 그라이아이라는 이름도 여기에서 유래하였다. 그리고 고르곤은 산돼지같이 억세고 큰 이와, 놋쇠와 같이 거친 손을 가졌으며 뱀이 뒤엉킨 머리털을 가진 괴물과 같은 여인들이었다.

이 괴물 중 신화에서 두각을 나타내는 것은 메두사뿐이다. 그래서 고르곤이라면 모두 메두사를 지칭하였는데 그 이야기는 다음에 하려고 한다.

현대의 작가들에 의하면 고르곤과 그라이아이는 바다의 여러 재난의 의인화라고 한다. 즉 전자는 넓은 바다의 굳센 파도를 의미하고, 후자는 해안의 바위에 부딪치는 흰 물결을 의미한다 — 그리스어 고르곤은 '굳세다' 는 의미이고, 그라이아이는 빛깔이 희다는 의미이다. 우리가 다음에 이야기하려는 것도, 주로 현대 작가들의 이러한 교묘한 이론에 서설의 구실을 하기 위해서이다.

## :: 페르세우스와 메두사

페르세우스는 제우스와 다나에 사이에서 태어난 아들이었다. 그의 외할아버지 아크리시오스는 외손자의 손에 죽게 되리라는 신탁을 받고 놀라 다나에와 그 아들을 궤짝에 넣어 바다에 띄워 버렸다. 궤짝이 세리포스섬으로 떠내려갔을 때 한 어부가 궤짝을 발견하고 그들 모자를 그 나라의 왕인 폴리덱테스에게 바쳤는데, 왕은 그들을 친절히 대접하였다.

페르세우스가 장성하자 폴리덱테스는 메두사를 정복하기 위하여 그를 보냈다. 메두사는 그 나라를 황폐하게 만든 무서운 괴물이었다. 메두사는 전에는 아름다운 처녀로서 그 머리칼이 그녀의 주요한 자랑거리였다. 그러나 감히 아테나와 그 아름다움을 경쟁하였을 때 여신은 그녀의 아름다움을 빼앗고, 아름다운 머리털을 숫숫 소리를 내는 여러 마리의 뱀 모양으로 만들어 버렸다.

메두사는 무서운 모습을 한 잔인한 괴물로 변하였다. 그래서 그녀를 한 번 본 사람은 누구나 돌로 변하였다. 그녀가 살고 있는 동굴 주위에서는, 그녀를 한 번 보고 돌로 변한 사람이나 동물의 석상을 볼 수 있었다.

페르세우스는 아테나와 헤르메스의 총애를 받아 아테나가 빌려 준 방패와 헤르메스가 빌려 준 날개 달린 구두를 지니고 메두사가 잠들어 있을 때 동굴에 접근하였다. 그리고 그녀를 쳐다보지 않도록 조심하면서, 그가 가지고 간 광휘찬란한 방패에 비치는 그녀의 모습을 보고 다가가 그 머리를 베어 아테나에게 바쳤다. 아테나는 그것을 자기의 방패의 한가운데에 붙였다.

:: 페르세우스와 아틀라스

메두사를 죽인 후 페르세우스는 그 머리를 들고서 멀리 육지와 바다를 건너 날아갔다. 그는 밤이 가까워질 무렵에 해가 지는 지구의 서쪽 끝에 도착하였다. 그곳에서 그는 아침까지 휴식을 취하려고 마음먹었다. 그곳은 거인으로 이름난 아틀라스 왕이 다스리는 나라였다. 이 아틀라스에는 양·소·돼지 등이 많았고, 서로 영토를 다툴 인접국도 적국도 없었다. 그리고 아틀라스의 주요한 자랑거리는 그의 정원에 있었다. 그 안에 있는 나무의 가지는 금으로 되어 있었고, 그 가지로부터는 역시 금으로 된 잎에 반쯤 가려진 금으로 된 사과가 매달려 있었다.

페르세우스는 아틀라스에게 이렇게 말하였다.

"하루 저녁 편히 쉬게 하여 주십시오. 당신도 명문이시겠지만 나도 당신에게 지지 않는 명문 출신으로서 제우스가 나의 아버지입니다. 당신이 위업을 달성하시었다면, 나도 메두사를 정복한 위업을 세웠습니다. 나는 휴식과 음식을 필요로 합니다."

그러나 아틀라스는 제우스의 아들이 어느 날 자기의 황금 사과를 빼앗아 갈 것이라고 한 옛날의 예언을 기억하고 이렇게 대답하였다.

"가 주시오. 당신의 그 거짓 위엄이나 가문에 속을 내가 아니오."

그리고 아틀라스는 페르세우스를 쫓아내려고 하였다. 페르세우스는 아틀라스가 직접 상대하기에는 너무도 힘센 거인임을 깨닫고 말하였다.

"그대가 나의 우정을 너무도 과소평가하기 때문에 선물을 하나 드리려고 하오."

그러고는 자기의 얼굴을 옆으로 외면하면서 메두사의 머리를 내밀었다. 그러자 큰 몸집을 가졌던 아틀라스는 돌로 변하였다. 그의 수염과 머리털은 숲이 되고 팔과 어깨는 절벽이 되고 머리는 산꼭대기가 되고 뼈는 바위가 되었다. 각 부분은 부피가 점점 커져서 마침내 산이 되었다. 그리고 ―이것을 신들은 좋아하였는데― 하늘은 모든 별들을 거느린 채 그의 어깨에 의지하고 있다.

:: 바다의 괴물

페르세우스는 계속 비행하여 에티오피아 사람들의 나라에 도착하였는데, 이때 그 나라의 왕은 케페우스였다. 그의 아내 카시오페이아는 자기의 아름다움을 자만하여 자신을 바다의 님프들에 비교하였다. 이 사실은 님프들을 대단히 노엽게 만들어 그들은 거대한 바다의 괴물을 보내 그 나라의 해안을 황폐하게 만들었다. 케페우스는 신들의 노여움을 풀기 위해서는 그의 딸 안드로메다를 그 괴물에게 희생물로 바치라는 신탁을 받았다.

페르세우스가 하늘에서 내려다보니 안드로메다는 바위에 쇠사슬로 몸을 묶여 뱀의 모습인 바다의 괴물이 접근하는 것을 기다리고 있었다. 그녀의 얼굴은 너무도 창백하고, 몸은 미동도 하지 않았기 때문에 흐르는 눈물과 미풍에 움직이는 머리칼이 없었더라면 페르세우스는 그녀를 대리석상으로 생각했을 것이다. 그는 이 광경을 보고 놀라 날개를 흔드는 것도 잊을 정도였다. 그녀의 위를 날면서 그는 이렇게 말하였다.

"오, 처녀여, 서로 사랑하는 애인들을 결합시키는 사슬에 묶여 있어야 할 그대가 이런 쇠사슬에 묶여 있다니! 원컨대 나에게 그대의 이름과 이 나라의 이름, 그리고 왜 그대가 이와 같이 묶여 있는가를 가르쳐 주시오."

처음에 그녀는 수줍어서 아무 말도 못 하였다. 그리고 할 수만 있었다면 손으로 얼굴을 가렸을 것이다. 그러나 그가 질문을 되풀이하자, 잠자코 있으면 어떤 죄를 지은 줄로 오해받을까 봐 그녀는 자기 이름과 자기 나라의 이름을 밝혔다. 그리고 자기의 어머니가 그 아름다움을 자랑한 일을 이야기하였다.

그녀가 말을 채 끝내기도 전에 바다 저쪽에서 소리가 나더니 바다의 괴물이 나타나 머리를 수면 위에 내밀고 넓은 가슴으로 물결을 헤치며 다가오고 있었다. 처녀는 비명을 질렀다. 그리고 방금 이곳에 도착하여 이 광경을 목격한 부모는 몹시 비통해하였다. 그러나 두 사람은 곁에 있으면서도 아무런 대책을 세울 수 없었고, 탄식을 하면서 제물이 된 딸을 끌어안고 있을 뿐이었다. 그때 페르세우스는 이렇게 말하였다.

"눈물은 나중에라도 얼마든지 흘릴 수 있을 것이오. 지금은 대책이 급합니다. 나는 제우스의 아들로서 고르곤의 정복자로서의 나의 명성은 이만하면 구혼자로서의 자격은 충분하리라 생각합니다. 그러나 나는 신들이 허용한다면 다시 공을 세워 따님을 얻고자 합니다. 만약 나의 용맹에 의하여 따님이 구출될 경우에는 그 보수로 따님을 나에게 주십시오."

양친은 승낙하였다―어찌 승낙을 주저할 수 있었으랴. 그리고 딸을 줄 것을 약속하였다.

그때 괴물은 돌팔매질 잘 하는 사람이 돌을 던지면 닿을 거리에 다가왔다. 그때 청년은 갑자기 하늘 높이 솟아올랐다. 그는 높이 날다가 햇볕을 쬐고 있는 뱀을 발견한 독수리가 뱀에게 덤벼들어 머리를 잡아 독을 사용하지 못하게 하는 것과 같이, 청년은 괴물 등에 날아 내려 어깨를 칼로 찔렀다. 부상을 입은 괴물은 노하여 몸을 일으켰다가 바닷속으로 들어갔다.

그리고 짖어 대는 한 떼의 개에 의하여 포위된 산돼지같이 재빠르게 이리저리 공격했다. 청년은 그의 날개로 괴물의 공격을 피하였다. 비늘 사이에 칼이 들어갈 곳이 보일 때마다 옆구리에서부터 꼬리로 내려가면서 이곳 저곳을 찔러 상처를 입혔다. 괴물은 콧구멍으로부터 피가 섞인 물을 뿜었다. 페르세우스의 날개는 그 핏물에 젖었기 때문에 이제는 날개에 의지하지 않았다. 그는 파도 사이에 솟아 있는 바위 위에 돌출한 바위 조각에 몸을 의지하고, 괴물이 가까이 떠오른 순간 최후의 일격을 가하였다.

해안에 운집해 있던 군중의 환성으로 산이 울리는 듯하였다. 딸의 부모는 기뻐서 어찌할 줄 모르며 이 장래의 사위를 포옹하면서 그를 그들 모두의 구세주라고 불렀다. 그리고 이 투쟁의 원인이요,

그 대가인 처녀는 바위 위에서 내려왔다.


:: 안드로메다

 기쁨에 넘친 부모는 페르세우스와 안드로메다와 더불어 궁전으로 돌아왔다. 잔치가 열리고 모임은 환희의 도가니였다. 그런데 갑자기 떠들썩한 소리가 나더니 안드로메다의 약혼자인 피네우스가 그 부하들을 이끌고 와서는 안드로메다를 돌려 줄 것을 요구하였다. 그러자 케페우스가 다음과 같이 항변하였으나 허사였다.
 "자네는 내 딸이 괴물의 희생물로서 바위에 결박되었을 때 요구했어야 했네. 내 딸이 이와 같은 운명을 받도록 신들이 선언하였을 때 모든 약속은 무효가 되었다. 죽음에 의하여 모든 약속이 무효화하듯이."
 피네우스는 아무 대답도 하지 않고 갑자기 페르세우스에게 창을 던졌다. 그러나 창은 빗나가 땅에 떨어졌다. 이에 페르세우스가 자기의 창을 던지려고 하였다. 그러나 비겁한 공격자는 급히 도망쳐서 제단 뒤에 숨었다. 이런 그의 행동을 신호로 하여 부하들은 케페우스의 손님들을 공격하기 시작하였고 손님들은 저마다 자신들을 방어하기 위해서 무기를 들었다. 마침내 전투가 벌어졌다. 늙은 왕은 밀렸으나 소용이 없었고, 현장으로부터 물러나와 손님들에 대하여 이런 난폭한 짓을 하게 된 것은 자기의 책임이 아님을 굽어살피십사고 신들에게 호소하고는 자리를 떠났다.
 페르세우스와 그의 일당은 얼마 동안 불리한 싸움을 계속하였다.

그러나 적의 수가 압도적으로 많아 패색이 짙어 보였을 때, 갑자기 페르세우스의 뇌리에 한 생각이 떠올랐다.

"나는 형세를 역전시키리라."

그는 큰 소리로 부르짖었다.

"이중에 나의 적이 아닌 자가 있거든 얼굴을 돌리라!"

이렇게 말하면서 고르곤의 머리를 높이 쳐들었다.

"그까짓 요술로 누구를 위협하려고 하느냐."

며 테스켈로스는 창을 던지려고 쳐들었다. 순간 그는 그 자세로 돌로 변했다. 암피크는 엎드린 적의 몸에 칼로 찌르려고 하였다. 그러나 그의 팔은 굳어 앞으로 더 내밀 수도 오므릴 수도 없었다. 어떤 자는 큰 소리를 내며 달려오다가 도중에 돌이 되어 버려 입을 연 채 소리는 한 마디도 내지 못하였다. 그러나 페르세우스의 한 친구 아콘테우스는 고르곤을 바라보는 순간 돌이 되었다. 아스티이게스는 아콘테우스를 칼로 쳤으나 상처를 입히지 못하고, 칼은 쨍하는 소리만 내고 튀어올랐다.

피네우스는 자신이 시작한 부당한 공격의 이 무서운 결과를 보고 당황하였다. 그는 친구들을 소리 높이 불렀으나 아무 대답하는 자가 없었다. 그는 그들에게 손을 대 보았으나 이미 돌로 변해 있었다. 그는 무릎을 꿇고 손을 페르세우스에게 내밀면서, 머리는 뒤로 돌린 채로 용서를 빌었다.

"모든 것을 다 빼앗아도 좋습니다. 그러나 나의 생명만은 남게 해 주십시오."

페르세우스는 이렇게 말하였다.

"비겁한 자여, 너를 무기를 써서 죽이지는 않겠다. 뿐만 아니라 너는 이 사건의 기념으로 나의 집에 보관해 둘 것이다."

이렇게 말하면서 그는 고르곤의 머리를 피네우스가 바라보고 있는 쪽으로 내밀었다. 그러자 피네우스는 무릎을 꿇고 손을 뻗고, 얼굴을 돌린 모습의 석상이 되었다.

# 신화속 괴물들 17

:: 기간테스

　신화에 등장하는 괴물들은 몸의 어떤 부분이 비정상적이거나 균형을 잃은 생물로서 대부분 굉장한 힘과 잔인성을 가지고 인간들을 해치고 괴롭히는 공포의 대상인 것을 총칭한다. 그들 가운데 어떤 괴물은 몸에 서로 다른 동물들의 신체 일부분이 붙어 있는 것으로 상상되기도 하였다. 예를 들면 스핑크스와 키마이라가 그러하였다. 이들은 야수의 무서운 성질과 더불어 인간의 영리함과 능력을 겸비한 것으로 전해진다. 거인들은 반면에 주로 몸 크기만 인간과 다를 뿐이었다. 그러나 몸의 크기란 점에 있어서도 거인들 사이에는 큰 차이가 있었다. 인간적인 거인―그런 말을 쓸 수 있다면―예컨대 키클롭스나 안타이오스, 오리온 같은 거인들은 인간과 비슷한 것으로 생각할 수 있다. 왜냐하면 그들은 인간과 사랑에 빠지기도 하고 싸우기도 하기 때문이다. 그러나 신들과 전쟁한 초인간적인 거인들은 굉장한 거물이었다. 전하는 바에 의하면 티티오스는 몸을 펴면 9에이커의 들을 덮고, 엥켈라도스는 꾹 놓기 위하여는 에트나산 전체를 그 위에 놓지 않으면 안 되었다고 한다.

우리는 이미 거인들이 신들을 상대로 전쟁을 벌였던 일과 그 결과에 관하여 말하였다. 이 전투가 계속되는 동안 거인들은 만만치 않은 적이었음이 판명되었다. 그들 중 브리아레오스와 같은 거인은 팔이 100개나 되었다고 한다. 티폰과 같은 거인들은 불을 내뿜었다. 어떤 때는 거인들을 두려워하여 신들이 이집트로 도망하여 여러 가지 형태로 변신을 하여 숨어 산 일도 있었다. 제우스는 숫양의 모습으로 변신하였는데 그후 이집트에서는 그를 구부러진 뿔을 가진 암몬신으로서 숭배하였다. 아폴론은 까마귀로, 디오니소스는 산양으로, 아르테미스는 고양이가 되고, 헤라는 암소가, 아프로디테는 물고기가, 헤르메스는 새가 되었다.

또 어떤 때는, 거인들이 하늘로 올라가려고 오사산을 들어 펠리온산 위에 포개놓은 일도 있었다. 그러나 그들은 마침내 번개에 의하여 정복되었는데, 이 번개는 아테나가 발명하여 헤파이스토스와 그의 부하 키클롭스들에게 만드는 방법을 가르쳐 제우스를 위하여 만들게 한 것이다.

:: 스핑크스

테바이의 왕 라이오스는 신탁에 의하여 새로 태어나는 그의 아들이 그대로 성장하면 그의 왕위와 생명에 위협이 있으리라는 경고를 받았다. 그래서 왕은 아들이 태어나자 한 양치기에게 맡겨 죽이도록 하였다. 그러나 양치기는 아이를 잔인하게 죽일 수는 없었고 그렇다고 명령을 어길 수도 없었다. 그래서 그는 어린애의 발을 묶어 나뭇가지에 매달아 두었다. 이런 상태로 어린애는 한 농부에 의하여 발견되었다. 농부는 그를 주인 부부에게 데리고 갔는데 그들은 그를 받아들여 오이디푸스라고 이름을 지었는데 그것은 '부푼 발'이라는 뜻이다.

그로부터 오랜 세월이 지난 뒤에 라이오스는 시종 하나만을 데리고 델포이로 가는 도중, 좁은 길에서 역시 이륜차를 몰고 가는 한 청년을 만났다. 청년이 길을 비키라는 왕명을 거부하자 왕의 시종은 청년의 말을 한 마리 죽였다. 청년은 크게 화가 나서 라이오스와 그의 시종을 죽였다. 이 청년이 바로 오이디푸스였다. 그래서 그는 자기도 모르는 사이에 친아버지의 살해자가 되었다.

이 사건이 있은 지 얼마 안 되어 테바이시 사람들은 횡행하는 어떤 괴물 때문에 몹시 곤경에 처해 있었다. 그 괴물은 스핑크스라 불리었는데 사자의 몸뚱이에 상반신은 여자였다. 그 괴물은 바위 위에 웅크리고 앉아 길가는 사람을 막아 세워서는 그들에게 수수께끼를 내주고 그것을 푸는 자는 무사히 통과할 수 있으나 풀지 못하는 자는 죽여 버렸다. 그런데 수수께끼를 푼 사람은 아직 한 사람도 없으니 모든 통행인이 피살되었다.

오이디푸스는 이 놀라운 이야기를 듣고도 조금도 겁내지 않고 대담하게 시험해 보려고 나아갔다. 스핑크스는 그에게 물었다.

"아침에는 네 발로 걷고, 낮에는 두 발로 걷고, 저녁에는 세 발로

오이디푸스와 스핑크스

걷는 동물은 무엇인가?"

오이디푸스는 이렇게 대답하였다.

"그것은 인간이다. 인간은 어릴 때는 두 손과 두 무릎으로 기어다니고, 커서는 똑바로 서서 걷고, 늙으면 지팡이를 짚고 다닌다."

스핑크스는 자기가 낸 수수께끼가 풀린 데 대하여 굴욕을 느끼고 바위 밑으로 몸을 던져 죽었다.

테바이의 시민들은 오이디푸스 덕분에 괴물로부터 구출된 것을 대단히 감사히 여겨 그를 그들의 왕으로 추대하고 선왕의 아내 이오카스테와 결혼하게 하였다. 오이디푸스는 이미 자기 아버지인 줄도 모르고 아버지를 살해하였고, 이번에는 왕의 왕비와 결혼함으로써 자기 어머니의 남편이 된 것이다.

이런 무서운 사실이 밝혀지지 않은 채 세월이 흘렀다. 그러다 테바이에 기근과 전염병의 재난이 일어나게 되자 신탁에 문의한 결과, 비로소 오이디푸스의 이중의 죄가 백일하에 드러났다.

이오카스테는 자살하고 오이디푸스는 미쳐서 자기의 눈을 잡아빼고 테바이를 떠나 방랑의 길에 올랐다. 그는 모든 저주를 받아 사람들의 공포의 대상이 되고 버림을 받았으나 그의 딸들만이 그를 충실히 보살폈다. 마침내 비참한 방랑 생활을 지루하게 계속하다 그의 불행한 생애는 종말을 고하였다.

## :: 페가소스와 키마이라

페르세우스가 메두사의 목을 베었을 때, 그 피가 땅 속에 스며들어 날개 달린 말 페가소스가 태어났다. 아테나는 그 말을 잡아 길들인 후에 무사이의 여신들에게 선사하였다. 그 여신들이 거주하는 헬리콘산 위에있는 히포크레네라는 샘은 페가소스의 발굽에 채여 생긴 것이다.

키마이라는 불을 뿜는 무서운 괴물이었다. 그의 몸의 안쪽은 사자와 염소를 합친 모습이었고 뒤쪽은 용의 모습이었다. 이 괴물이 리키아를 쑥밭으로 만들자 국왕 이오바테스는 그것을 퇴치할 영웅을 구하였다. 그때 그의 조정에 한 용감한 무사가 도착하였는데, 그의 이름은 벨레로폰이었다. 그는 이오바테스의 사위인 프로이토스로부터의 편지를 가지고 왔는데, 그 내용은 벨레로폰을 용감무쌍한 영웅이라고 치켜세운 뒤에 편지 끝에 가서 장인에게 그를 죽여 달라고 덧붙이고 있었다. 그 이유는 프로이토스가 그를 질투하기 때문이었는데, 그것은 또 그의 아내 안테이아가 그 젊은 무사를 지나친 감탄의 마음으로 바라보았기 때문이었다.

벨레로폰이 자기도 모르는 사이에 자기의 사형 집행 영장을 가지고 왔다는 고사에서 '벨레로폰의 편지' 란 말이 유래하였는데, 이 문구는 일반적으로 자기에게 불리한 사건을 내포하고 있는 내용의 편지를 의미한다.

　이오바테스는 편지를 읽고서 어찌할 바를 몰라 몹시 당황하였다. 손님을 환대하지 않을 수도 없고 사위의 청을 들어 주지 않을 수도 없었다. 고민 끝에 좋은 생각이 떠올랐다. 벨레로폰을 보내어 키마이라를 퇴치시키는 일이었다. 벨레로폰은 이 제안을 받아들였다. 그러나 떠나기 전에 폴리이도스에게 상의하니 될 수만 있으면 페가소스를 얻어 가지고 가는 것이 좋으리라고 하였다. 그러기 위하여 아테나의 신전에서 밤을 새우면 좋은 수가 생긴다는 것이었다. 그는 그렇게 하였다. 그가 잠이 들었을 때 아테나가 그에게 나타나 금으로 된 고삐를 주었다. 그가 잠이 깨었을 때 고삐는 그의 손 안에 남아 있었다. 아테나는 또 그에게 피레네 샘에서 물을 먹고 있는 페가소스를 가르쳐 주었다. 그가 페가소스를 찾아가자 날개 달린 말은 자진해서 와서 잡히었다. 벨레로폰은 그 말을 타고 하늘로 올라가 바로 키마이라를 찾아내 쉽게 그 괴물을 퇴치하였다.

　키마이라를 정복한 후에도 벨레로폰은 적의를 품은 국왕에 의하여 여러 가지 시련과 어려운 일을 하도록 강요당하였으나 페가소스의 덕분으로 그 모든 난관을 극복하였다. 마침내 이오바테스는 벨레로폰이 신들로부터 특별한 총애를 받는 것을 깨닫고 그의 딸과 결혼시키고 왕위의 계승자로 정하였다. 그러나 후에 벨레로폰은 자부와 오만에 사로잡혀 신들의 노여움을 초래하였다.

　전하는 바에 의하면, 그는 날개 달린 말을 타고 하늘까지 올라가려고 하였다. 그러나 제우스는 등에를 한 마리 보내 이 페가소스를 쏘아 벨레로폰은 말에서 떨어뜨렸다. 그래서 벨레로폰은 절름발이

가 되고 눈이 멀었다. 그후 벨레로폰은 알레이아의 들판을 외로이 방황하다 비참하게 죽었다.

## :: 켄타우로스

켄타우로스라는 괴물들은 머리에서 허리까지는 사람이고 나머지는 말의 모습을 하고 있다고 한다. 고대인들은 말을 대단히 좋아하여 말과 인간의 결합체를 그리 천한 것으로 생각하지 않았다. 따라서 고대의 공상적인 괴물 중에서 이 켄타우로스는 훌륭한 모습이 부여되고 있다. 켄타우로스는 인간과도 사귈 수 있었고 페이리토오스와 히포다메이아의 결혼식 때에는 하객으로서 초청도 받았다.

그런데 그 잔치 때 켄타우로스 중의 하나인 에우리티온은 술이 만취되어 신부에게 폭행을 가하려고 하였다. 다른 켄타우로스들도 이에 가세하여 무서운 싸움이 벌어지고 그중 몇 명이 피살되었다. 이것이 라피타이와 켄타우로스의 유명한 전투로서 고대의 조각가와 시인이 즐겨 다른 작품의 소재가 되었다. 그러나 모든 켄타우로스가 다 페이리토오스의 난폭한 하객과 같았던 것은 아니다. 케이론

반인반마 켄타우로스

이라는 켄타우로스는 아폴론과 아르테미스로부터 교육을 받고, 사냥·의술·음악·예언술에 능하여 유명하였다. 그리스의 옛 이야기에 나오는 가장 유명한 영웅들은 모두 그의 제자였다. 특히 아스클레피오스는 어릴 적에 그의 아버지 아폴론에 의하여 그의 감독을 받도록 맡겨진 바 있다. 케이론이 어린애를 데리고 집으로 오자, 딸 오키로이가 마중을 나왔다가 어린애를 보고 갑자기 예언자적 충격을 느끼고그녀는 예언자였다, 장차 성취할 영광을 예언하였다.

아스클레피오스는 성장하여 유명한 의사가 되었고 한번은 죽은 사람을 소생시킨 일까지도 있었다. 죽은 자의 나라를 지배하는 왕 플루톤하데스를 가리킴은 이를 원망하였다. 그래서 제우스는 그의 탄원을 받아 이 대담한 의사를 번개로 때려서 죽였다. 그러나 죽은 뒤에는 그를 신들 반열에 설 수 있게 하였다.

케이론은 모든 켄타우로스 중에서 가장 현명하고 정직하였다. 그래서 그가 죽자 제우스는 그를 인마궁人馬宮이란 성좌로서 별자리 가운데에 박아 주었다.

:: 피그미마이오스

피그미라는 것은 난쟁이의 종족이다. 피그미라는 그리스어는 팔의 길이가 13인치 가량의 길이를 의미하는데, 이 종족의 신장이 그 정도였기 때문에 그들을 이렇게 부르게 된 것이다. 그들은 나일강 근처, 혹은 다른 설에 의하면 인도에 살고 있었다. 호메로스에 의하면 매년 겨울이 되면 두루미가 피그미의 나라로 건너오는데, 그들의 출현은 피그미에게는 유혈 투쟁을 알리는 신호라는 것이다. 무릇 피그미는 그들의 옥수수밭을 이 두루미라는 외부의 약탈자들로부터 지키기 위하여 무기를 들지 않으면 안 되었기 때문이었다. 피그미와 그들의 적인 두루미는 여러 예술 작품의 소재가 되었다.

후세의 작가들은 피그미의 군대 이야기를 하고 있는데, 어느 날 그 군대가 헤라클레스가 잠든 것을 발견하고, 마치 한 도시나 공격하려고 하는 것처럼 그를 공격할 준비를 하였다. 그러나 헤라클레스는 잠이 깨어 작은 무사들을 보고 웃으며 그 중 몇 명을 그의 사자 가죽에 싸서 에우리스테우스에게 갖다 주었다.

:: **그리프스**

그리프는 사자의 몸뚱이에 독수리의 머리와 날개를 가지고, 등은 깃털로 덮여 있는 괴물이다. 그것은 새처럼 보금자리를 틀고 사는데 알 대신에 마노瑪瑙를 그 속에 낳는다. 그것은 길고 큰 발톱을 가지고 있어 그 나라 사람들이 그것을 가지고 술잔을 만들 수 있을 정도였다.

이 그리프스의 고향은 인도라고 한다. 그들은 산에서 금을 캐내어 보금자리를 만들기 때문에 사냥꾼들이 그것을 탐냈기 때문에 그들은 밤을 지새며 그것을 지켜야 하였다. 그들은 본능적으로 금이 매장되어 있는 곳을 알았고 약탈자들을 따돌리기 위하여 전력을 다하였다. 당시 이 그리프스족과 함께 번영하였던 아리마스포이 사람들은 스키티아의 외눈족이었다.

# 18 이아손의 모험

:: 황금 양피

옛날 테살리아 지방에 아타마스라는 왕과 네펠레라는 왕비가 있었다. 그들은 아들 하나와 딸 하나를 두었다. 얼마 후에 아타마스는 왕후에게 냉담해져서 그녀와 이혼하고 새 아내를 얻었다.

네펠레는 자기의 아들 딸이 계모에게 학대나 받지 않을까 걱정이 되어, 그들을 계모의 손이 미치지 않는 곳으로 보낼 방도를 강구하였다. 헤르메스는 그녀에게 동정하여 황금 털을 가진 숫양 한 마리를 주었다. 왕후는 이 양이 자녀들을 안전한 곳으로 데려다 주려니 하고 그들을 양에 태웠다. 그러자 양은 아이들을 등에 업고 하늘로 날아 올라 동쪽을 향하여 갔다. 유럽과 아시아를 구획짓는 해협을 횡단할 때 소녀—그 이름은 헬레였다—가 양의 등에서 바닷속으로 떨어졌다. 그래서 이 바다를 그 소녀의 이름을 따서 헬레스폰토스라고 부르게 되었는데, 지금의 다다넬스 해협이 그것이다.

양은 계속 날아가 흑해의 동해안에 있는 콜키스라는 왕국에 도착하였다. 그곳에서 양은 소년을 무사히 내려놓았다. 소년의 이름은 프릭소스라고 하였는데, 그는 그 나라의 왕인 아이에테스의 친절한 영접을 받았다. 프릭소스는 양을 제우스에게 제물로 바치고, 금빛 양피는 아이에테스에게 주었는데 아이에테스는 그것을 신성한 숲 속에 놓고 잠자지 않는 용으로 하여금 지키게 하였다.

테살리아에는 아타마스의 왕국 근처에 또 하나의 왕국이 있었는데, 그곳은 아타마스의 친척이 다스리고 있었다. 그 나라의 왕은 아이손이라고 하였는데, 정치에 싫증을 느껴 아들 이아손이 미성년일 동안만이라는 조건부로 왕위를 그의 아우인 펠리아스에게 양도하였다. 이아손이 성장하여 그의 숙부에게 왕위를 반환할 것을 요구하자 펠리아스는 기꺼이 물려줄 것 같은 태도를 보이다가, 동시에 황금 양피를 찾기 위한 영광스러운 모험을 해보지 않겠냐고 이아손에게 은근히 권유하였다. 이미 이야기한 바와 같이 그 양피는 콜키스 왕국에 있었고, 펠리아스가 인정하듯이 그를 일족의 정당한 가보가 분명한 이상 마땅히 찾아오기로 하였다. 이아손은 이 모험에 찬동하고 바로 원정 준비를 하였다.

그 당시 그리스인들에게 알려진 선박은 작은 보트이거나 혹은 나무줄기를 파내어 만든 카누뿐이었다. 그래서 이아손은 아르고스에게 50명이 탈 수 있는 배를 만들게 하였는데 그것은 당시로서는 굉장한 사업으로 여겨졌다.

마침내 배는 완성되고 배를 만든 사람의 이름을 따서 아르고라고 명명되었다. 이아손은 모험을 좋아하는 그리스의 모든 청년들을 초청하였다. 얼마 후 그는 용감한 청년들의 대장이 되었는데 그들의 대부분은 후에 그리스의 영웅과 신인神人으로 이름을 떨치게 되었다. 헤라클레스, 테세우스, 오르페우스, 네스토르 같은 영웅들도 그 중에 끼여 있었다. 그들은 그 배의 이름을 따서 '아르고다우테스'라고 불렀다.

아르고호는 영웅들을 태우고서 테살리아의 해안을 떠나 렘노스섬에 기항했다가 마시아를 지나 트라키아까지 항해하였다. 이곳에서 그들은 철인 피네우스를 만나 그로부터 차후의 항로에 대한 교시를 받았다.

에우크세이노스해의 입구는 두 개의 암석으로 된 섬에 의하여 막혀 있었다. 그 섬은 물 위에 떠 있다가 제멋대로 움직여 서로 부딪히는데, 그 사이에 들어오는 것은 무엇이나 부서지지 않을 수 없다. 그래서 그 섬은 심플레가데스라고 불리어졌는데 즉 충돌하는 섬이란 뜻이다.

피네우스는 '아르고나우테스'에게 이 위험한 해협을 무사히 통과하는 방법을 가르쳐 주었다. 그들이 무사히 그 섬에 도착하였을 때, 비둘기 한 마리를 날려 보냈다. 비둘기는 바위 사이를 날아 무사히 통과하고, 오직 꼬리털이 약간 빠졌을 따름이었다. 이아손과 그 일행은 섬이 부딪혔다가 떨어지는 기회를 포착하여 힘껏 노를 저었다. 그들의 뒤에서 두 섬이 마주쳐 배의 고물을 스치기는 하였으나 그들은 무사히 통과하였다. 그 후 그들은 해안을 따라 배를 젓고, 마침내 바다의 동쪽 끝에 도착하여 콜키스의 왕국에 상륙하였다.

이아손은 콜키스 왕 아이에테스에게 자기가 찾아온 용건을 전하였다. 왕은 이아손에게 놋쇠발을 가지고 있고 불을 뿜는 두 마리의 황소를 쟁기에 매어 주고, 카드모스 왕이 살해한 용의 이빨을 뿌려 준다면 황금 양피를 내주겠다고 하였다. 이 용의 이빨을 대지에 뿌리면 그로부터 한 무리의 용사가 돋아나 그것을 뿌린 자를 공격한다는 것은 잘 알려진 사실이었다. 그런데도 이아손은 그 조건을 승낙하였다. 그리고 결행할 시일까지 결정하였다. 그러나 그 전에 이아손은 왕녀 메데이아에게 사정을 털어놓는 데 성공했다. 그는 그녀에게 결혼을 약속하였다. 그리고 헤카테 여신의 제단 앞에 서서 여신을 불러 자기 서약의 보증인으로 삼았다. 그제야 메데이아도 승낙하였다. 그리고 그녀의 도움으로—그녀는 유능한 마술사였다—마력이 있는 호신용 부적을 얻었다.
　지정된 날이 되자 사람들은 아레스신의 숲에 모였는데, 왕은 왕좌에 앉았고 여기저기서 몰려온 군중들은 산허리를 메웠다. 놋쇠발을 가진 황소가 콧구멍으로 불을 뿜으면서 뛰어들어왔는데, 그 불은 황소가 지나가는 길가의 풀을 태워 버렸다. 황소들이 다가옴에 용광로의 울림 같은 소리가 나고, 생석회에 물을 끼얹을 때와 같은 연기가 났다. 이아손은 황소를 향하여 용감하게 앞으로 나아갔다. 그리스 전역에서 선발된 영웅인 그의 친구들도 모두 전율을 느꼈다. 그는 황소가 대담하게 불을 뿜는 콧구멍에도 개의치 않고 말을 걸어 황소의 분노를 가라앉히고 손으로 황소의 목을 어루만지다가 재치 있게 멍에를 씌우고 쟁기를 끌게 하였다. 콜키스 사람들은 놀라고 그리스인들은 환희의 환성을 올렸다.

그런 다음 이아손은 용의 이빨을 뿌리고 흙을 덮었다. 그러자 바로 무장한 무사들이 돋아났다. 그리고 예상대로 땅 위에 나타나자마자 무기를 휘두르며 이아손을 향하여 돌진하기 시작하였다. 그리스인들은 그들의 영웅의 신상을 걱정하여 떨었고, 그에게 호신용 부적을 주고 사용법을 가르쳐 준 메데이아조차도 공포로 안색이 창백해졌다.

이아손은 잠시 동안은 칼과 방패로 공격자들을 막았으나 그들의 수효가 엄청나게 많음을 발견하고, 메데이아가 가르쳐 준 마법에 호소하여 돌을 하나 손에 쥐고 적들의 한가운데에 던졌다. 그러자 그들은 이아손에게로 향했던 무기를 서로에게 돌려 마침내 용에서 탄생한 일족들은 하나도 남지 않게 되었다. 그리스인들은 그들의 영웅을 포옹하였다. 메데이아도 그럴 용기만 있었으면 그를 포옹하였을 것이다.

이제 남은 것은 황금 양피를 지키고 있는 용을 잠재우는 일 뿐이었다. 이아손은 메데이아가 준 마약을 두서너 방울 용 주위에 뿌렸다. 약 냄새를 맡은 용은 분노를 가라앉히고 잠깐 동안 꼼짝도 하지 않고 서 있더니, 전에는 한 번도 감은 일이 없는 크고 둥근 눈을 감고서 옆으로 쓰러져 깊은 잠에 떨어졌다. 이아손은 양피를 손에 넣은 후, 친구들과 메데이아를 데리고 국왕 아이에테스에게 그들의 출발을 저지할 틈을 주지 않으려고 빨리 배를 타고 테살리아로의 귀로에 올라 무사히 그곳에 도착하였다. 무사히 고국으로 돌아온 이아손은 양피를 펠리아스에게 전달하고 아르고호는 포세이돈에게 바쳤다. 그후 양피가 어떻게 되었는지 우리는 알 수 없다.

그러나 아마 양피는 결국 많은 다른 금으로 만든 노획물과 마찬가지로 그것을 입수하는 데 쏟은 노고에 비하면 그다지 가치 있는 물건이 아니었을 것이다.

:: 메데이아와 아이손

황금 양피를 되찾아 온 것을 축하하는 자리에서 이아손은 만족스럽지 않은 표정이었다. 그것은 아버지 아이손이 노약하여 그들과 함께 기쁨을 나누지 못하는 점이었다. 이아손은 메데이아에게 이렇게 말하였다.

"아내여, 나는 그대의 마력의 힘이 나를 돕는 데 위대한 힘을 발휘한 것을 목격하였소. 그 마법을 써서 또 한 번 나를 도와 주시오. 다름 아니라 나의 수명에서 몇 년을 빼어 아버지의 수명에 보태 주오."

메데이아는 이렇게 대답하였다.

"그와 같은 희생은 하시지 않으셔도 됩니다. 제 마법이 성공만 하면, 당신의 수명을 단축시키지 않더라도 아버님의 수명을 연장시킬 수 있을 것입니다."

그로부터 며칠 후 보름달이 떠오르자 그녀는 모든 생물이 잠들었을 무렵 홀로 밖으로 나갔다. 나뭇잎을 움직이는 바람 한 점 없고 만물은 고요하였다. 메데이아는 별들과 달을 향하여 주문을 외었다. 또 지옥의 여신인 헤카테헤카테는 때로는 달의 여신 아르테미스와 때로는 지옥의 여신 페르세포네와 혼동되는 신비스러운 신이었다. 아르테미스가 밤의 달빛을 표현하는 바와 같이 헤카테는 밤의 어둠과 공포를 표현한다. 헤카테는 마법과 요술의 여신이기도 하였다. 그녀는 밤중에 지상을 배회하는데 개만 여신을 볼 수 있다고 믿어졌다. 개가 짓는 것은 헤카테의 접근을 알리는 것이다와 대지의 여신인 텔루스 — 이 여신의 힘에 의하여 마법에 효과가 있는 식물이 생산된다 — 에 대해서도 주문을 외웠다. 그녀는 또 숲과 동굴과 산과 골짜기와 호수와 강과 바람과 안개의 신들에게도 힘을 빌려줄 것을 기원하였다.

그녀가 빌고 있을 동안 별들은 더욱 밝게 빛나면서 날개 달린 뱀들이 끄는 이륜차가 하늘에서 내려왔다. 메데이아는 그 이륜차를 타고 하늘 높이 날아 올라 먼 지방으로 향하였다. 그곳에는 효험 있는 식물들이 자라고 있었고 메데이아는 그중에서 자기 목적에 적합한 것을 뜯어 모았다. 9일 밤 동안 그녀는 약초를 찾아 헤매었다. 그리고 그동안은 궁전으로 돌아가지도 않고, 어떤 집에도 들어가지 않은 채 사람들과 만나지 않았다.

약초를 모두 수집한 메데이아는 두 개의 제단을 만들었다. 하나는 헤카테의 제단이었고, 다른 하나는 청춘의 여신인 헤베의 제단이었다. 그리고 한 마리의 검은 양을 희생물로 바치고, 우유와 포도주를 신주神酒로 부었다. 그녀는 하계의 왕인 하데스와 그가 납치해 온 그의 신부인 프로세르피나에게 늙은 부왕의 생명을 빨리 빼앗아 가지 말도록 간청하였다.

다음에 그녀는 아이손을 데려오게 하고 주문을 외워 깊은 잠이 들게 한 후, 죽은 사람과 같이 풀로 만든 침대 위에 뉘었다. 비법이 세속의 눈에 띄지 않게 하기 위하여 이아손 및 그 밖의 모든 사람들의 출입을 금지하였다. 그리고 메데이아는 머리를 풀고서 제단 주위를 세 번 돌고, 불타는 작은 나뭇가지를 피에 적셔 제단 위에 놓고 불을 지폈다.

그 동안에 큰 솥 속에 앉힐 약제가 준비되었다―그것은 쓴 즙이 나오는 씨앗이나 꽃을 가지고 있었다 ― 그 솥에 약제와 먼 동방에서 온 돌과 온 세계를 둘러싸고 있는 대양의 해안에서 주워 온 모래를 넣었다. 그리고 달밤에 모은 하얀 서리와 올빼미의 머리와 날개, 이리의 내장 따위를 집어넣었다. 그리고 또 거북의 껍질 조각과 숫사슴의 간장―이들은 다 장수하는 동물이다―과 인간의 아홉 세대를 넘어 산 까마귀의 머리와 부리를 넣었다.

그 밖에 이름도 모르는 많은 물건을 넣고 같이 끓였다. 그리고 마른 올리브나무의 가지로 잘 뒤섞었다. 그런데 그 가지를 꺼내자 이상하게도 그것은 바로 녹색으로 변해 있고, 얼마 안 가서 많은 잎과 싱싱한 올리브 열매가 맺히는 것이었다. 그리고 용액이 부글부글 끓어올라 넘칠 때는 그 방울이 떨어진 곳의 풀은 봄 풀잎처럼 파랗게 싹을 틔웠다.

모든 준비가 끝나자, 메데이아는 노인의 목구멍을 베어 온몸의 피를 쏟아내고는 그의 입과 상처 구멍을 통해 솥에서 끓고 있는 용액을 부어넣었다. 그 용액이 모두 노인의 몸 속으로 들어가자 그의 머리털과 수염은 흰 빛이 사라지고 청년처럼 검게 되었다. 얼굴의 창백함과 초췌함은 가시고 혈관은 피로 충만하고 사지는 힘에 넘쳤다. 아이손은 자기 자신에 놀랐고, 지금과 같은 그의 상태는 40년 전 그의 젊은 시절의 건강을 되찾았음을 알고 깜짝 놀랐다.

이 경우에는 메데이아가 마법을 좋은 목적을 위하여 사용하였다. 그러나 복수를 하기 위한 수단으로 사용한 때도 있었다. 독자도 기억하고 있겠지만 펠리아스는 이아손의 왕위를 찬탈한 그의 숙부였으며 그 나라 밖으로 추방되었던 자이다.

그런 그에게도 좋은 점이 있었던 모양으로 그의 딸들은 아버지에게 효성이 지극하였다. 그리고 메데이아가 아이손을 회춘시킨 일을 보고, 그들은 그들의 아버지에게도 똑같은 일을 하여 주기를 메데이아에게 간청하였다. 메데이아는 승낙하는 체하고 전과 같이 솥을 준비하였다.

그리고 늙은 양 한 마리를 가져오게 하여 솥 안에 넣었다. 얼마 안 가서 매앰 하고 우는 소리가 솥 속에서 들려와 뚜껑을 여니 한 마리의 양새끼가 뛰어나와 목장으로 달아났다.

펠리아스의 딸들은 그 실험을 보고 기뻐하며, 그들의 아버지가 같은 시술施術을 받을 시간을 정하였다. 그러나 메데이아는 그들의 아버지를 위한 솥은 전번과는 아주 다르게 준비하였다. 물과 평범한 풀을 약간 넣었을 뿐이었다.

밤이 되자 메데이아는 공주들과 더불어 늙은 왕의 침실로 들어갔다. 왕과 그의 호위병들은 무기를 빼들고서 침대 곁에 서 있었다. 그러나 아버지를 베기를 주저하였기 때문에 메데이아는 그들의 결단성이 없음을 꾸짖었다. 그러자 딸들은 얼굴을 돌리고서 아버지에게 무기를 들이대고 마주 찔렀다. 왕은 잠이 깨어 부르짖었다.

"딸들아, 너희들은 무슨 짓을 하고 있느냐? 아비를 죽이려고 하느냐?"

딸들은 용기를 잃고 무기는 손에서 떨어졌다. 그러나 메데이아는 왕에게 치명적 타격을 주어 말문을 닫게 하였다.

다음 그들은 왕을 솥 속에 넣었고, 메데이아는 뱀이 끄는 이륜차를 타고 그녀의 배신행위가 탄로나기 전에 급히 그곳을 떠났다. 그렇지 않았더라면 그들의 복수가 대단하였을 것이다. 그녀는 무사히 도망쳤다. 그러나 이아손을 위하여 이와 같은 범죄를 저지르며 많은 일을 하였으나 그에 대한 보답은 거의 받지 못하였다.

이아손은 크레우사라는 코린토스의 공주와 결혼하고자 메데이아를 버렸다. 메데이아는 그의 배은망덕함에 분노하여 신들에게 복수를 맹세하고 독을 넣은 옷을 선물로 크레우사에게 보냈다. 그리고 나서는 자신의 아이들을 죽이고 궁전에 불을 지른 채 뱀이 끄는 이륜차로 아테네로 달아나 그곳에서 테세우스의 아버지인 아이게우스 왕과 결혼하였다. 우리는 뒤에서 테세우스의 모험담을 이야기할 때 다시 메데이아를 만나게 될 것이다.

# 19 멜레아그로스, 아탈란테

:: 멜레아그로스

아르고호의 원정에 가담했던 영웅 중에 멜레아그로스란 사람이 있었는데 그는 칼리돈의 왕 오이네우스와 왕비 알타이아의 사이에서 태어난 아들이었다. 그가 태어났을 때 알타이아는 세 명의 운명의 여신을 보았는데, 여신들은 운명의 실을 짜면서 어린아이의 생명이 그때 난로에서 타고 있던 나뭇가지보다 더 오래 계속되지는 않을 것이라고 예언하였다. 알타이아는 서둘러 그 나뭇가지를 꺼내 불을 끄고 몇 년 동안 조심하면서 소중히 보존하였는데, 그동안 멜레아그로스는 소년이 되고 청년이 되고 이윽고 장년이 되었다.

언젠가 오이네우스가 신들에게 희생물을 바친 일이 있었는데, 여신 아르테미스에게는 바치지 않았다. 여신은 무시당한 데 격분하여 엄청나게 큰 산돼지 한 마리를 보내 칼리돈의 들을 황폐하게 만들었다. 산돼지의 눈은 피와 열기로 빛났고, 그 털은 사람을 찌르는 창과 같이 빳빳하게 서 있었고, 송곳니는 인도의 코끼리의 상아와 흡사하였다. 그 짐승은 자라던 곡식을 짓밟고 포도와 올리브나무도 쓰러뜨렸다. 또 양이나 소 같은 가축 떼는 닥치는 대로 학살하여 칼리돈은 큰 피해를 입었다. 보통 수단으로는 이를 막을 도리가 없을 것 같았다.

그러나 멜레아그로스는 그리스의 영웅들을 초청하여 이 아귀와 같은 괴물을 퇴치하기 위한 사냥 대회에 참석해 달라고 호소했다. 테세우스와 그의 친구인 페이리토스, 이아손, 나중에 아킬레우스의 아버지가 된 펠레우스, 아이아스의 아버지인 텔레몬, 네스토르 그리고 그 당시에는 청년이었으나 노인이 된 후에도 아킬레우스와 아이아스와 함께 무기를 들고 트로이 전쟁에 참전한 네스토르 그 밖에 많은 영웅들이 이 산돼지 사냥에 참가하였다.

그들과 더불어 아르카디아의 왕 이아소스의 딸인 아탈란테도 참가하였다. 그녀는 윤이 나게 닦은 금으로 된 조임쇠로 옷을 죄고 왼쪽 어깨에는 상아로 만든 전통을 메고 왼손에는 활을 들고 있었다. 그녀의 얼굴은 여성의 미와 용감한 청년의 매력을 겸비하고 있었다. 멜레아그로스는 그녀를 보자마자 사랑에 빠져 버렸다.

그들은 괴물이 있는 굴 가까이까지 가서 나무 사이에 튼튼한 그물을 친 다음 개들을 풀어 풀 속에 있는 짐승의 발자국을 찾기 시작하였다. 숲으로부터 늪이 많은 곳으로 향하는 내리막길이 있었다. 이곳에서 산돼지는 갈대 사이에 누워 있다가 추격자들의 외침 소리를 듣고 그들을 향하여 뛰어나왔다. 한두 마리 개가 멧돼지에게 받혀 나가 떨어졌다.

이아손은 아르테미스에게 성공을 빌면서 손에 들고 있던 창을 던졌다. 그러나 아르테미스는 돼지들 편이었으므로, 창이 날아가는 동안 그 창날을 제거하여 돼지를 맞추기는 하였으나 상처를 내지는 못하게 하였다. 네스토르는 산돼지의 습격을 받자, 나무를 찾아 그 위로 몸을 피하였다. 텔라몬은 돌진하다가 땅 위로 불쑥 나온 나무 뿌리에 걸려 앞으로 고꾸라졌다.

그러나 마침내 아탈란테가 쏜 화살이 최초로 괴물의 피를 맛보게 하였다. 그것은 경미한 상처에 불과했지만 멜레아그로스는 그것을 보고 환성을 올렸다. 안카이오스는 여자가 칭찬받는 것을 보고 질투심에 불타 자신의 용맹을 소리 높여 떠벌리고 산돼지를 보낸 여신에게 도전하였다. 그러나 그가 도전하였을 때 격분한 돼지는 그에게 치명적인 부상을 입혀 쓰러뜨렸다. 테세우스가 창을 던졌으나 나뭇가지에 걸려 옆으로 빗나갔다. 또 이아손이 던진 창은 목표물에 적중하지 않고 개를 한 마리 죽였을 뿐이었다. 그러나 멜레아그로스는 한 번 실패한 뒤에 그의 창을 괴물의 옆구리에 박았다. 그리고 곧장 돌진하여 재차 타격을 주어 죽였다.

그러자 주위에서 환성이 일어났다. 그들은 승리자인 멜레아그로스를 칭찬하고, 그의 손을 잡으려고 모여들었다. 그는 피살된 돼지의 머리를 밟고 아탈란테를 돌아보며 자기의 전리품인 짐승의 머리와 거칠거칠한 가죽을 그녀에게 선사하였다. 그러나 이것을 본 다른 자들은 질투심을 일으켜 시비를 걸었다. 멜레아그로스의 외삼촌인 플렉시포스와 톡세우스는 누구보다도 이 선언에 반대하며 아탈란테가 받은 전리품을 빼앗고 말았다. 멜레아그로스는 자기에 대한 그들의 무례한 행위도 불쾌하였지만 그가 사랑하는 이탈란테에 대한 모욕에 더욱 격분하여, 친족간의 예의도 잊고 칼을 빼어 무례한 자들의 심장을 찔렀다.

이러한 사실을 모른 채 어머니는 아들의 승리에 대한 감사의 선물을 여러 신전에 가지고 갔을 때 피살된 형제들의 시체가 그곳으로 운반되어 그녀의 눈에 띄었다. 그녀는 비명을 지르고 가슴을 치며 환희의 의복을 상복으로 급히 갈아입었다. 그러나 형제들을 죽인 자가 알려지자 슬픔은 이들에 대한 단호한 복수심으로 바뀌었다.

그녀가 전에 불길에서 꺼냈던, 타다 남은 운명의 나뭇가지, 즉 운명의 여신들이 멜레아그로스의 생명과 밀접한 관계가 있도록 한 나뭇가지를 가지고 와서 불을 지피라고 명령하였다. 그리고 네 번이나 그녀는 그 타다 남은 나뭇가지를 불타는 나무 더미 위에 던지려고 하였다. 그러나 아들을 잃게 되리라는 생각이 들어 전율을 느끼며 중지하였다.

모정과 누이로서의 정이 그녀의 가슴 속에서 투쟁하였다. 어떤 때는 자기가 결행하려는 짓을 생각하고는 안색이 창백해지기도 하고, 어떤 때는 아들이 범한 짓을 생각하고는 분노로 안색이 붉어지기도 하였다. 바람이 불면 한쪽으로 밀리다가 조수에 의해 반대쪽으로 흔들리는 배처럼 알타이아의 마음은 불안정하였다.

그러나 마침내 누이로서의 정이 모정을 압도하여 운명의 나무를 손에 들고 말하기 시작하였다.

"복수의 여신들이여, 몸을 돌려 제가 가지고 온 희생물을 바라보시오. 죄는 죄로써 그 값을 치러야 합니다. 남편 오이네우스도 처가가 쑥밭이 되었는데, 아들의 승리만 기뻐하지는 않을 것이다. 그러나 아, 나는 무슨 짓을 하려고 하는가? 형제여, 어미된 자의 마음의 약함을 용서하라! 손이 말을 듣지 않는구나. 멜레아그로스는 죽어 마땅하지만 그를 내 손으로 죽일 수는 없다. 그러나 그렇다고 너희들, 나의 형제는 원수를 갚지도 못 하고 저승에서 헤매야하는데, 멜레아그로스는 살아서 승리를 구가하며 칼리돈을 지배해야 옳단 말인가? 아니다, 너는 내 덕에 이제까지 살아왔다. 이제는 너 자신의 죄 때문에 죽어야 한다. 내가 두 번 너에게 준 생명, 처음에는 태어날 때, 두 번째는 이 타다 남은 가지를 화염 속에서 끄집어 냈을 때, 이제 그 생명을 반환하라. 오, 차라리 그때 네가 죽었더라면! 아, 승리도 재난이다. 그러나 형제여, 그대들은 승리하였노라."

그리고 알타이아는 고개를 돌린 채 운명의 나뭇가지를 불타는 나무 더미 위에 던졌다. 그 나무는 신음 소리를 내는 것 같았다. 그 장소에 있지도 않았던 멜레아그로스는 무슨 까닭인지 알지 못하였으나 갑자기 고통을 느꼈다. 그의 몸이 불타기 시작하였다. 그는 오직 용감한 자존심으로 자신을 파멸시키는 고통을 견디었다. 다만 피도 흘리지 않고 불명예스럽게 죽어 가야 한다는 것을 한탄할 따름이었다. 그는 고통 속에서도 늙은 아버지와 형제와 다정한 자매와 사랑하는 아탈란테와 그의 운명의 숨은 원인인 어머니의 이름을 불렀다. 불꽃은 더해 가고, 그와 더불어 멜레아그로스의 고통도 더해만 갔다. 마침내 불꽃도 고통도 사그라들기 시작하였다. 다 타 버린 운명의 나무는 재가 되고 멜레아그로스의 생명은 때마침 바람에 불려 날아갔다.

일이 끝나자 알타이아는 자살하였다. 멜레아그로스의 누이들은 동생의 죽음을 슬퍼하였다. 마침내 아르테미스는 전에 자기의 분노를 야기시킨 이 집안의 슬픔을 불쌍히 여겨 누이들을 새로 변하게 하였다.

:: 아탈란테

이와 같은 슬픔의 죄 없는 원인은 결국 아탈란테라는 처녀에게 있었다. 그녀의 얼굴은 여자로 보기에는 남자답고, 남자로 보기에는 너무 여자다웠다. 그녀는 운명을 예언받은 일이 있었는데, 그것은 "아탈란테여, 결혼하지 말라. 결혼하면 멸망하리라"는 의미였다.

이 신탁에 겁이 나서 아탈란테는 남자와 교제를 피하고 사냥에만 열중하였다. 모든 구혼자구혼자가 많았다에게 한 가지 조건을 내세웠는데, 그것은 그들의 성가신 요구를 물리치는 데 효과가 있었다. 그것은

"경주를 하여 나에게 이기는 사람에게 상으로 내 몸을 맡기리라. 그러나 지는 자는 벌로 죽음을 당하리라."

는 것이었다.

이와 같은 어려운 조건임에도 불구하고 경주를 해보겠다고 덤비는 자도 있었다. 히포메네스가 경주의 심판자로 되어 있었다.

"한 여자 때문에 그러한 모험을 할 만큼 경솔한 자가 있을까?"

하고 그는 말하였다. 그러나 그녀가 경주하려고 겉옷을 벗는 것을 보고 그의 생각은 달라졌다. 그는 이렇게 말하였다.

그리스 로마신화 | 205

"젊은이들, 용서하라. 나는 그대들이 경쟁하고 있는 상품의 가치를 몰랐다."

그가 젊은이들을 바라보고 있을 때 그는 젊은이들이 다 패배하기를 원하였고, 혹시 승리할 가능성이 조금이라도 보이는 자에 대해서는 질투에 불탔다. 그가 이런 심경으로 있을 때 처녀가 질주하였다.

그녀의 달리고 있는 모습은 일찍이 볼 수 없을 정도로 아름다웠다. 미풍은 마치 그녀의 발에 날개를 달아 준 것같이 보였다. 머리카락은 어깨 위로 흐르고 옷의 화려한 술은 뒤에서 나부꼈다. 불그스레한 빛깔이 그녀의 백옥 같은 피부를 물들였는데, 그것은 마치 진홍색 커튼이 대리석 벽을 물들인 것과 같았다. 모든 경쟁자들이 그녀에게 패배하였고, 무자비하게 처형을 당하였다.

히포메네스는 이 결과를 보고도 겁내지 않고 처녀를 응시하면서 말하였다.

"이런 느림보들을 패배시켰다고 해서 뽐낼 것은 없소. 내가 한번 경주해 보리다."

아탈란테는 측은히 여기는 것 같은 표정으로 그를 바라보며, 그녀는 이겨야 좋을지 져야 좋을지 종잡을 수가 없었다.

"어떤 신이 이렇게 젊고 아름다운 청년을 유혹하여 그 목숨을 버리게 하는가! 내가 그를 불쌍히 여기는 것은 그의 아름다움 때문이 아니고그러나 그는 아름다웠다 젊음 때문이다. 그가 경주할 생각을 그만두었으면 좋겠다. 혹은 끝내 그 생각을 버리지 않는다면, 나를 이겨 주었으면 좋겠다."

그녀가 이런 생각을 되풀이하면서 주저하고 있을 때 구경꾼들은 경주가 시작되기를 고대하였고 그녀의 아버지는 어서 준비하라고 그녀를 재촉하였다. 그리고 히포메네스는 아프로디테에게 기도를 올렸다.

"아프로디테여, 도와 주십시오. 나를 이렇게 만든 것은 당신이니까."

아프로디테는 이 기도를 받아들여 자비를 베풀었다.

아프로디테의 소유인 키프로스섬의 신전의 정원에는 금빛 잎과 금빛 가지와 금빛 열매를 가진 나무가 한 그루 있었다. 이 나무에서 아프로디테는 금빛 사과를 세 개 따서 아무 눈에도 띄지 않게 히포메네스에게 그것을 주고 그 사용법을 가르쳐 주었다. 신호가 울리자 두 사람은 출발하여 모래 위를 미끄러지듯이 지나갔다. 그들의 걸음걸이가 어찌도 가볍던지 물 위나 물결치는 곡식 위도 달릴 수 있으리라는 착각이 들 정도였다.

구경꾼들은 아우성치며 히포메네스를 응원하였다.

"힘껏 달려라, 빨리, 빨리! 앞질러라! 기운을 잃지 말고! 좀더 힘을 내라!"

이러한 아우성을 듣고서 청년이 더 기뻐했는지 처녀가 더 기뻐했는지는 알 수 없었다. 그러나 히포메네스는 숨이 가빠오고 목이 말랐다. 결승점은 아직도 멀었다. 그때 그는 금빛 사과를 한 개 던졌다. 그 처녀는 깜짝 놀랐다. 그것을 주웠다. 그 틈을 이용해서 히포메네스가 앞섰다. 환성이 사방에서 일어났다. 아탈란테는 다시 힘을 내 얼마 안 가서 따라붙었다. 그는 다시 또 사과를 던졌다. 그녀는 또 발을 멈추었다. 그러나 또 따라붙었다. 결승점은 가까워졌

다. 기회는 한 번 남았을 뿐이다. 그는

"여신이여, 당신의 선물이 성공하기를!"

하며, 마지막 사과를 멀리 던졌다. 그녀는 그것을 바라보며 주저하였다. 아프로디테는 그녀로 하여금 몸을 돌려 그것을 줍도록 하였다. 그녀는 이렇게 해서 패배하였다. 청년은 상품으로 그녀를 데리고 돌아갔다.

그러나 이 두 사랑하는 사람은 그들의 행복에 취해 아프로디테게 감사하는 것을 잊었다. 그래서 여신은 그들의 배은망덕함에 노하여, 그들로 하여금 키벨레를 노하게 하는 일을 저지르게 하였다. 이 무서운 여신을 모욕하면 후환을 면할 수 없었다.

결국 여신은 그들로부터 인간의 모습을 빼앗고, 그들의 성격에 걸맞는 동물로 변하게 하였다. 사냥꾼인 여주인공은 사랑하는 자들의 피 속에서 승리를 얻었으므로 암사자로, 그리고 그녀의 남편은 수사자로 변하게 하였다. 그리고 그들을 자기의 수레에 매었다. 그래서 지금도 조각이나 회화 등에 나타난 여신 키벨레의 상에는 두 마리의 사자가 반드시 여신 곁에서 호위하고 있는 것을 볼 수 있다.

키벨레는 그리스인들에 의하여 레아 혹은 옵스라고 불리는 여신의 라틴어 이름이다. 그녀는 크로노스의 아내이며 제우스의 어머니이다. 그래서 예술 작품에서는, 그녀는 위엄 있는 자태를 하고 있는데, 그 점이 헤라나 케레스와 다르다. 때로는 면사포를 쓰고 곁에 두 마리의 사자를 양 옆에 거느리고 옥좌 위에 앉아 있을 때도 있다. 그녀는 금관을 쓰고 있는데, 그것은 테두리가 탑이나 벽 모양으로 조각된 관이다. 그녀는 코리반테스라고 불리었다.

# 헤라클레스의 노역

## :: 헤라클레스

　헤라클레스는 제우스와 알크메네의 사이에서 태어난 아들이었다. 헤라는 남편 제우스와 인간 사이에서 태어난 자녀에 대하여 늘 적의를 품고 미워했다. 헤라클레스에 대해서도 마찬가지였다.
　그녀는 그가 요람에 누워 있을 때 그를 죽이기 위하여 뱀 두 마리를 보냈다. 그러나 조숙한 어린애는 뱀을 자기 자신의 손으로 죽여버렸다. 그는 헤라의 간계에 의하여 에우리스테우스의 부하가 되어 그의 명령이라면 무엇이든 해야 할 입장에 놓여 있었다. 에우리스테우스는 달성할 가망성이 전혀 없는 모험을 그에게 연달아 명령하였는데, 이 모험들은 '헤라클레스의 열두 가지의 노역'이라고 불리어진다.
　첫번째 노역은 네메아의 사자와의 싸움이었다. 네메아의 계곡에는 무서운 사자가 출몰하여 해를 끼쳤었다. 에우리스테우스는 헤

물뱀 히드라와 싸우는 헤라클레스

라클레스에게 이 사자의 가죽을 가져오도록 명령하였다. 그래서 헤라클레스는 곤봉과 활을 가지고 사자를 죽이려고 하였으나 잘 되지 않아 손으로 목을 졸라 죽였다. 그는 죽은 사자를 어깨에 메고 돌아왔다.

그러나 그 광경을 보고 헤라클레스의 굉장한 힘에 놀란 에우리스테우스는 앞으로 공적을 보고할 때는 성문 밖에서 하라고 명하였다.

두 번째 일은 히드라의 퇴치였다. 이 괴물은 아미모네 샘 근처에 있는 늪 속에서 살면서 아르고스 지방 사람들을 괴롭혔다. 이 샘은 그 나라가 가뭄으로 피해를 입고 있을 때 아미모네에 의하여 발견되었다. 그리고 전하는 바에 의하면, 그녀를 사랑한 포세이돈이 그의 삼지창으로 바위를 찌르게 하자 거기에서 세 개의 출구를 가진 샘이 솟아나왔다는 것이다. 바로 그 곳에 히드라가 그 하나를 차지하고 있었으므로 헤라클레스가 그것을 퇴치하기 위하여 파견되었다.

히드라는 아홉 개의 머리를 가지고 있었는데, 그중 한가운데 있는 머리는 죽지 않는 것이었다. 헤라클레스는 곤봉으로 차례차례로 쳐서 머리를 떨어뜨렸으나 머리 하나가 떨어지면 그 자리에 두 개의 새로운 머리가 나왔다. 마침내 헤라클레스는 이올라오스라는 그의 충복의 도움을 받아 히드라의 여러 머리를 불태워 버리고, 아홉 번째의 죽지 않는 머리는 큰 바위 밑에 파묻었다.

세 번째 일은 아우게이아스의 마구간들을 청소하는 일이었다. 아우게이아스는 엘리스의 왕이었는데 소를 3,000마리나 가지고 있었다. 그 마구간은 30년 동안이나 청소를 하지 않았었다. 헤라클레스는 알페이오스와 페네이오스의 두 강물을 그곳에 끌어들여 하루 동안에 완벽하게 청소를 해치웠다.

네 번째 일은 매우 까다로운 것이었다. 에우리스테우스의 딸 아드메테는 아마존의 여왕의 허리띠를 탐내었다. 그래서 에우리스테우스는 헤라클레스에게 가서 그것을 빼앗아 오라고 명령하였다.

아마존족은 여자의 나라였다. 그들은 대단히 호전적이었고, 번창한 도시를 몇 개 가지고 있었다. 여자 아이만 기르는 것이 그들의 관습이었다. 남자 아이는 인접국으로 보내거나 죽여 버렸다. 헤라클레스는 한 무리의 지원자들을 거느리고 여러 모험을 겪은 뒤에 마침내 아마존에 도착하였다.

여왕 히폴리테는 그를 친절히 영접하고 허리띠를 주겠다고 약속하였다. 그러나 헤라가 아마존의 한 여인의 모습으로 변신해 온 나라를 돌아다니면서 외국인이 여왕을 납치하려 하고 있다는 소문을 퍼뜨렸다. 이 말을 믿고 아마존의 여인들은 순식간에 무장을 하고 떼를 지어 배가 있는 곳으로 달려왔다. 헤라클레스는 히폴리테가 배반한 줄 알고 그녀를 죽이고 그 허리띠를 가지고 배를 고국으로 돌렸다.

헤라클레스에게 명령된 또 하나의 일은 에우리스테우스에게 게리온의 소를 갖다 주는 일이었다. 이 소는 세 개의 몸뚱이를 갖고 있는 괴물로서 에리테이아라는 섬에 살고 있었는데, 그것은 '붉은 색'이라는 의미이다. 서쪽에 위치한 그 섬이 지는 해의 광선에 붉게 물들었기 때문이었다. 아마 지금의 스페인을 지칭한 것 같은데, 게리오네스는 그곳의 왕이었다.

여러 나라를 거친 후에 헤라클레스는 마침내 리비아아프리카의 북부와 에우로페유럽의 국경에 도달하였다. 그곳에서 그는 자기의 여행 기념비로서 칼페산과 아빌라라는 두 개의 산을 세웠다. 혹은 다른 설에 의하면, 산 하나를 둘로 쪼개서 양편에 반씩 나누어 지브롤터의 해협을 만들었다고 하는데, 그 두 산은 헤라클레스의 기둥이라고 불리어졌다.

그런데 그 게리온의 소는 거인 에우리티온과 그가 기르는 머리가 둘 달린 개가 지키고 있었는데, 헤라클레스는 거인과 그의 개를 죽이고 소를 무사히 에우리스테우스에게 가져왔다.

가장 어려운 일은 헤스페로스[金星]의 딸들이 지키고 있는 금사과를 따오는 일이었는데 헤라클레스는 그것이 어디 있는지도 몰랐기 때문이었다. 그 사과는 헤라가 대지의 여신으로부터 결혼 선물로 받은 것으로 그녀는 헤스페로스의 딸들에게 그것을 지키도록 하였고 용 한 마리까지 붙여 주었다.

온갖 모험을 한 끝에 헤라클레스는 아프리카의 아틀라스산에 도착하였다. 아틀라스는 원래 티탄족의 한 사람이었다. 그는 신들에 반항하여 싸우다가 패배하고, 양 어깨에 무거운 하늘을 짊어지고 있도록 벌을 받았다. 아틀라스는 헤스페로스의 삼촌이었다. 그래서 헤라클레스는 사과를 따서 자기에게 갖다 줄 자로는 그 이상 적격자가 없으리라고 생각하였다.

그러나 어떻게 하여 아틀라스로 하여금 그곳으로 떠나게 할 수 있을 것인가? 혹은 어떻게 하여 그가 없는 동안에 하늘을 짊어질 수 있을 것인가? 헤라클레스는 자신이 그 짐을 짊어지고 사과를 따오기 위해 아틀라스를 보냈다. 그는 사과를 가지고 돌아와서 마지못해 다시 어깨에 무거운 짐을 떠받치고 헤라클레스는 사과를 에우리스테우스에게 가져다 주었다.

시인들은 해가 질 때 서쪽 하늘의 아름다운 석양을 보고 서쪽을 광명과 영광의 땅으로 상상하였다. 그래서 그들은 축복받은 사람들의 섬이라든가, 게리온의 빛나는 소가 사육되고 있는 붉은 섬에리테이아라든가, 헤스페로스의 섬들이 다 서쪽에 있는 것으로 생각하였다. 또 헤스페로스섬의 사과는 그리스인들이 어렴풋이 들은 바 있는 스페인의 오렌지라고 상상하는 사람도 있다.

헤라클레스의 유명한 공적 가운데 하나는 안타이오스에 대한 승리였다. 안타이오스는 대지의 여신 가이아의 아들로서 힘센 거인이며 레슬링의 명수이었다. 그의 힘은 그가 그의 어머니인 대지와 발을 붙이고 있는 한 아무도 그를 꺾을 수 없었다.

그는 자기 나라에 오는 모든 여행자들을 협박하여 그와 레슬링을 하게 하였고 레슬링에 지면 사실 그들은 다 졌다 피살된다는 조건을 걸었다. 헤라클레스는 그에게 대항하였는데 그를 내던져도 소용없음을 알고는—그는 넘어지면서 새로 힘을 얻어 다시 일어났으니까—

그를 번쩍 쳐들고서는 공중에서 교살해 버렸다.

카쿠스 역시 굉장히 큰 거인이었는데 아벤티누스산의 동굴에 살고 있으면서 주위의 나라를 괴롭혔다. 헤라클레스가 게리오네스의 소들을 몰고 귀국하는 도중에 이곳에 들러 헤라클레스가 잠을 자고 있을 때, 카쿠스는 그 중 소 몇 마리를 훔쳤다.

그는 소의 행방을 추적하지 못하도록 소의 꼬리를 잡고 뒤로 끌어서 제 동굴로 끌고 갔다. 헤라클레스는 이 술책에 속았다. 그래서 그는 소를 찾을 수 없었을 텐데, 다행히 남은 소를 몰고 도난당한 소가 숨겨져 있는 동굴 옆을 지날 때 그 안에서 소의 울음 소리가 들려 와서 이를 발견하였다.

우리가 말하려고 하는 마지막 공적은 케르베로스하계를 지키는 개, 뱀의 꼬리와 세 개의 머리를 가진 괴물를 하계에서 끌고 오는 일이었다. 헤라클레스는 헤르메스와 아테나를 거느리고 하계로 내려갔다. 그는 무기를 사용하지 않고도 할 수 있다면 케르베로스를 지상으로 데리고 가도 좋다는 허가를 하계의 왕 플루톤으로부터 허락을 받았다.

그래서 헤라클레스는 그 괴물이 저항하는 것을 꼭 붙

헤라클레스와 옴팔레

잡아 에우리스테우스에게 갖다 주고, 후에 다시 또 하계로 데려다 주었다. 하계에 갔을 때 그는 자기를 존경하여 영웅 흉내를 낸 테세우스를 자유의 몸이 되게 해 주었다. 테세우스는 프로세르피나를 납치하려다가 실패하여 그곳에 죄수로 억류되어 있었다.

　헤라클레스는 어느 날 미친 듯이 노하여 친구인 이피토스를 죽였다. 그래서 이 범행 때문에 3년 동안 여왕 옴팔레의 노예가 되라는 선고를 받았다. 그동안에 헤라클레스의 성질은 변한 것같이 보였다. 그는 여자와 같은 생활을 하며 때로는 여자 옷을 입기도 하고 옴팔레의 시녀들과 실을 잣기도 하였다. 한편 여왕은 그의 사자 모피를 입고 다녔다.

　이 노역을 끝낸 후에 그는 데이아네이라와 결혼하여 3년 동안 평화롭게 살았다. 어느 날 아내와 더불어 여행을 하던 중 어떤 강에 이르렀다. 그곳에서는 네소스라는 이름의 켄타우스족이 일정한 삯을 받고서 길손을 건네주고 있었다. 헤라클레스 자신은 걸어서 건넜지만 아내는 네소스에게 건네 달라고 부탁하였다.

　그런데 네소스는 그녀를 데리고 뺑소니를 치려고 하였다. 헤라클레스가 그녀의 비명을 듣고 네소스의 심장에 화살을 쏘았다. 네소스는 숨을 거두면서 데이아네이라에게 남편의 사랑이 변함없게 하는 주문으로 쓸 수 있을 것이니 자기의 피를 간직해 두라고 일러 주었다.

　데이아네이라는 그가 시키는 대로 하였다. 그리고 얼마 가지 않아 그것을 사용할 때가 왔다고 생각하게 되었다. 헤라클레스는 그의 정복 행각 중에 이올레라는 이름의 한 처녀를 포로로 붙잡았는데 데이아네이라의 생각에는 온당치 않을 정도로 헤라클레스가 그 처녀를 좋아하는 것 같았다. 헤라클레스는 자신의 승리를 감사하는 뜻으로 신들에게 희생물을 바치기 위해 그때 입을 흰 가운을 가지고 오도록 아내에게 사람을 보냈다.

데이아네이라는 사랑의 부적을 시험할 절호의 기회라고 생각하고 그 옷을 네소스의 피에 적셨다. 그녀는 물론 주의하여 그 피의 흔적을 남김없이 씻어 버렸겠지만 마력만은 남아 있었다.

그 옷이 헤라클레스의 몸에 닿아 따뜻하게 되자마자 독이 그의 전신에 퍼졌다. 그러자 견딜 수 없는 고통이 그를 찢어 놓는 듯하였다. 혼란스런 마음에 그는 운명의 겉옷을 갖고 온 리카스를 붙잡아서 바닷속으로 던져 버렸다.

그는 그 옷을 벗으려고 했었으나 옷은 그의 몸에 꽉 달라붙어 그는 살점째 옷을 뜯어내 버렸다. 그는 고통에 광란하는 상태로 배에 태워져 집으로 송환되었다. 데이아네이라는 뜻하지 않은 자기의 과실의 결과를 보고는 목을 매어 자살하였다.

헤라클레스는 죽을 각오를 하고서 오이테산에 올라 화장의 나무 더미를 쌓고는 필록테테스에게 자기의 활과 화살을 주고, 머리에는 곤봉을 베고 사자의 가죽을 몸 위에 덮고 나무 더미 위에 누웠다. 축전의 식탁에나 임한 것처럼 조용한 안색으로 필록테테스에게 횃불로 불을 붙이라고 명령하였다. 불길은 삽시간에 퍼져서 곧 나무 더미는 불에 휩싸이고 말았다. 신들은 지상의 전사戰士가 이와 같은 최후를 맞이하는 것을 보고 비통해하였다. 그러나 제우스는 명랑한 얼굴로 그들에게 말하였다.

"나는 그대들이 내 아들에게 깊은 관심을 기울이는 것을 감사하게 생각한다. 그리고 내가 그대들과 같은 충성스런 부하들의 지배자요, 나의 아들이 그대들의 총애를 받고 있는 것을 만족스럽게 여긴다. 비록 그대들의 그에 대한 관심이 그의 위업에 연유한 것이라 하더라도 내가 기쁘게 생각하는 것은 다름이 없다. 그러나 걱정 말라. 다른 모든 것을 정복한 그가 오이테 산상에서 타오르고 있는 불꽃에 정복되지는 않을 것이다. 사멸하는 것은 그 애가 어머니에게서 받은 것뿐이고, 아버지인 나에게서 받은 것은 불멸이다. 나는 지상에서 죽은 그를 천국에 데려올 생각인데 그대들도 모두 그를 친절히 받아들이기를 원한다. 비록 그대들 가운데 이러한 영광을 못마땅하게 생각하는 자가 있을지라도 그가 그만한 것을 받을 만한 공적이 있다는 것을 아무도 부인할 수는 없을 것이다."

신들은 모두 찬성하였다. 단지 헤라만은 그의 마지막 말이 자기를 두고 한 말인 것 같아 다소 불쾌감을 느꼈으나 남편의 결정을 유감스럽게 생각할 정도는 아니었다.

그래서 불꽃이 헤라클레스가 어머니로부터 받은 신체를 태워 버리자 그 신성한 부분은 손상받지 않고 도리어 새로운 힘을 얻어 밖으로 나와 더 고상한 풍채와 위엄을 구비한 것 같았다. 제우스는 그를 구름으로 감싼 다음 네 마리의 말이 끄는 이륜차에 태워 하늘에 오르게 하여 별들 사이에 살게 하였다. 그가 하늘에 도착하였을 때 아틀라스는 짐이 더 무거움을 느꼈다.

헤라는 이제 그와 화해하여 딸 헤베를 그에게 출가시켰다.

:: 헤베와 가니메데스

 헤라의 딸이요, 청춘의 여신인 헤베는 신들에게 술을 따르는 일을 하고 있었다. 전설에 의하면 그녀가 헤라클레스의 아내가 되자, 그 직을 그만두었다는 것이다.

 그러나 다른 설도 있으니, 그에 의하면 어느 날 신들의 시중을 들고 있을 때 실수를 하여 면직되었다는 것이다. 그 뒤를 이은 것은 트로이 출신의 소년 가니메데스였다.

 그가 이데산에서 친구들과 놀고 있을 때 독수리로 변장한 제우스가 붙잡아 하늘로 납치하여 헤베의 후임으로 임명하였다.

# 테세우스 이야기 21

## ∷ 테세우스

 테세우스는 아테나의 왕 아이게우스와 토로이젠의 왕의 딸 아이트라의 사이에서 태어난 아들이었다. 그는 토로이젠에서 성장하고, 성년이 되었을 때 아테네로 가서 아버지와 만나기로 되어 있었다. 아이게우스는 아들이 태어나기 전에 아이트라와 작별할 때 자기의 칼과 구두를 큰 돌 밑에서 꺼낼 정도가 되거든 아들을 자기에게로 보내라고 분부하였다. 그때가 왔다고 생각되었을 때 어머니는 테세우스를 돌이 있는 곳으로 데리고 갔다. 그는 손쉽게 돌을 움직여 칼과 구두를 꺼냈다.
 그 무렵 육로에는 도둑들이 들끓고 있었으므로 그의 외할아버지는 그에게 더 가깝고 안전한 길 — 그것은 해로였다 — 을 택하여 아버지의 나라로 가도록 일렀다. 그러나 젊은 테세우스는 영웅심에 불타 그 당시 그리스에서 명성이 높았던 헤라클레스와 같이 그 나라를 괴롭히고 있는 나쁜 놈들과 괴물들을 퇴치하여 명성을 얻고 싶은 마음을 억제할 수 없었기에 더 위험하고 모험이 가득한 육로를 택하였다.

여행 첫날 에피다우로스에 당도하였는데, 그곳에는 헤파이스토스의 아들인 페리페테스가 살고 있었다. 이 잔악무도한 자는 언제나 쇠망치를 지니고 다녔는데 여행자들은 그에게 폭행을 당할까봐 겁을 먹고 있었다. 그는 테세우스가 가까이 오는 것을 보자 그는 곧장 공격하였으나 곧 젊은 영웅의 일격을 받아 쓰러졌다. 테세우스는 그의 쇠망치를 빼앗아 최초의 승리의 기념으로 그 후 항상 가지고 다녔다.

그 후도 그 나라의 폭군이나 약탈자들을 상대로 이와 비슷한 승부를 여러 번 벌였는데, 모두 테세우스가 승리하였다. 그 중 하나로 프로크루스테스라고 일컫는 자가 있었는데 그것은 '늘이는 자'라는 의미이다. 그는 쇠침대를 가지고 있어 지나가는 여행자들을 잡아 그 위에 누이고 결박하였다. 여행자들의 신장이 침대보다 길 경우에는 긴 만큼 잘라 버렸다. 테세우스는 이 자도 다른 자와 마찬가지로 처치하였다.

이렇듯 도중의 모든 난관을 극복하고 테세우스는 마침내 아테네에 도착하였는데, 그곳에는 새로운 위험이 그를 기다리고 있었다. 마술사인 메데이아가 이아손과 헤어진 뒤에 코린토스에서 도망쳐 나와 테세우스의 아버지인 아이게우스의 아내가 되어 있었다. 마법으로 테세우스의 정체를 알아낸 메데이아는 만약 그가 남편의 아들로 확인되면, 남편에 대한 자기의 세력이 줄어들까 염려하여 아이게우스의 마음에 젊은 손님에 대한 의구심이 들도록 하여 손님에게 독배를 마시게 하도록 대접하게 하였다. 그러나 테세우스가 그 술잔을 받으려고 앞으로 나아갔을 때 그가 차고 있던 칼을 보고서 아이게우스는 그가 자기 친자식임을 알아보고 독배를 물리치게 했다.

메데이아는 간계가 발각되어 벌을 면하려고 또 다시 도망하여 아시아로 갔다. 이 지방은 후에 메데이아라고 불리었는데, 그녀의 이름에서 유래한 것이다. 테세우스는 그의 아버지로부터 친자식으로 인정을 받고 후계자로 결정되었다.

그 당시 아테네 사람들은 크레타 왕 미노스에게 바쳐야 하는 조공 때문에 큰 고통을 받고 있었다. 그 조공이라는 것은 일곱 명의 소년과 소녀로서, 이들은 소의 몸뚱이와 인간의 머리를 가진 미노타우로스라는 괴물의 밥이 되기 위해 매년 보내지고 있었다. 그 괴물은 대단히 억세고 사나운 짐승으로서 다이달로스라는 사람이 만든 미궁 속에 갇혀 살았는데, 그 구조가 대단히 교묘하여 그 속에 갇힌 자는 누구나 혼자 힘으로는 탈출하지 못하게 되어 있었다. 그 속을 돌아다니며 미노타우로스는 그 미궁 속을 헤매며 살아 있는 인간이라는 재물로써 사육되고 있었던 것이다.

테세우스는 죽음을 각오하고 이 재난으로부터 국민을 구하기로 결심하였다. 마침 조공을 할 시기가 되었을 때 보낼 소년과 소녀들이 관례에 따라 추첨에 의하여 결정되었는데 테세우스는 그의 아버지의 만류에도 불구하고 자진하여 그 대열에 동참했다. 배는 전과 같이 검은 돛을 달고 떠났는데 테세우스는 그의 아버지에게 자기가 승리를 하고 돌아올 때에는 흰 돛을 달고 오겠다고 약속하였다.

그들이 크레타에 도착하였을 때 소년과 소녀들은 미노스 왕 앞에 끌려나갔다. 그때 공주 아리아드네도 그 자리에 있었는데 테세우스를 본 순간 그를 사랑하게 되었고 테세우스도 그녀의 사랑을 물리치지 않았다. 그녀는 그에게 괴물을 찌를 칼과 실 한 타래를 주었는데, 이 실만 가지면 미궁에서 빠져나올 수 있는 것이다. 그는 성공하여 괴물을 참살하고 미궁에서 탈출하여 아리아드네를 동반하고, 괴물의 밥이 될 뻔하였던 소년 소녀들과 함께 아테네를 향해 출범하였다. 도중 그들은 낙소스섬에서 머물렀는데 테세우스는 잠든 아리아드네를 그곳에 버리고 떠났다. 그가 은인에게 이와 같은 배은망덕한 짓을 한 것은 꿈속에 아테나가 나타나 그렇게 하라고 명령하였기 때문이었다.

아티카 해안에 접근하였을 때 테세우스는 그의 아버지와의 약속을 잊고 흰 돛을 달지 않았다. 늙은 왕은 아들이 죽은 줄 알고 비관하여 자결하였다. 그래서 테세우스는 아테네의 왕이 되었다.

테세우스의 모험담 중 가장 유명한 것은 아마존족의 정벌이다. 그는 그들이 헤라클레스로부터 받은 타격에서 채 회복되기 전에 공격하여 여왕 안티오페를 납치하였다. 그러자 아마존족들은 그 복수로 아테네를 침공하여 그 도시에까지 쳐들어왔다. 테세우스가 그들을 물리친 최후의 전투도 다름 아닌 이 아테네시 한가운데서 벌어졌다. 이 전투는 고대의 조각가들에게 좋은 소재가 되어 오늘날에도 남아 있는 몇몇의 예술작품 속에서 그 모습이 남아 있다.

테세우스와 페이리토스와의 우정은 무척이나 각별하였는데 전쟁이 그 계기가 되었다. 페이리토스는 마라톤 평야에 침입하여 아테네 왕의 가축을 약탈하여 갔다. 테세우스는 약탈자들을 격퇴하러 출정하였다. 페이리토스는 그를 본 순간에 그에게 감화되었다. 그는 화해의 표시로서 손을 내밀고 부르짖었다.

"처분대로 하시오. 무엇을 원하시오?"

"그대와의 우정을."

하고 테세우스는 대답하였다.

이렇게 해서 그들은 변함없는 우정을 서약하였다. 그 후 그들은 이 서약에 충실하였고 진정한 전우로서의 우정을 유지하였다. 그들은 각각 제우스의 딸과 결혼하기를 원하였다. 테세우스는 그때는 아직 어리지만 후에 트로이 전쟁의 원인이 된 그 유명한 헬레네를 선택하고, 페이리토스의 도움을 받아 그녀를 납치하였다. 페이리토스는 하계의 여왕을 선택하였다. 테세우스는 위험한 일인 줄 알면서도 이 큰 뜻을 품은 친구와 하계로 내려갔다. 그러나 그들은 하계의 왕 하데스에게 잡혀 궁전의 문 옆에 있는 법의 바위에 갇히게 되었다. 그들이 그곳에 억류되어 있을 때 마침 헤라클레스가 와서 테세우스를 자유의 몸이 되게 했지만 페이리토스는 그대로 내버려두었다.

안티오페가 죽자 테세우스는 크레타의 왕 미노스의 딸 파이드라와 결혼하였다. 테세우스에게는 히폴리토스라는 아들이 있었는데, 아버지 못지 않은 매력과 덕을 겸비하고, 또 나이도 파이드라와 비슷하였다. 그녀는 그를 사랑하게 되었는데 그는 그녀의 구애를 물리쳤으므로 그녀의 사랑은 증오로 변하였다. 그녀는 자기에게 마음을 빼앗긴 남편을 부추겨서 아들을 질투하게 만들었다. 테세우스는 바다의 신 포세이돈에게 아들에 대한 복수를 대신해 달라고 기도하였다.

어느 날 히폴리토스가 해안을 따라 이륜차를 달리고 있을 때, 바다의 괴물이 해상에 나타나 말을 놀라게 하였다. 놀란 말들은 달아나서 이륜차를 산산이 박살냈다. 히폴리토스는 이렇게 해서 죽었다. 그러나 아르테미스의 도움으로 의술의 신 아스클레피오스는 그의 생명을 회복시켰다. 아르테미스는 히폴리토스를 제정신을 잃은 아버지와 부정한 계모의 세력이 미치지 않는 이탈리아로 데려가 에게리아라는 님프의 보호를 받게 하였다.

테세우스는 마침내 국민의 신망을 잃어 스키로스의 왕인 리코메데스의 궁정으로 은퇴하였다. 리코메데스는 처음에는 그를 친절히 받아들였으나 뒤에 배반하여 그를 죽였다. 훗날 아테네의 키몬 장군은 그의 유해가 안치되어 있는 곳을 발견하고 그것을 아테네로 옮겼는데, 유해는 그를 기념하기 위하여 세운 테세이온이라는 신전에 안치되었다.

테세우스와 파이드라, 아리아드네

테세우스는 반½ 역사적

인 실제 인물이다. 그에 관한 기록에 의하면 그가 그 당시 아티카 지방을 점유하고 있었던 여러 종족을 한 나라로 통합하였는데 그 수도가 아테네였다는 것이다. 이 중대한 업적을 기념하여 그는 아테네의 수호신인 아테나를 위한 판아테네라는 축제를 창시하였다. 이 축제는 그리스의 다른 축제와 두 가지 점에서 서로 다르다. 그 하나는 아테네 사람들만의 축제로서, 그 중요 행사는 엄숙한 행렬을 지어 페플론이라고 부르는 아테나의 성의聖衣를 파르테논으로 운반하여 여신의 상 앞에 봉헌하는 일이었다.

페플론의 전면에는 수를 놓았는데, 행렬에는 남녀 노소를 가리지 않고 다 참가하였다. 노인들은 손에 올리브나무의 가지를, 젊은 남자들은 무기를 들고 행진하였다. 젊은 여자들은 성기聖器와 과자와 기타 제물을 올리는 데 필요한 모든 물건이 든 바구니를 머리에 이었다. 그 행렬은 파르테논 신전의 외부를 장식한 부조浮彫의 주재가 되었다. 이 조각의 상당한 부분은 지금 영국 박물관에 소장되어 있는데, '엘긴 대리석'이라는 이름으로 알려진 조각 중의 일부가 되었다.

## :: 올림피아 및 기타의 경기

여기에서 그리스의 다른 유명한 국민 경기에 관해서 말을 해도 부적당하지는 않을 것 같다. 최초에 시작되어 가장 유명한 것은 올림피아 경기로서 제우스 자신이 창시한 것으로 전하여진다.

이 경기는 엘리스 지방에 있는 올림피아의 평원에서 개최되었다.

경기 때면 많은 관람객들이 그리스, 아시아, 아프리카, 시켈리아로부터 모여들었다. 경기는 5년에 한 번씩 한여름에 열려 닷새 동안 계속되었다. 이 경기를 기준으로 하여 '올림피아연年'olympiad이라는 연대 구분의 관습이 생겼다. 최초의 올림피아연은 기원전 776년에 해당하는 것으로 생각되고 있다. 피티아 경기는 델포이 부근에서 열렸고 이스트미아 경기는 코린토스 지협地峽에서, 네메아 경기는 아르고스 지방의 네메아에서 열렸다.

이러한 경기의 운동 종목은 다섯 가지였다. 경주·도약·레슬링·원반 던지기·창 던지기 혹은 권투가 그것이었다. 육체의 힘과 민첩함을 겨루는 것 외에 음악·시·웅변 대회도 있었다.

그래서 이러한 경기들은 음악가·시인·저작가들에게 그들의 작품을 대중에게 선보일 가장 좋은 기회가 되었고, 승리자들의 명성은 널리 세상에 퍼졌다.

:: 다이달로스

테세우스가 아리아드네의 실을 이용하여 탈출한 미궁은 다이달로스라는 아주 솜씨 좋은 명장이 만든 것이다. 수없이 꾸불꾸불한 복도와 굴곡들이 이어진 그 미궁은 서로 통하기도 하고 막히기도 하면서 처음도 끝도 없는 듯하였다. 그것은 마치 마이안드로스강이 바다로 향하다가 휘어져 때로는 앞으로 흐르다가 때로는 뒤로 역류하는 모양과 비슷하였다. 다이달로스는 미노스 왕을 위하여 이 미궁을 만들었는데, 후에 왕의 총애를 잃고 탑 속에 갇히게 되었다. 그는 감옥에서 도망칠 궁리를 하였는데 바다에 둘러싸인 섬을 탈출할 수가 없었다. 왕은 모든 배들을 엄중히 감시하여 세밀한 검열을 받지 않고서는 하나도 출범치 못하게 하였기 때문이다.

"미노스는 육지와 바다를 지배할 수 있지만 하늘을 지배하지는 못할 것이다. 나는 이 길을 택해 보겠다."
라고 다이달로스는 이렇게 말하였다.

그래서 그는 자신과 아들 이카로스를 위하여 날개를 만들기 시작하였다. 우선 조그만 깃털을 합치고, 점점 큰 것을 덧붙여 날개의 표면을 점점 넓혔다. 큰 깃털은 실로 잡아 매고 작은 깃털은 밀초로 붙였다. 그리고 전체가 새의 날개와 같은 완만한 만곡을 이루도록 하였다. 아들 이카로스는 곁에 서서 바라보면서, 이따금 바람에 불려서 날아가는 깃털을 주으려고 쫓아다니기도 하고, 때로는 밀초를 손가락으로 만지작거려 그의 아버지의 작업을 방해했다.

마침내 작품이 완성되어 그 제작자가 날개를 흔드니 몸이 공중에 떠오르고, 공기를 쳐서 균형을 잡으니 몸이 완전히 뜰 수 있었다. 그는 아들에게도 날개를 달아 주고 나는 방법을 가르쳐 주었다. 그것은 마치 새가 그 어린 새끼들을 높은 보금자리에서 공중으로 밀어내는 광경과 같았다. 준비가 다 되었을 때 그는 이렇게 말하였다.

"이카로스야, 나는 네가 적당한 높이를 유지하기를 부탁한다. 너무 저공을 날면 습기가 날개를 무겁게 할 것이고, 너무 높이 날면 태양의 열에 날개가 부서질 테니까. 내 뒤를 따라오면 안전할 것이다."
이렇게 말하며 아들의 어깨에 날개를 달아 주는 동안에 아버지의 얼굴은 눈물에 젖었고 손은 떨렸다. 그는 이것이 마지막일지도 몰라 아들의 뺨에 키스하였다.

그는 홰를 치며 하늘 솟아올랐다. 그리고 아들에게 뒤를 따르라고 격려하고 뒤를 돌아보며 아들이 날개를 조종하는 모습을 살폈다. 그들이 날아가는 모습을 농부들은 일을 멈추고 바라보았고, 양치기는 지팡이에 몸을 기대고 바라보았다. 그들은 그 광경을 보고 놀라 이와 같이 하늘을 날 수 있는 사람은 신임에 틀림없다고 생각하였다.

그들은 왼쪽으로는 사모스와 델로스의 섬을, 오른쪽으로는 레빈토스섬을 통과하였다. 그때 소년은 나는 기쁨에 사로잡혀 아버지의 곁을 떠나서 하늘에 닿을 정도로 높이 올라갔다. 불타는 태양은 날개를 붙이고 있던 밀초를 녹였다. 그래서 날개는 산산이 흩어지게 되었다. 이카로스는 팔을 흔들었으나 공중에 몸을 뜨게 할 깃털은 하나도 남지 않았다. 아버지를 향하여 부르짖었으나 그의 몸은 푸른 바닷물 속으로 가라앉고 말았다.

그 후 이 바다는 이카로스해라고 불리어졌다. 아버지는
"이카로스, 이카로스, 어디에 있느냐?"
하고 아들을 찾았다. 마침내 그는 날개가 물 위에 떠 있는 것을 보았다. 그는 자신의 기술을 한탄하면서 아들의 시체를 묻고 아들을 기념하여 그 땅을 이카리아라고 불렀다. 그 후 다이달로스는 무사히 시켈리아에 도착하여 그곳에다 아폴론을 위한 신전을 건립하고 그의 날개를 신에 대한 헌납물로 그곳에 걸어 놓았다.

다이달로스는 자기의 업적에 의기양양하여 자기에 필적할 자는 세상에 하나도 없으리라고 생각하였다. 그의 누이는 아들 페르딕스를 그에게 맡겨 기술을 배우게 하였다. 페르딕스는 재주 있는 사람으로서 놀랄 만한 재간을 나타냈다. 해안을 산책하면서 그는 물고기의 등뼈를 주워 모방하여 철판을 자르고 가장자리에 금을 내어 톱을 발명하였다. 그는 또 두 개의 쇳조각의 한 끝을 못으로 연결시키고, 다른 끝을 뾰족하게 갈아 컴퍼스를 만들었다. 이러한 조카의 업적을 질투한 다이달로스는 어느 날 높은 탑 위에 단둘이 있을 때 기회를 보아 조카를 떼밀어 버렸다. 그러나 그의 재주를 사랑하는 아테나는 그가 추락하는 것을 보고 새로 변하게 하여 — 이 새는 그의 이름에 따라 '페르딕스'라 불리어졌다 — 죽음을 면하게 되었다. 이 새는 높이 날지도 않고 보금자리를 나뭇가지에 짓지 않고 울타리 속에다 지었는데 그것은 추락할까 염려하여 높은 곳을 피한 이유라 한다.

## :: 카스토르와 폴리데우케스

카스토르와 폴리데우케스는 제우스의 화신인 백조와 레다 사이에서 태어난 아들이었다. 레다는 알을 하나 낳았는데, 이 알로부터 이 쌍둥이가 태어났다. 후에 트로이 전쟁의 원인이 되어 유명하게 될 헬레네는 그들의 누이였다.

테세우스와 그의 친구 페이리토스가 헬레네를 스파르타에서 납치해 가자 젊은 영웅 카스토르와 폴리데우케스는 부하들을 거느리고 누이를 구하기 위하여 아티카로 달려갔다. 테세우스는 그때 마침 아티카에 있지 않았으므로 두 형제는 그들의 누이를 구출하여 무사히 고국으로 돌아올 수 있었다.

　카스토르는 말을 잘 길들이고 조종하는 데 뛰어났고 폴리데우케스는 권투를 잘 하기로 유명하였다. 이 두 형제는 대단히 사이가 좋아 무엇이든지 같이 하였다. 그들은 아르고의 원정에도 참가하였다. 항해 중에 폭풍우가 일어났을 때 오르페우스는 사모트라키나섬의 신들에게 기도를 올리고 하프를 탔다. 그러자 폭풍우는 가라앉고 별들이 나타나 두 형제의 머리 위에서 빛을 발하였다. 이 일로 말미암아 카스토르와 폴리데우케스는 훗날 항해자들의 보호신으로 믿어졌으며, 예기치 못하는 대기의 변화에 있어서 배의 돛과 돛대의 주위에 번쩍이는 온화한 불꽃이 그들의 이름으로 불리어졌다.

　아르고의 원정 후에 카스토르와 폴리데우케스는 이다스와 링케우스를 상대로 다투었다. 이 싸움에서 카스토르는 피살되었다. 폴리데우케스는 이를 슬퍼한 나머지 제우스에게 카스토르 대신 죽게 해 달라고 탄원하였다. 제우스는 두 형제가 교대로 생명을 누리기를 허용하여 하루는 지하에서 보내고 다음날은 하늘의 처소에서 보내도록 하였다. 다른 설에 의하면 제우스는 두 형제의 우애에 감동하여 그들을 쌍둥이 별자리로서 별 사이에 박아 주었다고 한다.

　그들은 디오스쿠로이(제우스의 아들들이란 뜻)라는 이름으로 신으로서 존경을 받았다. 그들은 훗날 이따금 격전지에 백마를 타고 나타나 어느 편인가에 가담하였다고 전해진다. 로마의 옛 역사에 의하면, 그들은 레길루스 호수의 전투에서 로마군을 도왔다고 한다. 그리고 로마군의 승리로 돌아가자 그들이 나타났던 곳에 그들을 기념하기 위하여 신전을 세웠다.

# 디오니소스, 아리아드네 22

:: 디오니소스

　디오니소스박쿠스는 제우스와 세멜레의 사이에서 태어난 아들이었다. 헤라는 세멜레를 질투하여 그녀를 죽일 음모를 꾸몄다. 헤라는 세멜레의 늙은 유모인 베로에로 변신해 찾아가 그녀의 애인으로 내왕하는 사람이 진짜 제우스인지에 대해 의심을 품도록 하기 위해 탄식하면서 이렇게 말하였다.

　"나는 그가 진정 신이기를 바랍니다만 두려움을 금할 수 없습니다. 이 세상 사람들은 자신의 말과 행동이 같지 않은 경우가 많답니다. 그가 제우스라면 증거를 보여 달라고 하십시오. 하늘에서와 같이 휘황찬란한 차림을 하고 오도록 요구하십시오. 그렇게 하면 사실을 알게 될 것입니다."

　그 말을 듣고 세멜레는 그렇게 해 보기로 마음먹었다.

　그녀는 무엇인지 밝히지는 않고 청을 하나 들어 달라고 제우스에

디오니소스

게 말하였다. 제우스는 들어주마고 약속하고, 신들도 두려워하는 스틱스강명부의 강을 증인으로 내세우고서 어길 수 없는 서약을 하였다. 그제야 세멜레는 자신의 부탁이 무엇인지 밝혔다.

제우스는 그녀의 말을 제지하려고 하였으나 그럴 사이도 없었다. 말은 입 밖으로 내뱉은 이상 이제는 약속도 그녀의 부탁도 취소할 수 없었다. 제우스는 깊은 고뇌에 잠긴 채 그녀와 헤어져 하늘로 돌아갔다. 그는 휘황찬란한 옷차림을 하였다. 이렇게 차리고서 그는 세멜레의 방에 들어갔다. 그녀의 인간으로서의 몸은 신의 광휘를 감내할 수 없었기에 그녀는 재가 되어 버렸다.

제우스는 아기 디오니소스를 꺼내어 니시산의 님프들에게 맡겼다. 이 님프들은 그를 소년이 될 때까지 길러 주고 그 보답으로 제우스에 의하여 히아데스 별로 별자리에 놓이게 되었다. 디오니소스는 성장하여 포도 재배법과 즙을 짜내는 법을 발견하였다. 그러나 헤라는 그를 미치광이로 만들어 추방하였으므로 그는 지상의 여러 나라를 돌아다니는 방랑객이 되었다.

그가 프리기아에 이르렀을 때 레아가 그의 광기를 치료해 주고는 그에게 그녀의 종교상의 의식을 가르쳐 주었다. 그후 그는 아시아 여행의 길을 떠나 그 주민들에게 포도 재배법을 전수하였다. 그의 여행 중 가장 유명한 것은 인도 여행인데, 이 여행은 수 년간 계속되었다고 한다. 그곳에서 깨달음을 얻어 기세 좋게 돌아온 디오니소스는 자기의 신앙을 그리스에 전파하려고 하였으나 이에 반대하는 군주들에 의하여 무산되었다. 그들은 그 종교가 불러일으킬 무질서와 광란 때문에 이 종교의 포교를 꺼렸다.

디오니소스가 고향인 테바이시에 가까이 오자 국왕 펜테우스는 새로운 신앙을 인정하지 않았으므로 그 의식을 행하는 것을 금지하였다. 그러나 디오니소스가 온다는 것이 알려지자 남자도 여자도, 특히 여자들이 노소의 구별 없이 그의 개선 행렬에 동참하려고 구름과 같이 모여들었다.

펜테우스 왕이 아무리 달래고 명령하고 위협하여도 허사였다. 그는 그의 시종들에게 이렇게 말하였다.

"가서 저 미쳐 날뛰는 군중을 선동하고 있는 방랑자를 잡아 오너라. 그가 신의 아들이라고 주장하지만 나는 그것이 거짓이라는 것을 자백케 하고 그의 가짜 종교를 몰아내리라."

왕의 친구와 고문들이 신에게 대항하지 말도록 간언하고 탄원하였지만 그들의 간언은 왕의 고집을 더욱 부채질하게 만들었다.

디오니소스를 체포하러 갔던 왕의 부하들이 돌아왔다. 그들은 디오니소스의 신자들에 의하여 쫓겨왔으나 용하게도 그 중 한 사람을 포로로 잡아 팔을 뒤로 결박하여 왕 앞에 끌고 왔다. 분노에 이글거리는 펜테우스는 그를 바라보면서 이렇게 말하였다.

"이놈아, 너의 운명이 다른 자에게 경종이 되도록 하기 위해 너는 바로 사형에 처해질 것이다. 지체없이 너를 처형하고 싶지만 그 전에 잠시 물어 보고자 하니, 너는 누구며 너희들이 거행하는 새로운 의식이란 어떠한 것인지 말하라."

포로는 거침없이 대답하였다.

"제 이름은 아코이테스이고 고향은 마이오니아입니다. 저의 부모는 가난하여 유산이라고는 땅 한 떼기, 양 한 마리 남기지 않았고, 남긴 것이라고는 낚싯대와 그물과 어부라는 가업을 물려받을 수 있었습니다. 저는 이 가업에 수 년 동안 종사하였습니다. 그러나 나중에는 언제나 한 장소에 머물고 있는 것이 싫증이 나서 수로(水路) 안내인의 기술을 배워 별을 보고 항로를 안내할 수 있게 되었습니다. 델로스를 향하여 항해하던 중 디아섬에 기항하기로 결정하고 상륙하였습니다. 다음날 아침 식수를 구하러 선원들을 보낸 후에 저는 바람의 방향을 관찰하려고 언덕에 올라갔습니다. 그때 선원들은 아름다운 외모의 소년을 데리고 왔습니다. 그 소년은 자고 있었는데 그들은 이를 뜻하지 않은 전리품이라고 생각하였습니다. 그들은 그 소년이 고귀한 신분으로서 왕자일지도 모르며 몸값을 두둑이 받아낼 수 있으리라고 생각하였습니다. 저는 그의 옷차림과 걸음걸이와 얼굴을 관찰하고 인간에서 찾아볼 수 없는 어떤 점이 있음을 느꼈습니다. 나는 선원들에게 말하였습니다. '어떤 신성이 이 소년 속에 숨어 있는 것 같다. 확실치는 않지만 신이 숨어 있음은 의심할 여지가 없다. 관대하신 신이여! 저희들이 당신에게 범한 무례를 용서하십시오. 그리고 저희들이 하는 일이 성공하도록 보호해 주십시오.' 그러자 돛대 오르기와 줄을 타고 내려오는 데 명수인 딕티스와 키잡이인 멜란토스, 그리고 선원들이 구호를 외칠 때 지휘를 하는 에포페우스 등은 이구동성으로 '제발 기도는 그만두시오' 하고 소리쳤습니다. 탐욕이 그들의 눈을 어둡게 만들었던 것입니다. 그들이 소년을 배에 태우려고 할 때 저는 말렸습니다. '이 배를 이와 같은 경건한 마음으로 더럽혀서는 안 된다. 누구보다도 이 배에 대해서는 내게 권리가 있다' 고 저는 반대하였습니다. 그러나 난폭한 리카바스는 저의 멱살을 잡고 배 밖으로 내던지려고 하였습니다. 저는 줄에 매달려 겨우 목숨을 건졌습니다만 다른 자들은 좋아라고 박수를 쳤죠. 그러자 디오니소스그 소년이 사실 디오니소스였다는 졸음을 참을 수 없는 듯한 얼굴로 부르짖었습니다. '당신들은 나를 어떻게 하려는 거요? 무엇 때문에 싸우고 있소? 누가 나를 이곳에 데리고 왔소? 당신들은 장차 나를 어디로 데려가려고 하는 거요?' 그러자 그들 중의 한 자가 말했습니다. '걱정할 것 없다. 어디든 네가 가고 싶은 곳을 말하라. 우리들은 너를 그곳에 데려다 주겠다.' 디오니소스는 이렇게 말하였습니다. '우리 집은 낙소스요. 그곳으로 데려다 주면 후사할 테니.' 그들은 그렇게 하겠다고 약속하였습니다. 낙소스는 오른편에 있었습니다. 저는 배가 그곳을 향하도록 돛을 조절하고 있었습니다. 그러자 어떤 자는 눈짓으로, 다른 자는 귀엣말로, 저 애를 이집트로 데리고 가서 노예로 팔 작정이니 배를 반대 방향으로 몰라고 하였습니다. 저는 당황하여 말하였습니다. '나는 항로를 안내하지 못 하겠으니 다른 사람을 시키시오.' 그리고 그들의 음모에 가담하지 않았습니다. 그들은 저에게 욕설을 퍼붓고 그 중 한 자는 소리쳤습니다. '우리의 생명이 네게 달려 있는 줄 아느냐?' 하고 제 대신 안내역을 맡아 배를 낙소스의 반대 방향으로 돌렸습니다. 그제야 디오니소스는 그들의 배반을 알아차린 것처럼 바다를 바라다보고 울먹이는 소리로 말하였습니다. '여보시오, 이것은 당신들이 나를 데려다 준다고 약속한 해안이 아니오. 저 섬은 우리 집이 있는 곳이 아니오. 내가 무슨 죄를 지었기에 이런 짓을 하는 거요? 가엾은 아이를 속였다고 명예로울 것이 무엇이오?' 저는 이 말을 듣고 울었습니다. 그러나 선원들은 우리 둘을 비웃고 배의 속도를 올렸습니다. 그런데 갑자기 — 이상한 일이지만 사실이었습니다 — 배가 바다 한가운데서 좌초한 것처럼 움직이지 않게 되었습니다. 선원들은 놀라 노를 잡아당기기도 하고 돛을 더 펴기도 하며 배를 움직이려고 노력하였으나 허사였습니다. 무거운 열매가 연 담쟁이 덩굴이 노에 감기어 움직이지 못하게 하고 돛 위에 달라붙었습니다. 열매가 줄줄이 달린 포도 덩굴이 돛대 위에 뻗어 오르고 뱃전에 엉켰습니다. 어디선가 피리 소리가 들리고 이윽고 향기로운 술냄새가 사방에 풍겼습니다. 디오니소스는 어느 새 포도잎으로 된 관을 쓰고 손에는 담쟁이 덩굴이 엉킨 창을 들고 있었습니다. 그의 발밑에 호랑이가 웅크리고 형형색색의 살쾡이와 얼룩 무늬가 있는 표범이 그의 주위에서 놀고 있었습니다. 선원들은 공포에 사로잡히기도 하고 그중 몇 명은 반쯤 정신이 나가 어떤 자는 물 속으로 뛰어들었습니다. 다른 자들도 그 뒤를 따르려고 하다가 먼저 들어간 동료들의 모습이 변하여 몸이 넓적해지고 발끝에 구부러진 꼬리가 나는 것을 보았습니다. 한 자가 외쳤습니다. '이 무슨 변괴인가!' 그가 이렇게 말하는 순간 그의 입이 찢어지고 콧구멍은 넓어지고 온몸이 비늘로 덮였습니다.

다른 자는 노를 저으려고 했는데 손이 오그라들더니 얼마 가지 않아 손은 지느러미로 변했습니다. 또 다른 자는 팔을 들어 줄을 잡으려 하자 팔이 없어졌음을 발견하고, 불구의 몸을 구부려서 바닷속으로 뛰어들었습니다. 이제까지 그의 다리였던 것은 초승달 모양의 꼬리가 되었습니다. 모든 선원들은 돌고래가 되어 배의 주위를 헤엄쳐 다녔습니다. 수면에 뜨기도 하고 물 밑으로 가라앉기도 하고, 물살을 사방에 뿌리기도 하며 넓은 콧구멍으로 물을 뿜기도 하였습니다. 열두 명 중에서 저 혼자만이 남았습니다. 공포에 떨고 있는 저를 디오니소스가 위로하였습니다. '걱정 마시오. 배를 낙소스로 돌리시오.' 저는 그 말대로 복종하였습니다. 그리고 그곳에 도착하였을 때 저는 제단에 불을 붙이고 디오니소스 제전을 거행하였습니다."

펜테우스는 이때 이렇게 호령했다.

"어리석은 이야기를 듣느라고 시간을 너무 허비했다. 저놈을 데리고 가서 속히 처형하라."

아코이테스는 시종들에게 끌려가 감옥에 갇혔다. 그러나 그들이 처형에 쓸 도구를 마련하고 있는 동안에 감옥 문이 저절로 열리고, 그의 몸을 결박하고 있던 쇠사슬이 풀렸다. 후에 사람들이 그를 찾아보았지만 그는 아무데도 없었다. 펜테우스는 그래도 반성하는 빛이 없었고, 부하들을 보내지 않고 몸소 제전이 거행되는 것을 보러 가려고 마음먹었다. 키타이론산은 디오니소스의 신자들로 가득 넘쳤고 그들의 환호가 사방에 울려퍼졌다. 그 소동은 펜테우스의 노기를 다시 불러일으켰다. 그는 숲 속으로 들어가서 제전의 중심부가 있는 넓은 곳에 뛰어들었다. 그 순간 부인네들이 그를 보았다. 그 중 첫번째 부인은 디오니소스에 의하여 눈이 멀게 된 펜테우스의 어머니 아가우에였는데 그녀는 부르짖었다.

"저기 산돼지가 있소. 저 커다란 괴물이 이 숲 속을 배회하는 가장 굶주린 괴물이오! 여러분, 이리로 오십시오! 내가 제일 먼저 저 산돼지를 잡으렵니다."

군중은 그를 향하여 돌진하였다. 그는 거만한 태도를 버리고 겸손하게 굴며 변명하기도 하고, 그의 죄를 자백하기도 하며 용서를 빌었지만 군중들은 그에게 접근하여 부상을 입혔다. 그는 이모들을 부르며 어머니의 손에서 구해 달라고 애원하였으나 소용이 없었다. 이모인 아우토노에와 이노는 그의 양팔을 하나씩 잡았다. 이렇게 해서 그는 자기 어머니와 부인네들에게 사지가 찢긴 채 죽음을 당하였다.

그의 어머니는 부르짖었다.

"승리다! 승리! 우리가 승리한 것이다. 그 영광은 우리의 것이다."

이리하여 디오니소스의 신앙은 그리스에 확립되었다.


:: 아리아드네

우리는 전에 테세우스의 이야기를 할 때 미노스 왕의 딸 아리아드네가 테세우스를 도와 미궁에서 탈출하게 한 후, 테세우스와 같이 낙소스섬에 갔으나 배은망덕한 테세우스는 잠이 든 그녀를 그곳에 남겨 놓고 혼자만 길을 떠났다는 이야기를 하였다. 아리아드네는 잠이 깨어 버림받은 줄 알고는 슬픔에 잠겼다. 그녀를 불쌍히 여긴 아프로디테는 그녀에게 잃어버린 인간의 애인 대신에 신을 애인으로 주겠노라고 약속하였다.

아리아드네가 버림받은 곳은 디오니소스가 좋아하는 섬으로서 티레노스의 뱃사람들이 그를 납치하여 노예로 팔아 버리려고 궁리할 때 데려다 달라고 애원한 것도 바로 이 섬이었다. 아리아드네가 자신의 운명을 한탄하고 있을 때에 디오니소스는 그녀를 발견하고 위로하여 자기의 아내로 삼았다.

결혼 선물로 그는 그녀에게 보석으로 장식된 금관을 주었다. 그리고 그녀가 죽었을 때 그는 손을 높이 들어 금관을 하늘로 던졌다. 금관은 위로 올라가면서 더욱 눈부신 빛을 더하더니 별로 변했다.

그리하여 아리아드네의 금관은 무릎을 꿇은 헤라클레스와, 뱀을 쥐고 있는 부하 사이에서 그 모습을 그대로 간직한 채 별이 되어 하늘의 별자리가 되었다.

실타래 끝을 잡아 주는 아리아드네

# 23 자연의 신들

## 【 전원의 신들 】

　산림과 들과 양 떼와 목동의 신인 판은 작은 동굴 속에 살면서 산이나 계곡을 돌아다니며 사냥을 하거나 님프들에게 무용을 가르치는 것을 낙으로 삼고 있었다. 그는 음악을 좋아해서 앞에도 말한 바와 같이 시링크스라는 목동의 피리의 발명자이며, 그 자신도 그것을 잘 불었다.

　직업상 밤에라도 숲을 통과해야 하는 사람들은 숲 속에 사는 신들을 두려워하였는데 특히 판에 대해서는 더욱 그러하였다. 숲 속의 어둠과 적막이 사람의 마음 속에 미신적인 공포를 불러일으키기 때문이다. 그래서 사람들은 아무런 뚜렷한 원인 없는 갑작스런 공포는 판이 그 원인이라 생각되어 판적 공포라는 말이 생겨났다.

　이 신의 이름인 '판'Pan이라는 말은 '모든'이라는 뜻인데 판은 우주의 상징, 자연의 권화權化로 생각되었다. 그리고 더 후세에 가서는 모든 신과 이교를 대표하는 존재로 지칭되었다.

실바누스와 파우누스는 로마의 신이었는데 그들의 성격은 판의 그것과 흡사하므로 우리는 그들을 동일한 신이라 보아도 무방할 것이다.

춤을 출 때 판의 상대자는 숲의 님프 중의 하나에 불과하였다. 그 밖에 시내와 샘을 지배하는 나이아스라는 님프들과, 산과 동굴의 님프인 오레이아스, 바다의 님프인 네레이스가 있었다.

이들 세 종류의 님프는 불사의 존재였으나 드리아스니 혹은 하마드리아스라고 불리는 숲의 님프들은 그녀들의 집이 되고, 또 그녀들과 함께 태어난 나무가 죽으면 따라 죽는다고 믿어졌다. 그러므로 나무를 함부로 베는 것은 불경한 행위였으며 극단적인 경우에는 엄벌을 받았다. 우리가 다음에 이야기하려고 하는 에리시크톤의 경우가 그 예이다.

모든 자연 현상을 신의 소치로 보기를 즐기는 것이 고대 이교의 재미있는 특징이었다. 그리스인의 상상력은 육지와 바다의 모든 지역에 신들을 거주케 하였으며, 그리고 오늘날의 철학이 자연법칙에 의한 작용이라고 생각하는 모든 현상을 신들의 작용이라고 생각하였다.

우리는 이따금 시적 기분에 사로잡혀 있을 때, 이런 관념의 진화가 유감스럽게 느껴지며 이 변화에 의해 우리의 이성이 얻은 것만큼 감정을 상실한 것이 아닐까 하고 생각될 때가 있다.

## :: 에리시크톤

에리시크톤은 불경한 자로서 신들을 경멸하였다. 어느 날 그는 만용을 부려 여신 데메테르에 봉헌된 숲을 도끼로 쳐내려 하였다. 이 숲 속에는 신성한 참나무가 한 그루 서 있었는데 어찌나 큰지 그 한 그루만으로도 숲처럼 우람하게 보였고, 높이 치솟은 그 줄기 위에는 봉헌된 꽃다발이 종종 걸려 있었으며, 또 그 나무의 님프에게 보답의 뜻을 표하는 기원자祈願者들의 이름이 아로새긴 명각이 있었다. 숲의 님프인 하마드리아스들은 손에 손을 잡고 이 나무 주위에서 종종 춤을 추었다. 그 나무의 둘레는 15큐빗큐빗은 18 내지 22인치이나 되고 이 나무는 솟아 있는 다른 나무들을 누르고 높이 솟아 있었다. 그럼에도 불구하고 에리시크톤은 그 나무가 크다고 하여 베어서는 안 될 이유는 없다면서 하인들에게 베도록 명령하였다. 그들이 망설이는 것을 보고 그는 그들 중 한 사람의 손에서 도끼를 빼앗으며 불경스럽게 부르짖었다.

"여신이 총애하는 나무건 그렇지 않건 내게는 상관 없다. 설령 여신 자신이라 할지라도 내 길을 막는다면 베어 버리겠다."

이렇게 말하면서 그는 도끼를 들었다. 참나무는 몸을 떨고 신음소리를 내는 것 같았다. 최초의 일격이 나무줄기에 가해지자 상처로부터 피가 흘러내렸다. 그것을 지켜보고 있던 사람들은 공포에 떨었는데, 그 중 한 사람은 용기를 내어 위험한 도끼질을 막으려 하였다. 에리시크톤은 경멸에 찬 눈초리로

"너의 신앙심의 대가를 받아라."

하고 말하며 나무를 찍으려던 도끼를 돌려 그를 찍어 그의 몸에 깊은 상처를 내고는 그의 머리를 베었다. 그러자 참나무 속에서 한 소리가 들려 왔다.

"이 속에 살고 있는 나는 데메테르의 총애를 받고 있는 님프이다. 지금 네 손에 걸려 죽지만 복수할 테니 그리 알아라."

그래도 그는 도끼질을 멈추지 않았다. 여러 번 도끼로 찍힌 나무는 마침내 줄로 당겨져 요란한 소리를 내며 쓰러졌는데 그때 숲의 대부분의 나무들이 같이 쓰러졌다.

하마드리아스들은 친구를 잃고 또 숲의 자랑인 거목이 쓰러진 것을 보고 놀라 다 같이 상복을 입고 데메테르에게 가서 에리시크톤에게 벌을 내려주십사고 간청하였다. 여신은 승낙하였다. 그 표시로 머리를 끄떡이자 들판에 익은 곡식들도 머리를 숙였다. 여신은 그와 같은 죄인도 동정을 받을 수 있다면 보는 사람마다 동정심을 불러일으킬 만큼 무서운 형벌을 에리시크톤에게 내리려고 마음먹었다. 그 형벌이란 기아의 여신에게 그를 인도하는 것이었다. 데메테르 자신은 기아의 여신에게 접근할 수 없었으므로 — 운명의 신이 그들이 만나는 것을 금했다 — 산의 님프인 오레이아스를 불러 다음과 같이 말하였다.

"눈에 덮인 스키티아에서 멀리 떨어진 지방에 외딴 곳이 있는데, 그곳은 나무도 없고 들판도 없는 적막한 불모의 땅이다. 그곳에는 '추위'와 '공포'와 '전율'과 '기아'가 살고 있다. 가서 '기아'에게 에리시크톤의 뱃속을 점령하라고 일러라. 어떠한 유혹에도 넘어가지 말고 끝끝내 '기아'의 지조를 고수하라 일러라. 갈 길이 멀다고 놀라지 말라 '기아' 는 데메테르와는 대단히 먼 거리에 있기 때문이다. 내 이륜차를 타고 가거라. 내 이륜차를 끄는 용들은 빨리 달리고 고삐에 잘 복종하므로 하늘을 날아 곧 목적지에 도착할 것이다."

이렇게 말하고 나서 데메테르는 고삐를 오레이아스에게 넘겨 주었다.

오레이아스는 오륜차를 몰아 곧장 스키티아에 도착하였다. 코카서스산에 오른 뒤 용을 세웠다. 그리고 '기아' 가 이빨과 발톱 투성이 들판에서 얼마 남지 않은 풀을 뜯고 있는 것을 발견하였다. 거친 머리칼에 움푹 꺼진 눈, 창백하고 메마른 입술에 턱은 먼지에 덮여 있었고 몸은 수척하여 피골이 상접해 있었다.

오레이아스는 멀리서 그녀를 바라보고서 왜냐하면 감히 가까이 갈 수 없었으니까 데메테르의 명령을 전하였다. 아주 잠시 동안이었지만, 그리고 될 수 있는 대로 멀리 떨어져 있었지만 오레이아스는 허기를 느끼기 시작하였다. 그래서 용의 머리를 돌려 테살리아로 돌아왔다.

'기아' 의 여신은 데메테르의 명령에 따라 하늘을 날아 에리시크톤의 집에 도착하였다. 여신이 그 죄인의 침실로 들어갔을 때 그는 자고 있었다. 여신은 그를 자기의 날개로 감싸고, 그의 몸 속에 허기를 불어넣고 그의 혈관 속에 독이 스며들게 하였다. 임무를 마친 후에 여신은 풍요의 나라를 떠나서 자기가 살던 곳으로 돌아갔다.

에리시크톤은 그때까지도 잠을 자고 있었는데, 꿈속에서도 먹을 것을 구하고 무엇을 먹고 있는 것처럼 입을 우물거리고 있었다. 잠을 깨니 견딜 수 없을 정도로 배가 고팠다. 마음대로 할 수 있다면 당장에 땅에서 나는 것이든 바다에서 나는 것이든 공중에서 나는 것이든 간에, 무엇이든지 먹을 것을 식탁에 갖다 놓고 싶었다. 그리고 먹고 있으면서도 배고픔을 한탄하였다. 한 도시의 국민이 다 먹어도 족할 것도 그에게는 만족치 않았다. 먹으면 먹을수록 더 먹고 싶었다. 그의 허기는 모든 냇물을 삼켜도 차지 않는 바다와 같았다. 혹은 앞에 쌓여 있는 모든 것들을 다 태워 버리고도 계속 혀를 날름거리는 불과도 같았다.

그의 재산은 끊임없는 식욕 때문에 급속히 줄어들었다. 그러나 그의 허기는 감소되지 않았다. 마침내 전 재산을 다 탕진하고 딸 하나만을 남겼는데, 그녀는 그런 아비의 딸이라고는 생각되지 않을 만큼 훌륭하였다. 그러나 그 딸마저 팔아 버렸다.

그녀는 노예로 팔리게 된 자기의 운명에 순종하지 않고 해변에 서서 손을 치켜들고 포세이돈에게 기도를 올렸다. 포세이돈은 그녀의 기도를 들었다. 그녀를 산 새 주인은 그녀 가까이에서 방금까지도 그녀를 바라보고 있었지만 갑자기 그 주인은 그녀를 놓쳐 버렸다. 포세이돈은 그녀의 모습을 바꾸어 열심히 일하고 있는 어부의 모습으로 변신시켰다. 그녀의 주인은 그녀를 찾다가 모습이 변한 처녀에게 말을 걸었다.

"여보시오, 어부, 방금까지 이곳에 있었던 처녀는 어디로 갔는지 모르겠소? 헝클어진 머리에 허술한 옷을 입고, 당신이 서 있는 근처에 서 있었는데? 솔직하게 말하시오. 그러면 운수가 좋아 고기도 잘 잡힐 것이오."

처녀는 자기의 기원이 이루어졌음을 알고는 내심 기뻐하였다. 처녀는 이렇게 대답하였다.

"미안합니다. 나는 일에 열중하고 있었기 때문에 아무것도 보지 못하였습니다. 그러나 이곳에 나 외에는 여자고 남자고 간에 아무도 없었음을 맹세합니다. 내 말이 거짓이라면 고기 한 마리 잡히지 않아도 좋습니다."

주인은 이 말을 곧이듣고 그의 노예가 도망간 줄 알고 떠났다. 그래서 처녀는 자기 모습으로 돌아왔다.

그녀의 아버지는 딸을 잃지 않고 돈을 얻은 것을 기뻐하였다. 그는 다시 또 딸을 팔았다. 그러나 그녀는 팔릴 때마다 포세이돈의 총애에 의하여 모습이 변했다. 말이 되기도 하고, 새가 되기도 하고, 소가 되기도 하고, 사슴이 되기도 하여 새 주인에게서 달아나 집으로 돌아왔다.

이와 같은 비열한 방법을 쓰면서 굶주린 아비는 먹을 것을 얻었다. 그러나 그래도 허기를 면할 수 없어 마침내 자기의 몸을 먹지 않을 수 없게 되었으며, 자기의 몸을 먹음으로써 자기의 몸을 부양한 셈인데, 그 고통은 죽음이 데메테르의 복수로부터 그를 해방할 때까지 계속되었다.

:: 로이코스

하마드리아스들은 자기들에게 해를 끼친 자를 벌하는가 하면 은혜에 보답할 줄도 알았다. 로이코스의 이야기가 이를 입증한다.

로이코스는 우연히 참나무가 쓰러져 가는 것을 보고서 하인들을 시켜 버팀목으로 떠받치게 하였다. 나무가 쓰러지면서 죽을 뻔하였던 님프가 와서 목숨을 건져 준 데 대하여 그에게 사의를 표하고 무엇이든 소원이 있으면 말하라고 하였다. 로이코스는 대담하게 사랑을 요구하였더니 님프는 그의 소원을 들어 주었다. 동시에 그녀는 그에게 마음이 변함없기를 부탁하고, 벌을 심부름 보내 만나도 좋을 시간을 알려 줄 것이라고 말하였다.

어느 날 로이코스가 장기를 두고 있을 때 벌이 날아왔는데 그는 무심코 쫓아 버렸다. 님프는 화가 나서 로이코스를 장님으로 만들어 버렸다.

## 【 물의 신들 】

오케아노스와 테티스는 티탄족으로서 물의 영역을 지배하였다. 제우스와 그의 형제들이 티탄족을 정복하고 그들의 권력을 탈취하였을 때, 포세이돈과 암피트리테가 오케아노스와 테티스에 대신하여 물의 통치권이 넘어갔다.

:: 포세이돈

포세이돈은 물의 신들의 지배자이었다. 그의 권력의 상징은 삼지창이었다. 그는 이것을 가지고 바위를 부수기도 하고, 폭풍우를 일으키거나 진압하기도 하며, 해안을 흔들어 움직이기도 하였다. 그는 말을 창조하였고 경마의 후원자가 되었다. 그 자신의 말들은 놋

포세이돈의 승리

쇠 발굽과 금빛 갈기를 가졌다. 말들은 바다 위에서 이륜차를 끌었는데, 그때에는 바다는 잔잔해지고 바다의 괴물들은 그가 지나가는 주위에서 뛰어놀았다.

:: 암피트리테

암피트리테는 포세이돈의 아내였다. 그녀는 네레우스와 도리스의 사이에서 태어난 딸이고, 트리톤의 어머니였다. 포세이돈은 암피트리테에게 구혼하기 위하여 돌고래를 타고 갔다. 그녀를 아내로 맞이한 후에 포세이돈은 돌고래를 별자리에 놓아 주어 그 은혜에 보답하였다.

:: 네레우스와 도리스

네레우스와 도리스는 네레이스라고 일컫는 바다의 님프들의 부모였다. 이 네레이스 중에서 가장 유명한 것은 암피트리테와 아킬레우스의 어머니인 테티스, 폴리페모스라는 외눈박이 거인에게 사랑을 받았던 갈라테이아였다. 네레우스는 지혜롭고 진리와 정의의 애호자로 유명하였고 그가 장로라고 불리는 것도 그 때문이었다. 그리고 그는 예언의 능력도 갖고 있었다.

:: 트리톤과 프로테우스

포세이돈과 암피트리테의 사이에서 태어난 아들인 트리톤을 시인들은 포세이돈의 나팔수로 노래하곤 하였다. 프로테우스도 포세이돈의 아들이었다.

그도 네레우스와 마찬가지로 지혜가 있고 미래를 예언할 수 있었기에 바다의 장로라고 불리어졌다. 그의 특유한 능력은 그의 모습을 마음대로 변신시킬 수 있는 것이다.

:: 테티스

테티스는 네레우스와 도리스의 사이에서 태어난 딸이었는데 몹시 아름다워 제우스가 구혼하였을 정도였다. 그러나 제우스는 거인족의 한 사람인 프로메테우스로부터 테티스가 아버지보다 더 위대한 아들을 낳으리라는 말을 듣고 구혼을 포기하고 테티스를 인간의 아내가 되도록 하였다. 그래서 훗날 테살리아의 왕 펠레우스가 켄타우로스의 하나인 케이론의 도움을 받아 테티스를 신부로 맞는 데 성공하였다.

그들 사이에서 태어난 아들이 유명한 아킬레우스였다. 나중에 트로이 전쟁 이야기를 할 때 우리는 테티스가 충실한 어머니로서 위기에 처한 아들을 돕고 처음부터 끝까지 아들을 위해 진력했음을 볼 수 있을 것이다.

:: 레우코테아와 팔라이몬

이노는 카드모스의 딸이고 아타마스의 아내였는데, 미치광이 남편을 피해 어린 아들 멜리케르테스를 팔에 안고 도망쳐서 절벽에서 바닷속으로 뛰어내렸다. 신들은 그녀를 불쌍히 여겨 바다의 여신으로 봉하여 레우코테아라는 이름을 주었고, 아들은 팔라이몬이라는 신이 되게 하였다.

두 사람 다 난파선을 구하는 힘을 가졌다고 생각되어 선원들의 섬김을 받았다. 팔라이몬은 보통 돌고래를 타고 있는 모습으로 표현되었다. 그의 명예를 드높이기 위하여 이스트미아 경기가 거행되었다. 그는 로마 사람들에 의해 포르투누스라고 불리어지고 항구와 해안을 지배한다고 생각되었다.

:: 카메나

로마인들은 무사이 여신들을 카메나복수는 카메나이라고 불렀다. 그러나 그중에는 이 밖에 다른 신들, 주로 샘의 님프들이 카메나에 포함되었다. 에게리아는 샘의 님프들 중의 하나로서 그녀의 샘과 동굴은 아직도 남아 있다.

전하는 바에 의하면 로마의 두 번째 왕인 누마는 이 님프의 사랑을 받고 종종 은밀히 만났는데, 그때 그녀는 그에게 지식과 법을 가르쳐 주어 그는 이것을 그의 신흥 국가의 여러 제도에 구현하였다고 한다. 누마가 죽은 후에 그 님프는 나날이 파리해지다가 샘으로 변해 버렸다.

【 바람의 신들 】

대단치 않은 작용을 하는 것들도 이렇게 많이 신격화되었으므로 바람도 그러하였으리라는 것을 쉽게 상상할 수 있다. 보레아스 혹은 아킬로스는 북풍이요, 제피로스 혹은 파우보니우스 하는 것은 서풍이다. 또 노토스 혹은 아우스테르 하는 것은 남풍이고, 에우로스는 동풍이다.

시인들이 즐겨 읊은 것은 주로 처음의 둘로서 그 중 전자는 난폭한 신으로서, 후자는 온화의 신으로서 묘사되었다.

보레아스는 님프 오레이티이아를 사랑하여 애인 노릇을 하려고 하였으나 실패하였다. 그럴 수밖에 없는 것이 조용히 말을 해야 한다는 것이 그에게는 곤란한 일이었고, 더구나 탄식하는 것은 더욱 불가능하였다. 아무리 노력해도 성과가 없는 데 지쳐 마침내 본성을 드러내 처녀를 강제로 납치하였다. 그들 사이에 아들이 날개 달린 무사로 알려진 제테스와 칼라이스였다. 이들은 훗날 아르고 원정에 참가하여 하르피이아라고 불리는 새의 몸에 여자 얼굴을 한 괴상한 새들과 싸워 큰 공을 세웠다.

제피로스는 플로라꽃의 여신의 연인이었다.

# 헌신적인 사랑 24

:: 아켈로오스와 헤라클레스

 강의 신 아켈로오스는 테세우스와 그의 친구들에게 에리시크톤의 이야기를 들려 주었다. 그들은 여행 도중에 강물이 범람하는 바람에 여행을 계속할 수 없어 아켈로오스의 식객으로 머물고 있었다. 에리시크톤이 이야기를 끝내자 아켈로오스는 다음과 같이 부언하였다.

 "나 자신이 변신할 수 있는 힘을 가지고 있는데, 다른 사람이 변신한 이야기는 할 필요도 없었던 것 같습니다. 나는 때로는 뱀이 되고 때로는 머리에 뿔이 두 개 돋친 황소가 됩니다. 아니, 과거에는 그랬었다고 하는 것이 옳겠지요. 지금은 뿔을 하나뿐인 황소로밖에 변신할 수 없습니다. 뿔 하나를 잃어버렸기 때문이지요."

 이렇게 말하고 그는 입을 다물었다.

 테세우스는 왜 그렇게 슬퍼하고, 어떻게 해서 뿔 하나를 잃게 되

그리스 로마신화 | 253

었는가를 물었다. 이 물음에 강의 신은 다음과 같이 대답하였다.

"누가 자기의 패배를 말하기를 좋아하겠습니까? 그러나 나는 나의 패배를 말하기를 주저하지 않겠습니다. 승리자가 위대하였기 때문이라고 생각하며 자위하는 것이지요. 왜냐하면 그는 헤라클레스였으니까요. 아마 당신도 미인으로 이름난 처녀 데이아네이라의 명성을 들었을 것입니다. 그녀에게는 사방에서 많은 구혼자들이 몰려들어 서로 경쟁하였는데, 헤라클레스와 나도 그 중에 끼여 있었습니다. 다른 자들은 모두 우리 둘에게 패배하였습니다. 헤라클레스는 자기가 제우스의 아들이라는 점과 계모 헤라가 꾸민 어려운 일들을 하느라고 고생할 때의 이야기를 들려 주었습니다. 나는 이에 대하여 처녀의 아버지에게 다음과 같이 말하였습니다. '당신의 국토를 흐르는 강의 왕인 나를 보시오. 나는 이방인이 아니고 토박이입니다. 헤라 여신이 나에게는 적의를 품지 않고 어려운 일을 시켜 벌하지 않는다 하여, 그것이 내 단점이라고는 생각지 마시오. 저 사람은 자기가 제우스의 아들이라고 뽐내지만 그것은 잘못된 주장입니다. 혹은 설사 진담이라면 도리어 그에게 불명예스러운 일일 것이오. 왜냐하면 그것은 자기 어머니의 품행이 좋지 않았다는 것을 폭로하는 것이니까.'

내가 이렇게 말하였을 때 헤라클레스는 나를 노려보고 분노를 가라앉히고 말하였습니다. '내 주먹이 입술보다 더 잘 대답할 것이다. 말로 너한테 진다면 완력으로 결판을 내자.' 그는 이렇게 말하면서 내게로 다가왔습니다. 나는 그에게 욕설을 한 이상 순순히 항복하기도 부끄러웠습니다. 그래서 녹색 옷을 벗고 싸울 준비를 하였습니다. 그는 나를 집어 던지려고 하고 때로는 나의 머리에 공격을 가하고, 때로는 몸을 공격했습니다. 그러나 나는 몸집이 큰 덕으로 그가 아무리 공격을 해도 소용이 없었습니다. 우리는 잠시 동안 쉬었다가는 다시 또 싸웠습니다. 우리는 서로 버티어 한 발자국도 물러서지 않으려고 하였습니다.

나는 그의 몸을 덮쳐 그의 손을 꽉 잡고, 나의 이마로 그를 받아 버리려고 했습니다. 세 번씩이나 헤라클레스는 나를 집어 던지려고 하더니 네 번째에 성공하여 나를 땅 위에 넘어뜨리고 나의 등위에 올라탔습니다. 순간 나는 마치 산이 내리덮친 것 같았습니다. 나는 헐떡거리며 땀을 흘리면서 팔을 빼내려고 애썼습니다. 그는 나에게 조금도 기회를 주지 않은 채 목을 졸랐습니다. 나의 무릎은 땅에 닿고 입은 흙 속에 묻혔습니다.

나는 힘으로는 도저히 그의 적수가 되지 못함을 깨닫고, 뱀으로 둔갑하여 빠져나왔습니다. 나는 몸을 똘똘 말고 갈라진 혀로 그를 향하여 숏 하고 소리를 냈습니다. 그는 이것을 보고 비웃으며 말하였습니다.

'뱀을 잡는 것은 어릴 때 잘 하던 일이다.'

이렇게 말하면서 그는 손으로 나의 목을 꽉 잡았습니다. 나는 질식할 지경이어서 목을 그의 손아귀에서 빼내려고 몸부림쳤습니다. 뱀의 모습으로도 상대가 되지 못하였으므로 이제 남아 있는 유일한 방법을 사용하여 황소로 변신하였습니다. 그는 나의 목을 팔로 잡고 머리를 땅바닥에 질질 끌다가 모래 위에 내던졌습니다. 이것만으로 만족하지 않고, 그의 무자비한 손은 나의 뿔을 하나 뽑아

버렸습니다.

　님프 나이아스들은 그것을 신들에게 봉헌하고 그 속을 향기로운 꽃으로 채웠습니다. '풍요'의 여신이 나의 뿔을 받아 자기의 것으로 하고 '코르투 코피아이' 풍요의 뿔라고 불렀습니다."

　옛날 사람들은 이러한 신화 속에 숨은 의미를 발견하기를 즐겼다. 그래서 그들은 아켈로오스와 헤라클레스의 이 싸움을 아켈로오스란 우기雨期가 되면 제방을 넘어 범람한 강이라는 것이다. 아켈로오스가 데이아네이라를 사랑하여 구혼했다는 이야기는, 그 강이 데이아네이라가 사는 나라를 흘러갔다는 것을 의미한다. 또한 아켈로오스가 뱀으로 둔갑했다는 것은 그 강이 뱀처럼 곡선을 그리며 흘러갔다는 뜻이며 황소로 둔갑했다는 것은 요란한 소리를 내면서 흐르기 때문이다. 물이 범람하였을 때는 강에 흐름이 생기게 되는데, 머리에 황소 뿔이 달렸다는 것은 이를 의미한다. 헤라클레스는 제방을 쌓고 운하를 파서 이 주기적인 범람을 막았다. 따라서 그는 물의 신을 정복하고 그의 뿔을 하나 뽑아 버렸다는 이야기는 이를 뜻한다. 끝으로 전에는 홍수에 휩쓸렸던 토지가 복구되어 대단히 비옥하게 되었다. '풍요의 뿔'이란 바로 이를 상징한다.

　'풍요의 뿔'의 기원에 관해서는 이와는 다른 설명도 있다. 제우스가 태어나자 그의 어머니 레아에 의하여 크레타의 왕 멜리세우스의 딸들에게 아들의 양육을 맡겼다. 그녀들은 이 어린 신을 염소 아말테이아의 젖으로 길렀다. 제우스는 그 염소의 뿔을 하나 뽑아서 그 소유주가 바라는 것이면 무엇이나 그 뿔에서 나오게 하는 권능을 주어 자기를 키워 준 멜리세우스의 딸들에게 주었다.

## :: 아드메토스와 알케스티스

아스클레피오스는 아폴론의 아들이었는데 아버지에게서 죽은 사람도 살릴 수 있는 신통한 의술을 부여받았다. 이를 보고 놀란 저승의 왕 하데스는 제우스를 설득하여 아스클레피오스에게 번개를 던져 죽이도록 하였다. 아폴론은 아들의 죽음에 분격하여 번개를 만든 죄 없는 직공들에게 복수하였다. 이 직공들은 키클롭스로서, 그들의 공장이 에트나산 밑에 있었는데 그 산으로부터는 끊임없이 용광로의 연기와 불꽃이 솟아 올랐다.

아폴론은 화살을 키클롭스들에게 쏘아 죽였다. 그러자 제우스는 몹시 노하여 아폴론에게 벌을 내려 2년 동안 인간의 노예가 되게 하였다. 그래서 아폴론은 테살리아의 왕인 아드메토스의 노예가 되어 암프리소스강의 초록빛 제방 위에서 그의 양 떼를 돌보는 일을 했다.

아드메토스는 펠리아스이아손의 큰아버지로서 여자 마술사 메데이아에게 피살된 사람의 딸 알케스티스에 대한 여러 구혼자 중의 한 사람이었다. 펠리아스는 사자와 산돼지가 끄는 이륜차를 타고 딸을 데리러 오는 자에게 딸을 주마고 약속하였다. 이 일을 아드메토스는 자기의 양 떼를 돌보는 아폴론의 도움을 받아 어렵지 않게 달성하고, 알케스티스를 아내로 맞아 행복하게 지냈다.

그런 어느 날 아드메토스가 병에 걸려 빈사 상태가 되자, 그는 아폴론을 설득하여 운명의 신에게 왕이 대신 죽기를 자청하는 사람이 있으면 아드메토스를 살려 주겠다고 약속하였다. 아드메토스는 자기 대신 죽을 사람에 대해서는 깊이 생각하지 않고 죽음의 유예를 받아 기쁜 나머지 몸값을 치를 것은 깊이 생각지 않았다. 아마 그에게 아첨하는 자들이나 신하들이 항상 그를 위해서는 충성을 다하겠다고 한 말을 기억하고, 아드메토스는 대신 죽을 자를 구하기는 쉬울 거라고 생각하였을 것이다.

그러나 사실은 그렇지 않았다. 왕을 위해서는 자신하여 생명을 바칠 용의가 있었던 용감한 무사들도 병석에 누워 왕 대신 죽는 것은 거부했다. 어려서부터 아드메토스와 그 일가의 은혜를 입었던 늙은 신하들까지도 얼마 남지 않은 여생을 바치기를 꺼렸다. 사람들은 모두 의아하게 생각하였다.

"왜 왕의 부모 중 한 분이 대신 죽지 않을까? 그들은 수명이 얼마 남지 않았고 또 그들이야말로 아들의 요절을 구제할 의무가 있지 않은가?"

그러나 부모도 아들을 잃는 것을 슬퍼하면서도 대신 죽어야 한다는 그 의무를 수행하기는 꺼렸다. 마침내 알케스티스가 고매한 희생 정신으로 자기가 대신 죽겠다고 자청하였다. 아드메토스는 아무리 살고 싶다 하더라도 그와 같은 귀중한 대가를 치르면서까지 자기의 생을 연장시키고 싶지는 않았다. 그러나 다른 방도가 없었다. 운명의 여신이 내건 조건은 이렇게 해서 승낙되었고, 그리고 일단 결정된 것은 취소할 수가 없었다. 아드메토스가 기사 회생함에 따라 알케스티스는 병이 깊어졌고 하루하루 무덤으로 갈 날만 기다리는 형편이었다.

바로 이때 헤라클레스가 아드메토스의 궁전에 왔다가, 모든 궁중 사람들이 그토록 헌신적이고도 아름다운 여왕을 잃게 될 큰 슬픔에 잠겨 있음을 발견하였다. 어떠한 어려운 일이라도 다 극복해 낸 헤라클레스는 여왕을 구제하기로 결심하였다. 그는 죽어 가는 여왕의 방문 옆에서 기다렸다. 이윽고 죽음의 신이 그의 희생물을 잡아가려고 오자 헤라클레스는 그를 붙잡아 알케스티스의 목숨을 단념할 것을 강요하였다. 그리하여 알케스티스는 회복되고 남편에게 돌아갈 수 있었다.

:: 안티고네

전설 시대의 그리스의 흥미 있는 인물이나 고결한 행위의 주인공은 대부분 여성이었다. 알케스티스가 부부애의 표본이었듯이 안티고네는 효성과 우애의 표본이었다. 그녀는 오이디푸스와 이오카스테의 사이에서 태어난 딸이었는데, 이 일가는 가혹한 운명의 희생물이 되어 멸망하였던 것이다. 발광하여 자기의 눈을 잡아 뺀 오이디푸스는 천벌을 받아 모든 사람들로부터 공포의 대상이 되고 버림을 받아 그의 왕국이었던 테바이에서 추방되었다. 이때 그의 딸 안티고네만이 그의 방랑의 수행자가 되어 그가 죽을 때까지 곁에 있다가 테바이로 돌아왔다.

그녀의 오빠인 에테오클레스와 폴리네이케스는 아버지와 공동으로 나라를 다스리어 일 년씩 교대로 왕이 되자고 합의하였다. 첫 해는 에테오클레스가 지배하기로 하였는데 그는 기한이 다 되어도 왕의 자리를 아우에게 양도하기를 거부하였다. 폴리네이케스는 아르고스의 왕 아드라스토스에게 달아났는데, 아드라스토스는 그를 자기 딸과 결혼시키고 군대를 주어 왕위를 빼앗도록 하였다. 이것이 그리스의 서사 시인과 비극 시인에게 많은 소재를 제공한 '테바이 공략의 일곱 용사'의 유명한 원정의 도화선이 되었다.

아드라스토스와 매제인 암피아라오스는 이 계획에 반대하였다. 왜냐하면 예언자인 그는 그의 점술로 아드라스토스 이외의 다른 장군들은 하나도 살아서 돌아오지 못하리라는 것을 알았기 때문이다. 그런데 암피아라오스가 왕의 누이인 에리필레와 결혼할 때, 양자가 만약 서로 의견이 다를 경우 에리필레의 결단에 따르기로 합의한 바 있었다. 폴리네이케스는 이것을 알고는 에리필레에게 '하르모니아의 목걸이'를 선물하여 그녀를 자기 편으로 만들었다.

이 목걸이는 하르모니아가 카드모스와 결혼할 때 헤파이스토스가 선물한 것으로서, 폴리네이케스가 테바이로부터 망명할 때 갖고 나온 것이었다. 에리필레는 이와 같은 유혹적인 뇌물을 뿌리치지 못했다. 결국 그녀의 결단에 따라 전쟁을 하기로 결정하고 암피아라오스는 그의 피할 수 없는 운명을 알면서도 따라나서야 했다. 그는 전투에 임해서 자기의 책무를 용감하게 완수하였으나 예정된 운명을 모면할 수는 없었다. 적에게 쫓겨 냇가로 도망치고 있을 때 제우스가 던진 번개에 땅이 갈라지는 바람에 그도, 그의 이륜차도, 마부도 그 속에 빠져 죽었다.

여기에서 그 전투 동안에 있었던 모든 영웅적인, 혹은 잔학한 행동을 상술함은 적당치 않을 것이다. 그러나 우리는 에리필레의 나약한 성품에 대조되는 에우아드네의 정절을 기록하지 않을 수 없다. 에우아드네의 남편인 카파네우스는 전투에 열중한 나머지 테바이시가 제우스 신의 도시임에도 불구하고 이를 무시하고 쳐들어가겠다고 말하였다. 그는 성벽에 사닥다리를 걸쳐놓고 올라갔다. 그러나 그의 불경한 언사에 분노한 제우스는 그를 번개로 때려 죽였다. 그의 장례식이 거행될 때 에우아드네는 그의 화장용 장작 더미 위에 몸을 던져 남편과 함께 죽었다.

전쟁 초기에 에테오클레스는 예언자 테이레시아스에게 결과가 어찌될 것인지 물었다. 테이레시아스는 젊었을 때 우연히 아테나가 목욕을 하고 있는 것을 엿본 일이 있었다. 아테나는 노하여 그의 눈을 장님으로 만들어 버렸다. 그러나 후에는 가엾이 여겨 그에게 그 대가로 미래를 예견하는 능력을 주었다.

에테오클레스의 문의를 받자 그는 만약 크레온의 아들 메노이케우스가 자진하여 희생물이 된다면, 테바이가 승리할 것이라고 예언하였다. 이 영웅적인 청년은 이 답변을 듣자 최초의 접전에서 그의 생명을 내던졌다.

포위전은 장기간 계속되었으나 승패가 결정되지 않았다. 마침내 양군은 에테오클레스와 폴리네이케스의 형제가 일 대 일로 싸워 승패를 결정하기로 합의하였다. 형제들은 싸워 둘이 다 상대편의 손에 쓰러졌다. 군대들은 다시 전투를 시작하였다. 마침내 침입자들이 패배하여 전사자들을 매장하지도 못한 채 퇴군하였다. 전사한 에테오클레스와 폴리네이케스의 숙부인 크레온이 왕이 되어 에테오클레스는 정중히 매장케 하였으나, 폴리네이케스의 시체는 그가 전사한 곳에 그대로 내버려 두게 하고 그의 매장을 금하여 위반

하는 자는 사형에 처하리라고 포고하였다

폴리세이케스의 누이인 안티고네는 오빠의 시체를 들개나 독수리의 밥이 되게 하고, 죽은 자의 안식에 필요한 장례도 거행치 못하게 한 몰인정한 포고를 듣고 분개하였다. 그녀는 다정다감했지만 겁이 많은 동생이 말렸으나 듣지 않은 채, 도와 주는 사람을 아무도 얻지 못하였으므로 안티고네는 위험을 무릅쓰고 혼자 시체를 매장하기로 결심하였다. 그러나 그녀는 현장에서 발견되었다. 그래서 크레온은 국왕의 엄숙한 포고를 고의로 위반하였다 하여 안티고네를 생매장하라는 명령을 내렸다. 그녀의 애인이요, 크레온의 아들인 하이몬은 그녀의 운명을 지켜 줄 길도 없고 또 자기 혼자 살아가는 것도 원치 않아 자결하였다.

:: 페넬로페

페넬로페는 용모의 아름다움보다는 성격과 행실의 아름다움으로 알려진 전설상의 여주인공의 하나이다. 그녀는 스파르타의 왕 이카리오스의 딸이었다. 이타케의 왕인 오디세우스는 그녀에게 구혼하여 모든 경쟁자를 물리치고 그녀를 아내로 맞이하였다. 신부가 친정을 떠날 날이 되었을 때, 아버지 이카리오스는 딸과의 이별을 아쉬워하여 자기와 같이 머물고, 남편을 따라 이타케에 가지 말도록 설득하기에 노력하였다.

오디세우스는 친정에 있든지 자기와 같이 가든지 마음대로 하라고 페넬로페에게 일렀다. 그러자 페넬로페는 아무런 대답도 하지 않고 얼굴을 베일로 가렸다. 더 강권할 수 없었던 이카리오스는 그녀가 떠났을 때 그들이 이별한 장소에다 '정절'의 여신상을 세웠다.

오디세우스와 페넬로페가 결혼 생활을 한 지 일 년 남짓 되었을 때, 오디세우스가 트로이 전쟁에 참전케 되어 그들은 떨어져 있어야 하였다. 그가 집을 비운 지도 오래 되고 또 여전히 살아 있는지도 의문스러웠으며 돌아올 가망성이 아주 희박하였으므로, 많은 구혼자들이 페넬로페를 성가시게 굴었다. 그들의 등쌀을 면하려면 그들 중 한 사람을 남편으로 고르는 수밖에는 도리가 없었다.

그러나 페넬로페는 아직도 오디세우스가 돌아오기를 기대하면서 모든 수단을 다하여 연기하기에 힘썼다. 연기하는 수단 중의 하나는 시아버지인 라에르테스의 수의를 짜는 일이었다. 이 수의 짜는 일을 마치면 구혼자 중에서 누군가를 선택할 것이다.

그녀는 낮에는 수의를 짜고 밤이 되면 낮에 짠 것을 다시 풀었다. 이것이 유명한 '페넬로페의 직물'이라는 속담의 기원이 된 것인데, 이 말은 쉴새없이 일을 하지만 끝나지 않은 일을 의미한다. 페넬로페의 나머지 이야기는 그녀의 남편의 모험담을 소개할 때 상세히 말하기로 한다.

# 25 오르페우스와 에우리디케 이야기

:: 오르페우스와 에우리디케

　오르페우스는 아폴론과 무사이 여신 중의 하나인 칼리오페의 사이에서 태어난 아들이었다. 그는 아버지로부터 리라를 선물받고 그것을 연주하는 법을 배웠는데, 그 솜씨가 어찌나 뛰어났던지 그의 음악에 매혹되지 않는 자가 없었다. 사람뿐만 아니라 짐승도 그의 곡조를 듣고 유순해져서 사나운 성질을 버리고 그의 주위에 모여들어 아름다운 그의 음악을 들었다. 뿐만 아니라 나무나 바위까지도 그 노래에 감동하였다. 나무는 노래를 들으려고 가지를 늘어뜨렸고 돌들은 그의 곡조로 한결 부드럽게 되어 그 견고함을 약간 풀었다.
　오르페우스와 에우리디케의 결혼식 때 이 결혼을 축하하도록 혼인의 신 히메나이오스는 하객으로 초대를 받았었다. 그러나 히메나이오스는 결혼식에 참석은 하였지만 아무런 길조吉兆도 보여 주지 않았다. 오히려 그의 횃불까지도 연기를 내뿜어 신랑, 신부에게 눈물만 나게 하였다. 이와 같이 불길한 징조는 우연한 것이 아니었다. 에우리디케는 결혼 후 얼마 가지 않아 그녀의 친구인 님프들과 거닐고 있을 때 아리스타이오스라는 목동의 눈에 띄었다. 그는 그녀의 아름다움에 반하여 사랑을 얻고자 추근거렸다. 그녀는 놀라서 도망가다가 풀 속에 있는 뱀을 밟아 발을 물려 죽었다.

오르페우스는 그의 슬픔을 신과 인간뿐만 아니라 이 세상의 공기를 호흡하는 모든 것에 대해서도 노래로써 호소했다. 그리고 모든 것이 소용없음을 깨닫고 사자의 나라로 내려가 아내를 찾기로 결심하였다. 그는 타이나론섬의 측면에 있는 동굴을 거쳐 하계에 도착하였다. 그는 유령들의 무리를 통과하여 하데스와 페르세포네의 옥좌 앞에 나아가서 리라를 연주하면서 다음과 같은 말로 노래를 불렀다.

"하계의 신들이여, 당신들의 나라로 우리들 생명 있는 자는 다 오게 마련입니다. 나의 말을 들어 주십시오. 이것은 진실입니다. 제가 이곳에 온 것은 하계의 비밀을 탐지하기 위한 것도 아니고, 뱀과 같은 머리털에 머리가 셋 달린 문지기 개와 힘을 다투려고 온 것도 아닙니다. 저는 꽃다운 청춘에 독사에 물려 뜻하지 않게 죽음을 당한 제 아내를 찾으러 온 것입니다. 사랑이 저를 이곳으로 인도하였습니다. 사랑은 지상에 거주하는 우리들을 지배하는 전능의 신일 뿐 아니라, 옛말이 옳다면 이곳에서도 역시 그럴 것입니다.

저는 이 공포로 충만한 곳, 침묵과 유령의 나라에 맹세하여 당신들에게 간청합니다. 에우리디케의 생명의 줄을 다시 이어 주십시오. 우리들은 다 당신들의 나라로 오게 마련이며 오직 일찍 가느냐, 늦게 가느냐 하는 차이가 있을 따름입니다. 저의 아내도 수명을 다한 후에는 당연히 당신들의 이곳으로 올 것입니다. 그러나 그때까지는 원컨대 그녀를 저에게 돌려 주십시오. 만약 거절하신다면 저는 홀로 돌아갈 수 없습니다. 저도 죽겠습니다. 두 사람의 죽음을 앞에 놓고 승리의 노래를 부르십시오."

그가 이런 애달픈 노래를 부르자 유령들까지도 눈물을 흘렸다. 탄탈로스는 목이 마름에도 불구하고, 잠깐 동안 물을 마시려는 노력을 멈추었다<sub>탄탈로스는 리디아의 왕이었는데 지옥의 못 속에 놓이게 되었다. 목이 말라 아무리 물을 마시려 하여도 물이 달아나 영원히 갈증을 면치 못하였다.</sub> 익시온의 수레바퀴도 잠시 정지하였다<sub>익시온은 테살리아의 왕이었는데, 제우스가 하늘로 데려가서 신들의 잔치에 참석케 하였던 바, 헤라를 연모하였으므로 제우스는 그를 지옥에 떨어뜨려 영원히 정지하지 않은 바퀴에 묶어 놓았다.</sub> 독수리는 거인의 간을 파먹는 것을 잊었고 다나오스딸들은 바구니로 물을 푸는 일을 중지하였다<sub>이들은 아르고스 왕의 딸로서 자매가 모두 50명이었다. 그리고 다 큰아버지의 아들 50명과 약혼하였다. 그러나 왕은 장차 그 사위들에 의하여 피살되리라는 신탁을 받았으므로, 결혼하면 바로 남편을 죽이도록 딸들에게 명령하였다. 이 명령에 다 복종하였으나 오직 히페름네스트라만이 그의 남편을 죽이지 않았다.</sub> 그리고 시시포스도 바위 위에 앉아서 노래를 경청하였다<sub>이는 코린토스의 왕으로서 지옥에 떨어져 형벌로서 바윗돌을 산 위에까지 밀어 올리면 돌은 밑으로 굴러내려 다시 또 올리고 하는 일을 되풀이하였다.</sub> 복수의 여신들의 양볼이 눈물에 젖은 것도 이때가 처음이라고 한다.

페르세포네도 오르페우스의 청을 거부할 수 없었고 하데스 자신도 양보하였다. 이윽고 에우디케가 호출되었다. 그녀는 막 도착한 유령들 사이에서 아픈 발을 절뚝거리며 나타났다. 오르페우스는 그녀를 데리고 가도 좋다는 허락을 받았는데, 단 조건이 하나 붙어 있었다. 그것은 지상에 도착하기까지는 그가 그녀를 절대로 돌아보아서는 안 된다는 것이었다. 이 조건에 따라 오르페우스는 앞서고 에우리디케는 뒤따르면서 어둡고 험한 길을 말 한 마디 하지 않고 걸어갔다.

마침내 즐거운 지상의 세계로 나가는 출구에 거의 도착하였을 때, 오르페우스는 순간 약속을 잊고 에우리디케가 아직도 따라오는지 확인하려고 뒤를 돌아보았다. 그 순간에 에우리디케는 하계로 도로 납치되었다. 그들은 서로 포옹하려고 팔을 내밀었으나 허공을 잡았을 뿐이었다. 다시 죽어 가면서도 에우리디케는 남편을 원망할 수 없었다. 자기를 보고 싶어 못 견디어 저지른 일을 어찌 탓할 수 있을 것인가.

"이제 마지막 이별입니다. 안녕히."
하고 그녀는 말하였다. 그러나 어찌도 빨리 끌려갔는지, 그 말소리도 잘 들리지 않을 정도였다.

오르페우스는 그녀의 뒤를 따라가려고 하였다. 그리고 다시 하계로 돌아가서 다시 그녀를 풀어 달라고 탄원하려 하였다. 그러나 엄격한 뱃사공은 그를 떼밀고 건네 주기를 거절하였다. 그는 이레 동안 먹지도 않고 잠도 자지도 않으면서 강가에 앉아 있었다. 그리고 하계의 신들의 냉정함을 통렬히 원망하면서 바위와 산을 향하여 노래로 안타까운 심정을 토로하였는데 너무나도 슬퍼 맹수들의 마음을 녹이고 참나무를 감동시켜서 땅에서 움직이게 할 정도였다.

　그는 그 후 여자를 멀리하고 그의 슬픈 불행의 추억에 끊임없이 집착하였다. 트라키아의 처녀들은 그의 마음을 사로잡으려고 갖은 애를 다 썼지만 그는 그녀들의 구혼을 모두 물리쳤다. 처녀들은 될 수 있는 한 참았다. 그러던 어느 날 디오니소스 제전에 참석한 그가 흥분되어 정신을 잃은 것을 한 처녀가 발견하고,

"저기 우리를 모욕하는 자가 있다."

고 소리치며 그를 향하여 창을 던졌다. 창이 그의 리라 소리가 미칠 만한 거리에 도달하자, 아무런 상처도 주지 않고 그의 발밑에 떨어졌다. 그들이 그에게 던진 돌도 마찬가지였다. 그러자 처녀들은 소리를 질러 리라 소리가 들리지 않게 한 후에 무기를 던졌더니, 그는 몸에 창을 맞아 피에 물들었다.

　광란자들은 그의 사지를 찢고 그의 머리와 리라를 헤브로스강에 던졌다. 이 오르페우스의 머리와 리라가 슬픈 노래를 중얼거리며 강물을 따라 흘러가니, 그에 부응하여 강변은 슬픈 교향악을 연주하였다. 무사이의 여신들은 그의 갈기갈기 찢어진 몸을 모아 레이베트라는 곳에 묻었다. 이 레이베트라에서는 밤꾀꼬리가 그리스의 다른 어느 지방에서보다도 그의 무덤 위에서 감미로운 소리로 노래를 불렀다고 전해지고 있다. 그의 리라는 제우스에 의하여 별자리 사이에 놓여졌다. 유령이 된 그는 하계로 가서 에우리디케를 만나 열렬히 끌어안았다. 그들은 같이 행복한 들판을 거닐었다 — 때로는 그가 앞서기도 하고 때로는 그녀가 앞서기도 하면서. 오르페우소는 이제는 부주의하게 그녀를 바라보았다고 하여 벌을 받을

염려도 없이 마음껏 그녀를 바라볼 수 있었다.


:: 꿀벌을 기르는 아리스타이오스

　인간은 자기의 이익을 위하여 하등 동물의 본능을 이용한다. 양봉술도 그중의 하나이다. 처음에 사람들은 꿀이 야생의 산물로 알려졌을 것이며 벌은 속이 빈 나무나 바위 틈, 혹은 우연히 발견된 움푹 패인 곳에 집을 지었을 것이다. 그러므로 때로는 죽은 짐승의 시체 속에도 집을 지었을 것이다. 벌이 죽은 짐승의 썩은 고기에서 생겨났다는 미신도 나타나게 되었을 것이다. 다음 이야기도 이런 미신을 기초로 한 것이다.
　제일 처음으로 양봉법을 가르친 아리스타이오스는 물의 님프 키레네의 아들이었다. 어느 날 그는 그의 벌이 죽자 도움을 청하러 어머니를 찾아갔다. 그는 강가에 서서 다음과 같이 어머니에게 말하였다.
　"오, 어머니, 저는 평생의 자랑거리가 저에게서 사라져 갔습니다. 저는 몹시 귀중한 벌을 잃었습니다. 저의 주의와 기술도 소용이 없었으며, 어머니도 저의 불행을 막아 주시지 못하였습니다."
　그의 어머니는 강 밑의 궁전에서 시종 님프들에 둘러싸여 앉아 있다가 이 불평을 들었다. 님프들은 실을 잣거나 옷감을 짜는 등 여자들이 하는 일을 하고 있었고 그 중 한 님프가 다른 님프들을 즐겁게 하기 위하여 이런 저런 이야기를 하고 있었다. 아리스타이오스의 슬픈 소리가 그들을 방해하였기 때문에 한 님프가 물 위로 머리를 내밀어 그를 보고서 돌아와 어머니에게 그 사정을 알리니,

어머니는 그를 자신이 있는 곳으로 데려오라고 명령하였다.

강물은 이 명령을 따라 물을 가르고 그에게 길을 열어 주었는데 그때 강물은 양쪽 언덕의 산과 같이 몸을 웅크리고 기다리고 있었다. 그는 큰 강물들의 원천이 있는 곳으로 내려갔다. 그는 그 곳에서 거대한 저수지를 보았고, 땅 밑을 향해 여러 방향에서 쏜살같이 흐르는 물을 쳐다보았는데 그 요란한 물소리에 귀가 먹먹할 지경이었다. 이윽고 어머니가 있는 방에 도착하였을 때 어머니와 님프들은 산해진미의 성찬으로 그를 환대하였다. 그들은 우선 포세이돈에게 제주祭酒를 올린 후에 향연을 즐겼다. 그리고 나서 어머니는 아들에게 다음과 같이 말하였다.

"프로테우스라는 바닷속에 살고 있는 늙은 예언자가 있는데, 그는 포세이돈의 연애의 고민거리를 들어 주는 자로서 그의 물개들을 지키는 일을 맡고 있다. 우리들 님프들은 그를 대단히 존경한다. 왜냐하면 그는 학자로서 과거사나 현재사나 미래사를 모두 알고 있기 때문이다. 그는 너에게 벌이 죽은 원인과 그에 대한 치료법을 가르쳐 줄 수 있을 것이다. 자진하여 가르쳐 주지는 않을 것이나 완력을 써야 한다. 네가 그를 붙잡아 쇠사슬로 묶으면, 그는 풀려나기 위하여 너의 질문에 대답할 것이다. 왜냐하면 네가 쇠사슬만 쥐고 있으면 그는 아무리 재주를 부려도 달아날 수 없기 때문이다.

그가 정오에 낮잠을 자러 동굴로 돌아올 때 나는 너를 그곳에 데려다 주겠다. 그는 잠들어 있을 테니 쉽게 붙잡을 수 있겠지만 그러나 자기가 체포된 것을 알면, 그는 둔갑술을 써서 여러 모습으로 변신할 수 있는 힘을 갖고 있으므로 그 힘에 호소할 것이다. 그는 산돼지도 될 것이고, 누런 갈기를 지닌 사자도 될 것이다. 혹은 그는 불꽃이 튀는 소리나 계곡의 물이 떨어지는 것 같은 소리를 내서 네가 쇠사슬을 놓치도록 하고는 그 사이에 도망칠 것이다. 그러니 너는 쇠사슬만 꼭 붙잡고만 있거라. 마침내 온갖 재주를 부려도 소용이 없음을 깨달으면 그는 본모습으로 돌아가서 네 명령에 복종할 것이다.

이렇게 말하면서 그녀는 아들의 몸에 향기로운 신주神酒를 뿌렸다. 그러나 곧 비상한 힘이 그의 몸에서 솟아나고 용기가 그의 심장에 가득 차 오르며 향기로운 냄새가 그의 주위에 풍겼다.

키레네는 아들을 예언자의 동굴로 데려가서 바위 틈에 은신케 하고 자신도 구름 뒤에 숨었다. 이윽고 정오가 되어 가축들이 다 눈부신 햇살을 피하여 조용한 오수午睡를 즐기고 싶어할 시간이 오자, 프로테우스는 그의 물개들을 거느리고 물 속으로부터 모습을 드러냈는데, 물개들은 해안에 올라오자 드러누워 버렸다. 그는 바위 위에 앉아서 물개들을 세고 있었다. 그리고서 동굴 바닥에 누워 잠들었다. 그가 잠이 들자마자 아리스타이오스는 그의 다리를 쇠사슬로 꼼짝 못하게 묶고는 큰 소리로 불렀다. 프로테우스는 잠을 깨어 자기가 사로잡힌 것을 알고 곧 재주를 부리기 시작하였다. 처음에는 불로 변하였다가 다음에는 홍수가 되고, 그 다음에는 무서운 야수가 되는 등 계속해서 여러 모습으로 재빠르게 변신하였다. 그러나 아무리 해도 효과가 없음을 알고는 마침내 자기의 본모습으로 돌아가서 성난 언성으로 아리스타이오스에게 말하였다.

"나의 거처를 제멋대로 침입한 젊은이여! 그대는 누구이며 나에게 무엇을 원하는가?"

아리스타이오스는 곧 대답하였다.

"프로테우스여, 당신은 이미 알고 있을 것이오. 아무도 당신을 속일 수는 없으니까요. 그러니 당신도 내 손에서 벗어나려는 노력을 버리시오. 나는 나의 재난의 원인과 그 치료법을 당신에게 들으려고 신의 도움을 받아 이곳에 오게 된 것이오."

이 말을 듣자 예언자는 아리스타이오스를 잿빛 눈으로 뚫어지게 바라보면서 말하였다.

"그대는 에우리디케를 죽게 한 그대의 행위에 대한 당연한 벌을 받을 것이오. 왜냐하면 에우리디케는 그대를 피하려다 뱀을 밟고, 그 뱀에 물려 죽은 것이니까. 그녀의 원수를 갚기 위하여 그녀의 친구 님프들은 그대의 벌을 죽게 한 것이오. 그대는 그들의 분노를 풀어 주어야 하오. 그러려면 이렇게 하시오. 몸뚱이가 아름답고 잘 생긴 황소 네 마리와 암소 네 마리를 마련하고, 님프들을 위한 제단을 네 개 세워 먼저 마련한 소를 희생물로 바치고 소의 시체를 나뭇잎이 우거진 숲 속에 내버려 두시오. 오르페우스와 에우리디케에 대해서는 그들이 원한을 풀 만큼 정중한 제물을 올리시오. 아흐레 뒤에 그 장소에 가서 죽은 소의 몸을 살펴보면 무엇인가 일어난 것을 발견할 것이오."

아리스타이오스는 충실히 이 지시를 따랐다. 소를 희생물로 바치고, 그 시체를 숲 속에 버리고는 오르페우스와 에우리디케의 망령에 공양하였다. 그리고 나서 아흐레 뒤에 그 장소에 가서 소의 시체를 검사하였더니, 이상하게도 벌 떼가 시체를 점령하고서 벌통 안에서와 똑같이 일에 열중하고 있었다.

# 신화속 예인들

다음에 이야기하려는 것은 신화로 전해 오는 유명한 시인과 음악가인데, 그들 중에는 오르페우스 못지않을 만큼 뛰어난 자도 있었다.

## :: 암피온

암피온은 제우스와 테바이의 여왕 안티오페의 사이에서 태어난 아들이었다. 그는 그의 쌍둥이 형제인 제토스와 같이 태어나 곧 키타이론산에 버려졌는데 그곳에서 부모가 누구인지도 모르고 목동들 사이에서 성장하였다. 헤르메스는 암피온에게 리라를 주고 연주하는 법도 가르쳐 주었다. 그의 아우 제토스는 사냥을 하거나 양을 치는 일을 맡아 하였다.

한편 그들의 어머니 안티오페는 테바이의 왕위를 노리는 리코스와 그의 아내인 디르케에게 심한 학대를 받았으므로 방책을 강구하여 아들들에게 그들의 권리를 일리고 돌아와 자기를 돕도록 하였다. 그들은 동료 목동들과 함께 리코스를 공격하여 살해하고, 디르케의 머리칼을 황소에 묶어 황소로 하여금 그녀의 목숨이 끊어질 때까지 끌고 다니도록 하였다. 암피온은 테바이의 왕이 된 후 성을 쌓아 수비를 강화하였다. 그가 리라를 연주하면 돌들이 저절로 움직여 성벽을 쌓았다고 전하여진다.

:: 리노스

리노스는 헤라클레스의 음악 선생이었는데, 어느 날 제자를 너무 심하게 꾸짖었으므로 헤라클레스는 노하여 리라로 리노스를 때려 죽였다.

:: 타미리스

타미리스는 옛날 트라키아의 음유시인이었는데, 무엄하게도 무사이의 여신들에게 누가 잘 하나 겨루어 보자고 도전하였다. 그러다 패배하여 장님이 되었다.

:: 마르시아스

아테나 여신은 피리를 발명하고 그것을 불어 하늘에 있는 모든 청중을 즐겁게 하였다. 그러나 장난꾸러기 쿠피도는, 여신이 피리를 불 때 잔뜩 찡그린 여신의 얼굴을 바라보고서 무례하게도 웃음을 터뜨렸는데 아테나는 노하여 피리를 내던졌다. 피리는 땅에 떨어졌다.

그때 마침 마르시아스가 지나가다가 피리를 주워 들고 불었더니 매우 아름다운 소리가 나오는 것이었다. 자만한 나머지 그는 아폴론에게 도전하여 솜씨 겨루기를 하였다.

물론 아폴론이 승리하게 되었고 마르시아스는 아폴론에게 도전한 벌로서 산 채로 껍질을 벗기는 벌을 받았다.

:: 멜람푸스

멜람푸스는 예언력을 부여받은 최초의 인간이었다. 그의 집 앞에는 참나무가 한 그루 서 있었고 뱀은 그 속에 보금자리를 만들었다. 늙은 뱀들은 하인들이 죽였으나 새끼 뱀들은 멜람푸스가 불쌍히 여겨 정성껏 길렀다.

어느 날 그가 참나무 밑에서 자고 있을 때 뱀들은 그의 귀를 혀로 핥았다. 잠이 깨자 그는 새나 기어다니는 동물들의 말을 알아듣게 되었음을 발견하고 놀랐다. 이 능력 때문에 그는 미래사를 예언할 수 있게 되어 유명한 예언자가 되었다.

언젠가 그의 적들이 그를 사로잡아 엄중히 감금하였다. 멜람푸스는 고요한 밤에 재목 속에 있는 벌레들의 대화를 엿듣고, 재목이 거의 다 썩어 지붕이 얼마 가지 않아 내려앉으리라는 것을 알게 되었다. 그는 자기를 감금하고 있는 자들에게 그 사정을 말하고는 석

방해 주기를 요구하고 그들도 주의하라고 경계하였다.
그들이 그의 주의를 받아들여 죽음을 면하자 그에게 후사하고 그를 존경하게 되었다.

:: 무사이오스

무사이오스는 반 신화적인 인물로서, 어떤 전설에 의하면 오르페우스의 아들이라고 한다. 그는 또한 종교적인 신성한 시와 신화집을 집필했다고 한다.

## 역사속 예인들 27

이 장에서 그 행적을 이야기하려고 하는 시인들은 실재 인물이며 그들의 작품 중 현재까지 남아 있는 것도 있으나, 작품 자체보다도 후세의 시인들에게 미친 그들의 영향력이 더 중요하다.

:: 아리온

아리온은 유명한 음악가로서 그를 무척 총애하는 코린토스 왕 페리안드로스의 궁정에서 살고 있었다. 시켈리아섬에서 음악 경연이 열린다고 하자 아리온은 상금을 받고 싶어 그 대회에 참가하려 하였다. 그는 자신의 희망을 페리안드로스에게 말하였더니, 페리안드로스는 형제와 같은 우정으로 그런 생각을 포기하도록 그에게 간청하며,

"제발 나와 같이 있는 데 만족하고 딴 생각을 마십시오. 얻으려

는 자는 반드시 잃는 법이니까요."
라고 말하였다. 이에 아리온은 이렇게 대답하였다.

"방랑 생활은 시인의 자유 정신에 가장 걸맞는 것입니다. 신이 나에게 부여한 재능으로 상금을 받게 된다면 내 명성이 높아지는 것만큼 기쁜 일이 아니겠습니까?"

결국 그는 경연에 참가하여 상금을 받았다. 그리고 그는 상금을 가지고 코린토스 사람의 배를 타고 귀국길에 올랐다. 출범한 다음 날 아침에는 바람이 잔잔하게 불었다. 그는 이렇게 부르짖었다.

"페리안드로스여, 이제 걱정할 것 없소. 얼마 안 가서 당신과 포옹하는 순간 걱정을 잊게 될 것이오. 우리는 신들에게 사의를 표하기 위하여 얼마나 아낌없이 제물을 신들에게 바치겠지요. 그리고 그 축하연은 얼마나 즐겁겠습니까?"

바람과 바다는 계속 평온하였다. 하늘에는 구름 한 점 없었다. 바다를 과신하지 않은 아리온은 인간을 과신하였다. 그는 뱃사람들이 무엇인가 서로 수군거리는 것을 엿들었고 마침내 자기의 재물을 약탈하려는 음모를 꾸미고 있는 것을 발견하였다. 그들은 즉시 소리를 지르며 불손한 태도로 그를 둘러싸더니 이렇게 말하였다.

"아리온, 너는 죽어야 한다. 육지에 묻히고 싶으면 온순하게 이곳에서 죽고, 그렇지 않다면 바닷속으로 투신하라."

"꼭 나의 생명을 빼앗아야겠는가?"
고 아리온은 말하였.

"나의 재물을 가지려면 가져도 좋다. 나는 자진하여 그것을 나의 생명과 바꾸려고 한다."

"안 된다. 너를 살려둘 수 없다. 너의 생명이 우리에게 너무도 위험스럽다. 만약 네가 우리에게 약탈당하였다는 사실을 페리안드로스가 안다면, 우리는 그를 피하여 어디로 도망할 수 있겠는가? 집에 돌아가서도 늘 공포를 면할 수 없다면, 너의 재물도 우리에게는 소용이 없을 것이다."

그는 이렇게 말하였다.

"생명을 구할 수 없다면 음유시인답게 죽도록 — 그렇게 살았으니까 — 마지막 소원을 하나 들어 주시오. 다름 아니라 나의 임종의 노래를 부르고 싶소. 그것을 다 부르고 나의 리라의 줄이 진동을 그쳤을 때 나는 이 세상을 이별하려고 하오. 그리고 불평 없이 나의 운명에 순종하겠소."

이 청도 다른 청과 마찬가지로 들어 줄 것 같지 않았다 — 그들은 오직 그들의 약탈물만을 생각하고 있었다 — 그러나 이와 같은 유명한 음악가의 음악을 듣는다는 기대가 그들의 거친 마음을 움직였다.

"옷을 갈아입도록 허락해 주시오. 음유시인의 옷차림을 하지 않고서는 아폴론의 총애를 바랄 수 없으니까요."

하고 그는 덧붙여 말하였다.

아리온은 균형이 잘 잡힌 몸에 보기에도 아름다운 금빛과 자줏빛의 옷을 입었다. 그의 섬세하게 주름이 잡힌 윗옷은 그의 몸을 감싸고 보석은 그의 팔을 장식하고 이마에는 금빛 화관을 쓰고 향기로운 머리칼이 목과 어깨에 늘어져 있었다. 그리고 왼손은 리라를 잡고, 오른손은 리라의 줄을 타는 상아 막대기를 들고 있었다. 영감을 받은 사람처럼 아침 공기를 들이마시는 그는 아침 햇살을 받아 눈이 부실 정도였다. 뱃사람들은 감탄하며 응시하였다. 그는 뱃전으로 걸어나가 깊고 푸른 바다를 내려다보았다. 리라에 손을 대면서 노래불렀다.

"나의 목소리 — 나의 친구여, 나와 더불어 황천으로 오라. 케르베로스머리털은 뱀이고 머리가 세 개인 개가 으르렁거린다 하더라도, 노래의 힘은 능히 그의 노기를 가라앉히리라. 어두컴컴한 강을 건너온 극락의 영웅들이여, 행복한 영혼들이여, 얼마 가지 않아 나는 그대들의 대열에 참가하리라. 그러나 그대들은 나의 슬픔을 가라앉힐 수 있겠는가? 아, 나의 친구를 이 세상에 남겨 놓고 떠나는 내 슬픔을 오르페우스의 영혼이여, 그대는 에우리디케를 만났으나 만나자마자 다시 또 잃지 않았던가. 그녀가 꿈과 같이 사라졌을 때 눈부신 햇빛도 그대에게는 얼마나 원망스러운 것이었던가. 나는 가지 않으면 안 된다. 그러나 두려워하지 않으리라. 신들이 하늘에서 보살펴 줄 것이므로 죄도 없는 나를 죽이는 자들이여, 내가 죽고 없을 때 그대들의 몸을 떨 때가 올 것이다. 바다의 여신, 네레이스들이여, 그대들의 손님을 받아들이라. 나는 그대들의 처분에 몸을 던져 맡기노니……."

이렇게 노래부르면서 그는 깊은 바닷속으로 뛰어들었다. 파도는 그를 덮고 뱃사람들은 항해를 계속하면서 이제 자기들의 범행이 발각될 우려가 없다고 생각하고 항해를 계속했다.

그러나 아리온의 노래는 그 바다에서 사는 짐승들을 끌어 모아 경청케 하였고, 돌고래들은 마술에 걸린 것처럼 배의 뒤를 따랐다.

아리온이 파도에 휩쓸려 몸부림치고 있을 때 돌고래 한 마리가 그에게 등을 내밀어 그를 등에 태우고서 무사히 해안으로 데려다 주었다. 후에 놋쇠 기념비가 이 사건을 기념하기 위하여 바위가 많은 해안, 그가 상륙한 지점에 세워졌다.

아리온과 돌고래가 헤어져 각기 자기의 거처로 향할 때 아리온은 돌고래에게 다음과 같이 사의를 표하였다.

"자, 충성스럽고 친절한 고기여, 잘 가시오. 나는 그대의 은혜를 갚고 싶지만 그대는 나와 같이 갈 수 없고, 나 또한 그대와 같이 갈 수 없으니…… 우리는 친구가 될 수는 없지만 바다의 여왕 갈라테이아가 그대를 총애하기를! 그리고 그대는 여왕이 탄 이륜차를 의기양양하게 끌며 거울같이 잔잔한 바다 위를 달리기를!"

걸음을 재촉하여 해안을 벗어난 아리온은 얼마 가지 않아 눈앞에 코린토스의 여러 탑을 볼 수 있었다. 그는 계속 걸어갔다. 손에는 리라를 들고 계속 노래를 부르며 사랑과 행복감에 충만하여 재물을 잃은 것도 잊고 오로지 자신에게 남아 있는 친구와 리라만을 생각하였다. 그가 궁전으로 들어가자 페리안드로스는 그를 포옹하였다. 아리온은 이렇게 말하였다.

"친구여, 나는 그대에게로 다시 돌아왔소. 신이 나에게 부여한 재능은 많은 사람에게 기쁨을 주었소. 그러나 악한들이 내가 얻은 재물을 빼앗았소. 어쨌든 널리 명성을 얻었으니 그것으로 자위하는 바입니다."

그는 페리안드로스에게 자기가 당한 위험한 사건을 다 이야기하였다. 그러자 페리안드로스는 이를 듣고 놀라며 이렇게 말하였다.

"이와 같은 불법 행위를 그대로 놓아 두어서야 될 말인가요? 나의 수중에 권력이 있는 한 그런 불법을 그대로 묵과할 수는 없소. 범인을 찾아낼 테니 그대는 이곳에 숨어 있으시오. 그러면 그들은 아무 의심 없이 접근할 것이오."

배가 항구에 도착하자 그는 뱃사람들을 그의 앞에 불러들였다.

"너희들은 아리온의 소식을 들은 일이 있느냐? 나는 그가 돌아오기를 몹시 기다리고 있다."

고 그가 묻자, 그들은 이렇게 대답하였다.

"저희들은 타라스에서 그와 헤어졌는데 잘 있습니다."

그들이 이 말을 마치자, 아리온이 그들의 앞에 나타났다. 그의 균형 잡힌 몸은 보기에도 아름다운 금빛과 자줏빛 옷차림을 하였었다. 섬세하게 주름이 잡힌 윗옷은 몸을 감싸고 보석은 팔을 장식하고, 이마에는 금빛 화관을 쓰고, 향기로운 머리털이 목과 어깨를 덮고 있었다. 왼손에는 리라를 들고, 오른손에는 리라 줄은 타는 상아 막대기를 들고 있었다. 그들은 마치 벼락을 맞은 것처럼 그의 발밑에 엎드렸다.

"오, 대지여, 입을 열고 우리를 받아 주시오."

페리안드로스는 이렇게 말하였다.

"노래의 대가인 그는 이렇게 살아 있다. 자비로운 하늘이 시인의 생명을 보호하였다. 나는 복수의 신을 불러내지 않겠다. 아리온은 너희들의 피를 원하지 않는다. 탐욕의 노예들아, 없어지거라. 야만인의 나라로 가거라. 그리고 아름다운 어떤 것도 너희들의 정신을 즐겁게 하지 못하기를!"

:: 이비코스

 이비코스의 이야기를 이해하려면 다음 몇 가지를 기억할 필요가 있다. 첫째, 고대의 극장은 1,000명 내지 3,000명의 관객을 수용할 수 있는 큰 건물이었다는 것, 그리고 제전 때에만 사용되었고 극장은 누구나 무료로 입장했기 때문에 늘 만원이라는 것, 그리고 그것은 지붕이 없는 노천 극장으로서 주간에 공연이 있었다는 것, 다음 복수의 여신들의 무서운 이야기가 과장되어 상연되지는 않았다는 점이다. 비극시인 아이스킬로스가 어느 때 50명의 연출자로 구성된 합창단으로 복수의 여신의 역할을 연출케 하였던 바, 관객들이 공포에 질려 기절하고 경련을 일으킨 사람이 많아 당국에서도 이후 이와 같은 상연을 금지하였다는 기록이 남아 있다.
 신앙심이 깊은 시인 이비코스는 어느 날 모든 그리스인의 인기를 집중한 코린토스의 이스트모스에서 열린 이륜차 경주와 음악 경기에 출전하려고 길을 떠났다. 아폴론은 그에게 노래의 재능과 시인의 꿀과 같은 입술을 주었다. 그는 가벼운 걸음으로 아폴론을 생각하면서 걸어갔다. 어느 새 하늘 높이 솟은 코린토스의 탑들이 눈앞에 전개되었다. 그는 두렵고 경건한 마음으로 포세이돈 신의 성스러운 숲 속에 들어갔다. 사람은 하나도 눈에 띄지 않고, 오직 한 떼의 두루미가 남쪽으로 가기 위하여 그가 가는 방향과 같은 방향으로 머리 위를 날고 있었다. 그는 이렇게 외쳤다.
 "바다를 건널 때부터 나의 길동무였던 정다운 무리들아, 너희들에게 행운이 있기를! 너희들과 같이 가게 된 것이 나에게는 길조와 같이 느껴지는구나. 우리는 다 같이 멀리서 환대를 기대하고 왔다. 너희들이나 나 외지에서 온 객을 살펴 주는 환대를 받게 되기를!"

그는 경쾌하게 발걸음을 옮겨 바로 숲 한가운데를 지날 때였다. 그때 갑자기 좁은 길에서 두 명의 도둑이 나와 그의 길을 막았다. 항복하든지 싸우든지 결정을 해야 하였다. 리라에는 익숙하였으나 무기를 가지고 싸우는 데는 익숙하지 않은 그의 손은 힘없이 처졌다. 그는 인간과 신들에게 구원을 청하였다. 그러나 그의 부르짖음을 듣고 도와 주는 자는 하나도 나타나지 않았다.

그는 이렇게 말하였다.

"이곳에서 죽어야 하다니! 이역에서 악한의 손에 의하여 죽는구나. 불쌍히 여기는 사람도 없고, 원수를 갚아 줄 사람도 없이!"

그가 심한 부상을 입고 땅 위에 쓰러지자 공중에서는 두루미들이 목쉰 소리로 부르짖고 있었다.

"두루미들아, 나의 원수를 갚아 다오. 너희들 울음 소리 외에는 나의 부르짖음에 답하는 소리가 없구나."

그는 이렇게 말하면서 눈을 감았다. 그는 약탈되고 처참한 모습으로 발견되었다. 그러나 그를 기다리고 있던 코린토스의 친구는 그것이 이비코스임을 금세 알아보고는 탄식하지 않을 수 없었다.

"이런 모습으로 너를 대할 줄이야! 나는 네가 노래 경기에서 승리의 화관을 받아 너의 나라의 여러 신전을 장식하기를 바랐었는데!"

제전에 모인 사람들은 이 소식을 듣고 놀랐다. 온 그리스가 엄청난 손실을 입은 것이라고들 말하였다. 그들은 법정으로 몰려가 살인자에게 복수하고 그들의 피로써 죄값을 치르기를 요구하였다.
 그러나 성대한 제전을 보러 모여든 많은 군중 속에서 무슨 증거가 있어 범인을 찾아낸단 말인가? 그가 도둑의 손에 죽은 것인지, 아니면 원한을 품은 자에 의해서 죽었는지 알 길이 없었다. 모든 것을 내려다보는 태양만이 알고 있을 것이다. 왜냐하면 그 밖의 누구도 보지 못하였으니까. 그러나 헛되이 복수를 바라고 있는 이 순간에도 살인자는 군중 사이에서 활보하고 있을 것이며 자기가 저지른 죄악을 즐기고 있을 것이다. 그는 아마 신전의 경내에서 극장에 들어오는 군중 사이에 자유로이 섞여 신들을 멸시하고 있을지도 모르는 일이었다.
 이윽고 군중은 열을 지어 좌석을 메워 극장이 터질 것 같았다. 원형으로 된 층층대의 좌석은 하늘에 닿을 것같이 위로 치솟아 있었고, 위로 올라갈수록 원은 넓어지고, 관객들의 떠드는 소리는 파도의 포효와도 같았다. 많은 관중들은 복수의 여신으로 분장한 합창단의 무서운 소리를 경청하고 있었다. 합창단은 장엄한 태도로 보조를 맞추며 들어와서는 극장의 둘레를 열을 지어 돌았다. 그 무서운 일단을 구성하고 있는 것은 이 세상 사람들 같지 않았다. 그리고 군중은 살아 있는 인간들 같지 않았다.
 합창단원들은 검은 옷을 입고, 여윈 손에서 시뻘겋게 타오르는 햇불을 들고 있었다. 그들의 얼굴은 창백하고 머리카락 대신 배를 불룩하게 부풀린 뱀이 똬리를 틀고 있었다. 이렇게 소름이 오싹 끼치는 모습으로 원을 이루고서 찬가를 부르고 있었다. 그 노래는 죄지은 자들의 심장을 찢고 그들을 송두리째 마비시켰다. 노랫소리는 점점 높아져 악기 소리를 압도하고, 듣는 이의 판단력을 흔들어 놓은 다음 심장을 얼어붙게 만들었다.

"마음이 정결하고 죄 없는 자는 행복할지어다! 그런 자에게는 우리들 복수의 여신도 그들에게는 손을 댈 수 없느니라. 그러나 은밀하게 살인을 저지른 자는 불행할지어다. 우리들 '밤'의 무서운 동족들은 그의 몸을 노리고 있다. 그런 자가 날아서 도망치면 우리를 피할 수 있을 줄 아는가? 우리는 그를 추격하여 더 빨리 날으리라. 우리의 뱀들은 그의 발을 감을 수 있다. 그리고 땅 위에 넘어뜨리리라. 끈기 있게 우리는 추격하리라. 그 어떤 동정심도 우리의 진로를 막지 못하리라. 죽을 때까지 쫓고 또 쫓아 그에게 안정도 휴식도 주지 않으리라."

복수의 신들은 이와 같이 노래를 불렀다. 그리고 장엄한 운율에 맞추어 춤을 추었다. 인간 이상의 것을 대하고 있는 것처럼 죽음과 같은 적막이 만장을 지배하였다. 마침내 그들은 들어올 때와 같은 장엄한 태도로 극장을 한 바퀴 돌고서 극장의 무대의 뒤쪽으로 사라졌다.

사람들의 심장은 환상과 현실 사이에서 고동쳤고 모든 가슴은 형언할 수 없는 공포에 두근거리며 비밀의 범죄를 감시하고 운명의 실타래를 보이지 않게 감고 있는 무서운 힘 앞에서 떨었다. 그 순간에 제일 위에 있는 좌석에서 부르짖는 소리가 들렸다.

"보라! 보라! 친구야! 저기 이비코스의 두루미 떼들이 있다."

그러자 갑자기 극장의 바로 위를 가로지르는 검은 물체가 다가오고 있었다는데, 그것은 언뜻 보아도 두루미 떼임이 분명하였다.

"뭐라고? 이비코스라고?"

이 사랑스런 이름은 모든 가슴 속에 슬픔을 자아냈다. 바다 위에서 파도가 연이어 일어나듯이 입에서 입으로.

"이비코스! 우리가 애도하고 있는 그 사람, 어떤 살인자의 손에 걸려 죽은 그 사람! 두루미와 그 사람이 무슨 관계가 있는 것일까?" 하는 소리가 점점 높아지자 번개처럼 모든 사람의 심중에 하나의 생각이 떠올랐다.

"복수의 신의 힘이다! 경건한 시인의 원수를 갚아야 한다! 살인자는 자기 죄를 드러냈다. 제일 먼저 소리를 지른 자와 그 자가 말을 건 상대자를 잡아라!"

범인은 될 수만 있다면 자기의 말을 취소하고 싶었을 것이다. 그러나 때는 이미 늦었다. 살인자들의 얼굴은 공포에 질려 창백해져서 그들의 죄를 고백할 수밖에 없었다. 사람들은 그들을 법관 앞에 끌고 갔다. 그들은 범죄를 자백하고 죗값을 받았다.

:: 시모니데스

시모니데스는 초기 그리스의 고대 시인들 중에서 가장 작품을 많이 쓴 사람이었으나, 지금 전하여지고 있는 것은 몇 개의 단편뿐이다. 그는 찬가, 송가, 비가를 썼는데 특히 비가에 뛰어난 자질을 보였다. 그는 감동적인 시작詩作에 능하였고, 인간의 심금을 울리는 데 그보다 더 진실한 효과를 거둔 사람은 없었다. 〈다나에의 비탄〉은 그의 남아 있는 단편 중에서 가장 중요한 작품인데, 그 시는 그의 아들이 아버지 아크리시오스의 명령으로 상자 속에 갇혀 바다에 띄워졌다는 전설에서 소재를 얻은 것이다. 상자는 세리포스섬에 표류하다가 그곳에서 어부 딕티스가 두 사람의 생명을 구하여, 그 나라의 왕 폴리덱테스에게 데리고 갔는데 왕은 그들을 받아들여 보호해 주었다. 아들 페르세우스는 성장하여 유명한 영웅이 되었는데, 그의 모험담은 제15장에서 기록된 바와 같다.

시모니데스는 그의 생애의 대부분을 왕족들의 궁정에서 보냈다. 종종 송가와 축제의 노래를 부탁받았는데 그들의 공적을 시로 읊어 왕족들의 후한 사례를 받았다. 이와 같이 부탁을 받아 시를 짓고 그 보수를 받는다는 것은 불명예스러운 일은 아니었다. 옛날 시인들, 예컨대 호메로스가 기록하고 있는 데모도코스라든지, 또 전설에 의하면 호메로스도 그런 일을 하였다고 한다.

어느 날 시모니데스가 테살리아의 왕 스코파스의 궁정에 머물고 있을 때, 왕은 주연에서 낭독할 목적으로 자기의 공적을 찬미한 시를 지어 달라고 그에게 부탁하였다. 신앙심이 깊은 시인으로 유명한 시모니데스는 시의 제재를 다채롭게 하기 위하여 그의 시에 가스토르와 폴리데우케스의 공훈을 인용하였다. 이와 같이 본주제에서 벗어난 객담을 하는 것은 시인들이 보통 쓰는 기법으로서, 보통 사람 같으면 자기가 레다의 쌍둥이 아들과 함께 찬사받은 것을 만족스럽게 생각하였을 뿐이다.

그러나 허영심은 한이 없는 것, 스코파스는 신하들과 아부하는 자들과 함께 주연을 베풀고 있을 때 자기 자신을 직접 찬미하지 않은 것을 불만스럽게 생각하였다. 시모니데스가 약속한 보수를 받으려고 앞으로 나왔을 때 스코파스는 다음과 같이 말하면서 그 반

밖에는 주지 않았다.

"너의 노래에 대하여 내 몫만 지불하겠다. 나머지는 카스토르와 폴리데우케스가 지불할 것이다."

왕의 조롱에 뒤이어 떠들썩하게 터져 나오는 웃음소리를 들으며 당황한 시인은 자기의 자리로 돌아왔다. 잠시 후에 그는 말을 탄 두 청년이 밖에서 그를 만나고자 기다리고 있다는 전언을 받았다. 시모니데스는 문 밖으로 나가 보았으나 아무도 발견하지 못하였다.

한편 그가 연회장을 나오자마자 지붕이 큰 소리를 내며 무너져 내려 스코파스 왕과 그의 손님들은 그 밑에 깔려 죽었다. 그를 부르게 한 청년들의 모습을 추적해 본 결과, 다름 아닌 카스토르와 폴리데우케스임을 알고 시모니데스는 만족하였다.


:: 사포

사포는 그리스 문학의 초창기에 활약하였던 여류 시인이었다. 그녀의 작품 가운데 남아 있는 것은 몇 안 되는 단편뿐이나 그것만으로도 그녀가 시의 천재임을 입증하기에 충분하다.

사포라고 하면 보통 생각나는 이야기는 다음과 같다. 그녀는 파온이라는 아름다운 청년을 열렬히 사랑하였으나 그의 사랑을 받지 못하였으므로 레우카스의 바위 위에서 바다 속으로 투신하여 자살하였는데, 그녀는 저 '사랑의 투신 바위'에서 몸을 던지는 자는 죽지 않으면 그 상사병이 치유된다는 미신을 믿고 뛰어내렸다.

# 28 신이 축복한 인간

:: 엔디미온

  엔디미온은 마트모스산 위에서 양을 기르는 청년이었다. 어느 조용하고 청명한 밤에 달의 여신 아르테미스가 하계를 내려다보고 잠자고 있는 그를 발견하였다. 이 처녀신의 차가운 심장은 너무나 아름다운 그의 모습에 따뜻해졌다. 그래서 여신은 지상의 그에게로 내려와 잠자고 있는 그에게 키스하고 그를 지켜 주었다.
  또 다른 전설에 의하면 제우스가 그에게 영원한 청춘과 영원한 잠을 선물로 주었다는 것이다. 그러나 이에 대한 이야기는 극히 적다. 아르테미스는 그가 맨날 잠자고 있는 동안에 그의 재산이 손상됨이 없도록 돌보아 주었다고 한다. 즉 그의 양 떼가 순조롭게 번식하게 하고, 맹수들로부터 지켜 주었다는 것이다.
  이 엔디미온의 이야기는 그 속에 내재된 인간적인 의미 때문에 독특한 매력이 있다. 엔디미온에게서 우리는 젊은 시인을 엿볼 수 있다. 즉 그의 공상과 마음이 만족을 추구하나 그것을 얻지 못한다. 마침내 사랑하는 시간을 조용한 달빛 속에서 찾아 홀로 즐기며, 그 밑에서 자신을 소모시키는 우울과 열정을 달래고 있다. 이 이야기는 동경에 찬 시적인 사랑, 현실 속에서보다 꿈속에서 보낸 생애, 그리고 일찍 찾아든 ─ 그러나 시인은 이를 환영한다 ─ 죽음을 암시하고 있다고 S.G.불핀치는 말하고 있다.


:: 오리온

오리온은 포세이돈의 아들이었다. 이 아름다운 거인은 또한 힘센 사냥꾼이었다. 그의 아버지는 그에게 바닷속을 다니는 힘을 부여하였다. 또 다른 설에 의하면 바다 위를 걸어다닐 수 있는 권능을 주었다고 한다.

오리온은 키오스섬의 왕 오이노피온의 딸 메로페를 사랑하여 구혼하였다. 그는 섬에 있는 맹수를 사냥하여 애인에게 선물로 가져오곤 하였다. 그러나 오이노피온이 결혼 승낙을 미루어 왔으므로 오리온은 완력으로 처녀를 차지하려고 하였다. 그러자 그녀의 아버지는 이 행위에 분격하여 오리온을 술을 먹여 취하게 한 후에 두 눈을 뽑아 버리고 해변에 버렸다.

장님이 된 오리온은 태양신 헬리오스를 찾아가 애원하면 시력을 다시 얻으리라는 신탁을 들었다. 그는 헤파이스토스 신의 대장간에서 울리는 망치 소리를 따라 길을 떠났다. 마침내 렘노스섬에 도착하여 헤파이스토스의 대장간에 다다랐다. 헤파이스토스는 그를

아르테미스와 아폴론과 함께 사냥하는 오리온

불쌍히 여겨 케달리온이라는 직공을 시켜 그를 태양신의 거처로 안내하였다. 케달리온을 어깨에 메고 오리온은 동쪽으로 가서 그곳에서 태양신을 만나 그의 광선에 의하여 시력을 회복하였다.

그 후 오리온은 사냥꾼으로서 그를 사랑하는 아르테미스와 같이 살았는데, 그녀는 장차 그와 결혼하리라는 풍문까지 나돌게 되었다. 여신의 오빠아폴론는 이를 몹시 못마땅하게 여겨 여신을 여러 차례 꾸짖었으나 아무 효과도 없었다.

어느 날 아폴론은 오리온이 머리만 물 위에 겨우 내놓고 바다를 건너는 것을 보고, 동생에게 그것을 가리키며 그녀의 활솜씨로는 저 바다 위의 검은 물체를 맞출 수 없을 거라고 약을 올렸다. 활의 명사수인 여신은 운명의 표적을 겨누어 화살을 쏘았다. 오리온의 시체는 파도에 휩쓸려 육지로 떠내려왔다. 아르테미스는 돌이킬 수 없는 자신의 과오를 눈물로써 통곡하고, 오리온을 별자리에 박아 주었다. 그래서 그는 그곳에서 허리띠와 칼을 차고 사자의 모피를 몸에 두르고 곤봉을 손에 쥔 거인의 모습으로 나타나고 있다. 그리고 밤하늘에 나타난 세이리오스[天狼星]라는 개가 그의 뒤를 따르고, 플레이아데스는 그의 앞에서 날고 있다.

플레이아데스는 아틀라스의 딸들이며, 아르테미스에게 시종하는 님프들이었다. 어느 날 오리온은 그들을 보고 매혹되어 뒤쫓아 갔다. 어찌할 바를 몰라 그녀들은 모습을 바꾸어 달라고 신들에게 기도하였다. 그래서 제우스는 그녀들을 불쌍히 여겨 비둘기로 변신시킨 뒤 하늘의 별자리가 되게 하였다. 그 수는 일곱이었으나 별로서 보이는 것은 여섯 개뿐이다.

그것은 그녀들 중의 하나인 엘렉트라가 폐허가 된 트로이를 보고 싶지 않아서 자리를 떠났기 때문이라고 전해진다. 트로이는 그녀의 아들인 다르다노스가 세운 도시였기 때문이다. 그녀의 자매들도 그 폐허의 광경을 보고 상심한 나머지 그 후로는 안색이 창백해졌다.

## :: 에오스와 티토노스

새벽의 여신 에오스는 그 언니인 달의 여신 아르테미스처럼 인간에 대한 연정에 사로잡힐 때가 종종 있었다. 그녀가 가장 사랑한 것은 트로이의 왕 라오메돈의 아들 티토노스였다. 그녀는 그를 납치한 뒤 제우스를 설득하여 불사의 능력을 그에게 주도록 하였다. 그러나 영원한 생명과 더불어 영원한 젊음을 주라고 청하는 것을 깜박 잊었기 때문에 그가 그 이후로 점점 늙어 가는 것을 보고 그녀는 대단히 마음아파하였다. 그리고 그의 머리가 백발이 되었을 때 그녀는 그와의 교제를 끊었다. 그러나 그는 계속하여 그녀의 궁전에 머물며 신의 음식을 먹으며 하늘의 옷을 입고 지냈다. 마침내 그가 수족을 움직일 수 없게 되자 그녀는 그를 방 안에 가두어 버렸는데, 그의 신음 소리가 종종 밖으로 새어 나오는 것에 짜증이 나 그를 메뚜기로 변신시켜 버렸다.

멤논은 에오스와 티토노스의 사이에서 태어난 아들이었다. 그는 에티오피아의 왕으로서 동쪽 끝 오케아노스 해안에 살고 있었는데, 트로이 전쟁 때는 그의 아버지의 친족을 도우려고 무사들과 군대를 이끌고 갔다. 이때 트로이 왕 프리아모스는 그를 정중히 맞았다. 그가 오케아노스 해안의 경이스런 일들을 이야기하자 프리아모스는 감탄하면서 경청하였다.

트로이에 도착한 바로 다음날 무료함을 달래려고 그는 군대를 이끌고 싸움터로 나갔다. 네스토르의 용감한 아들인 안틸로코스는 그의 손에 의하여 피살되고 그리스인들은 패주하였으나 그런데 그때 아킬레우스가 나타나 전세를 역전시켰다. 장시간의 일진일퇴의 전투가 아킬레우스와 에오스의 아들 사이에서 계속되었다. 마침내 승리는 아킬레우스에게로 돌아가 멤논은 전사하고 트로이 사람들은 패하여 도망갔다.

하늘의 거처로부터 아들을 걱정하면서 바라보고 있던 에오스는 그가 쓰러지는 것을 보고는 그의 형제인 바람의 신들에게 명하여 그의 시체를 파플라고니아의 아이세포스 강가로 운반하도록 하였다. 이윽고 저녁이 되자 에오스는 시간의 신들과 플레이아데스를 거느리고 찾아와서 죽은 아들을 보고 통곡하였다. 밤의 여신도 그녀의 슬픔을 동정하여 구름으로 하늘을 덮었다. 천지만물은 다 새벽의 여신의 아들의 죽음을 애도하였다.

에티오피아 사람들은 그의 분묘를 아이세포스 강가에 있는 님프들의 숲 속에 세웠다. 그리고 제우스는 그의 시체를 태우는 나무더미의 불똥과 재물을 새로 변하게 하였는데, 새들은 양편으로 갈라져 화장의 나무더미 위에서 서로 싸워 마침내 불꽃 속으로 떨어져 모습을 감추었다.

매년 그가 죽은 날이 되면 새들은 다시 돌아와서 같은 방법으로 그의 제사를 지낸다. 한편 에오스는 아들을 잃은 것을 체념할 수 없었던지 지금도 눈물을 흘리고 있는데, 매일 아침 풀 위에 내린 이슬의 형태로 우리는 그녀의 눈물을 볼 수 있다.

:: 아키스와 갈라테이아

스킬라는 바다의 님프들이 사랑하는 시켈리아의 아름다운 처녀였다. 그녀는 구혼자가 많았으나 그들을 다 물리치고 종종 바다의 여신 갈라테이아의 동굴을 찾아가 그들 때문에 몹시 귀찮다는 이야기를 하였다.

어느 날 여신은 스킬라가 자기의 머리를 빗겨 주고 있을 때 그녀의 이야기를 듣고 대답하였다.

"너를 성가시게 구는 자는 인간이니까 대단치 않아. 싫으면 물리칠 수도 있으니까. 나는 네레우스의 딸이요, 여러 자매들의 수호를 받고 있으나 바닷속 깊이 들어가지 않는 이상 키클롭스(외눈박이 거인)의 연모를 피할 수 없단다."

이렇게 말하면서 여신은 흘러내리는 눈물 때문에 말을 더 계속할 수 없었다. 그래서 동정심이 많은 스킬라는 섬세한 손가락으로 눈물을 씻어 주며 여신을 위로하고,

"원컨대 당신의 슬픔의 원인을 말하여 주십시오."
하고 말하였다. 그래서 갈라테이아는 이렇게 말을 하였다.

"아키스는 파누스와 님프 나이아스의 사이에서 태어난 아들이었다. 물론 그의 아버지와 어머니는 그를 몹시 사랑하였으나 그들의 사랑도 나의 사랑에 필적할 수는 없었다.

그때 그는 16세로서 털이 양볼에 거뭇거뭇 돋아나기 시작하였다. 내가 그와의 교제를 원하는 거와 똑같은 정도로 키클롭스는 나와의 교제를 원하였다. 아키스를 사랑하는 마음과 키클롭스를 싫어하는 마음 중 어느 편이 더 강하였느냐고 묻는다면 그것은 말할 수 없어. 같은 정도였으니까.

오, 아프로디테여, 당신의 위대한 힘이여! 이 무서운 거인, 숲의 공포, 어떠한 길손도 그를 한 번 만나기만 하면 화를 당하지 않은 사람이 없었던 자, 제우스까지도 얕보던 자, 그런 자가 사랑이 무엇인지를 알게 되었단다. 그리고 나에 대한 연정에 사로잡히자 그는 그의 양 떼도 곡식이 가득 찬 동굴도 잊었어.

그리고 처음으로 외모에 신경 쓰기 시작하고 남의 마음에 들도록 노력하게 되었단다. 그는 헝클어진 머리칼을 빗으로 빗었고 얼굴

을 가다듬었다. 살육을 좋아하는 사나운 성질도 피를 갈망하는 성질도 가라앉고 그의 섬에 들르는 선박도 무사히 통과시켰다. 그는 큰 발자국을 남기며 해안을 이리저리 걸어다녔고, 피곤하면 동굴 속에 들어가 한숨만 내쉬었었지.

그곳에는 바다 쪽으로 돌출한 절벽이 있었는데, 그 양쪽에서 물결이 출렁거렸어. 어느 날 거인은 그곳에 멍하니 앉아 있었고, 그의 양 떼는 주위에서 놀고 있었지. 그는 배의 돛대로도 쓸 수 있을 만큼 큰 지팡이를 옆에 놓고 많은 갈대로 만든 피리를 손에 들고 바다와 산이 쩡쩡 울릴 만큼 그는 그의 노래를 불렀어.

나는 그때 사랑하는 아키스와 바위 밑에 숨어서 멀리서 들려 오는 거인의 피리 소리에 귀를 기울이고 있었어. 그 노래는 나의 아름다움을 한없이 찬미하는 동시에 나의 무정함과 잔인함을 맹렬히 비난하는 것이었어.

연주가 끝나자 그는 일어서더니 잠시도 가만히 서 있지도 못하는 성난 황소처럼 숲 속으로 걸어갔다. 아키스와 나는 그를 까마득히 잊고 있었는데 갑자기 그는 우리가 앉아 있는 것을 발견한 거야. 그는 부르짖었어.

'나는 너희들을 보았다. 이것이 너희들의 밀회의 최후가 되도록 하겠다.' 그의 소리는 성난 키클롭스만이 낼 수 있는 포효였어. 에트나산은 그 소리에 떨고 나는 공포에 질려 바닷속으로 들어갔어. 아키스는 '날 살려요, 갈라테이아, 날 살려요, 아버지, 어머니' 하고 부르짖으며 몸을 돌려 달아났어.

그를 추격하던 키클롭스는 산 옆에서 바위를 떼어 그를 향해 던졌다. 바위의 한 모퉁이에 맞았을 뿐이지만 그것은 그의 생명을 앗아가기에 충분했지.

　나는 힘이 닿는 데까지 그를 구하려고 손을 썼어. 나는 강의 신인 그의 할아버지와 필적할 만한 여러 영예를 그에게도 부여하였다. 자줏빛 피가 바위 밑으로부터 흘러나왔는데 점점 창백해지고, 비 온 뒤의 시냇물같이 색깔이 변하다가 이윽고 맑게 되었어. 바위가 갈라져 열리더니 그 틈에서 물이 솟아나오면서 즐겁게 속삭이더군."

　이와 같이 아키스는 강으로 변하였고 그 강은 아키스라는 이름으로 불리어지고 있다.

## 트로이 전쟁 29

아테나는 지혜의 여신이었는데, 어느 날 지혜롭지 못한 짓을 한 일이 있었다. 그녀는 아름다움을 얻고자 헤라 및 아프로디테와 겨루어 보려고 했던 것이다. 그것은 이런 계기로 일어났다.

펠레우스와 테티스의 결혼식 때 불화의 여신 에리스를 제외한 모든 신들이 초대를 받았다. 자기만 제외된 데 분격하여 에리스는 혼인 잔치의 좌중에다 황금 사과를 한 알 던졌는데 그 사과에는 '가장 아름다운 신에게'라는 글씨가 씌어져 있었다. 그래서 헤라와 아프로디테와 아테나는 그 사과를 자기 것이라고 주장하였다.

제우스는 이렇듯 미묘한 문제에 대한 판결을 내리기를 원치 않아 이 세 여신들을 이데산으로 보내었다. 그곳에는 아름다운 양치기 파리스가 제우스의 양 떼를 돌보고 있었는데 제우스는 이 파리스에게 그 판결을 맡겼다. 그래서 여신들은 파리스 앞에 나타났다. 각기 자기에게 유리한 판결이 내려지게 하기 위하여 헤라는 파리스에게 권력과 부를, 아테나는 전쟁에서의 영광과 공명을 약속하고, 아프로디테는 가장 아름다운 여자를 아내로 삼게 해주겠다고 약속하였다. 파리스는 아프로디테의 제안이 마음에 들어 그녀에게 황금 사과를 주었다. 이로써 그는 다른 두 여신을 그의 적으로 만들었던 것이다.

파리스는 아프로디테의 보호 아래 그리스로 항해하여 스파르타 왕 메넬라오스의 환대를 받았다. 그런데 메넬라오스의 아내 헬레네는 가장 아름다운 여인으로서 아프로디테가 파리스의 아내로 예정한 사람이었다. 처녀 시절 그녀에게는 구혼자가 몰려들었다. 마침내 그중에서 메넬라오스를 선택하였는데, 오디세우스가 그녀를 모든 위험으로부터 보호하고 필요한 경우에는 그녀의 원수를 갚는 데도 힘을 합하여 진력할 것을 약속하였기 때문이었다.

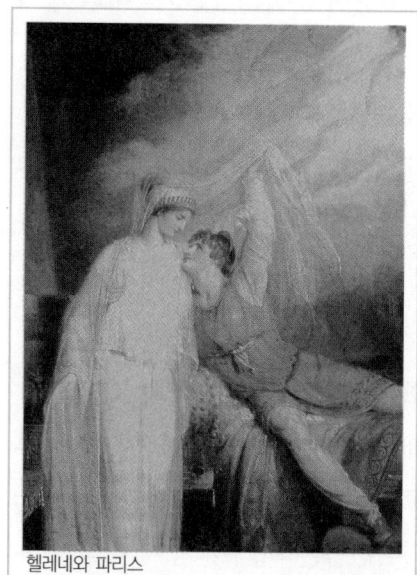
헬레네와 파리스

헬레네가 메넬라오스와 함께 행복하게 살고 있을 때 파리스가 손님으로 찾아온 것이었다. 파리스는 아프로디테의 도움을 받아 그녀를 설득한 뒤 함께 트로이로 가 버렸다. 이로부터 유명한 트로이 전쟁 — 고대의 가장 위대한 시〈일리아드〉, 〈오디세이〉, 〈아에네이스〉, 호메로스나 베길리우스의 시의 제재가 된 유명한 전쟁이 일어나게 된 것이다.

메넬라오스는 그리스의 왕후장상들에게 사람을 보내 일찍이 약속했던 대로 자기의 아내를 되찾는데 협력해 주도록 요구하였다. 그들은 대부분 이에 응하여 출정하였다. 그러나 오디세우스는 페넬로페와 결혼하여 아내와 자식들과 무척이나 행복하게 지내고 있었으므로 이와 같은 귀찮은 일에 말려들고 싶지 않았다.

주저하는 오디세우스를 재촉하기 위해 팔라메데스가 파견되었다. 팔라메데스가 이타케에 도착하자 오디세우스는 미친 사람 행세를 하고 있었다. 그는 나귀와 황소를 같이 쟁기에 매고 종자 대신 소금을 뿌리기 시작하였다. 팔라메데스는 그를 시험하기 위하여 그의 어린 아들 텔레마코스를 쟁기 앞에다 놓으니 그는 쟁기를 옆으로 비키었다. 이로써 미친 사람 행세는 탄로가 나고 따라서 그는 약속 이행을 거절할 수 없게 되었다. 일단 이 일에 가담하게 되자 오디세우스는 자기처럼 자진해서 나서지 않는 자들 그 중에서도 그는 특히 아킬레우스를 끌어들이기 위해 안간힘을 썼다.

아킬레우스는 결혼식 때 에리스가 사과를 여신들 가운데에 던졌던 테티스의 아들이었다. 테티스는 바다의 님프로서 신위神位에 있었다. 그래서 그녀는 자기의 아들이 원정에 참가하면 죽을 운명이라는 것을 알고 아들의 참전을 극구 막으려고 노력하였다. 그녀는 아들을 리코메데스 왕의 궁정으로 보내어 여장을 하고 공주들 사이에 몸을 숨기도록 하였다. 그러나 오디세우스는 아킬레우스가 그곳에 있다는 말을 듣고 상인으로 변장하여 궁전으로 갔다. 그는 공주들 앞에 여자의 장식품을 팔려고 내놓았는데 그 속에는 약간의 무기도 섞여 있었다. 왕의 딸들은 다른 물건들에 열중하고 있는데 아킬레우스는 무기를 만졌다. 그래서 예민한 오디세우스에게 정체가 드러나고 만 것이었다. 오디세우스는 그를 설득하여 그의 어머니의 신중한 권고를 무시하고 다른 사람들과 같이 전쟁에 출정하게 하였다.

프리아모스는 트로이의 왕이었고 양치기로서 헬레네를 유혹한 파리스는 그의 아들이었다. 파리스는 세상에 알려지지 않고 양육되었다. 왜냐하면 그가 장차 국가 존립의 화근이 되리라는 불길한 예언이 유년 시대부터 그에게 있었기 때문이었다. 마침내 이 징조가 실현될 것처럼 보였다.

그 당시 트로이를 공격하려는 그리스군은 최고의 군비를 갖추었기 때문이다. 미케나이의 왕이요, 피해를 입은 메넬라오스의 형인 아가멤논이 총사령관으로 선출되었다. 아킬레우스는 그들 중에서 가장 뛰어난 무사였다. 그 다음은 아이아스였는데, 그는 몸집이 크고 대단히 용감하였으나 머리는 둔하였다. 디오메데스는 영웅다운 여러 자질에 있어서 아킬레우스 다음가는 무사였다. 오디세우스는 지자智者로서 유명하였고, 네스토르는 그리스군의 사령관 중에서 최연장자로서 고문격으로 존경을 받았다.

그런가 하면 트로이군도 결코 약한 상대는 아니었다. 국왕 프리아모스는 늙었으나 젊었을 때는 현명한 군주로서 선정을 베풀었고, 국외로는 인접국과 여러 동맹을 체결하여 국력을 확장하였다. 그리고 그의 왕위의 가장 중요한 지주는 그의 아들 헥토르였는데, 헥토르는 고대 이교도 중에서 가장 고귀한 인물 중의 하나였다. 그는 처음부터 조국의 멸망을 예감하였으나 끝까지 용감하게 싸웠다. 그러나 조국의 운명을 이처럼 위태롭게 한 부정 행위파리스가 헬레네를 유혹한 행위를 정당시하지는 않았다. 그는 안드로마케와 결혼하였다. 그리고 남편으로서, 어버이로서의 그의 성격은 무사로서의 자질에 뒤지지 않을 만큼 훌륭하였다. 헥토르 이외의 트로이군의 중요 지휘자는 아이네이아스, 데이포보스, 글라우코스, 사르페돈 등이었다.

2년간에 걸쳐 준비를 한 후에 그리스의 함대와 군대는 보이오티아의 아울리스항에 집결하였다. 이곳에서 아가멤논은 사냥을 하다가 모르고 아르테미스에게 봉헌된 수사슴을 죽였다. 그래서 여신은 그 벌로 군대 안에 전염병을 퍼뜨리고 배가 항구를 떠나지 못하게끔 바람을 잠자게 하였다. 이때 점쟁이 칼카스는 처녀신의 노여움을 가라앉히기 위해서는 처녀를 제단에 희생물로 바치는 방법밖에는 도리가 없고, 그것도 반드시 죄를 지은 자의 딸이어야 한다고 선언하였다. 아가멤논은 싫지만 승낙하지 않을 수 없었다. 그래서 그는 딸 이피게네이아를 아킬레우스와 결혼시킨다는 구실 아래 불러왔다. 그녀가 희생될 바로 그 순간에 여신은 노여움을 풀고 그녀가 있던 자리에 암사슴을 한 마리 남겨 놓고 그녀를 납치하여 구름으로 몸을 가리고 타우리스로 데리고 와서 자기의 신전의 사제로 삼았다.

이윽고 순풍이 불어 함대가 출범하였다. 함대는 트로이의 해안에 도착하였다. 트로이군은 그리스군의 상륙을 제지하려고 진격하였다. 이 최초의 공격에서 프로테실라오스는 헥토르의 손에 전사하였다. 프로테실라오스는 그를 가장 사랑하는 아내 라오다메이아를 집에 남겨놓았었다. 남편이 전사하였다는 소식을 듣고 그녀는 오직 세 시간 동안만이라도 남편과 작별인사를 하게 해 달라고 신들에게 간청하였다. 이 간청은 허용되었다. 헤르메스는 프로테실라오스를 이승으로 다시 데리고 왔다.

작별인사가 끝나고 그가 두 번째로 죽자 라오다메이아도 그를 따라 죽었다. 전설에 의하면 님프들이 그의 무덤 주위에 느릅나무를 여러 그루 심었다. 이 나무들은 트로이를 내려다볼 수 있을 만큼 높이 자란 후에 말라죽었는데 뿌리에서 새 가지가 다시 돋아났다고 한다.

:: 일리아스

전쟁은 승패가 나지 않은 채 9년 동안 계속되었다. 그러던 차에 그리스군의 운명에 치명적인 영향을 미칠 수도 있는 한 사건이 일어났다. 그것은 아킬레우스와 아가멤논 사이의 불화였다. 호메로스의 위대한 시 〈일리아스〉는 이곳에서 시작된다. 그리스군은 트로이와의 전쟁에서는 승리를 거두지 못하였으나 그 이웃 동맹국들을 공략하였다. 그리고 전리품을 나눌 때 크리세이스라는 여자 포로가 아가멤논의 차지가 되었다. 이 포로는 아폴론의 사제인 크리세스의 딸이었다. 그래서 크리세스는 사제의 표지를 몸에 지니고 와서 딸을 풀어 주기를 간청하였다. 그러나 아가멤논은 거절하였다. 그러자 크리세스는 자기의 딸을 풀어 줄 때까지는 그리스 군을 괴롭혀 달라고 아폴론에게 탄원하였다. 아폴론은 그의 사제의 기원을 들어 주어 전염병을 그리스군 진영에 퍼뜨렸다.

그리스군은 신들의 분노를 가라앉히고 역병을 피할 방책을 강구하기 위하여 회의가 소집되었다. 이 자리에서 아킬레우스는 대담하게 그들의 재난이 크리세이스를 억류한 데 기인한 것이라 하여 그 책임을 아가멤논에 전가하였다.

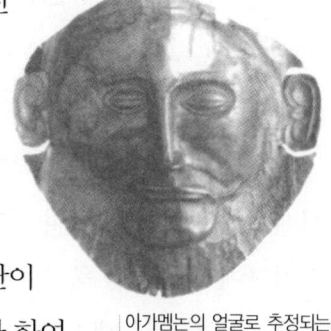
아가멤논의 얼굴로 추정되는 황금마스크

화가 난 아가멤논은 자기의 포로를 석방하는 데 동의하였으나 그 대신 전리품을 나눌 때 아킬레우스의 차지가 된 브리세이스를 자기에게 양도하라고 아킬레우스에게 요구하였다. 아킬레우스는 이에 응하겠지만 자기는 이후 전쟁에서 손을 떼리라고 선언하였다. 그는 그의 군대를 본진에서 철수시키고 그리스로 돌아가겠다고 고집하였다.

남녀 신들도 이 유명한 전쟁에 당사자들과 마찬가지로 관심을 가졌었다. 신들은 그리스군이 지구전을 펼치면서 자진하여 전쟁을 포기하지 않는 한 결국에는 트로이가 패배할 운명이라는 것을 잘 알고 있었다. 그러나 양쪽 군대에 각각 가담한 신들의 희망과 근심을 자극할 우연의 여지는 아직 남아 있었다. 파리스에게 자신들의 미를 무시당한 헤라와 아테나는 트로이군에게 적의를 품고 있었다. 아프로디테는 그와 상반된 이유로 트로이 군의 편을 들었다. 아프로디테는 자기를 숭배하는 아레스를 트로이 편에 가담하게 하였으나 포세이돈은 그리스 편을 들었다. 아폴론은 중립을 지키면서 때로는 이쪽 편을, 때로는 다른 편을 들었다. 제우스 자신은 프리아모스를 사랑하였으나 어느 정도 공평한 태도를 잃지 않았다. 그러나 예외가 전혀 없었던 것은 아니었다.

아킬레우스의 어머니 테티스는 자기의 아들이 모욕당하였다는 사실에 몹시 분개하였다. 그래서 곧장 제우스의 궁전으로 가서 트로이군에게 승리를 줌으로써 그리스군이 아킬레우스에게 가한 모욕을 후회하도록 해 달라고 탄원하였다. 제우스는 승낙하였다. 그래서 그 다음 행하여진 전투에 있어서는 트로이군이 크게 승리하였다. 그리스군은 전장으로부터 쫓겨나 타고 온 배로 퇴각하였다.

총사령관 아가멤논은 가장 현명하고 용감한 지휘자들을 소집하여 회의를 열었다. 네스토르는 아킬레우스에게 사자를 보내어 전장에 귀환하도록 설득해야 하는데 그러기 위해서는 아가멤논이 분쟁의 원인인 그 처녀를 돌려 주고 자기의 잘못을 사과하는 뜻으로 선물을 많이 보내야 한다고 충고했다. 아가멤논은 이를 승낙하여 곧 오디세우스와 아이아스와 포이닉스를 아킬레우스에게 사죄사로 보냈다. 그러나 아킬레우스는 그들의 간청을 듣지 않았다. 그는 전장으로 되돌아가는 것을 단호하게 거절하고 곧장 그리스로 가겠다고 고집하였다.

그리스군은 함대 주위에 방벽을 구축하였다. 그래서 그들은 이제는 트로이를 공격하기는커녕 방벽 안에서 자기들 자신을 공격하는 형세가 되었다. 아킬레우스에게 사자를 보냈으나 성공하지 못한 그 다음날 또 한 차례 전투가 벌어졌다. 이 전투에서 트로이 군은 제우스 덕분에 전세가 유리하여 그리스군의 방벽을 뚫고 함대에 불을 지르려고 하였다. 포세이돈은 그리스군이 곤경에 빠진 것을 보고서 구조하러 나섰다. 그는 예언자 칼카스의 모습으로 둔갑하고 나타나 크게 외치면서 병사들을 격려하고, 한 사람 한 사람을 찾아다니며 호소하여 그들의 사기를 북돋웠기 때문에 트로이군은 마침내 퇴각하지 않을 수 없었다. 이미 용맹을 떨친 아이아스는 헥토르와 대결하게 되었다. 아이아스가 소리를 내지르며 도전하자, 헥토르는 이에 응하여 거대한 무사인 아이아스에게 창을 던졌다. 그러나 창은 아이아스의 칼을 맨 띠와 방패를 맨 띠가 그의 가슴에서 십자형으로 교차한 곳으로 날아갔다. 칼과 방패가 창이 관통하는 것을 막았기 때문에 창은 아무 부상도 입히지 못하고 땅에 떨어졌다. 이번에는 아이아스가 큰 돌 — 배를 지탱하는 버팀돌이었다 — 을 집어 헥토르를 향하여 던졌다. 돌은 헥토르의 목을 강타하여 그를 땅에 쓰러뜨렸다. 그의 부하들은 곧 부상당한 그를 안고서 진지로 물러갔다.

이와 같이 포세이돈이 그리스군을 원조하여 트로이군을 물리치고 있을 동안에 제우스는 어떤 일이 일어나고 있는지 전혀 모르고 있었다. 왜냐하면 헤라의 간계에 의해 그는 전세에 대하여 관심을 가지지 않았기 때문이었다. 헤라는 갖은 수단을 써서 매력적으로 몸을 단장하였는데, 특히 '케스토스'라는 허리띠를 아프로디테에게서 빌렸다는 것은 흥미 있는 이야기이다. 왜냐하면 이 허리띠는 그것을 착용하고 있는 자의 매력을 그에 저항할 수 없을 정도로 높이는 힘을 가지고 있었기 때문이다. 이렇게 몸을 꾸미고서 헤라는 올림포스산 위에 앉아서 전투를 내려다보고 있는 남편 곁으로 갔다. 그가 그녀를 보았을 때 그녀의 매력은 대단하였으므로 지난날의 불타는 사랑이 되살아나 전쟁도, 그 밖의 다른 공무도 잊어버리고 그녀에게 몰두하였다.

그러나 이러한 상태는 오래 계속되지 않았다. 제우스는 눈을 밑으로 돌려 헥토르가 부상을 입어 고통을 당하고, 거의 생명이 끊어질 지경임을 보고서 크게 노하여 헤라를 물러가게 하고 이리스무지개의 여신와 아폴론을 불러오라고 명령하였다. 이리스가 오자 그는 그녀를 포세이돈에게로 보내 속히 전장을 떠나도록 명령하였다. 또 아폴론은 헥토르의 부상을 치료하고 원기를 북돋기 위하여 파견되었다. 이런 명령들은 대단히 빨리 이행되어 전투가 한창일 동안에 헥토르는 전장으로 되돌아갔고, 포세이돈은 자기의 영지로 물러갔다.

파리스가 쏜 화살이 아스클레피오스의 아들 마카온에게 상처를 입혔다. 그는 아버지의 의술을 전수받았으므로 용감한 무사로서뿐 아니라 군의로서 그리스군에게 없어서는 안 될 사람이었다. 네스토르는 부상당한 마카온을 자기의 이륜차에 태우고서 전장으로부터 빠져나왔다. 그들이 아킬레우스의 함대를 통과할 때 아킬레우스는 늙은 네스토르를 알아보았지만 부상한 장군이 누구인가는 알지 못하였다. 그래서 그는 자기의 막료요, 가장 친한 친구인 파트로클로스를 불러 네스토르의 진영으로 보내 부상한 자가 누구인지 알아보게 했다.

파트로클로스는 네스토르의 진영에 들어가 마카온이 부상당한 것을 알아냈다. 그래서 자기의 용건만을 알리고 바로 돌아가려고 하였는데, 네스토르가 불러세우고 그리스군의 비참한 상황을 모두 이야기하였다. 네스토르의 이야기를 듣고 파트로클로스는 아킬레우스와 자기가 트로이를 향하여 출발할 때 각자의 아버지로부터 들은 비슷한 충고 — 아킬레우스는 최대의 무공을 세우고, 파트로클로스는 연장자로서 그의 친구를 감독하여 그의 미비점을 지도하여 주도록 하라는 충고 — 를 상기하였다. 네스토르는 파트로클로스에게 이렇게 충고하였다.

"지금이야말로 그대들의 아버지의 충고를 이행할 시기오. 신들이 허용한다면 그대는 아킬레우스를 다시 전장에 나오도록 할 수 있을 것이오. 그렇지 못하다면 적어도 그의 부하들이라도 전장으로 보내도록 하여 주시오. 그리고 그대, 파트로클로스는 아킬레우스의 갑옷을 입고 오시오. 그러면 그 갑옷만 보아도 트로이군은 달아날 것이오."

파트로클로스는 이 말을 듣고 대단히 감동하였다. 그는 자기의 눈으로 보고 귀로 들은 것을 곰곰이 되씹으며 아킬레우스가 있는 곳으로 빨리 돌아갔다. 그는 최근까지 자기들의 막료였던 무장들의 진영의 비참한 상황을 아킬레우스에게 전하였다. 즉 디오메데스, 오디세우스, 아가멤논, 마카온 같은 장군들이 다 부상을 입었으며 보루는 파괴되었고 적들은 함대를 불살라서 그리스군이 고국으로 돌아가지도 못하는 형편이라는 이야기를 하였다.

그들이 이와 같은 이야기를 하고 있을 때 불꽃이 한 함선에서 일었다. 아킬레우스는 이 광경을 보고 마음이 풀려 파트로클로스에게 그의 소원대로 미르미도네스(아킬레우스의 병정들은 이렇게 불리었다를 이끌고 전장으로 나가는 것을 허락하고 갑옷도 빌려 주었다. 그 것은 파트로클로스가 이 갑옷을 입음으로써 트로이군에 심리적으로 더 많은 공포감을 주기 위해서였다. 곧 병정들이 정렬되고, 파트로클로스는 찬란한 갑옷을 입고 아킬레우스의 이륜차에 올라 전투에 나설 병사들의 선두에 섰다. 그러나 그가 떠나기 전에 아킬레우스는 파트로클로스에게 적을 물리치는 정도에서 그치라고 엄격히 당부하였다.

"나 없이 그대 홀로 그 이상 트로이군을 추격하지는 말라. 내가 받은 모욕을 생각하여서."
라고 말하였다. 그리고 최선을 다하라고 병사들에게 훈시하고는, 의기충천한 그들을 싸움터로 내보냈다.

파트로클로스와 그의 군대는 곧 격렬한 격전이 벌어지고 있는 곳으로 뛰어들었다. 이 광경을 보고 기쁨에 넘친 그리스군은 소리를 지르고, 함선은 이 환호성을 반향하였다. 트로이군은 유명한 아킬레우스의 갑옷을 보자 공포에 떨며 달아날 곳을 찾기에 바빴다. 배를 점령하고 불을 지른 자들이 제일 먼저 달아났으므로 그리스군은 배를 되찾아 불을 껐다. 그러자 다른 자들도 당황하여 도주하였다. 아이아스와 메넬라오스, 그리고 네스토르의 두 아들이 가장 용감하게 싸웠다. 적장 헥토르는 전세가 불리하자 말머리를 돌려 포위망으로부터 퇴각하고, 그의 부하들은 도망하느라 정신이 없었다. 파트로클로스는 눈앞의 적병을 쫓고 많은 자를 무찔렀으나 그 누구도 그에게 감히 맞서 싸우지 못했다.

이때 제우스의 아들 사르페돈이 파트로클로스와 대결하게 되었다. 이때 제우스는 자기의 아들을 내려다보고 있다가 그를 기다리고 있는 운명으로부터 구제하려고 하였다. 그러나 헤라는 만약 제우스가 그런 짓을 하면, 하늘에 있는 다른 신들도 그의 선례에 따라 자기들의 자손이 위태롭게 되면 간섭하게 되리라고 충고하였다. 옳은 말이었으므로 제우스는 따르지 않을 수 없었다.

사르페돈은 창을 던졌으나 파트로클로스를 맞추지 못하였다. 그러나 파트로클로스가 던진 창은 사르페돈의 가슴을 꿰뚫어 사르페돈은 땅바닥에 쓰러졌다. 그리고 자기의 시체를 적의 손에 넘기지 말라고 친구들에게 호소하면서 절명하였다. 그의 시체를 차지하려고 격렬한 전투가 벌어졌다. 결국 그리스군이 승리하여 그의 갑옷을 벗기었다. 그러나 제우스는 아들의 시체가 수모를 당하는 것을 방관하려 하지 않았다. 그의 명령에 의하여 아폴론은 전사들 속에서 사르페돈의 시체를 빼앗아 쌍둥이 형제 신인 '죽음'과 '잠'에게

리코메데스 왕의 궁정에 숨어 있는 아킬레우스

보살피도록 맡겼다. 그들에 의하여 사르페돈의 시체는 그의 고향인 리키아로 이송되어 정중한 장례를 치렀다.

이때까지는 트로이군을 물리치고, 그리스인의 사기를 회복시키려는 파트로클로스의 뜻대로 되었다. 그러나 오래지 않아 운명의 변화가 왔다. 헥토르가 이륜차를 타고 달려와 그에게 대항하였다. 파트로클로스는 헥토르를 향하여 거대한 돌을 던졌으나 그는 맞지 않았고, 마부인 케브리오네스가 맞고 수레 밖으로 떨어졌다. 헥토르는 마부를 구하려고 수레에서 뛰어내렸고 파트로클로스도 완전한 승리를 위하여 수레에서 뛰어내렸다. 이렇게 해서 두 영웅은 일 대 일로 대결하게 되었다. 이 결정적인 순간에 있어서 시인 호메로스는 헥토르에게 영예를 주기가 싫었던지 아폴론이 그의 편을 들어 주었다고 기록하고 있다. 아폴론이 파트로클로스를 쳐서 머리에서 투구를 벗기고 손에서 창을 떨어뜨리게 하였다는 것이다. 동시에 무명의 한 트로이 병사가 그의 등에 상처를 입히자, 헥토르가 돌진하여 창으로 찔렀다. 이리하여 파트로클로스는 치명상을 입고 쓰러졌다.

이어 파트로클로스의 시체를 빼앗으려고 무서운 격전이 벌어졌으나 그의 갑옷은 바로 헥토르의 손으로 넘어갔다. 헥토르는 조금 물러서서 자기의 갑옷을 벗고 아킬레우스의 갑옷을 입고서 전투를 다시 시작하였다. 아이아스와 메넬라오스는 파트로클로스의 시체를 지켰고, 헥토르와 그의 가장 용감한 병사들은 그것을 쟁취하려고 하였다. 격렬한 전투가 벌어졌으나 승부가 나지 않자 제우스는 하늘을 검은 구름으로 가렸다. 번갯불이 번쩍이고 뇌성벽력이 일었다. 아이아스는 주위를 돌아보고 아킬레우스에게 그의 친구의 죽음과 그 유해가 적의 수중에 들어갈 위험에 처했음을 고할 적당한 사자를 찾았으나 아무도 눈에 띄지 않았다. 그래서 아이아스는 날이 밝게 하여 주십사는 기원을 하였다. 제우스는 이 기원을 받아들여 구름을 거둬들였다. 그제야 아이아스는 안틸로코스를 아킬레우스에게 보내어, 파트로클로스의 죽음과 그의 유해를 둘러싸고 격렬한 싸움이 벌어지고 있다는 사실을 보고하였다. 마침내 그리스군은 유해를 배가 있는 곳으로 운반하였는데 뒤에서는 헥토르와 아이네이아스가 이끄는 트로이군의 공격을 받았다.

아킬레우스는 그의 친구의 전사 소식을 듣고 어찌나 슬퍼하였든지 안틸로코스는 그가 자살하지나 않을까 하고 잠시 동안 걱정할 정도였다. 그의 비탄하는 신음 소리는 바닷속 깊이 살고 있는 그의 어머니 테티스의 귀에까지 들려 왔으므로, 테티스는 그 원인을 묻고자 그에게로 달려가 통곡한 이유를 물었다. 그는 자기가 너무나 원한을 품었기 때문에 친구를 죽게 하였다는 자책감에 안절부절못하고 있었다. 그의 유일한 위안은 복수하는 길이었다. 그는 헥토르를 찾아 원수를 갚기 위하여 바로 달려가려고 했다. 그러나 그의 어머니는 그에게, 그가 지금 갑옷을 가지고 있지 않다는 사실을 상기시키고 내일 아침까지만 기다린다면 헤파이스토스에게 부탁하여 저번 것보다 더 훌륭한 갑옷을 만들게 하겠다고 했다.

아킬레우스가 승낙하자 테티스는 바로 헤파이스토스의 집으로 갔다. 그때 헤파이스토스는 자기의 대장간에서 자신이 쓸 삼각대를 만드느라 분주하였는데, 그것은 대단히 교묘하게 만들어져서 필요할 때는 절로 굴러왔다가, 불필요할 때는 역시 자동적으로 들어가는 것이었다. 테티스의 부탁을 받자 헤파이스토스는 바로 하던 일을 중단하고 그녀의 소망에 따라 아킬레우스를 위한 훌륭한 갑옷을 한 벌 만들었다. 우선 장식이 달린 방패를 만들고 다음에는 꼭대기에 금을 단 투구를, 또 그 다음에는 칼이나 창이 들어가지 않는 갑옷의 가슴받이와 정강이받이를 만들었는데, 그것은 모두 다 아킬레우스의 몸에 잘 맞고, 정교하게 만들어졌다. 저녁에 모든 것이 다 완료되었다. 테티스는 그것을 받아 가지고 지상으로 내려와 새벽녘에 아킬레우스의 발밑에 갖다놓았다.

파트로클로스가 죽은 이래 아킬레우스가 느낀 최초의 기쁨은 이 훌륭한 갑옷을 처음 보았을 때였다. 그는 그 갑옷을 입고 진영으로 나아가 모든 대장들을 소집하였다. 그들이 다 모였을 때 그는 그들에게 이렇게 말하였다. 그는 아가멤논에 대한 감정을 버리고 그로부터 연유한 여러 불행한 일을 통탄하면서 그들에게 속히 전장으로 나아가도록 재촉하였다. 아가멤논은 모든 책임을 불화의 여신 아테나에게 돌리며 적당한 대답을 하였으므로 두 영웅 사이에 완전한 화해가 성립되었다.

아킬레우스는 분노와 복수심에 불타 출전하였으므로 그에 대항할 자가 없었다. 가장 용감한 무사들도 그 앞에서는 도망치거나 그의 창을 맞고 쓰러졌다. 헥토르는 아폴론의 경고를 받아들여 접근을 피하였다. 아폴론은 프리아모스의 아들 중의 하나인 리카온으로 둔갑하고 아이네이아스를 부추겨서 아킬레우스에 맞서게 하였다. 아이네이아스는 자기가 아킬레우스만 못 하다는 것을 알고 있었으나 전투를 거부하지는 않았다. 그는 헤파이스토스가 만든 방패를 향해 온힘을 다하여 창을 던졌다. 원래 그 방패는 다섯 겹의 금속판으로 되어 있었다. 두 겹은 놋쇠로, 다른 두 겹은 주석으로, 한 겹은 금으로 되어 있었다. 창은 두 겹의 판을 관통하였지만 세 째번 판은 뚫지 못하였다. 반면 아킬레우스가 던진 창은 아이네이아스의 방패를 완전히 관통하였으나 그의 어깨 부근에서 빗나가서 상처를 입히지는 못하였다. 그러자 아이네이아스는 요즘 사람 같으면 두 사람의 힘으로도 들 수 있을까 말까 한 큰 돌을 들어 던지려 하였고, 아킬레우스는 칼을 빼어 들고 아이네이아스에게 돌진하려고 하였다.

이때 전투 상황을 유심히 살피고 있던 포세이돈는, 빨리 구하지 않으면 필시 아이네이아스가 피살되리라고 생각하고, 그를 불쌍히 여겨 구름을 두 결투자 사이에 일으켰다. 그리고 아이네이아스를 번쩍 들어 무사들과 군마의 머리 위를 지나 전선의 후방에 내려놓았다. 아킬레우스는 구름이 걷힌 뒤에 주위를 둘러보았으나 그의 적수가 보이지 않자 괴상한 일이라 생각하고 다른 적에게 무기를 돌렸다. 그러나 아무도 그에게 대항하는 자가 없었다. 이때 프리아모스가 성벽 위에서 내려다보니 트로이의 전군이 성 안을 향하여 전력을 다해 도망가고 있었다. 그는 문을 활짝 열어 도망병을 받아들이게 하고, 트로이군이 들어온 뒤에 적이 들어오지 못하게 하기 위하여 문을 즉시 닫도록 명령하였다. 그러나 아킬레우스가 맹렬하게 추격해 왔으므로 성문을 미처 닫을 겨를이 없을 정도였다. 그래서 아폴론은 프리아모스의 아들인 아게노르로 둔갑하고 잠시 동안 아킬레우스와 맞서 싸우며 그를 성벽에서 멀리 떨어진 곳으로 유인했다. 아킬레우스가 적을 추격하여 성벽에서 멀리 떨어진 곳에 이르렀을 때 아폴론이 정체를 드러냈다. 아킬레우스는 속은 것을 깨닫고 추격을 포기하였다.

그동안 다른 자들은 다 성 안으로 도피하였는데 헥토르만은 일전을 할 각오로 성 밖에서 기다리고 있었다. 그의 늙은 아버지는 성벽 위에서 그를 부르며 성 안으로 들어와 적과의 충돌을 피하라고 애원하였고, 어머니 헤카베도 똑같은 말로 간청하였으나 효과가 없었다. 헥토르는 혼잣말로 중얼거렸다.

"내 명령에 따라 오늘의 싸움이 벌이게 된 것이고, 많은 부하들이 전사하였는데 내 어찌 한 사람의 적을 두려워하여 도피한단 말인가? 그러나 내가 그에게 헬레네와 그녀의 모든 재보와 그 위에 우리들 자신의 풍부한 재보까지도 다 양도한다고 제안하면 어떨까? 그래서는 안 되지! 너무 늦다. 그는 내 말을 다 듣지도 않고 말이 끝나기도 전에 나를 죽일 것이다."

그가 이런 생각을 하고 있는 동안에 아킬레우스는 군신 아레스처럼 무서운 모습으로 다가왔다. 그의 갑옷은 그가 움직일 때 번갯불과 같이 번쩍거렸다. 이 광경을 보자 헥토르는 용기를 잃고 도망하였다. 아킬레우스는 재빨리 추격하였다. 그들은 성벽 부근을 서로 쫓고 쫓기며 세 바퀴나 돌았다. 헥토르가 성에 접근하자, 아킬레우스는 그를 가로막아 더 넓은 곳으로 나아가게 하였다. 그러나 아폴론이 헥토르에게 원기를 돋우어 피로로 쓰러지는 일이 없도록 하였다. 그러자 여신 아테나는 헥토르의 형제 중 가장 용감한 데이포보스로 둔갑하여 갑자기 헥토르의 옆에 나타났다. 헥토르는 그를 보고 기뻐하며 용기를 얻어 도망을 중지하고 아킬레우스에게 대항하고자 몸을 돌렸다. 헥토르는 그에게 창을 던졌다. 창은 아킬레우스의 방패에 맞아 뒤로 튀었다. 헥토르는 데이포보스로부터 창을 빌리려고 뒤를 돌아보았으나 데이포보스는 이미 사라지고 없었다.

그래서 헥토르는 자기의 운명을 깨닫고 이렇게 말하였다.

"아! 이제야 죽을 때가 되었구나! 나는 데이포보스가 곁에 있는 줄 알았다. 그러나 아테나가 나를 속였다. 데이포보스는 지금 트로이의 성 안에 있다. 그러나 나는 부끄러운 죽음은 택하지 않겠다."

이렇게 말하면서 그는 허리에서 칼을 빼어 들고 곧 돌진하였다. 아킬레우스는 방패로 몸을 방어하면서 헥토르가 접근하기를 기다리고 있었다. 헥토르가 창의 사정거리 안에 들어오자 아킬레우스는 그에게 상처를 입힐 수 있는 목 부위를 겨냥하여 창을 던졌다. 헥토르는 치명상을 입고 그 자리에 꼬꾸라지며 힘없는 소리로 이렇게 말하였다.

"나의 시체만은 돌려 주시오. 대신 나의 부모에게 몸값을 받으시오. 그리고 나로 하여금 트로이의 아들 딸들로 장례를 치를 수 있도록 해 주시오."

아킬레우스는 이에 대답하였다.

"더러운 놈 같으니, 몸값이니 동정이니 그 따위 말은 듣기도 싫다. 얼마나 네가 나에게 괴로움을 끼쳤는가를 생각해 보라. 안 된다! 누구도 너의 시체가 개밥이 되는 것을 막지 못할 것이다. 아무리 몸값을 많이 가져오고, 너의 몸무게와 비등한 금을 가지고 온다 하더라도 나는 다 거절하겠다."

이렇게 말하면서 아킬레우스는 시체에서 갑옷을 벗기고 노끈으로 발을 묶어 이륜차 뒤에 매달았다. 그러고 나서 그는 이륜차에 올라타 말에 채찍질을 가하여 트로이 성 앞에서 시체를 이리저리 끌고 다녔다. 이 광경을 본 프리아모스 왕과 왕후 헤카베의 비통한 마음을 어찌 형용할 수 있으랴! 신하들은 성 밖으로 뛰어나가려는 왕을 겨우 제지하였다. 그는 땅바닥에 뒹굴며 신하들의 이름을 부르면서 놓아 주도록 애원하였다. 헤카베의 슬픔도 왕에 못지않았다. 트로이 사람들은 울면서 그들의 주위에 서 있을 뿐이었다. 사람들의 울부짖는 소리가 일을 하고 있는 시녀들 사이에 앉아 있던 헥토르의 아내 안드로마케의 귀에 들려 왔다. 그녀는 불길함을 예감하면서 성루 쪽으로 나아갔다. 그곳에서 벌어진 광경을 보았을 때, 그녀는 기절하여 하마터면 성 위에서 떨어질 뻔하였으나 시녀들이 그녀를 간신히 붙잡았다. 정신이 들자 그녀는 조국은 멸망하고, 자신은 포로가 되고, 아들은 이방인들의 동정을 구하며 걸식하는 광경을 머릿속에 그리면서 통곡하였다.

　아킬레우스와 그리스군이 파트로클로스를 죽인 자에 대해 원수를 갚은 후 그들은 파트로클로스의 장례식을 준비하는 데 분주하였다. 곧 나무더미가 쌓이고 시체는 엄숙히 화장되었다. 그런 다음 힘과 기를 겨루는 경기가 거행되었다. 그것은 이륜차 경주·레슬링·권투·활쏘기 등이었다. 이어 대장들은 장례의 향연에 참석한 후 물러가서 쉬었다. 그러나 아킬레우스는 향연에도 참석하지 않고 잠도 자지 않았다. 죽은 친구 생각에 잠을 이룰 수가 없었다. 친구와 더불어 전투와 위험한 처지에서, 그리고 기타의 곤경과 위험한 경지에서 얼마나 고생을 같이 하였던가! 날이 새기도 전에 그는 막사를 나와 이륜차에 준마를 매고 헥토르의 시체를 뒤에 매달았다. 시체를 매달고 파트로클로스의 분묘 주위를 두 바퀴 돈 뒤에 시체를 땅에 그대로 방치해 두었다. 그러나 아폴론은 이러한 학대를 받으면서도 시체가 찢기거나 손상당하지 않게 하였고, 모든 더럽힘과 모독으로부터 지켜 주었다.

아킬레우스가 이와 같이 용감한 헥토르를 모독함으로써 분노를 풀고 있는 동안 제우스는 헥토르를 불쌍히 여겨 테티스를 불렀다. 그는 그녀에게 아들 아킬레우스에게 찾아가서 헥토르의 시체를 트로이군에게 반환하도록 설득하라고 명령하였다. 그런 다음 제우스는 무지개의 여신을 프리아모스 왕에게 보내, 용기를 내어 아킬레우스한테 찾아가서 아들의 시체를 돌려 달라고 일렀다. 무지개의 여신이 제우스의 뜻을 전하자 프리아모스는 곧장 준비를 하였다. 그는 보물 창고에서 많은 의복과 직물, 10탈란톤 고대 그리스의 중량 단위의 금, 두 개의 훌륭한 삼각대, 정교하게 만든 황금 술잔을 꺼내었다. 그런 다음 아들들을 불러 자기의 가마를 꺼내 그 속에 아킬레우스에게 몸값으로 지불할 여러 물건들을 싣게 하였다. 준비가 다 되자 늙은 왕은 자기와 같은 연배인 마부 이다이오스만을 데리고 성에서 나와 왕후 헤카베 및 모든 친지들과 작별하였다.

그들은 왕이 죽으러 가는 거나 다름없다고 하며 슬퍼하였다.

그러나 제우스는 늙은 왕을 불쌍히 여겨 헤르메스를 그의 안내자 겸 보호자로 파견하였다. 헤르메스는 젊은 무사로 둔갑하고 두 늙은이 앞에 나타났다. 그를 보자 왕과 마부는 도망을 칠까 항복을 할까 하고 주저하고 있는데 그가 접근하여 프리아모스의 손을 잡고 아킬레우스에게 그들을 안내해 주겠다고 말하였다. 프리아모스가 기꺼이 이 제안을 받아들이자 헤르메스는 마차에 올라 고삐를 잡고 얼마 안 가서 그들을 아킬레우스의 막사로 데리고 갔다. 헤르메스는 그의 지팡이의 마력으로 모든 수비병들을 잠재웠기 때문에 아무런 제재도 받지 않고, 두 무사들을 대동하고 막사에 앉아 있던 아킬레우스에게 프리아모스를 안내하였다.

늙은 왕은 아킬레우스의 발밑에 몸을 던지고 그의 많은 아들들을 죽인 무서운 손에 키스하였다. 그리고 이렇게 말하였다.

"오, 아킬레우스여, 당신의 아버지가 나처럼 늙고, 인생의 황혼기에 있다고 생각하여 보십시오. 그런데 이웃 나라의 어떤 장수가 아버지를 억압하고 있는데, 곁에는 아버지의 재난을 구해 줄 사람이 아무도 없다고 상상하여 보십시오. 그렇지만 아버지는 아들 아킬레우스가 살아 있다는 것을 알고 있으므로 언젠가는 아들과 대면할 수 있으리라는 희망으로 기뻐할 것입니다. 그러나 나는 최근까지 트로이의 꽃이었던 아들들을 다 잃었기 때문에 아무 위안도 받을 수가 없습니다. 그러나 어떤 아들보다도 노년의 위안이었던 마지막으로 남은 아들 하나마저도 나라를 위하여 싸우다가 당신의 손에 죽었습니다. 나는 그의 몸값으로 많은 보물을 가지고 왔습니다. 아킬레우스여, 신들을 두려워하십시오! 당신의 아버지를 생각해서라도 나를 불쌍히 여기십시오!"

이 말은 아킬레우스를 감동시켰다.

그는 멀리 떨어져 있는 아버지와 죽은 친구를 번갈아 생각하면서 울었다. 프리아모스의 백발을 보고 아킬레우스는 연민의 정을 금할 수 없어 그를 일으키면서 이렇게 말하였다.

"프리아모스여, 나는 당신이 어떤 신에 인도되어 이곳에 온 줄 압니다. 왜냐하면 신의 원조 없이는 혈기 왕성한 청년일지라도 감히 이곳에 오려고 하지 못하였을 것이니까요. 나는 당신의 청을 들어 주겠습니다. 그렇게 함이 제우스의 의사에 순종하는 것임에 틀림없으니까요."

이렇게 말하면서 그는 일어서서 프리아모스와 함께 밖으로 나가 들것에서 다른 짐은 다 내려놓고 시체를 마차에 실은 다음 외투와 겉옷을 그 위에 덮었다. 그것은 시체가 노출된 채로 트로이에 운반되지 않게 하기 위해서였다. 그 다음 아킬레우스는 장례를 위하여 12일간의 휴전을 약속한 후에 늙은 왕과 그의 시종을 물러가게 하였다.

마차가 성 가까이 다가오자 성 위에서 바라보고 있던 군중들은 그들의 영웅의 얼굴을 다시 한 번 보기 위하여 몰려나왔다. 헥토르의 어머니와 아내가 제일 먼저 나와서 시체를 보고는 비탄의 눈물을 흘렸다. 군중들도 그들과 같이 울었고 해가 질 때까지의 울음소리가 그치지 않았다. 다음날 장례 준비가 진행되었다. 아흐레 동안 백성들은 나무를 가지고 와서 더미를 쌓았다. 열흘째에 그 위에 시체를 놓고 불을 당겼다. 트로이의 군중들은 몰려나와 화장단 주위를 둘러쌌다. 불이 다 타 버리자 그들은 남은 불덩이에 술을 뿌려 끄고 유골을 모아 황금 항아리 속에 넣은 후 땅 속에 묻고 그 위에 돌로 무덤을 만들었다.

# 30 트로이 목마

:: 트로이 함락

〈일리아스〉의 이야기는 헥토르의 죽음으로 끝났으므로 다른 영웅들의 운명을 알기 위해서는 〈오디세이아〉를 비롯하여 그 이후의 다른 시에 의하지 않으면 안 된다. 헥토르가 죽은 뒤에 트로이는 바로 함락되지는 않았다. 새로운 동맹자의 원조를 받아 저항을 계속하였다. 이들 동맹자 중의 한 사람은 에티오피아의 왕 멤논이었는데 그의 이야기는 이미 하였다. 또 한 사람은 아마존의 여왕 펜테실레이아였는데 그녀는 여자만으로 구성된 군대를 이끌고 왔다. 이 여무사들의 용맹과 전투할 때의 함성의 무서운 효과에 관해서는 여러 문헌들이 똑같이 증명하고 있다. 펜테실레이아는 그리스군을 많이 무찔렀으나 자신도 마침내 아킬레우스에 의하여 피살되었다. 그러나 아킬레우스는 쓰러진 적장을 내려다보며 아름다움과 젊음과 용기를 생각하며 자기의 승리를 뼈저리게 후회하였다. 그

때 테르시테스라는, 싸움 잘 하고 군중을 잘 선동하는 무례한 자가 이를 조소하자 아킬레우스는 그를 죽여 버렸다.

아킬레우스는 우연한 기회에 프리아모스왕의 딸 폴릭세네를 본 일이 있었다. 그것은 아마 트로이군에게 헥토르의 장례를 위하여 허용된 휴전 때였을 것이다. 그 아킬레우스는 그녀의 매력에 반하여 결혼하기를 간절히 원하였다. 그래서 그리스군을 설득하여 트로이군과의 전쟁을 종식시키기 위해 최선을 다하겠다고 약속하였다. 그가 아폴론의 신전에서 결혼 협정을 하고 있을 때 파리스가 그를 향하여 독약을 바른 화살을 쏘았다. 화살은 아폴론의 인도를 받아 아킬레우스의 몸에서 상처를 낼 수 있는 유일한 곳인 발뒤꿈치를 맞추었다. 그의 어머니 테티스는 그가 갓난아이였을 때 그를 스틱스강황천에 있는 강물에 담가 그녀가 잡고 있던 발뒤꿈치를 제외한 그의 신체의 모든 부분을 상하게 할 수 없게 하였었다.

배반당하여 피살된 아킬레우스의 시체는 아이아스와 오디세우스가 수습해 왔다. 테티스는 그 아들의 갑옷을 생존자 중에서 가장 그것을 받을 만한 가치가 있다고 인정된 영웅에게 주라고 그리스군에게 명령했다. 아이아스와 오디세우스 두 사람만이 후보자로 나섰다. 대장들 중에서 심사 위원이 선정되었다. 심사 결과 갑옷은 오디세우스에게 수여되었는데, 그것은 지혜를 용기보다 더 높이 평가하였기 때문이었다. 아이아스는 이 때문에 자살하였다.

그의 피가 땅 속으로 스며들어간 곳에 아사스라는 꽃 한 송이가 피었는데, 그 잎에는 아이아스Aias의 이름의 처음 두 글자 '아이Ai'가 새겨져 있었다. 이 '아이'라는 말은 '비애'를 뜻하는 그리스 어이다. 일설에는 히아킨토스라는 소년이 죽어서 그 꽃이 되었다고도 한다.

이윽고 헤라클레스의 화살의 도움 없이는 트로이를 함락시킬 수 없음이 알려졌다. 그 화살은 헤라클레스의 친구로서 최후까지 그와 같이 있었고, 그의 시체를 화장할 때 불을 붙인 필록테테스의 수중에 있었다. 이 필록테테스는 그리스군에 참가하였었는데, 우연히 독을 바른 화살에 발을 다쳤다. 그 상처로부터 지독한 악취가 났으므로 그의 동료들은 그를 렘노스섬에 데려다 놓았다. 그에게 다시 그리스군에 합세하도록 권유하기 위하여 디오메데스가 파견되어 그의 동의를 얻었다.

마카온이 필록테테스의 상처를 치료하였다. 그 후 그 운명적인 화살의 최초의 희생자가 된 것은 파리스였다. 파리스는 고통 속에서도 자기가 영화를 누리고 있던 동안에 잊고 있던 한 사람을 생각해 냈다. 그것은 그가 젊었을 때 결혼하였으나 문제의 미인 헬레네 때문에 버린 오이노네라는 님프였다. 오이노네는 파리스의 과거의 행동을 생각하여 그의 상처를 치료해 주기를 거절하였기 때문에 파리스는 트로이로 돌아가서 죽었다. 한편 오이노네는 곧 후회하여 약을 가지고 급히 파리스의 뒤를 따라갔으나 때는 이미 늦었다. 그녀는 슬픈 나머지 목을 매어 자살했다.

트로이에는 팔라디온이라 불리는 아테나의 유명한 상이 있었다. 트로이 사람들은 그것은 하늘에서 떨어졌다고 전해지며, 이 조상이 트로이 성 안에 있는 한 트로이는 함락되지 않는다는 신앙이 유포되었다. 오디세우스와 디오메데스가 변장하고서 성 안으로 들어가 팔라디온을 훔쳐 그것을 그리스군의 진영으로 가지고 왔다.

  그래도 트로이는 함락되지 않았다. 그래서 그리스군은 무력으로 트로이를 정복할 수 없음을 깨닫고 오디세우스의 충고에 의해 책략을 쓰기로 하였다. 그들은 성의 공격을 포기하는 준비를 하는 것처럼 꾸미고 함대의 일부는 퇴각하여 인접한 섬 뒤에 숨었다. 그런 다음 그리스군은 거대한 목마를 제작하였다. 그들은 그것을 아테나의 비위를 맞추기 위하여 선물로 제공할 것이라고 선전하였으나, 사실은 그 속에는 무장한 군대가 꽉 차 있었다. 나머지 그리스군들은 함선으로 돌아가 아주 떠나는 것같이 돛을 올리고 출범하였다. 트로이군은 그리스군이 철수하고, 함대가 떠나는 것을 보고서 적이 공격을 포기한 것으로 여겼다. 모든 성문이 열리고, 성 안의 모든 주민들은 얼마 전까지도 그리스군이 진을 치고 있던 곳을 자유롭게 다닐 수 있게 된 것을 기뻐하면서 몰려나왔다. 큰 목마가 호기심의 주된 대상이었다. 무엇에 쓰는 것일까 하고 모두 다 이상하게 여겼다. 어떤 사람들은 그것을 전리품으로 성 안으로 가지고 가는 것이 좋다고 하였고 다른 사람들은 두려워하였다.

  그들이 주저하고 있을 때 라오코온이라는 포세이돈의 사제가 이렇게 부르짖었다.

  "시민들이여, 이 무슨 미친 짓인가? 그리스군은 간계에 능하기 때문에 경계해야 함은 그대들도 아는 바가 아닌가? 나 같으면 그들이 선물을 제공하더라도 두려워하겠다."

  이렇게 말하면서 그는 목마의 옆구리를 향해 창을 던졌다. 속이 빈 것 같은 소리가 신음 소리와 함께 들려 왔다. 그래서 트로이군들은 이 충고를 받아들여 문제의 목마와 그 속에 들어 있는 것을 다 때려부수려고 하였다.

그런데 바로 그 순간 한 무리의 사람들이 그리스인으로 보이는 한 포로를 끌고 달려왔다. 그는 두려움에 정신을 잃고 무장들 앞에 끌려왔다. 무장들은 묻는 말에 거짓 없이 대답만 하면 목숨만은 살려 주겠다고 약속하면서 그를 진정시켰다. 그는 대답하기를, 자기는 시논이라는 그리스인인데, 오디세우스가 자기에 대하여 나쁜 감정을 품고 있었기 때문에 그리스군들이 퇴각할 때 자기만 낙오되었다고 하였다. 목마에 관해서는 말하기를, 그것은 아테나의 비위를 맞추기 위한 제물이요, 그것을 그렇게 거대하게 만든 것은 성안으로 운반하지 못하게 하기 위해서라는 것이었다. 왜냐하면 목마가 트로이군 수중에 들어가게 되면 트로이군이 틀림없이 승리한다고 예언자 칼카스가 말하였기 때문이라는 것이다.

이 말을 듣자 트로이군은 심경의 변화를 일으켜 괴상한 목마와 그에 결부된 길조를 확보할 방책을 강구하기 시작하였다. 그때 갑자기 괴이한 일이 일어나 점점 더 의심할 여지가 없게 되었다. 두 마리의 커다란 뱀이 바다 위에 나타나 육지를 향해 다가왔기 때문에 군중들은 사방으로 도망쳤다. 뱀은 라오코온이 두 아들을 데리고 서 있는 곳으로 곧장 왔다. 뱀은 우선 아이들을 공격하여 그 몸을 감고 얼굴에 독기를 내뿜었다. 라오코온은 아이들을 구출하려고 하였으나 뱀이 그의 몸을 감고 말았다. 그는 뱀을 뿌리치려고 사력을 다하였으나 뱀은 그와 그의 아이들의 목을 졸라 죽여 버렸다.

이 사건은 라오코온이 목마에 대하여 무례한 짓을 범하였기 때문에 신들이 노한 징조로 해석되었다. 그래서 그들은 더 이상 주저하지 않고 목마를 성스러운 물건으로 여기고 적당한 의식을 갖추어 성 안으로 끌어들일 준비를 하였다. 의식은 노래와 승리의 환호 속에서 베풀어졌고 온종일 잔치가 계속되었다. 밤이 되자 첩자 시논의 신호를 받고 목마의 뱃속에 들어 있던 무사들이 빠져나와 어둠을 타고 귀환한 우군에게 성문을 열어 주었다. 성은 불타고 잔치에 피곤하여 잠이 든 백성들은 참살되었다. 마침내 트로이는 완전히 정복되었다.

라오코온과 그의 아들이 뱀에 휘감겨 있는 조상은 현존해 있는 조상 중에서 가장 유명한 것에 속한다. 원작은 로마의 바티칸 궁전에 있다.

프리아모스왕은 성이 그리스군에게 점령당하던 날 밤에 피살되었다. 피살되기 전에 그는 무장을 하고 무사들과 같이 싸우려고 하였으나 늙은 왕후 헤카베에게 설득당하여 그녀 및 딸들과 더불어 제우스의 제단으로 피난하여 탄원하였다. 그 동안에 그의 막내아들인 폴리테스가 아킬레우스의 아들인 피로스에게 부상을 입고 그곳으로 쫓겨 아버지의 발밑에서 절명하였다. 프리아모스는 격분하여 피로스를 향하여 힘없는 손으로 창을 던졌으나 빗나갔고 바로 피살되었다.

헤카베와 딸 카산드라는 포로가 되어 그리스로 연행되었다. 카산드라는 아폴론의 사랑을 받아 아폴론으로부터 예언의 능력을 부여받았다. 그러나 후에 카산드라에게 화가 난 아폴론은 그녀가 예언하더라도 아무도 믿지 않게 만들어 버렸다. 다른 한 딸 폴릭세네는 아킬레우스가 생전에 사랑한 일이 있었는데 그의 사후 그의 유령의 요구에 따라 그리스인에 의하여 그의 묘 앞에 희생물로 바쳐졌다.

:: 메넬라오스와 헬레네

독자들은 이와 같은 많은 살육의 원인이 된 아름답지만 죄 많은 헬레네의 운명을 알고 싶어할 것이다. 트로이가 함락되자 메넬라오스는 그의 아내를 다시 차지하게 되었다. 그녀는 아프로디테의 농간으로 남편을 버리고 다른 남자에게로 간 일이 있었으나 여전히 남편을 사랑하였다. 파리스가 죽은 뒤 그녀는 때때로 은밀히 그리스군을 도왔는데 특히 오디세우스와 디오메데스가 팔라디온을 빼돌리기 위하여 변장을 하고 성 안으로 들어왔을 때 그러하였다. 그녀는 오디세우스를 보자 그 정체를 눈치 챘으나 비밀을 지켰을 뿐만 아니라 팔라디온을 찾는 데 협력하였다. 그래서 그녀와 남편과의 화해는 성립되고 두 사람은 선발대에 끼여 트로이의 해안을 떠나 고국으로 향하였다. 그러나 그들은 신들의 기분을 상하게 한 일이 있어 폭풍우를 만나 지중해의 해안을 이리저리 표류하며 키프로스, 페니키아, 이집트에 들렀다. 이집트에서는 환대를 받고 또 많은 선물을 받았는데, 그 중 헬레네에 대한 선물은 금으로 만든 방추와 바퀴가 달린 바구니였다. 그 바구니는 양털과 실감개를 넣기 위한 것이었다.

마침내 메넬라오스와 헬레네는 무사히 스파르타에 도착하여 다시 왕위에 오르고 영화를 누렸다. 오디세우스의 아들 텔레마코스가 그의 아버지를 찾으러 스파르타에 왔을 때, 메넬라오스와 헬레네는 딸 헤르미오네와 아킬레우스의 아들 네옵톨레모스와의 결혼식이 거행되고 있었다.

## :: 아가멤논과 오레스테스와 엘렉트라

그리스군의 총지휘자요, 메넬라오스와 형제인 아가멤논은 동생을 위하여 복수전에 참가하였으나 그의 최후는 좋지 못하였다. 그가 전장에 나가 있는 동안 아내 클리타임네스트라는 불륜을 저지르고 그가 귀환할 날이 가까워지자 정부 아이기스토스와 공모하여 남편을 없애 버릴 음모를 꾸미고, 그의 귀환을 축하하는 연회석상에서 그를 죽였다.

공모자들은 아들 오레스테스도 죽일 작정이었다. 왜냐하면 아직은 어려서 걱정할 것은 없었으나 성장 후의 후환이 두려웠기 때문이었다. 오레스테스의 누이인 엘렉트라는 그를 포키스 왕인 숙부 스트로피오스에게 비밀리에 동생을 도피시켜 그의 생명을 구하였다. 오레스테스는 스트로피오스의 궁전에서 왕자 필라데스와 같이 성장하였는데, 그들 사이의 돈독한 우정은 속담에 오를 정도였다. 엘렉트라는 종종 동생에게 사자를 보내어 아버지의 원수를 갚을 의무를 상기시켰다. 오레스테스는 성장하여 델포이의 신탁에 문의한 결과, 더욱 복수의 결심을 다져 주었다. 그래서 그는 변장을 하고 아르고스에 가서 스트로피오스의 사자라 사칭하고, 오레스테스의 사망을 알리러 왔으며 고인의 유골을 항아리에 넣어 가지고 왔다고 말하였다. 그는 아버지의 묘에 성묘하고 고대인의 예식에 따라 제물을 올린 뒤에 누이 엘렉트라에게 자기의 정체를 밝혔다. 그리고 그 후 바로 아이기스토스와 클리타임네스트라를 죽였다.

자식이 그 어머니를 죽였다는 이 패륜행위는 비록 그것이 피살된 자의 죄악과 신들의 명령에 연유한 것이므로 수긍할 점이 전혀 없는 것은 아니라 할지라도, 역시 오늘날의 우리가 느끼는 감정과 마찬가지로 고대인의 마음 속에도 혐오감을 일으켰다. 그래서 복수의 신인 에우메니스는 오레스테스를 미치게 하여 각처를 유랑하게 하였다. 친구 필라데스는 그의 유랑에 동반자가 되어 항상 그를 돌보아 주었다.

오레스테스는 다시 신탁에 문의한 결과 스키티아의 타우리스에 가서 하늘에서 떨어졌다고 전해지는 아르테미스의 상을 가지고 오라는 것이었다. 신탁에 응하여 오레스테스와 필라데스는 타우리스로 갔는데, 그곳에서는 야만스런 주민들이 그들의 영역에 들어온 모든 이방인을 아르테미스에게 희생물로 바치는 관습이 있었다. 두 사람은 그들에게 붙잡혀 결박당한 채 희생물로서 여신의 신전으로 운반되었다.

그런데 이 신전의 사제는 다름 아닌 이피게네이아였다. 이피게네이아는 오레스테스의 누이로서 독자 여러분도 기억할 것이지만 제물로 희생되려는 순간에 아르테미스가 구름으로 감싸 데려간 여인이다. 그녀는 제물로 끌려온 사람들을 알아보고 이피게네이아도 자기의 신분을 그들에게 밝히고, 세 사람은 여신상을 가지고 미케나이로 도망쳤다.

그러나 그것으로 오레스테스에 대한 에우메니데스들의 복수가 끝난 것은 아니었다. 마침내 그는 아테네에 있는 아테나에게 구원을 청하였다. 아테나는 그를 보호해 주었고, 그를 보호하는 한편 아레오파고스의 법정에 명하여 그의 운명을 재판하게 하였다. 복수의 신들은 그를 고소하였고, 오레스테스는 델포이의 신탁의 명령에 의한 것이라고 변명하였다. 투표 결과 찬반의 수가 같았으므로 오레스테스는 아테나의 명령에 의하여 풀려났다.

:: 트로이

트로이시와 그 영웅들에 관하여 많은 이야기를 들은 지금 이 유명한 도시의 정확한 위치가 현재까지도 밝혀지지 않고 있는 논쟁거리라는 말을 들으면 놀랄 것이다. 호메로스와 고대의 지리학자의 기술과 가장 유사한 평원에는, 분묘의 흔적은 있으나 큰 도시가 있었던 것 같은 흔적은 없다트로이시의 위치에 관해서는 옛날부터 고전학자들 사이에서 여러 가지로 논의되었으나 현재에는 대체로 소아시아의 스칸만데르강과 시모이스강의 중간, 즉 터키 서북부의 해안 지방으로 추정되고 있다.

# 31 오디세우스의 모험

:: 오디세우스

 이제 호메로스의 서사시 〈오디세이아〉로 우리의 관심을 돌려 보기로 하자. 그것은 오디세우스가 트로이로부터 조국 이타케로 귀환하는 도중 모험담을 읊은 것이다.
 트로이를 출범한 오디세우스 일행은 키콘족이 살고 있는 이스마로스시에 최초로 상륙하였다. 그곳에서 오디세우스의 부하들과 주민들 사이에 충돌이 일어나 오디세우스는 배 한 척에 여섯 명의 부하를 잃었다. 다시 그곳을 출범한 후 그들은 폭풍우를 만나 9일 동안 해상을 표류한 끝에 연蓮을 먹는 사람들의 나라에 도착하였다. 이곳에서 식수를 보충하고 오디세우스는 부하 세 명을 보내어 이곳에 어떤 인종이 살고 있는가를 조사하게 하였다. 이 세 사람이 찾아가자 연을 먹고 사는 나라의 사람들은 그들을 환대하고 자기네의 음식인 연을 먹어 보라고 나누어 주었다. 연을 먹은 결과 그들은 고향 생각도 잊고 그 나라에 머물기를 애원하였다. 그래서 오디세우스는 그 세 명을 강제로 끌고오느라 대단히 힘이 들었으며 배의 긴 의자에다 묶어두지 않으면 안 될 지경이었다.

다음에 오디세우스 일행은 키클롭스의 나라에 도착하였다. 키클롭스는 거인족으로서 이 종족은 한 섬을 차지하여 살고 있었다. 키클롭스란 말의 뜻은 '둥근 눈'이라는 의미이다. 이 거인들이 그런 이름으로 불린 까닭은, 그들은 눈이 하나밖에 없었고, 또 그것도 이마의 한가운데에 위치하였기 때문이었다. 그들은 동굴 속에서 거주하며 섬의 야생 식물과 양고기를 먹고 양을 사육하고 있었다. 오디세우스는 함선의 주력 부대는 정박한 배에 남겨놓고 그 주민들에게 줄 선물로써 술을 한 병 가지고 한 척의 배를 타고서 식량을 구하러 부하들을 거느리고 키클롭스섬으로 갔다. 큰 동굴이 있는 곳에 이르러 오디세우스 일행은 그 속으로 들어가 보았으나 사람은 하나도 발견하지 못하였으므로 무엇이 들어 있나 하고 유심히 조사하여 보았다.

동굴 속에는 들짐승과 치즈와 우유를 넣은 통과 주발, 우리 속에 갇혀 있는 새끼양과 염소 등이 가득 차 있었다.

얼마 안 있어 동굴의 주인 폴리페모스가 큰 나뭇짐을 지고 돌아와 그것을 동굴 입구에 부렸다. 그는 우유를 짜기 위하여 양과 염소를 동굴 안으로 몰아 넣고, 20마리의 황소로도 끌 수 없는 큰 바위를 동굴 입구에 굴려다 놓았다. 그런 다음 앉아서 양젖을 짰다. 그리고 일부분은 치즈를 만들기 위하여 저장하고, 나머지는 식사 때 먹기 위하여 덜어 놓았다. 그는 그런 다음 둥근 눈으로 사방을 둘러보다 침입자들이 눈에 띄자 큰 소리로 너희들은 누구며 어디서 왔느냐고 물었다. 오디세우스는 공손한 태도로 자기들은 그리스인인데 최근 트로이를 정복하여 혁혁한 무훈을 세우고 귀국하는 길이라 하면서 후대해 주기를 간청하였다. 폴리페모스는 아무런 대답도 하지 않고 갑자기 오디세우스의 부하 두 사람을 붙잡아 동굴 벽에 던져 버렸다. 그들은 머리가 깨져 죽었다. 그는 그들은 맛있게 먹고 나서 동굴 바닥에 누워 잠이 들었다.

오디세우스는 그가 잠자고 있는 동안에 칼로 죽이려고 하였으나 그렇게 되면 도리어 그들 전부의 멸망을 초래하는 결과가 되리라고 생각하였다. 왜냐하면 거인이 동굴 입구에 갖다 놓은 바위는 그들의 힘으로는 도저히 움직일 수 없고, 따라서 그들은 영원히 동굴 속에 갇혀 전멸하게 될 것이기 때문이었다.

다음날 아침에도 거인은 두 그리스인을 또 붙잡아 전날에 그들의 동료들에게 한 바와 같이 살 한 점 남기지 않고 다 먹어치웠다. 그리고 나서 입구에 있는 바위를 열고서 전과 같이 양 떼를 몰아내고, 자기도 나간 뒤 바위로 다시 입구를 막았다. 그가 나가자 오디세우스는 죽은 부하들의 원수를 갚고, 남은 부하들과 도망할 방도를 궁리하였다.

그는 부하들로 하여금 큰 나무막대기를 준비하게 하였다. 그것은 키클롭스가 지팡이를 만들기 위하여 베어 온 것인데, 그들은 그것을 동굴 속에서 발견하였다. 그들은 그 끝을 뾰족하게 깎고 불에 잘 말린 다음 동굴 바닥에 있는 짚더미에 감추었다. 그리고 오디세우스는 가장 용감한 부하를 골라 특공대를 조직하고 자신은 다섯 번째로 거기에 가담하였다.

저녁때가 되자 키클롭스가 돌아와서 전과 같이 바위를 굴려 입구를 열고 양 떼를 안으로 몰아 넣었다. 그리고 어제와 같이 젖을 짜고 모든 준비를 한 후에 다시 또 오디세우스의 부하 중 두 사람을 붙잡아 박살낸 다음 저녁 식사로 그들을 먹었다.

그가 식사를 끝내자 오디세우스는 그에게 접근하여 술을 한 잔 따라 주면서 말하였다.

"키클롭스여, 이것은 술입니다. 인육을 먹은 뒤에 이것을 마시면 맛있을 것입니다."

그는 술을 받아 마셨다. 그리고 대단히 맛이 좋다며 더 요구하였다. 오디세우스가 몇 잔을 따라 주었더니 거인은 아주 기뻐하며 은총을 베풀어 그를 제일 나중에 잡아먹겠다고 약속하였다. 거인이 이름을 묻자 그는

"나의 이름은 우티스요." 그리스어로 '아무도 아니다' 라는 뜻

라고 대답하였다. 저녁 식사가 끝나자 거인은 자리에 누워 바로 잠이 들었다. 그러자 오디세우스는 앞서 뽑았던 네 명의 부하들과 더불어 막대기 끝을 불 속에 넣어 벌겋게 달군 다음 그것을 거인의 애꾸눈에 깊숙이 박고 마치 목수가 나사를 돌리듯이 빙빙 돌렸다. 거인의 고함 소리에 동굴이 떠나갈 듯하였다.

오디세우스는 그의 부하들과 함께 재빨리 몸을 피하여 동굴의 한쪽 구석에 숨었다. 거인은 울부짖으며 근처 다른 동굴에 살고 있는 키클롭스들을 소리 높이 불렀다. 외눈박이 거인들은 그 소리를 듣고 그의 굴 주위에 모여 왜 이렇게 소리쳐 잠도 못 자게 하느냐고

폴리페모스의 눈을 찌르는 오디세우스

물었다. 그는 이렇게 대답하였다.
"오, 친구들이여, 나는 죽네, 우티스가 나를 찔렀네."
그들은 이렇게 대답하였다.
"아무도 너를 찌르지 않았다면 제우스가 고통을 준 것이니 너는 그것을 참아야 한다."
이렇게 말하면서 그들은 신음하는 그를 남겨 놓고 물러갔다.
다음날 아침 키클롭스는 양 떼를 목장으로 내보내기 위하여 바위를 옆으로 치우고는 양의 몸을 만져 보기 위하여 동굴의 입구에 서 있었다. 그 까닭은 오디세우스와 그의 부하들이 양 떼에 섞여 도망하는 것을 막기 위해서였다. 그러나 오디세우스는 부하들로 하여금 동굴 바닥에 있던 버들가지로 세 마리의 양을 한 조로 묶었다. 그리고 세 마리 중 중간 것에 부하들이 한 사람씩 매달리고, 양편에 있는 양들은 이를 비호하였다. 양이 지나갈 때 거인은 그 등과 옆구리를 만져 보았으나 배는 만져 보지 않았다.

이렇게 부하들이 모두 무사히 빠져나오고 나서 오디세우스가 마지막으로 동굴에서 몇 발자국 떨어진 거리에 왔을 때, 오디세우스와 그의 부하들은 양에서 몸을 풀고 많은 양 떼를 몰고 배가 있는 곳으로 돌아왔다. 그리고 급히 서둘러서 양을 배에다 싣고 해안에서 떠나 버렸다. 비교적 안전한 거리에 왔을 때 오디세우스는 이렇게 부르짖었다.

"키클롭스야, 신들이 너의 극악한 행위에 대해 보복한 것이다. 네가 수치스러운 장님이 된 것은 오디세우스의 소행인 줄 알아라."

이 말을 듣자 키클롭스는 산등성이에 솟은 바위를 잡아 뽑아 온 힘을 다하여 소리나는 곳을 향하여 던졌다. 이 거대한 바위는 아슬아슬하게 오디세우스 일행이 탄 배의 고물을 스치고 지나갔다. 큰 바위가 바다에 떨어지는 바람에 배가 육지로 밀려 자칫하면 침몰이 될 뻔하였다. 그들이 배를 가까스로 해안에서 끌어내어 출범하자 오디세우스는 또 다시 거인을 부르려고 하였으나 부하들이 극구 만류하였다. 그러나 그는 거인에게 그가 던진 바위를 무사히 피하였다는 사실을 알리고 싶어 안달하다가 전보다 더 배가 안전한 거리에 도달하였을 때, 이 사실을 알렸다.

거인은 저주의 말로써 이에 대답하였다. 오디세우스와 그의 부하들은 힘껏 노를 저어 곧 본대에 합류하였다.

오디세우스는 다음에는 아이올로스섬에 도착하였다. 제우스는 이 섬의 왕 아이올로스에게 바람의 지배권을 위탁받았기 때문에 그것을 풀거나 거둬들이는 일을 마음대로 할 수 있었다. 그는 오디세우스를 친절히 접대하였고, 떠날 때는 항해에 위험한 바람은 가

죽 자루에다 넣어 은사슬로 묶어 그에게 주고 순풍에 명령하여 배를 그들의 고국으로 인도하여 주도록 하였다. 9일 동안 그들은 순풍에 돛을 달고 질주하였다. 그리고 그동안 자지 않고 키 옆에 서 있던 오디세우스는 마침내 피로하여 잠이 들었다.

그가 자고 있는 동안에 선원들은 그 신비스런 자루에 관하여 쑥덕공론을 벌인 결과, 그 속에는 친절한 아이올로스 왕이 자기들의 대장에게 선물한 보물이 들어 있을 것이라는 결론을 내렸다. 자기들도 조금씩 나누어 가지려고 끈을 늦추자 바로 바람이 쏟아져 나왔다. 그러자 배는 진로로부터 멀리 벗어나 그들이 방금 출발한 섬으로 다시 되돌아왔다. 아이올로스는 그들의 어리석은 짓에 노하여 더 이상은 도와 주기를 거부하였기 때문에, 그들은 노를 저어 힘겹게 항해해야만 하였다.

:: 라이스트리곤인

오디세우스 일행의 다음 모험은 라이스트리곤인이라는 야만족을 상대로 한 것이었다. 배는 모두 야만족의 항구로 들어갔다. 완전히 육지로 둘러싸인 만의 평화로운 광경에 매혹되었기 때문이었다. 오직 오디세우스만이 그의 배를 항구 밖에 정박시켰다.

라이스트리곤인들은 그 선박들이 완전히 자기들 수중에 들어온 것을 발견하자, 공격을 개시하여 큰 돌을 던져 배를 부수고 전복시켜 물 속에서 허우적거리는 선원들을 창으로 찔러 죽였다. 항구 밖에 남아 있던 오디세우스의 배를 제외한 모든 배들이 선원들과 더

불어 전멸하였다. 오디세우스는 도망치는 길밖에 별 도리가 없다고 생각하고 부하들을 독려하여 힘껏 노를 저어 달아났다.

피살된 동료들에 대한 슬픔과, 자신들이 죽을 곳에서 무사히 도망친 데 대한 기쁨이 뒤섞인 마음으로 그들은 항해를 계속하여 마침내 태양의 딸 키르케가 살고 있는 아이아이라는 섬에 도착하였다. 이곳에 상륙하자 오디세우스는 한 작은 산에 올라가 주위를 둘러보았다. 사람이 살고 있는 자취를 발견할 수 없었으나 오직 섬 중심부의 한 곳에 수목으로 둘러싸인 궁전이 보였다.

그래서 그는 에우릴로코스의 인솔하에 선원의 절반을 보내, 어떠한 접대를 받을 수 있는가를 탐사하게 하였다. 그들이 궁전에 접근하였을 때 그들은 사자, 범, 늑대들에게 둘러싸이고 말았다. 이들 짐승은 키르케의 마술에 의해 순하게 길이 든 것이었다.

키르케는 훌륭한 마술사였다. 이 동물들은 모두 전에는 인간이었으나 키르케의 마술에 걸려 짐승으로 변신하였다. 부드러운 음악 소리와 여자의 아름다운 노랫소리가 안에서 들려 왔다. 에우릴로코스만은 혹시 위험하지 않을까 하고 염려되어 들어가지 않았다. 키르케는 손님을 별실로 안내하여 술과 여러 가지 음식을 대접하였다. 그들이 실컷 먹고 마시고 하였을 때 키르케는 마법의 지팡이를 그들의 몸에 대었다. 그러자 그들은 바로 돼지로 변하였다. 머리, 몸뚱이, 목소리, 털은 완전히 돼지였으나 정신만은 전과 다름없었다. 키르케는 그들을 돼지 우리 속에 가두고 도토리와 돼지가 좋아하는 여러 가지 다른 먹이를 주었다.

에우릴로코스는 급히 배가 있는 곳으로 돌아가서 사정을 이야기하였다. 오디세우스는 어떠한 방법으로든지 자신이 동료들을 구출해 보려고 결심하였다. 그가 혼자서 걸어가고 있을 때 한 청년을 만났는데, 그 청년은 그의 여러 가지 모험을 아는 양 그에게 친절히 말을 걸었다.

청년은, 자기는 헤르메스라고 밝히고 오디세우스에게 키르케의 요술에 관하여 알리며 그녀에게 접근하면 위험하다고 말하였다. 그러나 오디세우스를 단념시킬 수 없었으므로 헤르메스는 마술에 대항할 수 있는 강력한 힘을 가지고 있는 몰리라는 약초를 그에게 주고, 그 사용법을 가르쳐 주었다.

이윽고 오디세우스가 궁전에 도착하자 키르케는 그를 친절히 맞아들이고, 전에 그의 동료들에게 한 것과 같이 후대하였다. 그가 식사를 끝내자 그녀는 지팡이를 그의 몸에 대면서 말하였다.

"자, 돼지 우리로 가서 네 친구들과 뒹굴고 있거라."

그러나 오디세우스는 칼을 빼들고 얼굴에 노기를 띠면서 달려들었다. 그녀는 무릎을 꿇고 용서를 빌었다. 그는 그녀에게 자기의 동료들을 풀어 주고 다시는 남에게 해를 끼치지 않겠다는 맹세를 하라고 명령하였다. 그녀는 맹세를 되풀이하고 그들을 친절히 대접한 후에 무사히 섬을 떠나게 해주겠다고 약속하였다.

그녀는 약속을 이행하였다. 돼지로 변하였던 사람들은 다시 원상태로 돌아왔고, 배에 있던 다른 선원들도 모두 궁전으로 초대되어 날마다 굉장한 환대를 받았다. 마침내 오디세우스는 고국도 잊고, 안일한 생활에 젖어 수치스러운 줄도 모르고 그 생활에 만족하는 것처럼 보였다.

마침내 부하들이 오디세우스에게 충고하자 그는 그들의 충고를 받아들였다. 키르케는 그들의 출발을 돕고 세이렌들이 있는 해변을 무사히 통과하는 방법을 가르쳐 주었다. 세이렌들은 바다의 님프인데 그의 노래를 듣는 사람은 누구나 그 노래에 매혹되었다. 그 노랫소리를 들은 선원들은 자신도 모르게 바닷속으로 뛰어들고 싶은 충동을 느껴 물 속에 빠져 죽고 마는 것이었다.

 키르케는 오디세우스에게 선원들의 귀를 밀초로 막아 노랫소리를 듣지 못하게 하라고 일렀다. 그리고 오디세우스 자신은 선원들로 하여금 자기의 몸을 돛대에 묶게 하여, 세이렌섬을 통과하기까지는 그가 무슨 소리를 하거나 무슨 짓을 해도 그의 몸을 풀어 주어서는 안 된다고 일렀다.

 오디세우스는 키르케의 말에 복종하였다. 그는 부하들의 귀를 밀초로 막고, 그들로 하여금 자신을 줄로 단단히 돛대에 묶어 놓도록 하였다. 그들이 세이렌섬에 접근하자 바다는 평온하고 그 위로 매우 고혹적이고 매력적인 노랫소리가 들려 왔다.

 그래서 오디세우스는 결박을 풀려고 몸부림쳤고 부하들에게 말과 몸짓으로 몸을 풀어 달라고 애원하였다. 그러나 그들은 그의 처음의 명령에 순종하여 뛰어와서 그를 더욱 단단히 묶었다. 그들은 항해를 계속하였다. 노랫소리는 점점 약해져서 마침내 들리지 않게 되었다. 그때에야 오디세우스는 기뻐하며 선원들에게 귀에서 밀초를 빼내게 하였고, 그들은 오디세우스의 결박을 풀어 주었다.

:: 스킬라와 카립디스

　오디세우스는 또 스킬라와 카립디스라는 두 괴물을 경계하라고 키르케로부터 주의를 받았었다. 우리는 이미 글라우코스 이야기를 하였을 때 스킬라에 관하여도 말한 바 있지만 그녀가 전에는 아름다운 처녀였는데, 키르케에 의하여 뱀 모양의 괴물로 변하였다는 사실을 기억하고 있다. 그녀는 높은 절벽 위에 있는 동굴 속에서 사는데 그곳으로부터 긴 목그녀는 여섯 개의 머리를 가지고 있었다을 늘여 그 목이 닿는 거리를 통과하는 배의 선원을 한 입에 한 사람씩 잡아먹었다.

　또 하나 무서운 것은 해변 가까이에 살고 있는 카립디스라는 소용돌이였는데 매일 세 번씩 물이 바위 틈으로 빨려들어갔다가 또 세 번씩 분출되었다. 이 소용돌이에 휩쓸리면 배는 물과 함께 빨려들어 간다. 바다의 신 포세이돈일지라도 그것을 구출할 수는 없었다.

　이 무서운 괴물들이 출몰하는 곳에 접근하자 오디세우스는 그들을 찾아내려고 엄중한 감시를 하였다. 카립디스가 물을 빨아들일 때는 큰 물 소리가 나므로 멀리서도 경계할 수 있으나 스킬라가 어디 있는지 알 수가 없었다.

　오디세우스와 그의 부하들이 근심스런 눈으로 그 무서운 소용돌이를 살피느라 스킬라에 대한 주의가 부족하였으므로 이 괴물은 뱀 모양의 여러 머리를 내밀어 여섯 사람을 붙잡아 입에 물고는 처절하게 울부짖는 그들을 동굴 속으로 납치하여 갔다. 그것은 오디세우스가 이제까지 본 것 중에서 가장 비참한 광경이었다. 동료들이 이같이 희생되는 것을 보고, 그들의 부르짖는 소리를 들으면서도 속수무책이었다.

키르케는 또 다른 위험을 오디세우스에게 경고해 주었다. 스킬라와 카립디스를 통과한 다음에 상륙할 곳은 트리나키아라는 섬이었는데, 그곳에서는 태양신 히페리온의 가축을 그의 두 딸 람페티아와 파에투사가 기르고 있었다. 아무리 항해자들에게 먹을 것이 필요하더라도 이 가축 떼를 손을 대어서는 안 되었다. 이 금지령을 위반하면 위반자는 반드시 화를 입게 된다는 것이었다.

오디세우스는 이 태양신의 섬에 들르지 않고 통과하려고 하였으나 배를 정박시키고 해안에서 하루 저녁만 자도 피로를 풀 수 있겠다고 부하들이 애원하는 바람에 하는 수 없이 자신이 양보하였다. 그러나 그는 그들에게 키르케가 배에 실어 준 식량에 만족해야 하며 신성한 양이나 기타의 가축에는 절대 손을 대서는 안 된다고 당부하고 서약을 받았다.

식량이 남아 있을 동안에는 부하들도 약속을 지켰다. 그러나 역풍으로 말미암아 한 달 동안이나 섬에 체류하게 되어 남은 식량은 모두 바닥이 나서 새나 물고기를 잡아먹어야 하였다. 배고픔에 시달린 부하들은 마침내 어느 날 오디세우스가 없을 때 가축을 몇 마리 죽이고서 그 일부분을 신들에게 바쳐 자기네의 범행을 용서받으려고 하였다. 그러나 이는 쓸데없는 짓이었다. 오디세우스는 돌아와 그들의 소행을 알고 공포에 떨었다. 뒤이어 일어난 불길한 징조 때문에 더욱 그러하였다. 짐승의 껍질이 땅 위에서 기어다니고 불로 구울 때 고깃덩이는 꼬챙이에서 우는 소리를 내었다.

이윽고 순풍이 불기 시작하였으므로 오디세우스 일행은 섬으로부터 떠났다. 얼마 가지 않아 기후가 변하여 폭풍우가 일어나 우레 소리가 진동하고 번갯불이 번쩍거렸다. 낙뢰가 돛대에 떨어져 돛대가 넘어지는 바람에 키잡이가 깔려 죽었다. 마침내 배까지 부서져 버렸다. 오디세우스는 나란히 떠내려가는 용골과 돛대로 뗏목을 만들어 몸을 의지하였다. 바람이 잠잠해지자 물결은 그를 칼립소의 섬으로 옮겨 놓았다. 다른 선원들은 모두 죽었다.

:: 칼립소

칼립소는 바다의 님프 중의 하나였는데, 님프란 신분이 낮기는 하지만 다분히 신의 속성을 가지고 있는 여성 신을 통칭하는 이름이다. 칼립소는 친절히 오디세우스를 맞아들이고 융숭히 대접하였다. 뿐만 아니라 그를 사랑하게 되어 그에게 영생 불사를 주어 영원히 그를 붙잡아 두려고 하였다.

그러나 그는 고국과 처자에게로 돌아가려는 결심을 버리지 않았다. 칼립소는 마침내 그를 놓아 주라는 제우스의 명령을 받았다. 헤르메스가 이 명령을 전하였는데 그때 칼립소는 동굴 속에 있었다. 이 동굴의 광경을 호메로스는 다음과 같이 그리고 있다.

> 온 정원에 무성하게 뻗친 포도 덩굴에는 포도 송이가 주렁주렁 매달려 넓은 동굴을 온통 가렸다.
> 네 개의 샘에서 솟는 맑은 물은 나란히 흘러 사방으로 흐르고

있었다. 그리고 보드러운 초록색 목장이 끝없이 펼쳐져 있고, 그 위를 제비꽃이 자줏빛으로 물들이고 있었다.
그것은 하늘에서 내려온 신도 경탄하고 기뻐할 경치였다.

칼립소는 몹시 내키지 않았지만 제우스의 명령에 복종하였다. 그녀는 오디세우스에게 뗏목을 만들 재료와 충분한 식량과 순풍을 주었다. 그는 여러 날 동안 순조로이 항해하여 육지가 보이는 데까지 왔으나 갑자기 폭풍우가 일어나 돛대가 부러지고 뗏목도 망가질 것 같았다.

오디세우스와 님프인 칼립소

그가 이런 위기에 처해 있는 것을 한 동정심이 많은 바다의 님프가 발견했다. 그녀는 가마우지로 변신하고 뗏목 위에 앉아 그에게 띠를 하나 주고, 그것을 가슴 밑에 매라고 일렀다. 뗏목이 망가지게 되면 그것이 그의 몸을 뜨게 해줄 것이므로 그가 헤엄쳐 육지에 도달할 수 있게 한 것이다.

:: 파이아케스인

오디세우스는 뗏목에 조금이라도 몸을 의지할 수 있을 동안은 꼭 달라붙어 있었으나 그렇지 못하게 되자 띠를 몸에 두르고 헤엄쳤다. 아테나 여신은 그의 앞에 이는 파도를 가라앉히고 바람을 보내어 물결이 해안으로 흘러들게 하였다. 밀려 오는 파도는 바위에 높이 부딪쳐서 그는 뭍에 접근하지 못하였다. 그러나 마침내 조용히 흐르는 하구를 발견하고 겨우 뭍으로 올랐다.

그는 너무 지쳐 숨도 못 쉬고, 말도 못 하는 빈사 상태였다. 얼마 후 기력을 회복하고는 기쁜 마음으로 흙에 키스하였으나, 장차 어떻게 하면 좋을지 암담하기만 하였다. 조금 떨어진 곳에 있는 숲을 발견하고 그곳으로 발을 옮겼다. 그곳에서 그는 나뭇가지가 우거져 햇빛과 비를 피할 수 있는 은신처를 발견하고, 나뭇잎을 모아 자리를 만들어 그 위에 몸을 누이고 몸 위에 또 나뭇잎을 덮은 후에 실컷 잠을 잤다.

그가 도착한 곳은 파이아케스인의 나라인 스케리아였다. 이 파이아케스인들은 원래 키클롭스족이 살고 있는 근처에 살았으나 이야만족에 쫓겨 나우시토오스라는 왕의 지휘하에 스케리아섬으로 이주하였다. 호메로스의 말에 의하면, 그들은 신들과 혈연 관계가 있는 종족으로서 신들은 그들이 제물을 바치면 그들 앞에 나타나서 같이 향연을 즐겼다고 하며 외로운 나그네를 만나는 일이 있어도 몸을 감추지 않는다는 것이다.

그들은 부유하여 전쟁과 같은 비상시에도 교란됨이 없이 그 부를 향유하며 살았다. 왜냐하면 그들은 이득을 추구하는 사람들과 멀리 떨어져 살고 있었기 때문에 아무런 적도 그들의 해안에 가까이 다가오는 일이 없었고, 따라서 그들은 활과 전통을 사용할 필요도 없었다. 그들의 주요한 일은 항해였다. 그들의 배는 새와 같이 빨리 질주하고 두뇌까지 있어 배 스스로가 척척 모든 항구를 알고 있어 안내자가 필요치 않았다. 나우시토오스의 아들 알키노오스가 그들의 왕이었는데 그는 현명한 군주로서 백성들의 사랑을 받고 있었다.

오디세우스가 파이아케스인의 섬에 표착하여 나뭇잎 침대에서 자고 있던 밤에 왕의 딸 나우시카아는 아테나 여신이 점지한 꿈을 꾸었다. 꿈속에서 이르기를, 그녀의 결혼날이 멀지 않았으니 그 준비로 모든 가족의 옷을 세탁하여 두는 것이 좋으리라는 것이었다. 이것은 쉬운 일이 아니었다. 왜냐하면 샘이 있는 곳은 궁전에서 상당히 떨어져 있어서 세탁할 옷을 그리로 운반해야 하기 때문이었다. 잠이 깨자 공주는 자기의 심중에 있는 말을 하러 부모에게로 급히 갔다. 자기의 결혼날에 관하여 말하지는 않았으나 그럴 듯한 이유를 꾸며 말하였다. 부왕은 승낙하고 하인들로 하여금 마차를 준비하게 하였다.

　세탁할 옷들이 마차에 실리고, 왕후는 풍부한 식량과 음식을 역시 마차에 실어 주었다. 공주는 마차에 앉아 채찍질을 하고 시녀들은 걸어서 마차 뒤를 따라갔다. 시냇가에 도착하여 말들을 풀어 풀을 뜯어 먹게 하고, 마차에서 짐을 내려 물가로 운반하고, 즐겁게 일을 하여 순식간에 일을 끝냈다. 그런 다음 세탁한 옷을 말리기 위하여 냇가에 널고 자기들도 목욕한 후에 앉아서 식사를 하였다. 식사 후 하녀들은 공을 던지며 놀고 공주는 노래를 불렀다. 마침내 말린 옷을 거두고는 시내로 돌아갈 준비를 하고 있을 때, 아테나 여신은 공주가 던진 공이 물 속에 떨어지게 하였다. 그 바람에 그들이 소리를 치자 오디세우스는 그 소리에 잠이 깨었다.

　이때의 오디세우스의 처지를 생각해 보자. 그는 파선한 선원으로서 바로 몇 시간 전에 바다로부터 도피하여 완전히 벌거숭이가 되어 자다가 깨어 보니 수풀 사이로 젊은 처녀들 — 그것도 태도로 보나 차림새로 보나 미천한 농가의 딸이 아니라, 고귀한 집안의 딸인 것같이 보이는 처녀들 — 의 모습이 눈에 띄었다. 구원을 청할 마음은 간절하였으나 감히 벌거숭이로 어떻게 그들 앞에 나타날 수 있겠는가? 이때야말로 그의 수호신인 아테나가 나설 만한 장면이었다. 아테나는 지금까지 그가 위기에 처하였을 때 그를 버린 적이 없었다.

　오디세우스는 잎이 많이 달린 나뭇가지를 하나 꺾어 몸을 가리고 숲으로부터 걸어나왔다. 시녀들은 그를 보자 사방으로 도망하였으나 나우시카아만은 예외였다. 왜냐하면 아테나 여신이 그녀에게 용기와 분별력을 부여하였기 때문이다. 오디세우스는 공손한 태도로 멀리 서서 자기의 비참한 처지를 말하고, 그 미인에게 먹을 것과 입을 것을 간청하였다. 공주는 곧 기꺼이 도와줄 것이며 아버지도 이 사실을 아시면 그를 환대할 것이라고 친절히 대답하였다.

그녀는 도망한 시녀들을 돌아오라고 불러 경박함을 꾸짖고 파이아케스인은 두려워할 적이 없다는 사실을 하녀들에게 일러 주었다. 그녀는 하녀들에게 오디세우스를 가리키며 말하기를, 이 분은 제우스의 나라로부터 온 불행한 나그네이니 정중히 대접해야 한다고 하였다. 그녀는 하녀들에게 먹을 것과 옷을 가지고 오라고 명령하였다. 마차 속에 옷이 몇 벌 있었기 때문이다. 그 뒤 오디세우스는 숲 그늘로 들어가 몸에 말라붙은 소금기를 물로 씻어내고 옷을 입고, 식사를 하여 원기를 회복하자 아테나 여신은 그의 몸을 살찌게 하고 넓은 가슴과 남자다운 얼굴 위에 우아한 미를 퍼뜨렸다.

공주는 그를 보고 감탄하여 시녀들에게 자기는 신에게 이와 같은 배필을 내려주도록 원하였노라고 말하기를 주저하지 않았다. 그녀는 오디세우스에게 시내로 가기를 권하고 들길을 갈 동안만 자기들 일행을 따라오라고 하였다. 그러나 시내에 접어들면 자기들과 떨어져서 오는 게 좋겠다고 하였다. 그 까닭은 무식하고 천한 백성들이 그녀가 일찍이 보지 못하던 미청년을 데리고 돌아오는 것을 보면, 이러니 저러니 떠드는 것을 두려워하였기 때문이었다. 그런 일이 없도록 그녀는 그에게 궁전에 인접한 숲 속에서 기다려 달라고 말했다. 그곳에는 왕의 농장과 정원이 있었다. 그곳에서 기다리고 있다가 공주와 그 일행이 시내로 들어간 뒤에 따라들어오라는 것이었다. 그리고 누구든지 만나는 사람에게 부탁하면 왕궁까지 안내하여 줄 것이라고 덧붙였다.

오디세우스는 이 지시에 따랐다. 그리고 잠시 숲 속에서 기다린 뒤에 시내로 들어가 궁전 가까이 이르렀을 때 물주전자를 들고 물을 푸러 오는 처녀를 만났다. 그것은 변장한 아테나 여신이었다. 오디세우스는 그녀에게 인사를 하고, 알키노오스 왕의 궁전으로 안내해 주기를 청하였다. 처녀는 안내해 주마고 공손히 대답하였다. 궁전은 그녀의 아버지의 집 근처에 있다는 것이었다. 여신의 안내를 받으면서, 그리고 그녀의 힘에 의하여 구름으로 몸을 가려 사람의 눈에 띄지 않은 채 오디세우스는 군중 사이를 걸어갔다. 그리고 그들의 항구, 배, 공회당영웅들의 집회장, 성벽 등을 보고 경탄하였다. 마침내 궁전에 이르렀을 때 여신은 그에게 그 나라와 장차 만날 왕과 백성들에 관한 예비 지식을 일러 주고 그의 곁을 떠났다.

오디세우스는 궁전 뜰 안에 들어가기 전에 걸음을 멈추고 주위의 광경을 살펴보았다. 그 화려함이 그를 놀라게 하였다. 쇠로 된 벽이 입구로부터 집 안까지 이어져 있었고, 집의 문은 금으로 되어 있고, 문기둥은 은으로 되어 있었는데, 군데군데 금장식이 박혀 있었다. 문의 양편에는 여러 마리의 맹견의 입상이 금과 은으로 조각되어 있었고, 마치 입구를 지키는 것같이 늘어서 있었다. 벽을 따라 죽 의자가 놓여 있었는데, 그 위에는 파이아케스 처녀들이 손으로 짠 훌륭한 직물이 덮여 있었다. 왕자들이 이 의자에 앉아 향연을 하고 있었고, 금으로 만든 우아한 청년상들은 손에 햇불을 들고 장내를 밝히고 있었다. 50명이나 되는 하녀들이 가사에 골몰하고 있었는데, 곡식을 빻는 사람도 있었고, 자줏빛 털을 풀고 있는 사람도 있었고, 베틀로 직물을 짜고 있는 사람도 있었다. 파이아케스의 여자들은, 그 나라의 남자들이 배를 다루는 데 있어서 다른 나라 남자들보다 뛰어난 바와 같이 가사에 있어서 다른 어느 나라 여자들보다 뛰어났었다.

궁정 안뜰 밖에는 4 에이커나 되는 넓은 과수원이 있었는데 거기에는 석류, 배, 사과, 무화과, 올리브나무 등 많은 나무들이 빽빽이 들어차 있었다. 그곳의 나무들은 겨울의 추위에도 여름의 가뭄에도 계속 성장하였다. 한 나무가 열매를 맺으면 다른 나무는 싹이 터 계속하여 번갈아 번성하였다. 포도원도 풍작이었다. 한편에는 꽃이 피었거나 익은 포도송이가 달린 포도나무가 있는가 하면, 다른 곳에서는 포도 수확자가 포도즙을 짜고 있었다. 정원의 가장자리에는 잘 가꾸어진 각종 빛깔의 꽃들이 일 년 내내 피어 있었다. 과수원 한가운데에 있는 두 개의 샘에서 물이 솟아오르고, 그 중 한 샘의 물은 인공 수로에 의해 과수원의 곳곳에 미치고 있었고, 다른 샘의 물은 궁전의 안마당으로 흘러들어 시민들은 그곳으로부터 필요한 물을 길어 갈 수 있게 되어 있었다.

오디세우스는 감탄하면서 이 광경을 바라보고 있었으나 자신은 그들의 눈에 띄지 않았다. 그것은 아테나가 그의 주위에 뿌린 구름이 아직 가시지 않았기 때문이었다. 한참 구경을 한 뒤에 그는 빠른 걸음걸이로 궁전으로 들어갔다. 홀에서는 대신과 원로들이 모여서 헤르메스에게 제주를 따르고 있었다. 헤르메스에 대한 예배가 만찬 후에 행하여지고 있었던 것이다. 바로 그때 아테나는 구름을 벗기어 오디세우스의 모습이 장로들 눈앞에 나타나게 하였다. 그는 왕후가 앉아 있는 곳으로 나아가 그녀의 발밑에 무릎을 꿇고 고국에 돌아갈 수 있도록 은총과 도움을 간청하였다. 그리고 나서 물러서서 탄원자의 예절에 따라 난롯가에 가서 앉았다.

잠시 동안 아무도 말하는 사람이 없었다. 마침내 노대신이 왕을 향하여 입을 열었다.

"환대를 바라고 있는 손님을 아무도 환영하지 않고 탄원자의 자세로 기다리게 하는 것은 예의가 아닙니다. 그를 우리들 사이에 앉도록 하고 식사와 술을 대접하십시오."

이 말을 듣자 왕은 일어서서 오디세우스에게 악수를 청하고 그를 인도하여 아들을 다른 자리로 물러가게 하고 그 자리에 앉게 하였다. 식사와 술상이 나오자 오디세우스는 그것을 먹고 원기를 회복하였다.

왕은 내일 오디세우스를 위한 대책을 강구할 회의를 소집하겠노라고 말하고 족장과 원로들은 물러가게 하였다. 오디세우스와 왕과 왕후만이 남자 왕후는 그에게 그가 누구며 어디서 왔는가를 물었다. 그리고 그가 입고 있는 옷이 자기의 시녀들과 자신이 만든 것임을 알아채고 그 옷을 누구에게 받았느냐고 물었다. 그는 자기는 칼립소섬에 살고 있었으며 그곳으로부터 떠나왔다는 것, 도중에 뗏목이 난파하여 헤엄쳐 이곳에 상륙하였다는 것, 그리고 공주의 도움을 받았다는 사실 등을 모두 이야기하였다. 왕과 왕후는 고개를 끄덕이며 듣고 있었다. 왕은 그가 귀국할 배를 내주겠다고 약속하였다.

다음날 장로들은 회의를 열고 왕의 약속을 확인하였다. 배가 준비되고 노를 저을 건장한 선원들이 선발되어 궁전으로 갔는데 그곳에서는 성대한 잔치가 벌어졌다. 잔치가 끝난 뒤에 왕의 제의로 젊은 사람들이 손님을 위해 그들의 운동 경기 솜씨를 보여 주게 되었다. 그래서 모두 다 경주, 레슬링 및 여러 가지 경기를 하기 위해 시합장으로 나갔다. 모두 다 최선을 다한 후에 오디세우스에게 무엇이든 할 수 있는 것이 있으면 보여 달라고 요청하였다. 그는 처음에는 거절하였으나 한 젊은이에게 조롱을 받자 어떤 파이아케스인도 던질 수 없을 만큼 무거운 쇠고리를 들고서 그들 중 어느 누구보다도 멀리 던졌다. 모두들 놀라 그들의 손님을 전에 없이 매우 존경하는 마음으로 우러러보았다.

경기가 끝난 뒤에 그들은 궁전으로 돌아갔다. 그때 전령관인 데모도코스라는 장님 음유시인을 데리고 들어왔다. 호메로스는 그에 관하여 다음과 같이 서술하고 있다.

> 무사이의 사랑을 받았으나
> 무사이는 그에게 좋은 것과 나쁜 것을 함께 주었다.
> 그의 시력을 빼앗은 반면
> 하늘의 노래를 부르는 재주를 주었노라.

데모도코스는 그리스군이 트로이의 성 안으로 들어갈 때 수단으로 사용한 목마를 노래하였다. 아폴론이 그에게 영감을 주어 그는 그 중대한 시기의 여러 두려운 일과 공적을 감동적으로 노래불렀으므로 모두 다 기뻐하였으나 오디세우스만이 눈물을 흘렸다. 노래가 끝나자 알키노오스 왕은 그에게 왜 트로이에 관한 말을 듣고 슬퍼하느냐고 물었다. 그곳에서 아버지를 잃었는가, 형제를 잃었는가, 혹은 친구를 잃었는가고 물었다.

그제야 오디세우스는 자기의 본명을 밝혔다. 그리고 그들의 요구에 응하여 트로이를 출발한 이래 겪은 여러 가지 모험을 이야기하였다. 이 이야기를 듣고 오디세우스에 대한 그들의 동정과 감탄은 최고조에 달하였다. 왕은 모든 장로가 손님에게 선물을 줄 것을 제안하고 자기가 먼저 모범을 보였다. 그들은 이 제안에 응하여 서로 다투어 값진 선물을 오디세우스에게 선사하였다.

다음날 오디세우스는 파이아케스의 배를 타고 떠나 잠시 후에 고국인 이타케섬에 무사히 도착하였다. 배가 해변에 도착하였을 때 그는 잠들어 있었다. 선원들은 그를 깨우지 않고 선물이 든 상자와 함께 해변에 옮겨 놓고 그곳을 떠나 버렸다.

포세이돈은 파이아케스인이 자기의 수중으로부터 이와 같이 오디세우스를 구출한 일에 대하여 괘씸하게 여겨 그들의 배가 항구에 귀환하자 배를 바위로 만들어 버렸다.

:: 구혼자들의 최후

오디세우스는 20년간이나 이타케를 떠나 있었으므로 잠에서 깨었을 때 자기의 고국을 알아보지 못하였다. 아테나 여신이 젊은 양치기로 변하여 그에게 나타나 이곳이 어디며, 그가 없는 동안 그의 궁전에서 일어난 일들을 상세히 들려 주었다. 이타케와 인근 여러 섬의 100명 이상이나 되는 귀족들은 오디세우스가 죽은 줄 알고 그의 아내인 페넬로페에게 끈질기게 구혼하고, 그의 궁전과 국민에 대하여 마치 자기들이 그 소유자나 되는 것처럼 위세를 부리고 있는 것이었다. 오디세우스가 그들에 대하여 복수하려면 한동안 그는 정체를 숨겨야 하였다. 그래서 아테나는 그를 추한 거지의 모습으로 변하게 하였다. 그래서 그는 거지로서 그의 집의 충복이요, 돼지를 기르는 에우마이오스를 찾아가서 친절한 접대를 받았다.

그의 아들 텔레마코스는 아버지를 찾으러 나가고 집에 없었다. 그는 트로이의 원정으로부터 귀환한 여러 왕들의 궁전을 찾아다니다가 아테나 여신으로부터 급히 집으로 돌아가라는 계시를 받았다. 서둘러 귀가하여 구혼자들 사이에 나타나기 전에 그동안의 궁전의 사정을 알아보기 위해 에우마이오스를 찾아갔다. 그는 거지 차림의 낯선 사람이 있는 것을 보고서 비록 거지의 차림이었으나 친절히 대답하고 도움을 약속하였다.

페넬로페에게 그녀의 아들의 귀환을 은밀히 보고하기 위하여 에우마이오스를 보냈다. 텔레마코스는 구혼자들을 조심해야만 하였다. 왜냐하면 그들이 텔레마코스를 없애 버릴 음모를 꾸미고 있었기 때문이다.

에우마이오스가 떠나자 아테나 여신은 오디세우스에게 나타나 아들에게 정체를 밝히라고 지시하였다. 동시에 그의 몸에 손을 대어 거지의 겉모습을 없애고 본래의 건장한 모습으로 되돌려 놓았다. 텔레마코스는 그를 보고 깜짝 놀라 처음에는 그가 인간 이상의 존재임에 틀림없으리라고 생각하였다. 그러나 오디세우스가 내가 너의 아버지이며 아테나가 나의 모습을 바꾸었다고 설명하였다. 호메로스는 이 광경을 다음과 같이 서술하고 있다.

> 그러자 텔레마코스는 팔로
> 아버지의 목을 껴안고 울었다.
> 두 사람은 목놓아 울고 싶었다.
> 다정한 이야기를 나누면서
> 두 사람은 슬픔을 달랬다.

오디세우스 부자는 구혼자들을 제압하여 그들의 폭행에 복수할 방도를 상의하였다. 그 결과 텔레마코스는 궁전으로 가서 전과 같이 구혼자들을 대하고 오디세우스는 거지의 모습으로 가기로 하였다. 고대에 있어 거지는 지금과는 다른 특권을 향유하였다. 거지는 길손으로서 그리고 재미있는 이야기를 하는 사람으로서 고관들이 있는 궁전에 자유롭게 출입이 허용되어 대접받는 일이 종종 있었다. 그러나 때로는 모욕을 당하는 경우도 있었다.

오디세우스는 아들에게 당부하기를, 자기에게 지나친 관심을 표시하여 남들에게 자신의 정체를 알고 있는 것 같은 인상을 주지 말고 자기가 모욕을 당하거나 얻어맞는 일이 있을지라도 모른 척해야 한다고 일렀다. 텔레마코스가 먼저 궁전에 들어가 보니 전과 다름없는 떠들썩한 술잔치가 벌어지고 있었다. 구혼자들은 비록 내심으로는 텔레마코스를 없애 버리려는 그들의 음모가 실패한 것을 원통하게 생각하였으나, 겉으로는 그가 돌아온 것을 반기는 체하였다. 늙은 거지도 참석이 허용되어 음식상이 제공되었다.

　오디세우스가 궁전의 안뜰에 들어갔을 때 참으로 감동적인 사건이 일어났다. 늙어서 거의 빈사 상태로 드러누워 있던 개가 낯모르는 사람이 들어오는 것을 보고서 귀를 쫑긋 세우며 머리를 들었다. 그것은 전에 오디세우스가 사냥할 때면 곧잘 데리고 다니던 아르고스라는 개였다. 호메로스는 그 광경을 다음과 같이 그리고 있다.

> 그 개는 오랫동안 보지 못하던 오디세우스가 가까이 다가오자
> 내렸던 귀를 세우고, 기쁜 듯 꼬리를 흔들었으나
> 일어서서, 전과 같이 주인에게 다가갈 기력은 없었다.
> 오디세우스는 그를 보고 남모르게 흐르는 눈물을 닦았다…….
> 20년 만에 주인과 만나자마자 늙은 아르고스는
> 저 세상으로 떠났다.

　오디세우스가 홀 안에 자리를 잡고 앉아 음식을 먹고 있을 때 구혼자들은 그에게 오만한 행동을 하기 시작하였다. 그가 조용히 항의하자, 그들 중 한 사람이 의자를 들어 그를 때렸다. 텔레마코스는 자기의 아버지가 홀에서 그런 모욕을 당하는 것을 보고 분노를 금할 수 없었으나 아버지의 당부를 생각하고, 비록 젊으나 집 주인이요, 손님들의 보호자로서 집 주인의 입장을 보아 예의에 어긋나는 말은 말아 달라고 부탁했다.

　페넬로페는 구혼자 중에서 한 사람을 선택하기를 이제까지 오랫

동안 연기하여 왔으므로 이제는 더 이상 미룰 구실이 없었다. 이제까지 남편이 돌아오지 않는 것을 보면 더 이상 희망이 없는 것 같았다. 그동안 아들이 자라서 사리 판단을 할 수 있게 되었다. 그래서 그녀는 아들의 의견을 받아들여 구혼자들의 재능을 시험해 보고는 그 중에서 선택하기로 결정하였다. 시험은 활쏘기였다. 열두 개의 고리가 일렬로 배열되고, 이 열두 개 전부를 화살로 관통시킨 사람이 상으로 왕비를 차지하기로 결정되었다. 오디세우스는 전에 친구로부터 받은 활을 무기고에서 꺼내어 화살이 가득 든 화살통과 함께 홀 안에 놓았다. 텔레마코스는 경기에 열중한 나머지 순간적으로 자신도 모르게 이성을 잃고 다른 무기에 손을 댈 위험이 있을지도 모른다는 구실로 모두 다른 곳으로 치워놓게 하였다.

 시합 준비가 다 되었다. 먼저 해야 할 일은 활을 당겨 시위를 메기는 일이었다. 텔레마코스가 시도해 보았으나 허사였다. 그래서 그는 자기로서는 과도한 일을 시도하였다고 겸손히 고백하면서 활을 다른 사람에게 넘겼다. 이 사람 저 사람도 해 보았으나 성공하지 못하였다. 그래서 동료들의 웃음과 조롱을 받으며 손을 떼었다. 또 다른 사람들도 해 보았다. 그들은 활에 기름도 발라 보았으나 아무 효과도 없었다. 활은 좀체로 구부러지지 않았다. 마침내 오디세우스가 자기에게도 한 번 시켜 달라고 겸손히 말하였다.

 "저는 지금은 거지입니다만 전에는 무사였습니다. 저의 몸에는 아직도 힘이 약간 남아 있습니다."

 구혼자들은 조소하고 큰 소리치며 그런 오만무례한 자를 내쫓으라고 명령하였다. 그러나 텔레마코스는 큰 소리로 그를 변호하고,

오직 늙은이의 마음을 만족시키기 위하여는 한번 시도해 보라고 명령하였다. 오디세우스는 활을 손에 잡고, 능숙한 솜씨로 다루었다. 그는 손쉽게 줄을 오늬에다 맞춘 다음 살을 먹이고 시위를 당겼다. 화살은 어김없이 고리 속을 관통시켰다.

오디세우스는 그들에게 경탄의 소리를 낼 여유도 주지 않고
"이제 또 다른 표적이다."
하고 구혼자 중에서 제일 무례한 자를 향하여 정면에서 겨누었다. 화살이 그의 목구멍을 관통하여 쓰러졌다. 텔레마코스와 에우마이오스와 기타의 충복들이 무장을 하고서 오디세우스의 곁으로 뛰어왔다. 구혼자들은 놀라 주위를 돌아보고 무기를 찾았으나 하나도 없었고 에우마이오스가 문을 지키고 있었기 때문에 달아날 방도도 없었다.

오디세우스는 마침내 자기의 정체를 밝혔다. 그는 자기가 오랫동안 집을 떠나 있긴 했지만 그들이 이제까지 침범했던 이 집의 주인이며, 그들이 탕진한 재산은 자기의 재산이요, 10년 동안 그들이 괴롭힌 것은 자기의 아내와 아들이라는 것을 밝히고, 이에 대한 철저한 복수를 하겠다고 말하였다. 모두 다 참살되고, 오디세우스는 다시 궁전의 주인이 되어 그의 왕국과 아내를 되찾았다.

# 32 영웅 아이네이아스

:: 아이네이아스의 모험

　우리는 이제까지 그리스의 영웅 중의 한 사람인 오디세우스가 트로이를 떠나 고향으로 돌아올 때까지의 방랑을 지켜보았다. 이제는 정복당한 트로이의 생존자들을 뒤쫓아 그들의 운명을 더듬어 보기로 하자.

　트로이인의 대장은 아이네이아스였다. 고국이 멸망한 후에 신천지를 찾아 목마가 그 뱃속에 있던 무사들을 토해 내고 이어서 트로이시가 점령되고 불바다가 되던 그 운명의 날 밤에 아이네이아스는 그의 아버지와 아내와 젊은 아들을 데리고 멸망의 도시를 빠져나왔다. 그의 아버지 안키세스는 늙어서 빨리 걸을 수 없었기 때문에 아이네이아스는 그를 어깨에 무등을 태우고 갔다. 그는 무거운 짐을 지고 아들과 아내를 거느리고 불타는 도시를 빠져나왔지만 나중에 보니 그 난리통에 아내를 잃어버렸다.

아이네스가 미리 약속해 둔 장소에 가 보니 그곳에는 많은 피난민들이 모였는데, 그들은 아이네이아스의 지시에 따랐다. 이곳에서 수 개월 동안의 항해 준비를 끝낸 후에 마침내 그들은 출범하였다. 그들은 맨 처음 도착한 인접한 트라키아의 해안에 상륙하여 도시를 건설한 준비를 하고 있었는데 괴상한 일이 일어나 아이네이아스는 계획을 수정했다.

트라키아에 상륙한 아이네이아스는 제물을 올리려고 숲의 나뭇가지를 꺾었다. 그런데 놀랍게도 꺾은 자리에서 피가 흘러내렸다. 계속 가지를 꺾자 땅 속으로부터 어떤 소리가 들려 왔다.

"살려 주시오. 아이네이아스! 나는 당신의 친척인 폴리도로스요. 나는 이곳에서 피살될 때 많은 화살을 가지고 있었는데, 그로부터 숲이 싹터 내 피를 마시고 자라난 것이오."

이 말을 듣고 아이네이아스는 트로이의 젊은 왕자였던 폴리도로스를 떠올렸다. 트로이 왕은 그의 아들을 전쟁의 위험으로부터 멀리 떨어진 곳에서 성장시키기 위하여 이웃 나라 트라키아에 많은 재물과 더불어 보냈었는데, 트라키아 왕은 그를 죽이고 그의 재물을 빼앗았던 것이다. 아이네이아스와 그의 일행은 그곳이 그와 같은 범죄에 의해 더렵혀진 땅임을 알고는 급히 떠났다.

다음 그들은 델로스섬에 상륙하였다. 이 섬은 원래 떠다니는 섬이었던 것을 제우스가 견고한 쇠사슬로 해저에 묶어 놓았다. 아폴론과 아르테미스가 이곳에서 태어났고 그 때문에 섬은 아폴론에게 봉헌되었다. 이곳에서 아이네이아스는 아폴론의 신탁에 문의한 결과 신탁이 늘 그렇듯이 애매한 답변을 얻었다.

"너희들의 어머니를 찾으라. 그곳에서 아이네이아스의 종족은 살 수 있고, 다른 모든 국민을 너희들이 지배하리라."

트로이인들은 이러한 신탁을 듣고 기뻐하였다. 그리고 바로

"신탁이 뜻하는 곳은 어딜까?"

하고 서로 물었다.

안키세스는 아들인 아이네이아스에게 자기들의 조상이 크레타로부터 왔다는 전설이 있음을 귀띔해 주었다. 그래서 그들은 배를 그곳으로 돌렸다. 그들은 크레타에 도착하여 도시를 건설하기 시작하였다. 그러나 웬일인지 그들 사이에 전염병이 발생하고 애써 일구어 놓은 들에서는 한 알의 곡식도 열리지 않았다. 이러한 비참한 상황에 처해 있을 때 아이네이아스는 꿈을 꾸었는데, 그곳을 떠나서 헤스페리아라는 서쪽 나라를 찾아가라는 계시를 받았다. 트로이 민족의 시조인 다르다노스는 원래 그곳으로부터 이주한 땅이었다. 그래서 그들은 헤스페리아지금의 이탈리아를 목적지로 정하였다. 그곳에 도착하기까지 많은 모험을 겪고, 오늘날 같으면 세계를 몇 바퀴 돌 정도의 긴 시일이 걸려야 했다.

그들이 처음 상륙한 곳은 하르피아이들이 살고 있는 섬이었다. 이 하르피아이라는 것은 처녀 같은 머리와 긴 발톱과 굶주림으로 창백해진 얼굴을 가지고 있는 혐오스러운 새였다. 이 새들은 제우스가 그 잔인한 소행에 대한 벌로서 시력을 박탈한 피네우스트리키아의 왕으로서 후처의 교사에 의하여 전처가 낳은 두 아들의 시력을 박탈하였기 때문에 자신도 신의 벌을 받고 시력을 박탈하였다를 괴롭히기 위하여 신들이 파견한 새였다. 피네우스 앞에 먹을 것이 놓여지면 언제나 공중

으로부터 하르피아이들이 날아와서 가로채 가곤 했다. 그런데 그들은 아르고호 원정대의 영웅들에 의하여 피네우스의 곁에서 쫓겨나 지금 아이네이아스가 상륙한 섬으로 왔던 것이다.

배가 항구로 들어갔을 때 트로이인들은 가축의 무리가 들판을 배회하고 있는 것을 보았다. 그들은 필요한 양만큼 가축을 도살하여 잔치 준비를 하였다. 그러나 그들이 식탁에 앉자마자 무섭고도 요란한 소리가 공중에서 들리더니 그 추악한 하르피아이 떼가 그들에게로 날아 내려와 발톱으로 접시에 있는 고기를 낚아채 갔다. 아이네이아스와 그의 동료들은 칼을 빼들고 휘둘렀으나 아무 소용도 없었다. 왜냐하면 그들은 아주 민첩하여 맞출 수가 없었고, 날개는 갑옷처럼 딱딱하며 칼이 들어가지 않았다.

그들 중의 한 마리가 가까운 곳에 있는 절벽 위에 앉아 이렇게 부르짖었다.

"트로이 놈들아, 죄 없는 우리들에 대하여 이런 짓을 하느냐? 우리들의 가축을 도살하고 그러고도 양이 차지 않아 우리들에게 싸움까지 걸기냐?"

그 새는 장차 그들의 앞길에 무서운 고난을 예고하며 분풀이를 하고 날아갔다. 트로이인들은 급히 그곳을 떠나 다음에는 에페이로스 해안을 따라 항해하였다. 그들이 이곳에 상륙하자 전에 포로로서 그곳으로 끌려갔던 트로이의 몇몇 사람들이 그 지방의 지배자가 되어 있는 놀라운 사실을 발견하였다. 헥토르의 미망인인 안드로마케는 그리스군의 어떤 대장의 아내가 되어 아들을 하나 낳았다. 그 대장이 죽자 그녀는 아들의 후견인으로서 그 나라의 섭정이 되었는데, 후에 같은 포로의 몸인 트로이의 왕족 헬레노스와 결혼하였다. 헬레노스와 안드로마케는 아이네이아스 일행을 환대하고, 많은 선물을 주어 떠나 보냈다.

이곳으로부터 아이네이아스 일행은 시켈리아 해안을 항해하여 키클롭스의 섬을 통과하였다. 그때 그들을 부르는 자가 있었는데 그 모습은 초라하고 옷은 남루하였으나 그리스인임이 분명하였다. 그는 오디세우스의 일행이었는데 오디세우스가 자기도 모르는 사이에 급히 떠났기 때문에 홀로 남게 되었다고 그들에게 말하였다. 그는 오디세우스가 폴리페모스를 상대로 한 모험을 이야기하고, 이곳에서는 산딸기나 나무뿌리밖에는 먹을 것이 없고, 항상 키클롭스들의 위협을 받고 있으니 같이 데리고 가 달라는 것이었다.

그가 말하고 있는 동안에 폴리페모스가 나타났다. 그는 보기 흉하고 몸집이 큰 무서운 괴물로서 하나밖에 없던 눈마저 멀어 있었다. 그는 바닷물에 눈알이 빠진 눈구멍을 씻으려고 지팡이로 길을 더듬으며 조심스런 걸음걸이로 바닷가에 내려와서 그들을 향하여 물 속을 걸어왔다. 그는 키가 대단히 컸기 때문에 바닷속에도 깊이 들어갈 수 있었다. 그래서 트로이인들은 무서워서 그를 피하려고 노를 잡았다. 노 젓는 소리를 듣고 폴리페모스는 그들을 향하여 고함을 질렀다. 그 고함소리에 해안이 울리고, 그 소리를 듣고 다른 폴리페모스들이 그들의 동굴과 숲 속으로부터 뛰어나와 해안에 일렬로 섰는데, 마치 나란히 선 키 큰 소나무와 같았다. 트로이인들은 열심히 노를 저어 그들의 시야에서 벗어났다.

아이네이아스는 일찍이 헬레노스로부터 괴물 스킬라와 카립디스가 지키고 있는 해협을 피하라는 주의를 받았다. 독자도 기억하겠지만 그곳에서 오디세우스는, 선원들이 카립디스를 피하기에 여념이 없을 동안에 스킬라에게 붙잡혀 6명의 부하를 잃었다. 아이네이아스는 헬레노스의 충고에 따라 이 위험한 곳을 피하고 시칠리아섬의 해안을 항해하였다.

헤라는 트로이인들이 목적지를 향하여 무사히 항해하는 것을 보고 지난날 그들에게 품었던 원한이 또다시 되살아났다. 왜냐하면 그녀는 파리스가 자기의 아름다움을 무시하고 황금사과를 다른 사람에게 줌으로써 자기에게 가한 멸시를 잊을 수 없었기 때문이다 신들의 마음 속에도 이와 같은 원한이 있다. 그래서 그녀는 바람의 지배자인 아이올로스를 찾아갔다. 이 아이올로스는 전에 오디세우스에게

아이네이아스가 가 버리자 낙담하여 자기 가슴을 찌르고 장작더미 위에 몸을 던진 디도

순풍을 보내 주고, 역풍은 거두어 자루 속에 넣어 주었던 신이다.

아이올로스는 여신의 명령에 따라 자기의 아들인 보레아스북풍와 티폰태풍 및 기타의 바람들을 보내어 풍랑을 일으키게 하였다. 이윽고 무서운 폭풍우가 일어나고 트로이의 배들은 그들의 진로에서 벗어나 아프리카의 해안으로 밀려 나갔다. 배들은 난파할 위험에 직면했고 서로 분산되어 아이네이아스는 자기 배 외의 다른 배들은 다 없어진 줄 알았다.

이런 위급한 때 포세이돈은 폭풍우가 노호하는 소리를 듣고 자기가 그런 명령을 내린 적이 없는데 무슨 일일까 하고 머리를 파도 위로 내밀고 보니 아이네이아스의 함대가 강풍을 만나 떠내려가고 있었다. 그는 동생 헤라가 트로이인에 대하여 적의를 품고 있는 것을 알고 있으므로 곧 이해가 갔다.

그러나 자기의 영역을 침범한 데 대한 노여움은 간과할 수 없었다. 그는 바람들을 불러 엄히 꾸짖어 물러가게 하였다. 그런 다음 파도를 가라앉히고, 태양을 가리고 있는 구름을 걷었다. 그리고 폭풍에 떼밀려 암초에 걸려 움직이지 않게 된 배들 중 어떤 것은 포세이돈 자신이 그의 삼지창으로 꾹 찍어 끌어내리고, 어떤 것은 트리톤과 바다의 님프들로 하여금 어깨로 밀어 물 위에 다시 뜨게 하였다.

트로이인들은 바다가 평온하게 되자 제일 가까운 해안을 찾아갔는데, 그것은 카르타고의 해안이었다. 배는 몹시 파손되었으나, 모두 다 무사히 그곳에 도착하였으므로 아이네이아스는 매우 기뻐하였다.

## :: 디도

트로이의 유랑민들이 상륙한 카르타고는 시실리의 반대편인 아프리카 해안의 한 도시이었다. 그곳에서는 당시 티로스인의 이민이 여왕 디도의 지휘 아래 후에 로마의 경쟁자가 될 나라를 건설하고 있었다.

디도는 티로스의 왕 벨루스의 딸이자, 부왕의 왕위를 계승한 피그말리온의 누이였다. 그녀의 남편은 시카이오스로서 큰 부호였는데, 그의 재물을 탐낸 피그말리온에 의하여 피살되었다. 디도는 많은 남녀 친구 및 부하들과 더불어 수 척의 배를 타고, 시카이오스의 재물을 가지고 티로스부터 탈출하는 데 성공하였다.

그들은 미래의 보금자리로 선택한 장소에 이르자, 원주민들에게 한 마리의 황소 가죽으로 덮을 수 있을 정도의 작은 토지를 요구하였다. 원주민들이 쾌히 승낙을 하자 디도는 가죽을 잘라 여러 조각을 내어 그것을 군데군데 놓아 경계를 표시하고 그 경계 안에 성을 쌓고 비르사짐승 가죽이라는 뜻라고 불렀다. 이 성의 주위에 카르타고시가 일어나고, 얼마 가지 않아 세력이 강대해지고 번영하게 되었다.

마침 이러한 상황에 놓여 있을 때 아이네이아스가 트로이인을 데리고 카르타고에 도착하였다. 디도는 이 유명한 유랑민들을 친절히 받아들였다. 그녀는 이렇게 말하였다.

"나 자신이 고생을 한 몸이라, 불행한 사람들을 도울 줄 안답니다."

여왕은 그들을 환대하기 위하여 축제를 열고 힘과 기능 겨루기

경기를 열었다. 일행은 여왕의 부하들과 같은 조건하에서 승리를 다투었고, 여왕은

"승리자가 트로이인이거나 티로스인이거나 간에 자기에게는 무관하다."

고 선언하였다.

경기가 끝난 후 잔치가 벌어지고 그 좌석에서 아이네이아스는 여왕의 요구에 응하여 트로이의 종말에 얽힌 여러 사건과 트로이를 떠나온 후의 자기의 모험담을 들려 주었다. 디도는 그의 이야기에 매혹되고 그의 공적에 감탄하였다. 그녀는 아이네이아스를 열애하고 되고, 그도 이제 유랑 생활을 끝내고 가정과 왕국과 아내를 얻게 될 듯한 행운의 기회를 받아들이는 데 만족을 느끼는 것 같았다. 서로 사랑을 즐기는 동안에 수 개월이 지났다. 이탈리아와 그 해안에 건설할 예정인 왕국도 잊혀진 것 같았다. 그것을 보고서 제우스는 헤르메스를 아이네이아스에게 보내 그의 숭고한 사명감을 환기시키고 항해를 계속하도록 명령하였다.

아이네이아스는 디도가 온갖 유혹으로 설득하고 만류하는 것을 뿌리치고 그녀와 이별하였다. 그녀가 받은 애정과 자존심에 대한 타격은 너무도 커서 그가 떠난 것을 알게 되자 그녀는 화장할 장작을 쌓게 하고 그 위에 올라 스스로 몸을 찌르고 장작과 함께 잿더미가 되었다. 도시의 상공으로 솟아오르는 화염이 떠나는 트로이인들의 눈에 띄었다. 아이네이아스는 치솟는 화염을 보고 그 원인은 알 수 없었으나 이 운명적인 사건에 대한 불길한 예감을 장작과 함께 느꼈다.

## :: 팔리누루스

아이네이아스 일행은 시실리아섬에 기항하였다. 당시 그곳에서는 트로이의 왕족인 아케스테스가 지배자로서 그들을 환대하였다. 이곳에서 그들은 다시 배를 타고 이탈리아를 향하여 항해를 계속하였다. 아프로디테는 포세이돈에게 자기의 아들 아이네이아스가 무사히 의도하는 목적지에 도달하게 하고, 바다의 위험을 극복하게 하여 달라고 청원하였다. 그러자 포세이돈은 승낙하였다. 그러나 한 생명만 희생물로 바치면 다른 생명은 살리겠다는 조건이었다. 희생자는 키잡이인 팔리누로스였다. 그가 키를 잡고 별을 바라보면서 앉아 있을 때 포세이돈이 보낸 잠의 신 히프노스가 포르마스 라피테스의 아들의 모습으로 둔갑하여 가까이 다가오면서 이렇게 말하였다.

"팔리누로스, 바람은 잔잔하고 바다는 평온하며 배는 순조롭게 항해하고 있다. 피곤할 테니 잠깐 누워서 쉬는 것이 좋지 않겠는가? 내가 자네 대신 키를 잡아 줄 테니."

팔리누로스는 이렇게 대답하였다.

"바다가 평온하다느니 순풍이니 하는 말은 입 밖에도 내지 마시오. 나는 이런 바다가 갑자기 우리를 배신하는 것을 너무도 많이 보아 왔소. 아이네이아스를 변덕스러운 일기나 바람에 맡겨도 좋단 말이오?"

팔리누로스는 계속하여 키를 잡고 별을 응시하였다. 그러나 히포노스는 '망각의 강'인 레테의 물에 적신 나뭇가지를 그의 머리 위에서 흔들었다. 그러자 그의 눈은 자꾸 감겼다. 히프노스는 그를 배 밖으로 떼밀었으므로 그는 물 속으로 빠졌다. 그러나 키를 잡은 채로 떨어졌으므로 키도 그와 함께 떨어져 나갔다. 그러나 포세이돈은 그의 약속을 잊지 않고 키도 없고 키잡이도 없는 배를 순항하게 하였다. 얼마 후 아이네이아스는 팔리누로스가 없어진 것을 알고 이 충실한 키잡이의 죽음을 몹시 슬퍼하며 자신이 키를 잡았다.

마침내 배는 이탈리아 해안에 도착하였다. 모두들 환성을 지르며 육지로 뛰어올라갔다. 부하들이 야영 준비를 하고 있는 동안에 아이네이아스는 시빌레아폴론 혹은 다른 신들의 신탁을 알리는 무당의 집을 찾아갔다. 그곳은 아폴론과 아르테미스에게 봉헌된 신전과 숲 가까이에 있는 동굴이었다. 아이네이아스가 그 근처에서 주위를 둘러보고 있을 때 시빌레가 가까이 와서 말을 걸었다. 그녀는 그가 무엇 때문에 이곳에 왔는지 아는 것같이 보였다. 그리고 신의 영감을 받은 예언자적 어조로 그가 최후의 성공을 거두기까지에 겪어야 할 수많은 노고와 위험을 예언하였다.

그녀는 다음과 같은 격려로 말을 마쳤는데, 그것은 그후 속담이 되었다.

"재난에 굴하지 말라. 더욱 용감히 전진하라."

아이네이아스는 무슨 일을 당할지라도 각오가 되어 있다고 말하였다. 그에게는 오직 하나의 소원이 있었다. 꿈에서 사자死者의 나라를 찾아 그의 아버지 안키세스와 협의하여, 그로부터 자신 및 동족의 장래 운명에 대한 계시를 받으라는 지시를 받았는데 그는 이 임무를 완수하는 데 필요한 힘을 빌려 달라고 그녀에게 청하였다.

그러자 시빌레는 이렇게 대답하였다.

"아베르누스까지 내려가는 것은 어렵지 않소. 플루톤그리스 어로는 하데스, 즉 지옥의 왕의 문은 언제나 열려 있소. 그러나 발을 돌려 상계로 돌아오는 일이 힘들고 어려운 일이오."

그녀는 그에게 숲 속에 가서 황금의 가지가 하나 달려 있는 나무를 찾아 그 가지를 꺾어 프로세르피나에게 선물로 갖다 주라고 가르쳐 주었다. 만약 운수가 좋으면 그 가지를 꺾을 수 있지만 그렇지 않으면 어떠한 힘도 그것을 꺾을 수 없다는 것이었다. 그것만 꺾어 손에 넣는다면 모든 일이 잘 풀린 것이라고 덧붙였다.

아이네이아스는 시빌레의 지시대로 하였다. 그의 어머니 아프로디테는 자기의 비둘기 두 마리가 그의 앞에서 날게 하여 길을 가르쳐 주었다. 이 비둘기의 도움으로 그는 그 나무를 발견하고 가지를 꺾어 시빌레가 있는 곳으로 돌아갔다.

## :: 지옥

이 책의 앞부분에서 우리는 세계 창조에 관한 고대인들의 생각을 설명하였다. 이제 우리의 이야기도 종말에 가까워 왔으므로 이제 사자死者들의 세계에 대해 이야기하기로 하자. 그것은 고대의 가장 훌륭한 시인 중의 한 사람인 베르길리우스가 서술한 것이다.

베르길리우스가 죽은 자들이 거주하는 곳의 입구라고 생각하고 있는 곳은 지상에 있는 우리 인간들에게는 무섭고 초자연적인 것에 대한 관념을 불러일으키기에 가장 어울릴 곳일 것이다. 그것은

저승의 강과 뱃사공 카론

베수비오산 부근의 화산 지대로서 그곳에서는 모든 지역이 갈라져 터진 틈으로부터 유황 불꽃이 솟아오르고, 지면은 그 속에 갇혀 있는 증기 때문에 요동하고, 신비스러운 음성이 땅 밑으로부터 들려온다. 아베르노스 호수는 사화산의 분화구였던 것으로 상상된다.

이 아베르누스는 원형이고 폭이 반 마일이나 되고 몹시 깊으며 높은 둑에 의하여 둘러싸여 있었는데, 이 둑은 베르길리우스의 시대에는 음울한 숲에 덮여 있었다. 유독한 증기가 그 수면으로부터 피어 올라와 둑 위에는 풀 한 포기 발견할 수 없었고 새 한 마리 날지 않았다. 베르길리우스에 의하면 이곳에 지옥으로 통하는 동굴이 있었고, 이곳에서 아이네이아스는 프로세르피나, 헤카테, 푸리아이복수의 여신들 등 지옥의 여신들에게 제물을 바쳤다. 그러자 포효소리가 땅 속에서 들려 오고, 언덕 위의 나무는 흔들리고, 개짖는 소리가 여신들의 접근을 알리었다.

"자, 용기를 내십시오. 이제부터 용기가 필요하다니까요."
라고 시빌레는 이렇게 말하였다.

 그녀가 먼저 동굴 속으로 내려가고 아이네이아스는 그 뒤를 따랐다. 지옥의 문에 들어가기 전에 그들은 한 무리의 군상들 사이를 지나갔는데, 그들은 '비탄', '걱정', 창백한 '병', 우울한 '노년', 범죄의 동기가 되는 '공포'와 '기아', '노역', '빈궁', '죽음' 등으로 무시무시한 모습을 하고 있었다. 복수의 여신 푸리아이와 '불화'의 여신들이 그곳에 침상을 놓고 앉아 있었는데, 불화의 여신의 머리카락은 피묻은 노끈으로 묶은 여러 마리의 독사로 되어 있었다. 또 그곳에는 100개의 팔을 가진 브리아레오스, 슛 하는 소리를 내는 히드라머리가 아홉 개인 뱀, 불을 토하는 키마이라와 같은 괴물들이 있었다.

 이 광경을 보고 아이네이아스는 몸서리를 치며 칼을 빼어 치려고 하였다. 그러나 시빌레가 그를 말렸다.

 얼마 후 그들은 코키토스라는 흑하에 이르렀는데, 그곳에는 늙고 누추하기는 하나 힘이 세고 정력이 왕성한 뱃사공 카론이 신분이 각양각색인 손님들을 배에 태우고 있었다. 그 중에는 고매한 영웅, 소년, 처녀도 있었는데, 그 수는 가을 바람에 떨어지는 낙엽이나 혹은 겨울이 가까워오면 남쪽으로 날아가는 새 떼와도 같이 많았다. 그들은 한결같이 다투어 배를 타고 강 저쪽 둑으로 건너가려고 하였다. 그러나 엄격한 뱃사공은 자기가 선택한 자만을 태우고 나머지는 쫓아 버렸다. 아이네이아스는 이 광경을 보고 이상히 여겨 시빌레에게 이렇게 물었다.

"왜 이런 차별을 하는 것이오?"
그녀는 이렇게 대답하였다.
"정식으로 장례를 치른 자의 영혼만이 나룻배를 탈 수 있습니다. 그렇지 못한 자는 이 강을 건널 수 없습니다. 그들은 100년 동안 강가에서 오르내리며 방황하지 않으면 안됩니다. 그 기간이 지나야만 그들도 건너갈 수 있습니다."

아이네이아스는 폭풍우를 만나 죽은 자기의 부하들을 생각하고 슬퍼하였다. 그 순간 그는 배 밖으로 떨어져 물에 빠져 죽었던 키잡이 팔리누로스를 발견했다. 아이네이아스는 그에게 왜 그런 재난을 당하였느냐고 물었다. 팔리누로스는, 키가 떠내려가 그것을 붙잡으려다 같이 물결에 휩쓸렸다고 대답하였다. 그는 자기를 강 저쪽 둑으로 데려다 달라고 아이네이아스에게 간청하였다. 그러나 시빌레는 그와 같은 것은 플루톤하데스의 법에 위반되는 일이라고 그를 꾸짖었다. 그러나 그녀는, 그의 시체가 해변으로 떠내려 가면 어떤 이상한 일이 일어나 그곳 사람들이 그의 시체를 정중히 매장하게 되며 그 곳은 팔리누로스 곶 — 현재도 그렇게 불리고 있다 — 이라고 불리게 되리라는 것을 그에게 말해 주며 위로하였다.

아이네이아스와 시빌레는 팔리누로스를 위로한 후에 그와 작별하고 나룻배에 접근하였다. 카론은 자기에게로 다가오는 무사를 무서운 눈초리로 응시하면서 무슨 권리로 살아 무장한 몸으로 이 강가에 접근하느냐고 물었다. 이에 시빌레는 자기들은 결코 난폭한 짓을 하려는 것이 아니고, 아이네이아스의 목적은 그의 아버지를 만나 보는 것뿐이라면서 황금가지를 보여 주었다. 그것을 보자 카론은 노여움을 풀고, 급히 서둘러서 배를 강가로 돌려 그들을 태웠다. 그런데 그 배는 몸이 없는 가벼운 유령들만을 태우는 배였으므로 두 사람이 타자 무거워서 삐걱거렸다.

그들은 곧 맞은편으로 건너갔다. 그곳에서 머리가 세 개이고 목에는 성난 뱀이 여러 마리 엉켜 있는 케르베로스라는 개가 그들을 기다리고 있었다. 개는 세 개의 목으로 무섭게 짖다가 시빌레가 약이 섞인 과자를 던져 주자 그것을 먹고는 굴 속으로 들어가 잠이 들었다.

아이네이아스와 시빌레는 강둑으로 올라갔다. 그러자 그들의 귀에 들려 온 소리는 태어나자마자 죽은 갓난아이들의 통곡 소리였고, 또 그들 옆에는 무고하게 죽은 사람들이 있었다. 미노스크레타의 왕으로서 제우스와 에우로페 사이에서 태어났고 법률 제정자로 유명하다가 재판관으로서 그들을 지배하고, 각자의 행적을 심문하고 있었다. 그 옆에는 삶의 회의를 느끼고 죽음 속에 피난처를 구한 자살한 사람들이 서 있었다. 그러나 오, 다시 살아날 수만 있다면 그들은 이제는 빈궁도 노고도 그 밖의 어떠한 고생도 얼마나 달게 견뎌낼 것인가!

그 옆에 펼쳐져 있는 곳이 비탄의 들이다. 그곳에는 도금양桃金孃의 숲 속으로 통하는 여러 갈래의 호젓한 길이 나 있었다. 이 길에는 짝사랑으로 희생이 되어 죽어서도 고통을 면치 못하는 사람들이 배회하고 있었다. 그들 가운데에서 아이네이아스는 아직도 상처가 채 아물지 않은 디도의 모습을 언뜻 본 것 같았다. 어둠침침하였기 때문에 처음에는 확실하지 않았으나, 좀더 가까이 다가가서 보니 틀림없는 디도였다. 눈물이 그의 눈으로부터 흘러내렸다. 그는 그녀에게 애정에 넘치는 어조로 말을 걸었다.

"불쌍한 디도여! 그대가 죽었다는 소문이 사실이었단 말인가? 그리고 아, 나 때문이란 말인가? 신들께 맹세하지만 내가 그대 곁을 떠난 것은 본의가 아니고 제우스의 명령에 복종한 것이오. 또 나의 출발이 당신에게 그처럼 엄청난 희생을 치르게 할 줄은 생각지 못하였소. 원컨대 걸음을 멈추시오. 그리고 나의 마지막 작별의 말을 들어 주시오."

그녀는 얼굴을 돌린 채 눈을 아래로 떨어뜨리고 목석과 같이 잠시 동안 서 있다가 그의 변명이 들리지 않는 듯 아무 말 없이 걸어갔다. 아이네이아스는 얼마 동안 그녀의 뒤를 따르다가 무거운 기분으로 시빌레와 같이 계속 길을 갔다.

이어서 그들은 전사한 영웅들이 배회하고 있는 들판으로 들어갔다. 이곳에서 그들은 그리스와 트로이 무사들의 많은 유령을 보았다. 트로이의 유령들은 그들의 주위에 모여들어 그들을 보고 이상하게 생각하였다. 유령들은 아이네이아스가 이곳에 온 이유를 물었고 그 밖의 많은 질문을 퍼부었다. 그러나 그리스인 유령들은 어둠 속에서도 그의 갑옷이 번쩍이는 것으로 아이네이아스임을 알아보고 공포심에 가득 차 트로이의 싸움터에서와 같이 뒤로 돌아서더니 도망쳐 버렸다.

아이네이아스는 트로이의 친구들과 좀더 시간을 보내고 싶었으나 시빌레가 길을 떠날 것을 재촉하였다. 그들은 길이 두 갈래로 갈라진 곳에 다다랐는데, 하나는 엘리시온극락으로 통하고, 다른 하나는 지옥으로 통하는 길이었다.

아이네이아스는 한편에 굉장한 도시의 성곽이 있는 것을 보았는데, 그 주위에는 플레게톤강이 흐르고 있었다. 앞에는 신도 인간도 열 수 없는 금강석 문이 있었다. 문 옆에는 쇠탑이 서 있었고, 그 위에서는 복수의 여신 티시포네가 망을 보고 있었다. 성 안에서는 신음 소리와 채찍 소리, 쇠가 삐걱거리는 소리, 쇠사슬이 절꺽절꺽 울리는 소리가 끊임없이 들려 왔다.

아이네이아스는 공포에 떨며 지금 들려 오는 소리는 어떤 죄를 벌하는 형벌이냐고 그의 안내자에게 물었다. 시빌레는 이렇게 대답하였다.

"이곳은 라다만티스제우스와 에우로페의 아들의 법정인데, 생전에 범한 죄를 심판하는 곳이죠. 범죄자는 어떻게든 자신의 죄를 숨기려 하지만 티시포네는 쇠사슬의 채찍으로 죄인을 때린 후, 그를 다른 복수의 여신에게로 넘겨준답니다."

마침 이때 무시무시한 소리를 내며 놋쇠문이 열렸다. 문 안에서는 50개의 머리로 입구를 지키고 있는 히드라가 눈에 띄었다. 시빌레는 아이네이아스에게, 우리들의 머리 위에 있는 하늘이 무한히 높듯 지옥의 심연 또한 무한히 깊다고 말하였다.

그 심연의 밑바닥에는 신들에게 반항하여 싸운 거인족티탄족이 가로누워 있었다. 살모네우스도 그곳에 있었다. 그는 오만하게도 제우스와 우열을 다투고자 하여 놋쇠로 된 다리를 만들어 그 위로 이륜차를 달리게 하여 그 소리가 우레 소리 비슷한 소리를 냈으며, 번갯불을 흉내 내기 위해 불타는 나뭇가지를 백성들에게 던졌다.

그리스 로마신화 | 377

이런 짓을 하였기 때문에 제우스는 마침내 진짜 번개를 그에게 가하여 인간의 무기와 신의 무기와의 차이를 가르쳐 주었다. 거인 티티오스도 그곳에 있었다. 그의 신체는 드러누우면 9에이커의 면적을 차지할 만큼 거대하였는데 독수리가 그의 간장을 파먹자마자 다시 간장이 생겨났으므로 그의 고통은 그칠 날이 없었다.

아이네이아스는 한떼의 사람들이 맛있는 음식이 놓여 있는 식탁 앞에 앉아 있는 것을 보았다. 곁에는 한 복수의 여신이 서서 그들이 음식을 먹으려고 하면 그들의 입에서 그것을 빼앗아 가는 것이었다. 또 어떤 자들의 머리 위에는 곧 떨어질 것 같은 큰 바윗돌이 걸려 있어 그들은 항상 공포에 질려 있어야 하였다. 이들은 형제를 미워한 자, 혹은 부모를 때린 자, 또는 그들을 신뢰한 친구를 속인 자, 혹은 부유하게 된 후에 인색해져 다른 사람에게 한 푼도 나누어 주지 않은 자 등이었는데, 그 중에서 최후의 부류에 속하는 자가 가장 많았다. 또 이곳에는 결혼의 약속을 배반한 자, 불의의 전쟁을 한 자, 주인에게 불충실한 자들이 있었다. 이곳에는 또 돈 때문에 조국을 판 자, 법률을 왜곡하여 자기에게 유리하게 해석하기를 일삼은 자들도 있었다.

익시온도 그곳에 있었는데, 그는 멈추지 않고 계속 굴러 가는 차바퀴 둘레에 묶여 있었다. 또 시시포스도 있었다. 그는 큰 바위를 산 위에까지 굴려 올리는 일을 하고 있었는데 등성이를 거의 다 올라갔는가 하면, 바위는 어떤 갑작스런 힘에 의하여 다시 거꾸로 들판을 향해 굴러 내렸다. 그는 땀으로 온몸을 적시면서 다시 돌을 계속 위로 올리려고 애썼으나 헛수고였다. 탄탈로스도 그곳에 있었는데 그는 못 속에 서 있었다. 그의 턱은 수면과 같은 높이였으나 목이 타는 갈증을 면할 도리가 없었다. 왜냐하면 물을 들이마시려고 백발의 머리를 숙이면 물이 달아나서 그가 서 있는 곳은 물 한 방울 없이 말라 버렸기 때문이다. 배, 석류, 사과, 맛좋은 무화과 등 과실이 많이 달린 수목이 그의 머리 위에 가지를 드리우고 있었지만 손을 내밀어 잡으려고 하면, 바람이 나뭇가지를 손이 닿지 않게 높이 불어 손이 닿지 못하게 했다.

시빌레는 아이네이아스에게 이제는 이 음울한 영역에서 벗어나 축복된 사람들의 나라를 찾아갈 때라고 알려 주었다. 그들은 암흑의 중간 지대를 통과하여 엘리시온의 들, 즉 행복한 사람들이 사는 숲에 도달하였다. 그들은 안도의 한숨을 쉬고는 모든 것이 자줏빛 광선에 싸여 있음을 보았다. 이곳만 비추는 태양과 별들을 가지고 있었다. 이곳 주민들은 여러 방법으로 즐기고 있었는데, 어떤 사람은 풀이 무성한 잔디밭에서 스포츠나 그 밖의 경기를 하고 있었고, 어떤 사람은 무용을 하거나 노래를 부르고 있었다. 오르페우스는 리라를 타고 있었는데 그 소리는 매혹적이었다.

이곳에서 아이네이아스는 행복한 시절에 생존하였던 트로이 왕국의 건설자인 고매한 영웅들을 보았다. 그는 또 지금은 방치되어 있는 전차와 번쩍이는 무기들을 경탄하면서 응시하였다. 창은 땅에 꽂혀 있었고, 마구가 씌워지지 않은 말들이 들을 배회하고 있었다. 그러한 무기를 다루었고, 그런 말들을 길들였다는 고대 영웅들의 군마에 대한 자존심은 이곳에서도 변함이 없었다. 그는 또 다른 한 무리의 사람들이 연회를 열고는 음악을 듣고 있는 것을 보았다.

그들은 월계수 숲 속에 있었다. 거대한 강江 포는 그 숲으로부터 기원하여 도시로 흘러나온다. 또 이 숲에는 조국을 위하여 싸우다가 쓰러진 용사, 순결을 지킨 사제, 아폴론에 상응하는 예언을 노래부른 시인, 기타 유용한 기술을 발견하여 생활에 도움을 주고 인류에게 봉사함으로써 그 이름을 길이 남긴 사람들이 살고 있었다. 그들은 눈처럼 흰 끈을 이마에 매고 있었다.

시빌레는 이들에게 안키세스는 어디에 있느냐고 물었다. 그들은 어디로 가면 그를 찾을 수 있다는 말을 듣고 초록색의 골짜기에 이르자 곧 그를 발견하였다. 그곳에서 그는 그의 자손들에 대한 일과 그들의 운명, 장래에 달성될 위업에 관하여 숙고하고 있었다. 아이네이아스가 가까이 다가오는 것을 보자 그는 두 손을 그에게 내밀고 눈물을 하염없이 흘렸다. 그리고 이렇게 말하였다.

"마침내 왔구나! 오랫동안 네가 오기를 기다렸다. 수많은 위험을 무릅쓰고 나를 보러 왔구나! 오, 나의 아들아, 너의 생애를 바라보면서 너를 위하여 얼마나 걱정하였던가!"

이에 대해 아이네이아스는 이렇게 대답하였다.

"오, 아버지! 아버지의 영상은 언제나 저의 눈앞에서 저를 지도하고 수호하여 주셨습니다."

그는 아버지를 포옹하려고 했다. 그러나 그의 팔에 안긴 것은 그림자뿐이었다.

아이네이아스 앞에는 넓은 골짜기가 가로놓여 있었는데, 그것은 나무가 조용히 바람에 나부끼고, 그 사이를 레테강이 흐르는 고요한 풍경이었다. 강가에는 여름날 하늘을 날아다니는 날벌레만큼이나 무수한 군중들이 서성거리고 있었다. 아이네이아스는 그 엄청난 숫자에 놀라서 그들이 누구냐고 물었다. 안키세스는 이렇게 대답하였다.

"그들은 때가 오면 육체를 얻게 될 영혼들이다. 그동안 그들은 레테 강가에서 머물면서 그 물을 마셔 전생의 기억을 잊고자 하는 거란다."

아이네이아스는 이렇게 말하였다.

"오, 아버지! 누가 이런 조용한 곳을 떠나서 지상으로 가고 싶어 할 만큼 육체적 생명을 사랑하는 사람도 있겠습니까?"

안키세스는 천지 창조의 과정을 설명함으로써 대답을 대신하였다. 그는 다음과 같이 말하였다.

"조물주는 제일 먼저 영혼을 구성하는 재료를 불, 공기, 흙, 물의 4원소로부터 만들었는데, 이 4원소가 결합될 때는 가장 우월한 요소인 불의 형태를 취하여 불꽃이 되었다. 이 불꽃은 종자와 같이 태양, 달, 별 등 천체 사이에 뿌려졌다. 이 씨앗으로부터 계급이 낮은 신들이 인간과 다른 모든 동물을 창조하였는데, 그때 여러 비례로 흙이 혼합되었으므로, 그 종자의 순수성은 감소되었다. 그래서 흙의 요소가 구성물 속에 많으면 많을수록 그 구성된 개체는 순수성이 감소된다. 그리고 또 신체가 성장한 남녀는 유년의 순수성을 가지고 있지 않다.

따라서 신체와 영혼이 결합하고 있는 시일이 오래 경과함에 따라 불순물은 영혼으로 그 자리를 옮긴다. 이 불순물을 죽은 후에 불식해야 한다. 거기에는 영혼에 바람을 쐬게 하든지 물 속에 담그든지 아니면 물로 그 여러 불순물을 태워 버리든지 해야 한다. 극소수의 사람들 — 안키세스는 자기도 그 중의 한 사람임을 암시하였다 — 은 단번에 엘리시온에 들어가서 살 수 있는 것이 허용된다. 그러나 그렇지 않은 사람들은 흙의 요소에서 생겨난 여러 가지 불순물이 정화되고 레테강의 물로 전생의 기억을 말끔히 씻고 난 후에 새로운 육체를 얻어 이 세상으로 다시 돌아가게 된다.

그러나 개중에는 인간의 신체를 받기에는 너무 더러워진 영혼도 있다. 이런 영혼들은 사자, 범, 고양이, 개, 원숭이 등과 같은 짐승으로 환생한다. 고대인들은 이것을 영혼의 전생轉生이라고 불렀다. 이것은 아직도 인도의 원주민들에 의하여 신봉되고 있는 교설이다. 그들은 극히 하찮은 미물일지라도 그것이 자기들의 친척족이 환생한 것일지도 모른다고 생각하여 죽이지 않는다."

안키세스는 이렇게 설명 한 후에 더 나아가서 아이네이아스에게 장래 태어날 그의 자손들이 지상에서 이룩할 공적에 관하여 이야기하였다.

그 후 그는 화제를 현재 시점으로 돌려 아들에게, 그들 일행이 이탈리아에 완전히 정착할 때까지 그가 해야 할 일을 말하였다. 크고 작은 전쟁이 일어나고 신부를 맞이할 것이며 그 결과 트로이인의 나라가 건설되고, 그로부터 장차 세계의 지배자가 될 로마국이 일어날 것이라고 예언하였다. 아이네이아스와 시빌레는 안키세스와 작별하고, 시인베르길리우스이 상세히 설명하지 않은 어떤 지름길을 통하여 지상으로 돌아왔다.

:: 엘리시온

지금까지 우리가 보아 온 바와 같이 베르길리우스는 엘리시온극락이 지하에 있으며 축복된 사람들의 정신이 거주하는 곳으로 묘사하고 있다. 그러나 호메로스는 엘리시온을 사자들 나라의 일부분으로 설명하지는 않는다. 그는 그것을 오케아노스 근방, 지구 서쪽에 위치한 눈도 추위도 비도 없이 항상 제피로스서풍의 미풍이 산들거리고 있는 행복의 나라로 서술하고 있다. 신의 은총을 받은 영웅들이 죽지 않고 이곳으로 와서 라다만티스의 지배 아래 행복하게 살고 있다.

헤시오도스와 핀다로스의 엘리시온은 서쪽 오케아노스 가운데에 있는 '축복받은 사람들의 섬', 혹은 '행운의 섬' 속에 위치해 있다. 아틀란티스라는 행복한 섬의 전설은 이로부터 유래한 것이다. 이 축복된 지역은 순전히 가공적인 것일 테지만 그런 전설이 생긴 것은 아마 폭풍우를 만난 뱃사람이 표류하다가 아메리카의 해안을 보고 유포시킨 이야기에 살이 붙어 그런 전설이 생긴 것 같다.


:: 시빌레

아이네이아스와 시빌레가 지상으로 돌아오던 중 그는 그녀에게 이렇게 말하였다.

"당신이 여신이든 혹은 신들의 사랑을 받는 인간이든 간에 나는 당신을 언제나 존경할 것입니다. 지상에 도착하면 나는 당신을 위하여 신전을 세우게 하고, 내 손으로 제물을 바치렵니다."

그러자 시빌레는 이렇게 말하였다.

"나는 여신이 아닙니다. 그러므로 나에게 제물을 바치면 안 됩니다. 나는 인간입니다. 그러나 나도 아폴론의 사랑을 받아들일 수 있었다면 불사의 신이 되었을 것입니다. 그는 내가 자신의 사랑을 받아들인다면, 나의 소원을 들어 준다고 약속하였습니다. 그래서 나는 한 줌의 모래를 쥐고 앞으로 내밀며 말하였습니다. '제 손에 있는 모래알의 수만큼 많은 생일을 맞이하게 하여 주십시오.' 나는 불행하게도 영속적인 청춘을 청하는 것을 잊었습니다. 그러나 만약 내가 그의 사랑을 받아들였다면 허용되었을 것입니다. 그러나 나의 거절에 감정이 상한 그는 나를 늙도록 내버려 두었습니다. 나의 청춘과 청춘의 힘은 사라진 지 오래입니다. 나는 지금까지 700년을 살아왔습니다. 모래알의 수와 같아지려면 아직도 300번의 봄과 300번의 가을을 맞이해야 합니다. 나의 몸은 해마다 쇠약해지고 있습니다. 결국에는 나의 목소리만 남을 것입니다. 그리고 후세인들은 필경 내 목소리만 존경하는 마음으로 들을 것입니다."

시빌레의 이 마지막 말은, 그녀의 예언력을 암시한 것이다. 동굴 속에 앉아 숲에서 뜯어 온 나뭇잎 위에 한 사람 한 사람씩 그 이름과 운명을 기록했다. 이와 같이 글씨를 쓴 나뭇잎은 동굴 안에 질서 있게 늘어놓고 자기를 섬기는 사람이 찾아올 때마다 거기에 적힌 운명을 읽어 주었다. 그러나 만약 문을 열 때 바람이 들어와서 나뭇잎이 흩어지면 시빌레는 다시 그것을 원상대로 정리하려 하지 않으므로 그녀의 예언은 그것으로 영원히 상실되었다.

시빌레에 관한 다음 전설은 후세에 형성된 것이다. 고대 로마의 타르키니우스 왕정 시대에 왕 앞에 한 부인이 나타나 아홉 권의 책을 내놓고 사라고 하였다. 왕은 사지 않겠다고 하였다. 부인은 물러가서 세 권을 태워 버리고, 다시 돌아와서 나머지 책을 내놓고 아홉 권의 가격과 같은 가격으로 사라고 하였다. 왕은 또 다시 거절하였다. 그러자 그 부인은 다시 또 세 권의 책을 불사른 후에 돌아와서 나머지 세 권을 내놓고 아홉 권의 가격과 동일한 가격으로 사라고 청하였다. 왕은 슬며시 호기심이 일어나 책을 샀다. 책을 읽어 보니 로마국의 운명이 적혀 있었다. 그것은 돌상자에 넣어져 유피테르제우스 신전에 보관되고, 특정 관리에게만 그 열람이 허용되었다. 그 관리는 국가에 중대사가 일어났을 경우에 그 책을 보고 그 속에 적혀 있는 신탁을 해석하여 국민에게 설명해 주었다.

시빌레라는 이름을 가진 사람은 여럿이지만 그중 오비디우스와 베르길리우스가 그린 쿠마이의 시빌레가 가장 유명하다. 오비디우스에 의하면, 그녀의 생명이 1,000년 동안이나 계속되었다고 하는데, 이것은 아마도 여러 종류의 시빌레는 동일인이 반복해서 태어났다는 뜻인 듯하다.


:: 아이네이아스

아이네이아스는 시빌레와 작별하고 그의 함대로 돌아가 이탈리아의 해안을 따라 항해하여 티베리우스강의 하구에 정박하였다. 시인 베르길리우스는 그의 주인공 아이네이아스을 그의 유랑의 목적지인 이곳에 도착하게 한 후에 시의 여신 무사이를 불러 그같이 중대한 때의 상황을 자기에게 일러 달라고 기도하였다.

무사이 여신이 들려 주는 그 당시 그 나라를 통치하고 있던 자는 사투르누스로부터 3대째인 라티누스였다. 그는 이제는 늙고 아들도 없었으나 라비니아라는 아름다운 딸이 하나 있었다.

그녀는 인근의 여러 왕들로부터 구혼을 받았는데 그중 루툴리인의 왕 투르누스가 그녀의 부모의 마음에 들었다. 그러나 라티누스는 꿈속에서 그의 아버지 파우누스로부터 라비니아의 남편이 될 사람은 다른 나라에서 올 것이라는 계시를 받았다. 그리고 두 사람의 결합으로 인해 세계를 정복할 운명을 가진 민족이 태어나리라는 것이었다.

트로이인이 하르피아이떼와 싸움을 할 때 이 반인 반조半人半鳥의 괴물 중 하나가 트로이인에게 "너희들은 무시무시한 고난을 당하리라"고 예언한 사실을 독자는 기억할 것이다. 특히 그 괴물은 방랑 생활이 끝나기 전에 식탁까지 먹어 버릴 정도로 배고픔에 괴로움을 받으리라고 예언하였었다. 이 예언이 이제 실현되었다.

아이네이아스 일행이 풀 위에 앉아서 얼마 남지 않은 식사를 할 때, 그들은 굳은 빵을 무릎 위에 올려 놓고 그 위에 숲에서 주워 모은 나무열매 따위를 올려 놓고 있었다. 그들은 먼저 나무열매를 먹어치운 후에 빵조각을 먹고 식사를 끝냈다. 그것을 보고 아이네이아스의 아들 율루스가 농담을 하였다.

"야아, 우리는 식탁까지 먹어치웠습니다."

아이네이아스는 이 말을 듣고 예언의 의미를 깨닫고 소리쳤다.

"만세, 약속의 땅이여! 이것이 우리의 본거지, 우리의 나라다."

그는 사람을 풀어 그곳의 현주민이 누구이며 지배자가 누구인가를 조사해 오게 하였다. 100명의 사람을 선발하여 선물을 가지고 라티누스의 마을로 보내 우의와 협력을 청하였다.

그들 일행은 궁전에 도착하여 환대를 받았다. 라티누스는 트로이의 영웅 아이네이아스가 다름아닌 신탁에 의하여 자기의 사윗감임에 분명하다고 생각했다. 그는 쾌히 협력을 약속하고, 사자들을 자기의 마구간에 있는 말에 태워 선물과 호의에 넘치는 전언과 함께 돌려보냈다.

헤라는 트로이인의 일이 이렇게 잘 되어 가는 것을 보고서 그녀의 옛날 원한이 되살아나 알렉토 복수의 여신 중 하나를 에레보스 현세와 지옥 사이의 암흑계로부터 불러 지상으로 내려가 불화를 일으키라고 명령하였다. 알렉토는 우선 왕후 아마타를 꾀어 갖은 방법으로 트로이인과의 동맹을 반대하게 하였다. 그 다음 알렉토는 투르누스의 나라로 급행하여, 늙은 여승으로 둔갑하고는 그에게 외래인들의 도착을 알리고 그들의 왕이 그의 신부를 빼앗으려고 한다는 소식을 전하였다.

다음에 그녀는 트로이인의 진영으로 눈을 돌렸다. 그때 소년 율루스와 그의 친구들이 사냥을 하며 놀고 있었다. 알렉토는 개들의 후각을 예리하게 하여 왕의 목동인 티레우스의 딸 실비아가 총애하는 수사슴을 숲 속으로부터 몰아오게 하였다. 율루스가 던진 창이 사슴에 상처를 냈다. 사슴은 겨우 집으로 돌아가 여주인의 발밑에서 죽었다. 그녀의 눈물과 울부짖음은 그녀의 오빠들과 양치기들을 격분시켰다. 그들은 손에 닥치는 대로 무기를 잡고서 사냥하던 일당들을 맹렬히 공격하였다. 그러나 친구들이 그들을 지켜 주었다. 양치기들은 마침내 일당 중 두 사람을 잃고 물러서야 했다.

이러한 일들은 전쟁의 폭풍우를 일으키기에 충분하였다. 왕후와 투르누스와 농민들은 늙은 왕에게 외래자들을 국외로 추방하자고 강권하였다. 왕은 될 수 있는 한 반대하였으나 자기의 반대가 무력함을 깨닫고 마침내 허락하였다.

:: 야누스의 문

이 나라의 관습에 의하면 전쟁을 시작할 때 왕이 예복을 입고 엄숙한 의식을 거행하고 평화시에는 닫혀 있던 야누스 신전의 문을 열게 되어 있었다. 국민들은 늙은 왕에게 이 엄숙한 일을 수행하기를 강권하였으나 왕은 끝내 이를 거절하였다. 그들이 논의하고 있을 때 헤라가 스스로 하늘로부터 내려와 저항할 수 없는 힘으로 문을 부수어 열어 버렸다. 나라 안은 전쟁의 열기에 휩싸였다. 국민들은 사방팔방에서 뛰어나와 "전쟁이다"하면서 외치고 다녔다.

투르누스가 지휘자로 추대되었다. 이웃 나라 장수들은 동맹자로서 참가한 자들도 있었는데, 그 우두머리는 메젠티우스였다. 그는 용감하고 유능한 무사였으나 증오할 만큼 잔인성의 소유자였다. 그와 더불어 그의 아들인 라우수스도 참가하였는데, 그는 아버지와는 달리 성품이 온후한 청년이었다.

## :: 카밀라

아르테미스의 총애를 받는 여자 사냥꾼이요, 무사인 카밀라는 아마존인의 관례에 따라 기마대를 거느리고 와서 투르누스 편에 가담하였는데, 그중에는 선발된 여군도 포함되어 있었다. 카밀라는 물레나 베틀에 손을 댄 일은 한 번도 없었고, 오직 전투 연습과 바람보다도 빨리 달리는 연습만 되풀이하였었다. 들판의 보리밭 위를 달리면 보리를 짓밟지 않을 만큼 빨리 달리는 것 같았으며, 물 위를 달리면 물 속에 발이 빠지지 않고 달리는 것 같았다.

카밀라의 운명은 처음부터 기구하였다. 그녀의 아버지 메타보스는 내란에 의하여 그의 도시에서 쫓겨났는데, 이때 어린 딸을 데리고 나왔다. 그는 적의 맹렬한 추격을 받아 숲 속으로 도망치다가 아마세누스 강가에 도착하였는데, 그 강물은 비로 인해 홍수가 져서 건널 수 없을 것 같아 보였다. 그는 잠시 발을 멈추고 방도를 강구하였다. 그는 딸을 나무껍질로 만든 보자기로 싸서 창에다 묶고 창을 높이 들어올리며 다음과 같이 아르테미스에게 말하였다.

"숲의 여신이여! 나는 이 소녀를 당신에게 바칩니다."

그렇게 말하고 나서, 그는 딸을 묶은 맨 창을 건너편 강가로 힘껏 던졌다. 창은 노호하는 강물을 건너 날아갔다. 추격자들은 이미 접근하여 왔다. 그는 물 속으로 들어가 헤엄쳐 건너갔다. 그리고 창에 묶은 딸이 무사히 와 있음을 발견하였다.

그때부터 그는 양치기들 사이에서 살았고 딸에게 산림 지대에서 사는 데 필요한 기술을 가르쳤다. 어렸을 때 이미 그녀는 활쏘기와 창던지기를 익혔다. 그녀는 돌팔매질로 두루미나 야생의 백조를 맞추어 떨어뜨릴 수 있었다. 그녀의 옷은 호랑이 가죽이었다. 아들 가진 많은 어머니들이 그녀를 며느리로 삼기를 원하였으나 그녀는 계속 아르테미스에게 충실하였고 결혼할 생각은 하지 않았다.

:: 에반드로스

 앞에서 말한 바와 같이 이 무서운 동맹자들이 아이네이아스의 적이 되었다. 때는 밤이었다. 아이네이아스는 노천의 강둑에서 누워 잠을 자고 있었다.
 그때 강의 신 티베리누스가 버드나무 위로 손을 올리고 다음과 같이 말하는 것 같았다.
 "여신의 아들이며, 라틴 나라의 소유자가 될 운명을 가진 자여, 이곳이 약속의 땅, 그대의 삶의 터전이 될 곳이다. 그대가 뜻을 굽히지 않고 견디어 낸다면 이곳에 대한 신들의 적의가 사라질 것이다. 이곳에서 멀리 떨어지지 않은 곳에 그대의 편이 될 사람들이 있다. 배를 준비하여 이 강을 거슬러 올라가라. 그러면 아르카디아인의 왕 에반드로스가 있는 곳에 도착하게 될 것이다. 그는 오랫동안 루툴리인들과 불화한 관계이므로 기꺼이 너의 동맹자가 될 것이다. 자, 일어나서 헤라에게 서약을 하고 그녀의 분노를 거두어 주십사고 빌어라. 승리를 거두었을 때에는 부디 나를 잊지 않도록 하라."
 아이네이아스는 잠에서 깨어 이 친절한 꿈의 지시를 곧 따랐다.

그는 헤라에게 희생물을 바치고, 강의 신 및 그의 부하인 샘들에게 도와 달라고 빌었다. 처음으로 무장한 무사들을 가득 실은 배가 티베르 강 위에 나타났다. 강의 신은 물결을 가라앉히고 조용히 흐르도록 명령하였다. 노젓는 사람들이 힘차게 노를 저었으므로 배는 급속도로 강을 거슬러 올라갔다.

정오쯤에 그들은 세운 지 얼마 되지 않은 도시의 건물들이 여기저기 보이는 곳에 도착하였다. 이 도시는 후세에, 그 영광이 하늘을 찌를 듯했던 대 로마시가 된 곳이다. 늙은 왕 에반드로스는 그날 헤라클레스와 모든 신들에게 매년 거행하는 제전을 올리고 있었다. 그의 아들 팔라스와 작은 국가의 왕들이 곁에 서 있었다. 그들은 큰 배가 숲 근처로 접근하고 있는 것을 보고 놀라 자리에서 일어섰다. 그러나 팔라스는 제전을 계속하도록 명령하고 무기를 들고 강가로 걸어나갔다. 그는 소리 높이 너희들은 누구며, 무엇 때문에 왔느냐고 물었다. 그러자 아이네이아스는 올리브나무 가지를 내밀며 대답하였다.

"우리는 트로이인으로서 당신네들에게 호의를 가지고 있고 루툴리인에 대해서는 적의를 가진 사람들입니다. 우리는 에반드로스를 찾아왔으며, 우리들의 병력과 당신들의 병력이 동맹할 것을 청하러 왔습니다."

팔라스는 트로이인이라는 위대한 이름을 듣고 놀라서 그들의 상륙을 허락하였다. 그리고 아이네이아스가 강가에 이르자 팔라스는 그의 손을 잡고, 오래도록 우정의 악수를 하였다. 숲 속을 지나 왕과 충신들 앞으로 나간 아이네이아스는 극진한 환대를 받았다. 그들을 위하여 자리가 마련되고 식사가 제공되었다.


∷ 초창기의 로마

　제전이 끝나자 모두 시내로 돌아갔다. 나이가 들어 허리가 굽은 왕은 아들과 아이네이아스 사이에서 두 사람의 팔을 번갈아 잡으면서 걸어가고 있었다. 그리고 여러 가지 재미있는 이야기를 하여 길이 먼 것도 잊게 하였다. 아이네이아스는 즐거운 기분으로 걸었다. 주위의 아름다운 경치를 보며, 고대의 유명한 여러 영웅들의 이야기를 많이 들었다. 에반드로스는 이런 이야기를 하였다.

　"이 넓은 숲에는 전에 파우누스목동·농부가 숭배한 산림과 들의 신, 그리스의 판에 해당함와 님프와 수목 속에서 탄생하여 법률도 사회적 교양도 없는 야만인들이 살고 있었습니다. 그들은 소에게 멍에를 씌울 줄도, 농사를 지을 줄도 몰랐고 장래 어려울 때를 대비하여 현재의 풍족한 물품을 저장할 줄도 몰랐습니다. 그들은 오직 나뭇가지의 새싹을 뜯어 먹거나 사냥의 노획물을 먹고 살았습니다. 그들이 이런 상태에 있을 때 올림포스로부터 그의 아들들에 의하여 추방된 사투르누스가 그들이 있는 곳으로 왔습니다. 그는 이 사나운 야만인들을 한데 모아 사회를 구성하고, 법률을 제정해 주었습니다. 그 후 화평하고 풍족한 시대가 찾아왔으므로 후세 사람들은 그의 치세를 황금 시대라고 부르게 되었습니다. 그러나 점점 이와는 전혀 다른 시대가 찾아와, 욕심과 피에 대한 갈망이 나라 안에 팽배하게 되었습니다. 폭군들이 계속하여 지배하였는데 결국 나는 고국 아르카디아에서 쫓겨나, 저항할 수 없는 운명의 힘에 의하여 이곳에 오게 된 것입니다."

이렇게 말한 후, 에반드로스는 아이네이아스를 타르페이아의 바위(카피톨리움 언덕의 일부분으로서 후에 국사범을 이곳으로부터 떨어뜨려 죽인 곳으로 유명하다)와 그 당시는 덤불이 우거진 황무지였으나, 후에 카피톨리움(유피테르의 신전이 장엄한 자태로 높이 서게 된 곳으로 안내했다. 다음 그는 방비를 철거한 성벽을 가리키며 이렇게 말하였다.

"이곳이 야누스가 건립한 야니쿨룸(로마의 일곱 개의 언덕의 하나)이고, 저쪽에 보이는 곳이 사투르누스의 마을인 사투르니아입니다."

이러한 이야기를 하는 동안 일행은 가난한 에반드로스의 집에 들렀는데, 그곳에서는 울면서 짐승 떼들이 들판을 배회하고 있는 것을 볼 수 있었다(이 들판에 현재는 라마의 웅장한 공회당이 서 있다). 일행은 집으로 들어갔다. 아이네이아스를 위해 긴 의자가 마련되었다. 속은 나뭇잎을 넣어 채우고, 밖은 나비아의 곰가죽으로 덮은 의자였다.

다음날 아침, 늙은 에반드로스는 새벽 햇빛과 그의 낮은 저택의 처마 밑에서 지저귀는 새 소리에 잠이 깨었다. 그는 무릎까지 내려오는 속옷을 입고, 어깨에는 호랑이 가죽을 걸치고 덧신을 신고, 훌륭한 칼을 옆구리에 차고서 그의 손님을 만나러 나섰다. 두 마리의 맹견이 그의 뒤를 따랐다. 이 개들은 그의 유일한 시종이며 호위병이었다. 아이네이아스는 그의 충실한 아카테스와 함께 있었다. 잠시 후 얼마 안 가서 팔라스가 오자 늙은 왕은 다음과 같이 말하였다.

"고명한 트로이인이여, 이처럼 큰 싸움을 앞두고 우리가 협조할 수 있는 것이 너무 미약합니다. 우리의 국가는 한쪽에는 강, 다른 한 쪽은 루툴리인이 가로막고 있는 약소국입니다. 나는 당신을 인구가 많고 부유한 나라와 동맹시키고자 합니다. 마침 당신은 운명의 힘에 이끌려 참으로 적당한 시기에 이곳으로 왔습니다. 이 강 건너편은 에트루리아인의 나라입니다. 그들의 왕 메젠티우스는 자기의 복수심을 만족시키기 위하여 전대미문의 형벌을 고안해 낸 잔인무도한 자입니다. 그는 죽은 사람과 산 사람의 손과 얼굴을 한데 묶어 불행한 희생자를 무서운 포옹 속에서 죽어 가게 했던 것입니다.

마침내 국민은 왕과 그의 일가를 쫓아낸 다음 그들은 궁전을 불사르고 그의 일당을 참살하였습니다. 그는 도망하여 투르누스라는 곳으로 피난하였는데, 투르누스가 그를 지금도 보호하고 있습니다. 에트루리아인들은 왕을 그의 죄에 상응한 형벌에 처하기 위하여 내놓으라고 요구하였습니다. 그리고 최근까지도 그들의 요구를 관철시키려하고 있습니다. 그러나 사제들이 그들을 제지하였습니다. 사제의 말에 의하면, 자기들을 지휘하여 승리를 거두게 할 만한 인재가 없고, 그들의 지휘자로 예정된 사람이 반드시 배를 타고 바다를 건너올 것인데 그것이 하늘의 뜻이므로 기다려야 한다는 것이었습니다.

그래서 그들은 왕관을 나에게 바치겠다고 했으나 나는 그와 같은 큰 일을 맡기에는 너무 늙었고 나의 아들은 본국 태생이므로 자격이 없습니다. 그러나 당신은 출생으로 보나 연배로 보나 무공으로 보나 신들에 의하여 지정된 인물이니 그들의 면전에 나타나기만 하면 바로 지휘자로서 환영을 받을 것입니다. 나는 나의 유일한 희망이요 위안인 아들 팔라스를 당신에게 맡기겠습니다. 당신 밑에서 전술도 배우게 하고, 당신의 위대한 무공을 본받게 할 작정입니다."

왕은 트로이의 장수들이 탈 말을 준비하도록 명령하였다. 아이네이아스는 선발된 일단의 부하들과 팔라스를 동반하고서 말을 타고 에트루리아인의 도시를 향해 떠났고, 나머지 대원들은 배가 있는 곳으로 돌려보냈다. 아이네이아스와 그의 일행은 에트루리아인의 진영에 무사히 도착하여 타르콘과 그의 백성들로부터 열렬한 환영을 받았다.

:: 니소스와 에우리알로스

한편 투르누스는 군대를 소집하고 전쟁에 필요한 모든 준비를 갖추었다. 헤라는 무지개의 여신 이리스를 그에게 보내어 아이네이아스가 없는 틈을 타서 트로이인의 진영을 기습하도록 권고하였다. 그에 따라 기습이 감행되었으나 트로이인들은 적의 내습을 경계하고 있었고 또 아이네이아스로부터 자기가 없는 동안에는 절대로 전쟁을 하지 말라는 엄명을 받았으므로 보루 속에 잠복하여 루툴리인의 유인 작전에 응하지 않았다. 밤이 되자, 투르누스의 군대는 자기네가 우세하다고 생각하고 기고만장하여 축하연을 베풀고 들판에 누워 깊은 잠에 빠졌다.

한편 트로이인의 진영에서는 이와는 사정이 달랐다. 그들은 모두들 밤을 지새우며 적을 경계하는 한편 불안과 초조로 아이네이아스가 돌아오기를 고대하고 있었다. 니소스가 진영의 입구에서 망을 보고 있었고, 그 곁에는 그들 중에서 온화한 인품과 뛰어난 재질로 유명한 청년 에우리알로스가 서 있었다. 그들은 친구지간이었다. 니소느는 에우리알로스에게 이렇게 말하였다.

"적의 방약무도한 태도를 보게. 불빛도 작고 희미하며, 모두 다 술에 취하였거나 잠이 든 모양이네. 자네도 알겠지만 아군의 장수들은 아이네이아스에게 사람을 보내어 그의 지시를 받기를 갈망하고 있네. 그래서 나는 적진을 통과하여 아이네이아스를 찾아가려고 결심을 하였네. 내가 성공하면 그 명예가 나에게 충분한 보답이 될 것이며, 그 이상의 보답을 받을 가치가 있다고 인정되면 그것은 자네가 받게."

에우리알로스는 모험심으로 불타면서 이렇게 대답하였다.

"그러면 니소스, 자네는 나와 같이 그 일을 하기를 거절한단 말인가? 자네를 그와 같은 적지에 홀로 보내란 말인가? 나의 아버지가 나를 그렇게 가르치지는 않으셨으며, 나도 아이네이아스의 군대에 가담할 때 그런 생각은 없었네. 그때 벌써 명예를 위해서는 생명을 희생할 각오를 하였었네."

니소스는 이렇게 대답하였다.

"친구여, 내 어찌 자네의 그런 생각을 모르겠는가. 그러나 자네도 아다시피 이 일은 그 결과가 어찌될지 확실치 않으며 나야 어찌되든 상관없으나 나는 자네가 안전하기를 바라는 바일세. 자네는 나이도 나보다 젊고 장래가 창창한 청년이야. 또 나는 만일의 경우 어머니에게 슬픔을 안겨드리고 싶지 않네. 어머니는 다른 부인들과 아케스테스시에 평온하게 머무는 것보다 이 싸움터에서 자네와 같이 있기를 택하지 않았던가."

에우리알로스는 이렇게 대답하였다.

"더 말하지 말게, 자네가 이런저런 말로 아무리 나를 단념시키려 하여도 허사니까. 나는 자네와 동행하기로 굳게 결심하였네. 시간을 허비하지 말게."

그들은 수비병을 불러 임무를 맡기고 총사령부를 찾아갔다.

장수들은 그들의 상황을 아이네이아스에게 알릴 방법을 협의하고 있는 중이었다. 두 청년의 제안은 기꺼이 수락되었고 두 사람은 무수한 찬사를 받았으며 성공시에는 굉장한 보상을 받기로 약속되었다. 특히 율루스는 에우리알로스에게 인사하고 변함없는 우정을 다짐하였다. 에우리알로스는 이렇게 대답하였다.

"내게 한 가지 부탁이 있네. 나의 노모가 나와 같이 진영에 있네. 나 때문에 어머니는 트로이 땅을 떠나 다른 부인들과 더불어 아케스테스시에 남으려고 하지 않았네. 나는 어머니에게 작별도 하지 않고 떠나겠네. 어머니의 눈물을 보면 괴롭고 만류하시면 뿌리칠 수 없을 테니까. 원컨대 나의 어머니의 슬픔을 위로하여 주게. 꼭 나에게 약속하여 주게. 그러면 나는 용기백배하여 어떤 불길 속에도 뛰어들어가겠네."

율루스와 다른 장수들은 감동하여 눈물을 흘렸고, 그의 모든 부탁을 들어 주마고 약속하였다. 율루스는 이렇게 말하였다.

"자네의 어머니가 곧 나의 어머닐세. 그리고 내가 자네에게 약속한 모든 것은, 만약 자네가 그것을 받지 못하게 될 경우에는 자네의 어머니께 드리겠네."

두 친구는 자신들의 진영을 떠나 바로 적의 한가운데로 잠입하였다. 감시자도 보초도 발견할 수 없었고, 병정들은 풀 위나 마차 사이에 흩어져 잠자고 있었다. 그 당시의 전쟁의 법규는 잠자고 있는 적을 죽이는 것이 금지되어 있지 않았다. 그래서 두 트로이인은 적진을 통과하면서 많은 적을 아무 저항도 받지 않고 참살하였다. 어떤 진영에서는 에우리알로스는 금과 깃털이 반짝이는 투구를 노획하였다. 그들은 적 한가운데를 통과할 때 발견되지 않았으나 갑자기 그들 앞에 적이 나타났다. 그들은 대장 볼스켄스의 인솔 아래 진영으로 돌아오는 길이었다. 에우리알로스의 반짝이는 투구가 그들의 주의를 끌었던 것이다. 볼스켄스는 두 사람을 큰 소리로 불러 누구며 어디서 왔느냐고 물었다. 그들은 대답하지 않고 숲 속으로 뛰어들어갔다. 기병들이 그들의 도주를 막기 위하여 사방으로 흩어졌다. 니소스는 추격을 피하여 위험을 벗어났으나 에우리알로스가 보이지 않으므로 그를 찾으러 다시 숲 속으로 들어가 인기척이 나는 데까지 왔다. 그는 나무 사이로 적들이 에우리알로스를 둘러싸고 떠들썩하게 질문을 퍼붓는 것을 발견하였다.

어떻게 하면 좋을 것인가? 어떻게 하면 에우리알로스를 구해낼 수 있을 것인가? 혹은 같이 죽는 것이 좋을 것인가? 그는 밝게 비추는 달을 바라보며 이렇게 말하였다.

"여신이여! 저에게 은총을 베푸소서!"

그리고 적의 한 지휘자를 향하여 창을 던져 그 등을 맞추어 쓰러뜨렸다. 적들이 놀라 허둥거리고 있는 사이에 또 하나의 창이 날아와 또 한 놈을 쓰러뜨렸다. 지휘자인 볼스켄스는 어디서 창이 날아오는지 몰라 칼을 손에 들고 에우리알로스에게로 달려가서 두 부하의 원수를 갚겠다고 소리쳤다. 그리고 칼로 에우리알로스의 가슴을 찌르려고 할 찰나에 숨어서 친구의 위험을 지켜보고 있던 니소스가 뛰어나와 큰 소리로 부르짖었다.

"그건 내가 했다. 루툴리인이여. 너의 칼을 나에게로 돌려라. 내가 창을 던졌다. 그 사람은 내 친구로서 나를 따라왔을 뿐이다."

말이 채 끝나기도 전에 칼은 에우리알로스의 가슴을 뚫었다. 그의 머리는 낫에 베인 꽃과 같이 어깨 위로 떨어졌다. 니소스는 볼스켄스에게 달려가 칼로 그의 목을 찔렀다. 그리고 자신도 무수한 칼을 맞고 참살되었다.

:: 메젠티우스

아이네이아스는 적당한 때에 에트루리아 동맹군을 데리고 돌아와 적에게 포위된 아군을 구출할 수 있었다. 이제 양군은 세력이 백중하여 본격적으로 전투가 시작되었다. 우리는 자세한 이야기를 할 겨를이 없으므로, 독자들에게 이미 소개한 바 있는 주요 인물들의 운명만을 적는 데 그치려 한다. 폭군 메젠티우스는 싸우는 상대가 자기에게 반역한 백성임을 알고 야수같이 펄쩍 뛰었다. 그는 자기에게 저항해 오는 자는 모조리 참살하였고, 그가 나타나는 곳에서는 어디서나 군중들은 도망하기에 급급했다.

 마침내 그는 아이네이아스와 마주치게 되었고 양군은 조용히 서서 두 사람의 승부를 지켜보았다.

 메젠티우스가 던진 창은 아이네이아스의 방패를 치고 빗나가서 안토르를 맞추었다. 그는 그리스 출신이었는데 고향인 아르고스를 떠나 에반드로스를 따라 이탈리아로 왔던 것이다. 시인 베르길리우스는 단순하나 애조를 띤 필치로 그에 관하여 다음과 같이 노래하였는데, 이 유명한 구절은 하나의 속담이 되었다.

 "그는 다른 사람을 겨눈 창에 맞아 부상을 입고 불행하게도 쓰러졌다. 하늘을 우러러보고 고향을 생각하였다."

 이번에는 아이네이아스가 창을 던졌다. 그것은 메젠티우스의 방패를 꿰뚫고 그의 넓적다리에 꽂혔다.

 그의 아들 라우수스는 이 광경을 더 이상 방관할 수 없어 두 사람 사이로 뛰어들었다. 그동안 부하들은 메젠티우스의 주위에 모여들어 그를 떠메고 갔다. 아이네이아스는 칼을 라우수스의 머리 위로 치켜들고 내리칠까 말까 하고 망설였다. 그러나 격노한 라우수스가 맹렬히 공격하여 왔으므로 아이네이아스는 하는 수 없이 일격을 가하였다. 라우수스는 쓰러졌다. 아이네이아스는 그를 가엾게 여겨 그에게 몸을 구부리고 말하였다.

 "불운한 젊은이여, 적일지언정 칭찬할 만한 그대에게 무엇을 하여 줄까? 그대가 자랑으로 삼는 갑옷은 벗기지 않겠다. 그리고 그대의 시체는 그대의 친구들에게 돌려줘 장례를 치르게 해줄 테니."

 이렇게 말하면서 그는 라우수스의 벌벌 떨고 있는 부하들을 불러 시체를 수습해 가게 했다.

그동안 메젠티우스는 냇가로 운반되어 상처를 씻었다. 얼마 후에 라우수스가 전사한 소식을 들었다. 그는 분노와 절망으로 몸을 떨었다. 그는 말을 타고 전투장인 숲 속으로 아이네이아스를 찾아왔다. 메젠티우스는 그의 주위를 말을 타고 돌며 창을 던졌다. 아이네이아스는 방패를 자유자재로 돌려 창을 맞으면서 대항했다. 마침내 메젠티우스가 세 번 돈 후에 아이네이아스는 자신의 창을 곧장 말의 머리를 향하여 던졌다. 창이 말의 관자놀이를 뚫어 말이 쓰러지자 양군은 하늘을 찌를 듯한 환성을 질렀다. 메젠티우스는 살려 달라고는 하지 않고 그대신 그는 시체가 배반한 부하들에 의해 모욕을 당하지 않도록 해달라는 것과 아들과 한 무덤에 묻어 달라는 부탁만을 하였다. 죽음을 각오한 그는 아이네이아스의 일격을 받고 피를 흘리며 죽었다.

## :: 팔라스, 카밀라, 투르누스

전장의 한편에서 이런 일이 일어나고 있는 동안에 다른 곳에서는 투르누스가 젊은 팔라스와 대전하고 있었다. 이와 같이 실력이 차이가 나는 전사 사이의 승부란 뻔한 것이었다. 팔라스는 용감히 싸웠으나 투르누스의 창에 쓰러졌다. 투르누스는 이 용감한 젊은이가 자기의 발밑에서 죽어 넘어지는 것을 보고 가엾은 생각이 들 정도였다. 그래서 적의 갑옷을 빼앗는 승리자의 당연한 권리도 그만두었다. 오직 금 못과 금조각으로 장식한 띠만을 빼앗아 자기 몸에

둘렀다. 나머지 물건은 죽은 자의 친구에게 넘겨 주었다.

　싸움이 끝나자, 양군 모두 전사자를 매장하기 위하여 수 일간의 휴전이 선포되었다. 그동안에 아이네이아스는 일 대 일로 승부를 정하자고 투르누스에게 제안하였으나 투르누스는 이에 응하지 않았다. 다른 전투에서는 처녀 무사인 카밀라가 특히 눈에 띄었다. 그녀의 용맹성은 가장 용감한 남자 무사들을 능가하였고, 많은 트로이인과 에트루리아인이 그녀의 창이나 도끼에 맞아 쓰러졌다. 마침내 아룬스라고 하는 에트루리아인이 그녀를 오랫동안 지켜보면서 기회를 노리고 있었는데 그녀가 도망하는 적병 — 그의 훌륭한 갑옷은 누구나 전리품으로 탐낼 만하였다 — 을 추격하는 것을 보았다. 그녀는 추격에 열중하여 자기의 위험을 깨닫지 못하였다. 아룬스가 던진 창은 그녀에게 치명상을 입혔다. 쓰러진 그녀는 곁에 같이 있던 처녀들의 팔에 안겨 최후의 숨을 거두었다. 그러나 그녀의 운명을 지켜본 아르테미스는 그녀를 죽인 자를 그대로 두지 않았다. 아룬스는 기쁘기도 하면서 한편으로 두려운 생각이 들어 슬그머니 도망치려고 할 때, 아룬스는 한 님프가 남모르게 손 화살에 맞아 외로이 죽어 갔다.

　마침내 최후의 전투가 아이네이아스와 투르누스 사이에 벌어졌다. 투르누스는 될 수 있는 한 전투를 회피하였으나 마침내 불리한 전세와 부하들의 불평에 자극되어 전투에 응할 결심을 하였다. 전투의 결과는 뻔하였다. 아이네이아스는 이길 운명이었고 위험한 일이 일어날 때는 언제나 그의 여신베누스, 그리스 식으로 말하면 아프로디테이 도와 주었고, 또 그에게는 그의 어머니의 청에 의하여 불가누스헤파이스토스가 만들어 준, 뚫을 수 없는 견고한 갑옷도 있었다. 이와 반대로 투르누스는 그의 편을 들어 주던 신의 가호도 이제는 기대할 수 없게 되었다. 왜냐하면 유노헤라는 그를 도와 주어서는 안 된다는 유피테르제우스의 엄명을 받았기 때문이다. 투르누스는 창을 던졌으나 창은 아이네이아스의 방패에 맞아 아무런 상처도 입히지 못하고 튀어나가 버렸다. 이번에는 아이네이아스가 창을 던지니 창은 투르누스의 방패를 뚫고 그의 넓적다리를 찔렀다. 그 제야 투르누스의 불굴의 기상도 꺾여 그에게 관대한 처분을 애걸 하였다. 아이네이아스도 그를 측은히 여겨 살려 주려고 하였다. 그 러나 그 순간 투르누스가 죽은 팔라스로부터 빼앗은 띠를 보았다.

"팔라스가 이 칼로 너를 죽이노라."

하고 그는 부르짖으며 투르누스를 칼로 베어 버렸다.

여기서 〈아이네이스〉아이네이아스에 관한 시인 베르길리우스의 작품는 끝난다. 우리는 아이네이아스가 적을 정복한 뒤에 라비니아를 신 부로 맞아들였으리라고 추측할 수도 있다. 전설에 의하면 아이네 이아스는 도시를 건설하여, 그것을 그녀의 이름을 따서 라비니움 이라고 불렀다고 한다. 그리고 그의 아들 율루스는 알바롱가시를 건설하였는데 이곳은 로물루스와 레무스마르스 신과 레아 사이에 태어 난 쌍둥이로서 로마의 시조로 전해진다가 태어난 곳이요, 로마의 요람지 였다.

# 33 신화의 기원

그리스·로마의 신화도 거의 끝마침에 있어 자연히 다음과 같은 의문이 나오게 된다. '이런 이야기는 어디서 유래한 것인가? 그것은 사실에 근거한 것인가, 혹은 단순히 상상에 불과한 것인가?' 철학자들은 이 문제에 관해 여러 학설을 주장하였다.

첫째, 성서설 : 이 설에 의하면 모든 신화적 전설은 사실이 위장되고 변형되기는 하였으나 성서의 이야기에서 유래한 것이다. 예컨대 데우칼리온은 노아의, 헤라클레스는 삼손의, 아리온은 요나의 별명에 불과하다는 것이다. 월터 랠리 경은 그의 「세계사」에서 다음과 같이 말하고 있다.

"유발, 야발, 두발 카인은 각각 목축의 발명자인 머큐리헤르메스, 대장일의 발명자 불카누스헤파이스토스, 음악의 발명자 아폴론이었다. 황금 사과를 지키던 용은 이브를 속인 뱀이었다. 님로드의 탑은 하늘에 반항한 거인들이 쌓은 것이었다."

이와 같은 이상한 일치가 많음은 사실이다. 그러나 이런 식으로 신화의 대부분을 설명하려고 하면 무리가 생기지 않을 수 없다.

　**둘째, 역사설** : 이 설에 의하면 신화의 등장 인물은 모두 실재 인물이고, 그들에 관한 전설은 후세에 부가되고 장식되었다는 것이다. 예컨대 바람의 지배자인 아이올로스의 이야기는 다음 사실에서 유래한 것으로 상상된다. 아이올로스는 티르세니아해의 어떤 섬의 지배자였다. 그는 공정하고 경건한 왕으로서 나라를 통치하고 원주민들에게 배에 돛을 다는 방법이나 대기의 여러 가지 징후로 미루어 천기와 바람의 변화를 예측하는 방법을 가르쳐 주었다. 또 용의 이를 땅에 뿌려 무장한 사람들을 수확하였다는 카드모스는 사실 페니키아에서 온 이주민으로서 그리스에 알파벳 문자의 지식을 전래하여 원주민에게 가르쳤다. 이러한 학문의 기초에서 문명이 발생하였는데 시인들은 항상 이 문명을 최초 상태인 순박한 황금 시대를 악화시킨 것으로 보는 경향이 있다.

　**셋째, 우화설** : 이 설에 의하면 고대인의 모든 신화는 우화적이고 상징적이며, 우화의 형식 속에 도덕적, 종교적, 혹은 철학적 사실을 포함하고 있었는데, 세월이 지남에 따라 문자 그대로 이해하게 되었다는 것이다. 예컨대 자기의 아들들을 잡아먹는 사투르누스를 그리스인들이 크로노스<sub>시간</sub>라고 부른 것 — 이것은 자기가 가져온 것은 다 파괴하는 것이라고 말할 수 있다 — 과 같은 것이다. 이오의 이야기도 같은 방식으로 해석된다. 이오는 달이고, 아르고스는 별이 있는 천공<sub>天空</sub>이다. 이 천공은 말하자면 자지 않고 달을 지킨다. 이오의 끝없이 긴 방랑은 달의 끊임없는 회전을 표현한 것이다.

**넷째, 자연발생설** : 이 설에 의하면 공기, 불, 물과 같은 원소는 원래 종교적 숭배의 대상이었고 주요한 신들은 모두 이러한 자연력의 의인화였다. 여러 원소의 의인화로부터 여러 자연물을 지배하는 초자연적 존재자의 관념으로의 이행은 지극히 용이한 것이었다. 풍부한 상상력을 가진 그리스인은 모든 자연물에 눈에 보이지 않는 존재자를 거주시켰고 태양과 바다로부터 가장 작은 사물과 시내에 이르기까지의 모든 대상은 어떤 특별한 신의 아래에 있다고 상상했던 것이다.

앞에서 말한 모든 학설은 어느 정도는 진실성이 있다. 따라서 한 민족의 신화는 이 중 어떤 하나의 원천에서 결합하여 발생하였다고 하느니보다 네 가지 모두가 결합하여 발생하였다고 보는 것이 더 옳은 견해일 것이다. 또 이해할 수 없는 자연 현상을 설명하려고 하는 인간의 욕망에 기인한 신화도 많다는 것을 우리는 부언해도 무방할 것이다. 또 지명이나 인명의 유래를 설명하려고 하는, 동일한 욕망에서 발생한 신화도 적지 않다.

:: 신들의 상

수많은 신들의 여러 이름을 들어 사람들의 마음에 전하여질 여러 관념을 적절하게 시각적으로 표현하는 것은 천재성과 최고의 예술성을 요하는 과제였다. 이런 많은 시도 가운데에서 유명한 다음의 네 가지가 있다. 처음 둘은 고대인의 기록에 의해서만 우리에게 알려지고, 다른 둘은 아직도 현존하며 최고의 걸작으로 인정받고 있다.

:: 올림포스의 제우스상

페이디아스가 제작한 올림포스의 제우스 상은 그리스 예술의 조각 부문의 최고 업적으로 생각되었다. 그것은 거대한 것으로서 고대인들이 '크리셀레판티노스'라고 부른 것, 즉 상아와 금으로 만들어진 거대한 것이었다. 육체를 표현한 부분은 목재나 돌로 만들고 그 위에 상아를 입혔고, 의복이나 다른 장식물은 금으로 만들었다. 그 조상의 높이는 40피트였고, 12피트 높이의 받침대 위에 있었다. 그것은 제우스가 그의 옥좌 위에 앉아 있는 상이었다. 이마에는 올리브 화관을 쓰고 오른손에는 홀笏을 쥐고, 왼손에는 '승리'의 상을 들고 있었다. 옥좌는 삼나무로 만들었으며 금과 보석으로 장식되었다.

이를 조각한 예술가가 구상화하려고 한 관념은 그리스 민족의 최고 신의 사상이었다. 그는 완전무결한 존엄성과 침착함을 지닌 정복자로서 왕위에 올라 발밑의 세계를 한 번 고개를 끄덕임으로써 지배하는 신이었다. 페이디아스는 호메로스가 〈일리아스〉 제1권에서 표현하고 있는 제우스의 상으로부터 구상을 얻었다고 술회한 바 있다. 〈일리아스〉의 해당 부분을 번역하면 다음과 같다.

제우스는 이렇게 말하고, 검은 눈썹에, 승낙의 표시로 머리를 끄덕이니 향기로운 고수머리를 불사의 신의 머리로부터 짙게 나부끼었고, 그 여세는 올림포스의 거대한 봉우리를 진동시켰다.

:: 파르테논의 아테나 상

이 상도 페이디아스의 작품이었는데 파르테논, 즉 아테네에 있는 아테나의 신전에 세워져 있었다. 그것은 여신 아테나의 입상이었다. 한 손에는 창을 들고, 다른 손에는 '승리'의 상을 들고 있었다. 그녀의 투구는 화려하게 장식되어 있었으며, 투구 위에는 스핑크스가 놓여 있었다. 그 입상의 높이는 40피트였고, 제우스 상과 같이 상아와 금으로 만들어졌다. 눈은 대리석으로 되어 있으며 홍채와 동공을 표현하기 위하여 채색되었을 것이다. 이 상이 세워져 있던 파르테논도 페이디아스의 명령과 감독하에 건립되었다. 그 외부는 여러 조각품으로 장식되었는데, 그 대부분이 페이디아스의 손으로 만들어진 것이었다. 지금 영국 박물관에 있는 엘긴 대리석 1811년에 엘긴 경이 파르테논에서 수집해 온 것이므로 그렇게 명명되었다은 그 조각품의 일부분이다.

페이디아스가 제작한 제우스의 상이나 아테나의 상도 모두 소실되었으나, 우리는 현존하는 수 개의 조상과 흉상으로부터 그가 두 신의 용모를 어떻게 표현하였는지를 충분히 짐작할 수 있다. 그 상들은 엄숙하고 고귀한 미와 예술 용어로 '침착'이라고 부르는 일시적인 표정으로부터의 초탈을 그 특징으로 하고 있다.

:: 메디치 가家의 베누스아프로디테 상

  메디치 가의 베누스는 지금으로부터 약 200년 전에 그것이 최초로 주목을 끌었을 때, 로마의 메디치 가의 소유였으므로 그렇게 불린 것이다. 그 받침대의 명각에는 기원전 2세기에 아테네의 조각가 클레오메네스의 작품으로 기록되어 있으나 그 문자의 신빙성은 의심의 여지가 있다. 전해지는 말에 의하면 그는 정부로부터 완전한 여성미를 구현한 상의 제작을 위촉받았다. 그리고 그의 일을 도와 주기 위하여 정부는 아름다운 여자들을 모델로 제공하였다고 한다.


:: 벨베데레의 아폴론 상

  현재 남아 있는 고대 조각 중 가장 높이 평가되는 것은 벨베데레라고 불리는 아폴론의 상이다. 벨베데레라는 것은 이 상이 놓여 있는 로마 교황 궁전의 방 이름에서 따온 것이다. 이 조상의 제작자가 누구인지는 불명이고, 오직 기원전 1세기경의 로마 작품으로 추측될 뿐이다. 그것은 7피트가 넘는 대리석 입상으로서, 목의 주위에 동여맨 겉옷이 뻗친 왼팔까지 내려와 걸쳐 있는 부분을 제외하고는 나체이다. 그것은 아폴론이 괴물 피톤을 향해 화살로 쏘는 순간을 표현한 것으로 추측된다. 승리를 한 아폴론은 발을 앞으로 내딛고 있다. 활을 가지고 있었던 것같이 보이는 왼팔을 앞으로 뻗치고, 머리도 같은 방향으로 향하고 있다. 그 자세와 균형에 있어서

이 상의 우미한 위엄을 능가하는 작품은 없다. 그것은 얼굴 모양에 의하여 더욱 완벽한 효과를 거두고 있다. 얼굴에는 젊은 신적인 아름다움이 완벽히 나타나 있는 동시에 승리에 넘치는 힘에 대한 의식이 깃들여 있다.

:: 라 비사의 디아나아르테미스상

루브르 궁전에 있는 '암사슴의 디아나'는 벨베데레의 아폴론 상에 필적하는 것이라고 할 수 있다. 그 자세도 아폴론의 그것과 비슷하고, 상의 크기와 수법도 유사하다. 아폴론의 상과 같은 정도는 아니지만 최고의 작품 중의 하나이다. 그 재빠른 움직임을 나타낸 동작과 표정은 추격에 도취된 여자 사냥꾼의 얼굴이다. 왼손은 옆에 달리고 있는 암사슴의 이마 위에 뻗고 오른팔은 전통에서 화살을 꺼내기 위하여 어깨 위로 내밀고 있다.

:: 호메로스

우리들은 호메로스의 작품 〈일리아스〉와 〈오딧세이아〉에서 이제까지 보아 온 트로이 전쟁과 그리스군의 귀환에 관한 이야기의 대부분을 인용하였다. 그 작가인 호메로스 자신도 그가 시속에서 칭송한 영웅들과 거의 같은 정도의 신화적 인물이다. 전설에 의하면, 그는 장님 늙은 음유시인으로서 이곳 저곳으로 방랑하면서 때로는 궁중에서, 때로는 미천한 농가에서 리라 소리에 맞춰 그 자신의 시를 읊으며 청중이 던져 주는 희사에 의해 생활하였다고 한다. 시인 바이런은 그를 '암석이 많은 카오스섬의 눈먼 노인'이라고 부르고 또 어떤 유명한 풍자시 속에서 그의 출생지가 확실하지 않음을 시사하면서 다음과 같이 말하고 있다.

> 일곱 개의 부유한 도시 — 그곳에서 호메로스는 빵을 구걸하며 돌아다녔다 — 가 죽은 호메로스를 제 것이라고 서로 다툰다.

이 일곱 개의 도시는 스미르나, 키오스, 로도스, 콜로폰, 살라미스, 아르고스, 아테네였다.

현대의 학자들은 호메로스의 시라고 알려져 있는 것이 과연 한 사람의 저작인지를 의문시하였다. 이 의문은 이와 같은 장시가, 보통 그 저작 연대로 간주되는 고대 — 현존하는 비명碑銘이나 화폐가 제작된 연대보다도 더 이전의 고대 — 에, 그리고 이와 같이 긴 저작을 적어 둘 재료가 풍족하지 않았을 때에 씌어졌다고 믿기는 어려운 데 기인한다.

한편 이와 같은 장시가 어떻게 하여 오직 기억에 의해서 시대에서 시대로 전하여 내려왔는지 의문시된다. 이 의문에 대해서는 음유시인이라고 불리는 직업적인 일단의 사람들이 있어 타인의 시를 낭송했으며 그리고 국민적이고 애국적인 전설을 기억하고 암송하는 것을 임무로 하였다는 사실로서 설명되고 있다.

오늘날 학자들 가운데 널리 인정받고 있는 의견에 의하면 그 시의 골격과 대부분의 구성은 호메로스에 기원한 것이나 다른 사람들의 가필과 삽입도 많이 들어 있다는 것이다.

호메로스가 살아 있었다고 추정되는 시대는 헤로도토스에 의하면 기원전 850년경이다.

:: 베르길리우스

베르길리우스 — 그의 시 〈아이네이스〉에서 우리는 아이네이아스의 이야기를 인용하였다 — 성을 불러 마로라고도 하는데 그는 로마 황제 아우구스투스의 치세를 더욱 유명하게 하여 후세 사람들이 아우구스투스 시대라고 부르게 한 저 위대한 시인 중의 하나였고, 기원전 70년에 만투아에서 태어났다. 그의 위대한 시 중에서도 최고의 지위를 점하는 이 서사시는 호메로스 다음가는 것이다. 베르길리우스는 독창성에 있어서는 호메로스에 미치지 못하나 표현이 정확하고 우아한 점에 있어서는 호메로스보다 우수하다.

:: 오비디우스

오비디우스는 시에서 종종 '나소' 라는 자신의 성으로 언급되기도 하는데 기원전 43년에 태어났다. 그는 국가 관리가 될 교육을 받고 상당한 지위까지 올라갔으나 그의 유일한 기쁨은 시였다. 그는 일찍부터 시에 헌신할 결심을 하였다. 그래서 그는 동시대의 시인들과 교제를 하였고 호라티우스와 친하였으며 베르길리우스도 만난 일이 있으나 친한 사이는 아니었다. 왜냐하면 그가 아직 연소하고 유명해지기 전에 베르길리우스가 죽었기 때문이었다. 오비디우스는 충분한 수입이 있어 로마에서 안락한 생활을 하였다.

그러나 만년에 가서는 역경에 빠져 불행하게 되었다. 그것은 그가 처음에는 아우구스투스 황제의 가족과 친하게 지냈으나 후에 그중 한 사람에게 어떤 대단히 무례한 짓을 범하였기 때문인 것으로 추측된다. 그는 50세 때 로마에서 쫓겨나 흑해 연안의 토미스라는 곳으로 쫓겨났다. 호화스런 도시의 모든 쾌락과 가장 유명한 동시대인들과의 교제를 즐기던 그는 토미스의 야만인들과 혹독한 기후 속에서 그의 생애의 마지막 10년을 오직 슬픔과 근심 속에서 지냈다.

귀양살이에 있어서의 그의 유일한 위안은 아내와 친구에게 편지를 쓰는 일이었는데 그의 편지는 다 시로 되어 있었다. 이런 시 '슬픔'과 '폰투스로부터의 편지'는 그의 슬픔에 관한 것이지만 정묘한 취미와 풍부한 독창성으로 말미암아 지루하지 않고 독자를 즐겁게 하며 동정심까지 불러일으키게 한다.

오비디우스의 2대 저작은 〈메타모르포세스〉와 〈파스티〉이다. 그것은 둘 다 신화적인 시로서 전자로부터 우리는 우리의 그리스·로마 신화의 대부분을 취하였다. 후세의 한 저작가는 다음과 같이 이 2대 시의 특징을 말하고 있다.

"그리스의 풍부한 신화가 지금도 시인, 화가, 조각가에게 어떤 소재를 제공하는 바와 같이 오비디우스에게도 그의 예술에 대한 소재를 제공하였다. 그는 고대의 황당무계한 전설을 정묘한 취미와 단순성과 정열로써 고대의 전설을 서술하였고, 그 전설에다 거장의 손만이 능히 할 수 있는 실재성의 외관을 부여하였다. 그의 자연 묘사는 뚜렷하고 사실적이다. 그는 주의 깊게 적절한 것을 선택하고 불필요한 것을 과감히 피해 버렸다. 그가 작품을 완료하였을 때 그의 작품에는 결여되어 있는 것이 없었다. 〈메타모르포세스〉는 젊었을 때 읽어도 재미있고, 더 나이가 들어서 다시 읽으면 더욱 재미있다. 이 시인은 그의 시가 그의 사후에도 오래 남을 것이며, 로마의 이름이 알려진 곳에서는 어디서나 읽혀지리라는 것을 예언하기를 꺼리지 않았다."

이 예언은 〈메타모르포세스〉의 끝 부분에 있다. 그것을 옮기면 다음과 같다.

이제 나는 나의 작품을 끝마치겠다. 제우스의 분노도 시간의 이도 칼도 불도 그것을 멸망시키지는 못할 것이다. 영혼을 죽이지는 못하나 육체를 죽이는 저 운명의 날이 오려면 오라.
그리고 나의 여생을 빼앗아 가려면 가라. 나의 가장 좋은 부분은 별 위로 높이 오르고, 나의 명성은 영원히 지속하리라. 로마의 무력과 예술이 퍼지는 곳에서는 어디서나 나의 시가 읽혀질 것이다. 그리고 또 시인의 시상에 무엇인가 진실한 것이 있다면 나의 명성은 불멸일 것이다.

# 해설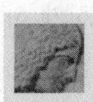

이 책은 토머스 불핀치의 「전설의 시대」를 우리말로 옮긴 것이다. 원문에는 각 신화나 전설에 관계된 영국 시인들의 시구가 많이 수록되어 있으나 생략하였으니 이해하기 바란다.

이 작품은 1855년 미국의 보스턴에서 출판되었지만 같은 해에 출판된 월드 휘트먼의 「풀잎」과 함께 많은 독자들에게 갈채를 받았으며 수 세기가 지난 오늘날에도 여전히 세계의 많은 사람들로부터 '불핀치의 신화'로서 애독되는 불후의 명저이다.

일설에 따르면 이 작품은 처음에는 영국의 런던에서 출판되었다고 한다. 그러나 그 진위를 가리기 전에 이 작품은 원래 미국의 독자를 대상으로 씌어진 것이 아니란 것은 틀림없다. 또 저자는 원문의 머리말도 영국의 독자를 위해서 씌어진 것이란 점을 분명하게 밝히고 있다. 그는 신화를 일반화시켜 미국의 독자들을 그들의 조국인 영국의 고전문학에 친숙하게 하고 그렇게 함으로써 미국의 독자들의 교양을 높이려고 했다.

그러나 불핀치의 목적은 단지 독자들로 하여금 영국 문학에 친숙하게 하고 교양을 높이는 데에만 있는 것이 아니라 그는 독자를 그리스나 로마뿐만 아니라 스칸디나비아나 그리고 동양 등에서 전해지는 고전문학의 세계로 인도함으로써 이미 물질 문명에 오염되기 시작한 19세기 사람에게 그 무엇보다도 정신 문화의 중요성과 그 위기를 인식시키려고 하였다.

불핀치는 미국 산업 혁명의 초기부터 완성기에 이르기까지 살았다. 그리고 그의 「전설의 시대」가 출판된 1855년은 마침 혁명의 완성기에 속해 있었다. 방적기, 증기선, 증기 기관차 등이 발명되고 전신기, 윤전 인쇄기 등이 실용화되었으며 1854년은 시카고와 동부 해안 간에 철도가 부설된 해였다. 세상은 '기술의 시대', '과학의 시대' 였다. 이런 시대를 불핀치는 '실리적인 시대' 라고 주장하였다. 그는 이런 시대야말로 우리들의 높은 정신이나 풍부한 인간성을 고대 신화 속에서 찾아야 할 때라고 독자들에게 간절하게 호소하였다. 불핀치에 있어서 과학은,

> 스스로 아름다운 상상력을 찢어발기고
> 천재가 만들어 낸 우아한 꽃을 시들게 하고
> 공상의 나래에서 빛나는 이슬을 떨쳐내는 것이며
> 시인의 마음을 쫓는 독수리였다.

는 것으로, 시인의 마음을 쪼아먹는 독수리였다.

따라서 불핀치의 「전설의 시대」는 밑바닥에는 그러한 과학의 발

달에 따라 점차 고갈되어 가는 우리들의 시적 상상력을 소생시켜 보려는 작가의 의도가 짙게 깔려 있다. 그런 의도 아래 작가는 시적 상상력의 원천이라 할 수 있는 신화의 세계로 우리들을 안내하려고 한다.

불핀치의 그러한 의도는 오늘을 사는 우리들에게는 더욱 강한 공감을 불러일으킨다. 이 점에서도 그의 저서 「전설의 시대」는 앞으로 계속 더욱 많은 독자들에게 공감을 불러일으킬 것으로 기대된다.

토머스 불핀치의 일생에 대해서는 기록이 많이 남아 있지 않다.

불핀치는 1796년 7월 15일 미국의 매사추세츠 주 보스턴 근교 뉴턴에서 태어났다. 할아버지는 유명한 의사였고 아버지는 찰스 불핀치로 건축가였고 어머니는 하나 업소프였다.

그는 이 부모 사이에서 태어난 11남매 중의 하나로 보스턴의 라틴 스쿨, 필립스 엑세터 아카데미와 이른바 하버드 대학에 입학하여 1814년 동교를 W.H. 프레스코트와 함께 졸업하였다.

그는 모교의 라틴 스쿨에서 교편을 잡다가 이듬해 형의 가게일을 돕던 중 1818년 국회 의사당 설계를 하는 아버지를 따라 가족과 함께 워싱턴으로 이사, 실업계에 진출하고자 여러 가지 사업에 손을 댔으나 실패를 거듭했다. 1837년 보스턴 머천트 뱅크의 은행원이 되어 평생 이 직업에 종사하게 되었다.

그 사이 6년 동안 보스턴 박물관 협회의 비서직을 맡아 보았는데 정치에는 별로 관심을 보이지 않았으나 노예제 폐지 운동을 적극 지지하였고 청소년들에게 깊은 관심을 갖고 가난한 아이들의 보호자가 되기도 하였다. 그는 성격이 온순하며 논쟁을 싫어했으며 평생을 독신으로 지냈으며 1867년 5월 27일 보스턴에서 71세로 세상을 떠났다.

그의 유해는 미국의 저명인사들이 묻힌 마운트 오번 세메트리의 묘지에 안장되었다. 이상이 오늘날 우리가 토머스 불핀치의 일생에 대해서 알 수 있는 기록의 전부이다.

끝으로 독자들에게 이 책에 대해서 일러둘 말이 있는데 첫째 이 책의 제목을 당연히 「전설의 시대」라고 해야겠지만 「그리스·로마 신화」라는 이름을 택하기로 하였다. 둘째로는 이 책에 나오는 고유명사의 발음인데 그리스·로마의 신들의 이름에 대해서는 이것을 전부 그리스 음으로 표기하였다.

## 한 권으로 읽는 그리스 로마 신화

| 초판 1쇄 | 2014년 11월 20일 발행 |
| 초판 2쇄 | 2018년 2월 10일 발행 |

- 지은이   토마스 불핀치
- 옮긴이   김 길 연
- 펴낸곳   아이템북스
- 펴낸이   박 효 완

- 디자인   김 영 미
- 마케팅   최 용 현

- 등록   2001. 8. 7. 제2-3387호
- 주소   서울 마포구 서교동 444-15
- 전화   02 - 332 - 4337
- 팩스   02 - 3141 - 4347

※ 잘못된 책은 교환해 드립니다.